Claude Morneau

Chicago

7e édition

Give Chicago half a chance and it'll turn you into a philosopher.

Saul Bellow
Humboldt's Gift

Fais un tant soit peu confiance à Chicago et elle fera de toi un philosophe.

ULYSSE

Architecture

1. Le McCormick Tribune Campus Center, surmonté d'un immense tube acoustique d'acier dans lequel s'engouffre le métro aérien. (p. 164) © City of Chicago

2. Très élégant, le Wrigley Building est considéré par certains comme le plus beau bâtiment de la ville. (p. 132) © iStockphoto.com/Chase Swift

3. La NBC Tower, émouvant hommage au style Art déco. (p. 147) © iStockphoto.com/Steve Geer

4. La légendaire Chicago Water Tower (p. 134), avec en arrière-plan le moderne John Hancock Center (p. 135). © iStockphoto.com/Steve Geer

5. Le Chicago Cultural Center et sa splendide coupole de verre. (p. 96) © Dreamstime.com/John Kershner

Architecture *(suite)*

1. De gauche à droite : le complexe de
   Marina City, le 330 North Wabash
   de Mies van der Rohe et le Trump
   International Hotel & Tower. (p. 137-138)
   © Dreamstime.com/Ffooter

2. La Robie House, l'un des chefs-
   d'œuvre de Frank Lloyd Wright. (p. 162)
   © Dreamstime.com/Mario Savoia

3. La silhouette singulière de l'Aqua Tower,
   dans le New East Side. (p. 116)
   © Claude Morneau

4. Détail de la façade de l'élégante tour
   Art déco du Carbide & Carbon Building.
   (p. 94) © Claude Morneau

5. L'un des 50 ponts mobiles au-dessus de
   la Chicago River.
   © iStockphoto.com/Oliver Malms

Millennium Park

1. La McCormick Tribune Plaza du Millennium Park et son agréable patinoire extérieure. (p. 122)
© Dreamstime.com/John Sternig

2. Le spectaculaire Jay Pritzker Pavilion, un amphithéâtre à ciel ouvert dessiné par le célèbre architecte Frank Gehry. (p. 122)
© Patrick L. Pyszka/City of Chicago

3. L'irrésistible sculpture *Cloud Gate*, un imposant monument en acier inoxydable de plus de 110 tonnes dont la forme évoque une immense *jelly bean*. (p. 122)
© Dreamstime.com/Agustin Paz

4. Un enfant joue à la *Crown Fountain*, un exemple remarquable d'œuvre d'art en interaction constante avec le public. (p. 122) © Dreamstime.com/Artdirection

Culture

CIVIC OPERA BVILDING

4

5

3

Sports

1. Le restaurant Harry Caray's, qui porte le nom d'un légendaire commentateur sportif de Chicago, est situé dans un extravagant bâtiment érigé en 1900. (p. 138) © Dreamstime.com/Rick Sargeant

2. L'étonnant New Soldier Field, stade de l'équipe de football des Bears de Chicago. (p. 125)
© Dreamstime.com/Ron Chapple Studios

3. Le Wrigley Field, demeure des Cubs de Chicago, est l'un des plus anciens stades des ligues majeures de baseball. (p. 158)
© Shutterstock/Chad Bontrager

4. Une portion du Lakefront Trail, tant apprécié des amateurs de vélo. (p. 182) © Patrick L. Pyszka/City of Chicago

Parcs et loisirs

1. La grande roue géante de Navy Pier rappelle que c'est à Chicago que fut inventé ce type de manège. (p. 145-146)
   © Dreamstime.com/James Wright

2. Le Lincoln Park Conservatory, une sorte de « palais de verre » dont les impressionnantes serres proposent diverses expositions botaniques. (p. 156)
   © Dreamstime.com/Benkrut

3. L'un des résidents du Lincoln Park Zoo. (p. 155)
   © Dreamstime.com/Joanna Waksmundzka

4. Chicago compte 34 plages qui s'étendent sur quelque 24 km le long du lac Michigan. (p. 178)
   © iStockphoto.com/Erdal Bayhan

5. Vue d'ensemble du Grant Park, qui longe le lac Michigan. (p. 116) © City of Chicago

Art de vivre

1. Buddy Guy sur scène dans son bar éponyme, un incontournable pour les amateurs de blues. (p. 267) © City of Chicago

2. Une des horloges qui ornent l'extérieur du grand magasin Macy's de State Street, établi dans le célèbre édifice qui logeait autrefois le Marshall Field Store. (p. 106)
© iStockphoto.com/Pgiam

3. La partie nord de Michigan Avenue, surnommée *The Magnificent Mile*, se veut l'artère de prestige de la ville. (p. 130)
© Dreamstime.com/Jill Battaglia

4. La *deep-dish pizza*, mets emblématique de la Ville des Vents. (p. 233)
© Dreamstime.com/Jim Zielinski

Page suivante

Plus haut gratte-ciel de Chicago, la Willis Tower est mieux connue sous son nom d'origine, Sears Tower. (p. 100)
© Dreamstime.com/Ssuaphoto

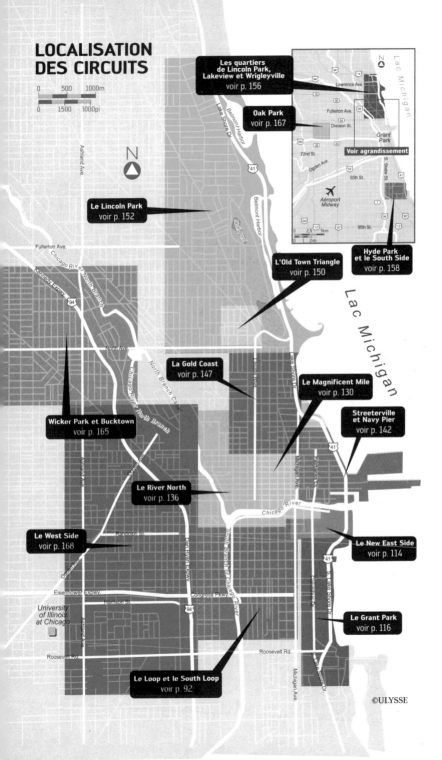

LOCALISATION DES CIRCUITS

0   500   1000m
0   1500   3000pi

N

Les quartiers
de Lincoln Park,
Lakeview et Wrigleyville
voir p. 156

Oak Park
voir p. 167

Le Lincoln Park
voir p. 152

L'Old Town Triangle
voir p. 150

Hyde Park
et le South Side
voir p. 158

La Gold Coast
voir p. 147

Le Magnificent Mile
voir p. 130

Streeterville
et Navy Pier
voir p. 142

Wicker Park et Bucktown
voir p. 165

Le River North
voir p. 136

Le West Side
voir p. 168

Le New East Side
voir p. 114

Le Grant Park
voir p. 116

Le Loop et le South Loop
voir p. 92

Lac Michigan

Lac Michigan

Ashland Ave.

Fullerton Ave.

Lake Shore Dr.

Belmont Harbor

North Ave.

Randolph St.

Eisenhower Expwy

Harrison St.

University
of Illinois
at Chicago

Roosevelt Rd.

Roosevelt Rd.

Michigan Ave.

Chicago River

Congress Pkwy

Lawrence Ave.

Fullerton Ave.

Division St.

Grant
Park

Voir agrandissement

22nd St.

Ogden Ave.

55th St.

Aéroport
Midway

95th St.

State St.

Lac Michigan

Kennedy Expwy

Chicago River or North Branch

North Branch Canal

Ashland Ave.

©ULYSSE

Crédits

Auteur: Claude Morneau
Éditeur: Pierre Ledoux
Correcteur: Pierre Daveluy
Infographistes: Annie Gilbert, Judy Tan
Adjointe à l'édition: Julie Brodeur
Photographies: Page couverture, L'installation *Sky's The Limit* de l'artiste Michael Hayden à l'aéroport international O'Hare: © Shutterstock.com/Jay Crihfield; Page de titre, Buckingham Fountain: © iStockphoto.com/Jeremy Edwards; *Chicago blues*: © Dreamstime.com/Gordhorne

Remerciements

L'auteur remercie Benjamin Kelner de Choose Chicago, Georges Langlois, Hélène Giroux et Diane Harnois.

Guides de voyage Ulysse reconnaît l'aide financière du gouvernement du Canada par l'entremise du Fonds du livre du Canada (FLC) pour ses activités d'édition.

Guides de voyage Ulysse tient également à remercier le gouvernement du Québec – Programme de crédit d'impôt pour l'édition de livres – Gestion SODEC.

Guides de voyage Ulysse est membre de l'Association nationale des éditeurs de livres.

Note aux lecteurs

Tous les moyens possibles ont été pris pour que les renseignements contenus dans ce guide soient exacts au moment de mettre sous presse. Toutefois, des erreurs peuvent toujours se glisser, des omissions sont toujours possibles, des adresses peuvent disparaître, etc.; la responsabilité de l'éditeur ou des auteurs ne pourrait s'engager en cas de perte ou de dommage qui serait causé par une erreur ou une omission.

Écrivez-nous

Nous apprécions au plus haut point vos commentaires, précisions et suggestions, qui permettent l'amélioration constante de nos publications. Il nous fera plaisir d'offrir un de nos guides aux auteurs des meilleures contributions. Écrivez-nous à l'une des adresses suivantes, et indiquez le titre qu'il vous plairait de recevoir.

Guides de voyage Ulysse
4176, rue Saint-Denis, Montréal (Québec), Canada H2W 2M5, www.guidesulysse.com, texte@ulysse.ca

Les Guides de voyage Ulysse, sarl
127, rue Amelot, 75011 Paris, France, www.guidesulysse.com, voyage@ulysse.ca

Catalogage avant publication de Bibliothèque et Archives nationales du Québec et Bibliothèque et Archives Canada

Morneau, Claude, 1961-

       Chicago

       7e éd.

       (Guides de voyage Ulysse)

       Comprend un index.

       ISBN 978-2-89464-563-5

       1. Chicago (Ill.) - Guides. I. Titre. II. Collection: Guide de voyage Ulysse.

F548.18.M67 2012   917.73'110444   C2012-941333-X

Bibliothèque et Archives nationales du Québec
Dépôt légal – Troisième trimestre 2013
ISBN 978-2-89464-563-5 (version imprimée)
ISBN 978-2-89665-082-8 (version numérique PDF)
ISBN 978-2-76580-063-7 (version numérique ePub)
Imprimé au Canada

À moi...
Chicago!

Nous vous proposons ici une sélection d'attraits et d'expériences incontournables qui vous permettra d'explorer Chicago en connaisseur. Découvrez les coups de cœur de l'auteur dans la section «Le meilleur de Chicago» et inspirez-vous des itinéraires de la section «Chicago en temps et lieux» pour profiter au maximum de votre séjour, peu importe que vous projetiez une visite éclair de quelques heures ou un voyage de plusieurs jours.

Le meilleur de Chicago

Les expériences typiquement chicagoennes

- Une visite architecturale guidée en bateau sur la Chicago River p. 88
- Un match des Cubs au Wrigley Field p. 281
- Un tour de métro aérien dans le Loop p. 92
- La découverte à pied des œuvres d'art public du Loop p. 92
- Une balade à vélo sur le Lakefront Trail le long du lac Michigan p. 182
- Un spectacle de *Chicago blues* dans un bar bondé p. 265
- Une pointe de *deep-dish pizza* p. 233
- La teinte en vert des eaux de la Chicago River à la Saint-Patrick p. 283

Les meilleurs attraits gratuits

- Oriental Institute Museum p. 162
- Lincoln Park Zoo p. 155
- Smith Museum of Stained Glass Windows p. 146
- Chicago Architecture Foundation p. 97

Les grandes institutions culturelles

- Seurat, Van Gogh, Cézanne, Gauguin, Renoir, Monet et Toulouse-Lautrec à l'Art Institute of Chicago p. 118
- Lichtenstein, Picasso, Pollock, Dalí, Giacometti et Braque à la Modern Wing de l'Art Institute of Chicago p. 119
- Calder, Warhol et Magritte au Museum of Contemporary Art p. 144
- Rodin, Moore et Matisse au Smart Museum of Art p. 163
- Picasso (p. 110), Miró (p. 110), Chagall (p. 110), Oldenburg (p. 104), Dubuffet (p. 112) et Calder (p. 109) à ciel ouvert dans le Loop
- L'art et l'histoire du Proche-Orient à l'Oriental Institute Museum p. 162
- Un concert du Chicago Symphony Orchestra au Symphony Center p. 97
- Un concert en plein air du Grant Park Orchestra and Chorus au Jay Pritzker Pavilion de Frank Gehry p. 122
- Un opéra au Civic Opera House (p. 102), une pièce de théâtre dans le Theatre District (p. 263) ou un spectacle de danse moderne au Harris Theater for Music and Dance. (p. 124)

Les bijoux architecturaux

- Si vous admirez l'œuvre de Ludwig Mies van der Rohe, dirigez-vous vers le Federal Center (p. 109), le 330 North Wabash (p. 137), le 860-880 North Lake Shore Drive (p. 142) et l'Illinois Institute of Technology (p. 164)
- Si vous vous passionnez pour l'architecture de Frank Lloyd Wright, faites une excursion du côté d'Oak Park (p. 167), là où est née la Prairie House. Visitez aussi la Robie House (p. 162), la Charnley-Persky House (p. 148) et l'intérieur de The Rookery (p. 114)
- Jetez un coup d'œil sur les beaux édifices au nord de la Chicago River, notamment le Wrigley Building (p. 132), la Tribune Tower (p. 132), Marina City (p. 138) et le Trump International Hotel & Tower (p. 137)
- Si c'est l'Art déco qui vous branche, ne manquez pas le Chicago Board of Trade (p. 114), le Carbide & Carbon Building (p. 94), le 135 South LaSalle Street (p. 112), le 543-545 North Michigan Avenue (p. 133) et le 919 North Michigan Avenue (p. 136)
- Séduit par le postmodernisme? Promenez-vous du côté du 55 West Monroe Building (p. 110), du Citicorp Center (p. 104), du 333 West Wacker Drive (p. 104), du James R. Thompson Center (p. 110) et de la NBC Tower (p. 147)

Les plus belles vues

- Le Loop depuis le Skydeck Ledge, à l'observatoire de la Willis Tower (ex-Sears Tower) p. 101
- Le centre-ville et les abords du lac Michigan depuis l'observatoire du John Hancock Center p. 135
- La silhouette des gratte-ciel de la ville depuis le parvis du John G. Shedd Aquarium p. 125
- Le Wrigley Building et les bâtiments environnants depuis le Michigan Avenue Bridge p. 130
- Le Jay Pritzker Pavilion et les autres attraits du Millennium Park depuis le Nichols Bridgeway p. 124
- La superbe vue sur la Chicago River et le Wrigley Building depuis la terrasse du restaurant Sixteen, au 16e étage du Trump International Hotel & Tower p. 234

Les meilleurs endroits où découvrir des pans de l'histoire de Chicago

- Chicago History Museum p. 154
- Old Town Triangle p. 150
- Chicago Water Tower p. 134
- Newberry Library p. 142
- Willie Dixon's Blues Heaven Foundation p. 165

Les meilleurs endroits pour faire plaisir aux enfants

- Navy Pier et Chicago Children's Museum p. 146
- John G. Shedd Aquarium p. 125
- Lincoln Park Zoo p. 155
- Adler Planetarium & Astronomy Museum p. 128
- Field Museum p. 124
- Museum of Science and Industry p. 159
- LEGO Store et American Girl Place p. 294, 295
- Crown Fountain p. 122
- Gino's East p. 227, 235
- Ghirardelli Chocolate Shop & Soda Fountain p. 226

Les plus belles plages

- North Avenue Beach p. 179
- Oak Street Beach p. 178
- Ohio Street Beach p. 179

Les plus belles terrasses

... où sortir ou prendre un verre

- C-View Lounge p. 269
- Drumbar p. 269
- ROOF on theWit p. 268
- Vertigo Sky Lounge p. 272

... où s'attabler pour un bon repas

- Park Grill p. 225
- NoMi Kitchen p. 230
- Smith & Wollensky p. 235
- Carmine's p. 243
- Sixteen p. 234
- Terzo Piano p. 225

Le meilleur de la cuisine locale

- Une *deep-dish pizza* à la Pizzeria Uno (p. 236), à la Pizzeria Due (p. 236) ou chez Gino's East (p. 227, 235)
- Un steak bien juteux chez Gibsons (p. 243), Lawry's (p. 230) ou Morton's (p. 244)
- Une *chicken pot pie* au légendaire restaurant Walnut Room p. 223

- Un *cheeseburger* à la Billy Goat Tavern p. 225, 240
- Les classiques de la cuisine italienne chez Harry Caray's (p. 231), à l'Italian Village (p. 222) ou chez Spiaggia (p. 231)
- La cuisine moléculaire de Grant Achatz chez Alinea p. 245

Les meilleurs établissements où siroter un cocktail

- C-View Lounge p. 269
- Le Bar p. 272

- Signature Lounge p. 269
- The Pump Room Bar p. 274

Les meilleurs bars de blues

- Buddy Guy's Legends p. 267
- B.L.U.E.S. p. 275

- House of Blues p. 270

Les boutiques les plus spectaculaires

- American Girl Place p. 294
- The LEGO Store p. 295

- Apple Store p. 295
- Nike Chicago p. 296

Les incontournables pour les sportifs

- Un match de baseball des Cubs au Wrigley Field (p. 281), surtout en après-midi, ou un match des White Sox au US Cellular Field (p. 281)

- Une partie de football des Bears au Soldier Field p. 281
- Un match de basket-ball des Bulls ou de hockey sur glace des Blackhawks au United Center p. 281

Chicago en temps et lieux

Quelques heures...

Embarquez-vous pour une balade en bateau sur la Chicago River, une expérience unique qui vous permettra d'apprécier les plus beaux gratte-ciel de ce musée d'architecture moderne à ciel ouvert qu'est Chicago.

Ne manquez pas d'aller arpenter les jardins du Millennium Park afin d'y découvrir ses fontaines et sculptures monumentales, ainsi que l'extraordinaire Jay Pritzker Pavilion de Frank Gehry.

Faites une visite éclair de l'Art Institute of Chicago et concentrez-vous sur les salles où sont mis en valeur les trésors impressionnistes et postimpressionnistes de l'institution.

Une journée...

Consacrez un peu plus de temps à l'Art Institute of Chicago, notamment au vitrail *America Windows* de Marc Chagall et aux splendides salles baignées de lumière naturelle de sa toute récente Modern Wing, puis faites une promenade à pied aux alentours pour jeter un coup d'œil sur les nombreuses œuvres d'art public du Loop.

Gardez-vous un peu de temps pour du lèche-vitrine sur le Magnificent Mile.

Un week-end...

Explorez à vélo les grands parcs de la ville qui longent le lac Michigan.

Arrêtez-vous au Museum Campus pour visiter le Field Museum, puis le John G. Shedd Aquarium pour y voir l'Oceanarium et la section baptisée Wild Reef.

Passez une soirée dans un des nombreux bars de blues de la ville.

Plusieurs jours...

Si vous disposez de plus de temps, ajoutez à vos activités des visites de Navy Pier et du Museum of Contemporary Art.

Allez faire un tour dans le South Side et explorez le Jackson Park, le Museum of Science and Industry et le campus de l'University of Chicago.

En saison, faites un voyage dans le temps et assistez à un match de baseball des Cubs à l'irrésistible stade Wrigley Field. Au cours des mois d'hiver, remplacez cette activité par un match de basket des Bulls, ou de hockey sur glace des Blackhawks, au United Center.

Piquez une pointe du côté d'Oak Park afin d'arpenter le quartier où Ernest Hemingway a vu le jour et d'admirer les belles demeures construites par Frank Lloyd Wright.

Derrière les mots

Claude Morneau

Claude Morneau explore régulièrement les rues de Chicago depuis le milieu des années 1990. Ses nombreux voyages d'affaires ou d'agrément dans la Ville des Vents lui ont révélé les charmes méconnus d'une métropole monumentale, dont les habitants jouissent d'une étonnante qualité de vie.

À l'origine de la création des Guides de voyage Ulysse, Claude occupe aujourd'hui la fonction de vice-président, éditions chez Ulysse, où il œuvre depuis près de 25 ans. Il est aussi l'auteur de plusieurs autres ouvrages, parmi lesquels figurent *Escale à Chicago* et les guides Ulysse *Floride* et *Disney World et Orlando*.

En couverture

Cette installation permanente signée Michael Hayden, artiste originaire de Vancouver, accompagne depuis 1987 le trajet effectué par les voyageurs au moyen d'un tapis roulant dans un tunnel qui relie les halls B et C du Terminal 1 de l'aéroport O'Hare de Chicago. Composée de centaines de tubes au néon, de miroirs et de panneaux d'éclairage DEL, cette œuvre vibrante et colorée s'intitule *Sky's The Limit*.

Sommaire

Sommaire

Liste des cartes

Liste des encadrés

Liste des cartes - Liste des encadrés

Liste des encadrés

Situation géographique dans le monde

Chicago

Superficie : 592 km²
Population :
ville de Chicago : 2 695 598 hab.
région métropolitaine : 9 680 000 hab.
Fuseau horaire : Central (UTC –6)
Climat : tempéré
Moyenne des températures :
janvier : –8,3°C
juillet : 23,3°C
Moyenne annuelle des précipitations :
942 mm
Point le plus haut :
Willis Tower, avec 527,3 m

Langue : anglais
Monnaie : dollar américain
Diversité culturelle : Chicago s'est façonnée au gré des diverses vagues d'immigration qu'ont connues au cours des XIXe et XXe siècles le continent en général et les États-Unis en particulier. La « Ville des Vents » abrite aujourd'hui plus de 80 communautés culturelles installées dans ses quelque 175 quartiers.

Portrait

L ors du voyage au cours duquel il découvrit le Mississippi, au XVIIᵉ siècle, Louis Jolliet perçut d'emblée le rôle majeur que le site de la future ville de Chicago pourrait jouer en Amérique. Un simple canal creusé ici, se dit-il, formerait le chaînon manquant d'un réseau navigable reliant l'Atlantique au golfe du Mexique par le fleuve Saint-Laurent, les Grands Lacs et finalement le fleuve Mississippi.

Cette vision de Jolliet, elle se concrétisera un jour: on creusera bel et bien le canal qu'il avait imaginé. Mais ce sera l'arrivée du chemin de fer, dont les lignes provenant de toutes les directions se rencontreront à Chicago, qui fera de cette cité la plaque tournante d'une Amérique en pleine effervescence. Plus tard, avec l'avènement de l'aéroport O'Hare, le plus achalandé du monde, cette vocation sera encore renforcée.

Ainsi, tout semble converger vers Chicago, qui devient le point de rencontre entre l'est et l'ouest des États-Unis, le point central où transite à peu près tout ce que produit l'Amérique. C'est dans cette ville, si facilement accessible, que les représentants des grands partis politiques sont désignés. C'est cette ville que choisissent, dans une importante proportion, les populations afro-américaines fuyant la pauvreté du Sud, lui apportant une riche tradition musicale, mais suscitant aussi de vives tensions raciales.

Cette ville à l'histoire si fascinante, on la découvre déjà un peu grâce aux nombreux surnoms dont on l'a affublée. Chicago, c'est la *Windy City* (la Ville des Vents), une cité caressée par les brises rafraîchissantes, en été, et glaciales, en hiver, provenant du lac Michigan, auquel les habitants de la ville vouent un véritable culte. Chicago, c'est la *City of Big Shoulders* (la ville aux larges épaules), cette ville laborieuse des travailleurs des aciéries et des parcs à bestiaux. Chicago, c'est *The Second City* (la deuxième ville), surnom qui traduit à la fois la fierté d'avoir pu ériger une seconde cité après la destruction de la première lors du Grand Incendie de 1871, et la frustration de toujours être sous-estimée par rapport à «l'autre»: New York.

Tout semble possible à Chicago, cette mégalopole de la démesure. N'y a-t-on pas déjà rehaussé le niveau de la ville entière? N'y a-t-on pas inversé le cours de la rivière? N'y a-t-on pas élevé les premiers gratte-ciel? Des gangsters n'y ont-ils pas même développé d'incroyables empires en réaction à la Prohibition? N'y a-t-on pas créé une musique qui inspira les stars du rock? N'y a-t-on pas construit des universités remarquables où d'innombrables Prix Nobel ont étudié, enseigné et mené des recherches? La liste semble sans fin.

C'est à l'exploration de cette ville aux mille visages que vous convie le présent ouvrage, une ville à la fois rugueuse et raffinée, tumultueuse et agréable, multiculturelle et bien américaine.

Géographie

Il y a 12 000 ans, le Midwest américain, tel qu'on le connaît aujourd'hui, n'est qu'une vaste étendue d'eau: le lac Chicago. Peu à peu, celui-ci se rétrécit aux dimensions de l'actuel lac Michigan, laissant derrière lui une vaste prairie et, sur ses rives, des terres marécageuses à la végétation nauséabonde. C'est d'ailleurs pour cette raison que les Potawatomis, les premiers Amérindiens à peupler la région, lui donnent le nom de Checaugou (ou Checagua), mot signifiant «oignon sauvage» ou, simplement, «marécage». Certains historiens prétendent toutefois que cette appellation signifie plutôt «fort et grand», version adoptée, on s'en doute, par les autorités aujourd'hui chargées de la promotion touristique d'une ville dont un des surnoms est *City of Big Shoulders* (la ville aux larges épaules).

Le lac Michigan

Le lac Michigan est un des cinq Grands Lacs d'Amérique du Nord situés à la frontière américano-canadienne. Avec ses 58 000 km², il représente la troisième étendue d'eau en importance de cet ensemble, derrière le lac Supérieur (82 380 km²), au nord, et le lac Huron (60 000 km²), à l'est. Les lacs Érié (25 800 km²) et Ontario (18 800 km²) sont les deux autres Grands Lacs dont les eaux coulent vers l'Atlantique en passant par le fleuve Saint-Laurent. La profondeur moyenne du lac Michigan est de 84 m et peut même atteindre 277 m.

Le lac Michigan, qui s'étend sur un axe nord-sud (Chicago se trouve sur la pointe sud-ouest), est le seul Grand Lac qui soit complètement en territoire américain.

C'est donc sur ces terres marécageuses du sud-ouest du lac Michigan que se développera Chicago. Aujourd'hui, quelque 170 ans après son incorporation officielle en tant que ville, Chicago est devenue une métropole du monde qui s'étend sur un peu plus de 40 km de long et quelque 25 km de large. Sa superficie totale atteint 592 km².

Organe vital, d'ailleurs à l'origine du choix initial du site, la Chicago River traverse la ville d'est en ouest, avant de se diviser en deux branches, l'une s'éloignant vers le nord, l'autre vers le sud et le fameux canal qui permit, lors de sa construction, de relier le lac Michigan au fleuve Mississippi. Pas moins de 50 ponts mobiles enjambent la Chicago River sur le territoire de la ville. Il est de plus fort intéressant de noter que, contrairement à ce que la nature exigerait normalement, les eaux de la Chicago River ne s'écoulent pas vers le lac Michigan, mais plutôt en sens inverse. En fait, il faudrait plutôt dire «ne s'écoulent *plus* vers le lac Michigan», et cette situation n'a rien de naturel. C'est qu'au début du XXᵉ siècle la Ville a mis en place une mécanique complexe qui a inversé son courant dans le but de protéger les eaux du lac des déchets industriels déversés dans la rivière... une façon comme une autre de liquider le problème direz-vous, mais qui a toute sa logique.

Le fait est que les Chicagoens, depuis toujours, vouent une sorte de culte à «leur» lac, cette immense mer intérieure. D'ailleurs, un plan directeur fort avant-gardiste, stipulant entre autres qu'aucune construction d'envergure ne devrait être autorisée aux abords du lac Michigan, fut adopté dès 1909. Ainsi, encore aujourd'hui, de magnifiques parcs et de splendides plages longent le lac sur presque toute la longueur de la ville.

Chicago est la métropole de l'État de l'Illinois, lui-même créé en 1818 et dont la capitale est Springfield. Celle-ci se trouve à environ 250 km au sud-ouest de la Ville des Vents.

Un peu d'histoire

Les Potawatomis avaient déjà, à leur époque, «tracé» la route naturelle qui ferait un jour de Chicago la grande métropole que l'on sait. Au moyen de canots à fond plat ou par portage, selon les saisons, ils avaient pris l'habitude de faire le lien entre les actuels lac Michigan et rivière Des Plaines, pour ensuite poursuivre leur chemin sur la rivière qui se nommera un jour l'Illinois, puis sur le fleuve Mississippi d'aujourd'hui.

➤ Premiers établissements

Lors de leur expédition dans les parages, en 1673, l'explorateur québécois Louis Jolliet, le jésuite français Jacques Marquette et leurs cinq compagnons, qui, lors de ce périple, découvriront le Mississippi, comprennent bien le potentiel stratégique et commercial du site. Jolliet note d'ailleurs que le creusage d'un court canal (une quinzaine de kilomètres), pour remplacer l'étape du portage, permettrait de faire communiquer les Grands Lacs et le golfe du Mexique. Il s'agit en quelque sorte du chaînon manquant au vaste réseau navigable qui jouera un rôle vital dans le développement de l'Amérique du Nord.

En 1763, la région, appartenant jusque-là à la France, est cédée à l'Angleterre par le traité de Paris, signé aux termes de la guerre de Sept Ans, et par lequel la France perd aussi le Canada.

À cette époque, plusieurs trappeurs fréquentent les lieux sans toutefois y élire domicile. Ce n'est qu'en 1779 qu'un non-Amérindien s'installe le premier aux abords de la Chicago River, sur la rive nord, à la hauteur de l'actuelle Michigan Avenue. Jean Baptiste Point DuSable réalise cette première en construisant un poste de traite. Selon différentes sources, DuSable, un francophone, est soit originaire de la République dominicaine, soit le fils d'un marchand de Québec et d'une esclave noire. Quoi qu'il en soit, les Amérindiens ne manquent pas de remarquer que *« le premier Blanc à s'établir dans la région est en fait un Noir… »*. Bientôt, le poste de traite de DuSable se transforme en un important relais pour le commerce de la fourrure et des céréales. Au début du XIXᵉ siècle, il sera vendu à John Kinzie, un négociant de descendance irlandaise né à Québec que l'on considérera longtemps comme le «père de Chicago», oubliant ainsi son prédécesseur de couleur…

Principaux événements historiques

1673: Le Québécois Louis Jolliet et le jésuite français Jacques Marquette explorent la région lors d'une expédition qui les mène à la découverte du fleuve Mississippi.

1779: Jean Baptiste Point DuSable installe un camp de trappeur sur la rive nord de la Chicago River.

1803: Établissement du fort Dearborn sur la rive sud de la Chicago River.

1812: Massacre du fort Dearborn.

1818: Création de l'État de l'Illinois.

1833: Fondation de Chicago.

1837: Incorporation de Chicago en tant que ville. Sa population atteint alors 4 170 habitants.

1848: Ouverture du canal Illinois-Michigan, qui permet de relier par voie navigable les Grands Lacs au golfe du Mexique.

1865: Ouverture des célèbres Union Stockyards, qui ne fermeront leurs portes qu'en 1971.

1871: La ville est détruite par le Grand Incendie.

Entre-temps, les Américains conquièrent leur indépendance de l'Angleterre en 1783. Vingt ans plus tard, ils construisent le fort Dearborn, du côté sud de la Chicago River cette fois. Cette forteresse vient renforcer la position des Blancs face aux Amérindiens, qu'ils ont entrepris de chasser de la région depuis un certain temps déjà. Ainsi, dès 1795, le colonel Anthony Wayne avait forcé les Potawatomis à céder un territoire situé à l'embouchure de la Chicago River, territoire correspondant grosso modo au centre-ville du Chicago d'aujourd'hui.

Les Potawatomis n'ont toutefois pas dit leur dernier mot, et en 1812 ils mènent une attaque dévastatrice contre le fort Dearborn. À cette époque où Américains et Anglais ne s'entendent pas sur le tracé de la frontière entre le Canada et les États-Unis, on craint une attaque des Anglais. Aussi décide-t-on d'évacuer le fort Dearborn, jugé trop isolé. Une cinquantaine d'Américains sont tués à la suite de l'embuscade que leur tendent les Amérindiens au moment de l'évacuation. Le fort sera quant à lui rasé dès le lendemain. On appellera «massacre du fort Dearborn» cet épisode historique.

La nation potawatomie paiera bien cher cette «victoire» dans les années qui suivront la reconstruction du fort Dearborn, en 1816. On estime qu'une population de quelque 5 000 d'entre eux sera alors, au mieux confinée dans des réserves, au pis décimée. En vertu d'un traité signé par leur chef Black Hawk, en 1833, ils céderont définitivement toutes leurs terres situées à l'est du Mississippi. Trois ans plus tard, la région

1885: Le premier gratte-ciel du monde voit le jour à Chicago : le Home Insurance Building (neuf étages).

1892: Inauguration du premier métro aérien.

1893: Tenue de la *World's Columbian Exposition*.

1900: Inversion du courant de la Chicago River par le Chicago Sanitary and Ship Canal.

1909: Adoption par la Ville du Daniel Burnham's Chicago Plan.

1929: Sept rivaux d'Al Capone sont assassinés à la mitraillette lors du «Massacre de la Saint-Valentin».

1931: Condamnation d'Al Capone pour évasion fiscale.

1933-34: Tenue de l'exposition internationale *Century of Progress*.

1942: La Chicago University est le théâtre de la première réaction nucléaire en chaîne contrôlée, une réalisation qui mènera à la production de la bombe atomique.

1955: Ouverture de l'aéroport O'Hare.

1955: Première élection à la mairie de Richard J. Daley. Il règnera sur Chicago jusqu'à sa mort, 21 ans plus tard.

1979: Jayne Byrne devient la première femme élue maire de Chicago.

1983: Chicago élit son premier maire afro-américain : Harold Washington.

1989: Richard M. Daley, fils de celui qui a tenu les rênes de la ville de 1955 à 1976, accède à son tour au poste de maire. Il règnera sur la ville jusqu'en 2011.

1995: Une vague de chaleur sans précédent fait 580 victimes.

2003: Le gouverneur sortant de l'Illinois, George Ryan, gracie 167 condamnés à mort.

étant maintenant pacifiée, le fort Dearborn ferme ses portes.

› Toutes les routes mènent à Chicago

À la suite de la création de l'État de l'Illinois, en 1818, Chicago prend son envol. Le premier élément qui contribue à cette impulsion est la construction du canal Érié, en 1825, qui permet de relier par voie navigable Chicago à l'est du pays, facilitant le commerce de la fourrure, du bétail, des céréales, etc. Puis, l'État de l'Illinois met sur pied une commission chargée de planifier l'aménagement d'un nouveau canal, reliant celui-là le lac Michigan au fleuve Mississippi par le biais de la rivière Illinois. Voilà donc que la vision de Louis Jolliet se concrétise peu à peu. La construction débute en 1836, et le canal est ouvert à la navigation en 1848. La même année, le Chicago Board of Trade voit le jour.

Tout le monde comprend alors l'importance commerciale que prendra Chicago, d'autant plus que la construction d'une première ligne de chemin de fer permettant de relier la ville à l'est des États-Unis est également achevée. Plus encore, Chicago devient une sorte de capitale américaine du chemin de fer alors que s'y rencontrent, en 1860, une quinzaine de lignes exploitées par une dizaine de compagnies ferroviaires. Pendant cette période, la population de Chicago passe de 50 âmes, en 1830, à plus de 4 170 en 1837, année où elle obtient officiellement le statut de ville. Elle atteindra 30 000 habitants en 1850, 110 000 en 1860, puis, 10 ans après, 300 000.

Mais ce boom fulgurant d'une ville qui devient le point central des réseaux de transports continentaux n'empêche pas une partie importante de sa population de patauger, la moitié de l'année, dans la boue... En effet, il ne faut pas oublier que Chicago grandit sur d'anciens marais. Que faire pour changer cet état de fait plutôt gênant? La solution est simple : élever la ville de quelques mètres! C'est ce que l'on entreprend de faire peu de temps avant le début de la guerre de Sécession (1861-1865). Le niveau des rues est alors relevé de un à quatre mètres, le rez-de-chaussée de plusieurs maisons étant ainsi transformé en sous-bassement. Il s'agira là de la première d'une impressionnante série de prouesses de l'ingénierie civile à être réalisées à Chicago.

Portrait - Un peu d'histoire

2006 : La firme québécoise Bombardier est choisie par la Chicago Transit Authority pour la fabrication des nouvelles voitures de métro.

2008 : Barack Obama devient le premier Afro-Américain à être élu président des États-Unis. Il sera réélu pour un second mandat en 2012.

2009 : The Tribune Company vend les Cubs de Chicago et le Wrigley Field à la famille Ricketts.

La Modern Wing de l'Art Institute of Chicago est inaugurée.

Rio de Janeiro est préférée à Chicago pour la tenue des Jeux olympiques d'été de 2016.

2010 : United Airlines, installée à Chicago, et Continental fusionnent et forment ainsi la plus importante compagnie aérienne du monde... jusqu'à la fusion d'American Airlines et US Airways en 2013.

2011 : Richard M. Daley se retire, et Rahm Emanuel est élu maire de Chicago.

En 1860, l'un des personnages marquants de la guerre de Sécession, Abraham Lincoln, émergera à Chicago. C'est en effet dans cette ville que se tient alors le congrès du Parti républicain au cours duquel Lincoln est nommé candidat à la présidence du pays. Encore une fois, c'est le fait que Chicago soit devenue une plaque tournante vers laquelle semblent converger toutes les routes, facilitant ainsi la venue de délégués de tous les coins du pays, qui la désigne comme premier choix naturel aux yeux de tous les organisateurs de rassemblements politiques, tant républicains que démocrates. D'ailleurs, une vingtaine de ces grandes assemblées se tiendront à Chicago dans les décennies qui suivront, si bien que 10 présidents des États-Unis ont en commun d'avoir été désignés candidats de leur parti à Chicago.

Au début des années 1860, le développement économique de Chicago s'avère donc spectaculaire. Des marchandises de toutes sortes (bétail, minerai de fer, céréales, bois de construction...) transitent par Chicago, qui devient ainsi le lien essentiel entre l'est et l'ouest du pays. Le secteur manufacturier prend de plus en plus d'ampleur à mesure que voient le jour d'innombrables entreprises de transformation. La ville devient dès lors le fournisseur de produits finis de la nation, rôle qu'elle joue d'ailleurs durant la guerre civile américaine alors qu'elle est le centre de ravitaillement des troupes du Nord.

Le 25 décembre 1865 marque l'ouverture des Union Stockyards, ces gigantesques (et célèbres!) parcs à bestiaux aménagés sur un mille carré (2,6 km²) au sud de la ville. On y parque alors jusqu'à 115 000 bêtes (bovins, porcs, moutons) destinées à alimenter l'industrie de la production de viande. Les Union Stockyards demeureront les principaux employeurs de la ville pendant près de 50 ans et ne fermeront leurs portes qu'en 1971.

› Le Grand Incendie

La croissance de Chicago est toutefois freinée le 8 octobre 1871, alors qu'éclate le Grand Incendie. Déclenchée, selon la légende, par une des vaches de Patrick et Kate O'Leary qui aurait bêtement fait tomber une lanterne, cette conflagration dévaste la ville pendant trois jours, jette à la rue le tiers de sa population, soit plus de 100 000 personnes, et en tue près de 300 autres. La grande quantité de maisons et d'édifices construits en bois facilite alors grandement la tâche du monstre, qui sévit sur une superficie de 10 km². Au total, le feu rase 18 000 bâtiments, et les dommages sont évalués à 200 millions de dollars.

Il en faut plus cependant pour décourager les Chicagoens. Ils se retroussent alors les manches et entreprennent la reconstruction de leur ville, tâche qu'ils accompliront en tout juste trois ans. En fait, plusieurs jeunes et talentueux architectes américains et étrangers verront bientôt le Grand Incendie de Chicago, et la promulgation d'une loi interdisant toute construction en bois dès l'année suivante, comme autant de bénédictions du ciel. Chicago se transformera ainsi pour eux en un vaste laboratoire où ils pourront expérimenter une gamme spectaculaire de techniques innovatrices en matière de construction.

LE GRAND INCENDIE

ZONE TOUCHÉE
PAR LE FEU
EN 1871

©ULYSSE

Ainsi, pour les nouveaux bâtiments, des revêtements de brique et de verre à l'ornementation plutôt dépouillée couvriront des structures d'acier. Plus tard, l'invention de l'ascenseur entraînera celle des gratte-ciel, qui pousseront bientôt un peu partout dans la ville. En matière d'architecture moderne, Chicago devient dès lors un leader mondial. On désignera d'ailleurs ce mouvement d'«école de Chicago». En quelques décennies, toute cette effervescence créatrice fera de Chicago un véritable musée à ciel ouvert de l'architecture moderne.

L'innovation ira d'ailleurs encore bien plus loin que la simple utilisation d'inventions ou de matériaux nouveaux. Elle se concrétisera aussi par la mise sur pied d'un plan général d'aménagement, concept tout à fait «révolutionnaire» dans l'Amérique échevelée d'alors, œuvre de l'un de ces talentueux jeunes architectes et urbanistes qui se sont attelés à la reconstruction de Chicago: Daniel Burnham. C'est grâce à ce visionnaire que Chicago est, encore aujourd'hui, un endroit agréable malgré les gratte-ciel, la circulation et la vie trépidante. La vision de Burnham peignait le Chicago du futur comme une grande métropole ceinturée de forêts domaniales et agrémentée de larges boulevards bordés d'arbres, de grands parcs et d'un accès public jalousement préservé aux abords du lac Michigan. Son plan sera officiellement adopté en 1909.

Entre-temps, la croissance de la ville reprend de plus belle. En 1880, sa population est de 500 000 âmes. Dans les 10 années suivantes, elle double pour atteindre près de 1,1 million d'habitants en 1890. Dès 1893, à peine plus de 20 ans après la catastrophe de 1871, la ville est à tel point remise du drame

Portrait – Un peu d'histoire

Chicago et les congrès politiques

Entre 1860 et 1968, des dizaines de congrès des grands partis politiques américains, tant du côté des Démocrates que des Républicains, ont été organisés à Chicago. Aucune autre ville des États-Unis ne peut se vanter d'en avoir accueilli autant.

Le premier de ces congrès, en 1860, a vu Abraham Lincoln être désigné candidat républicain. Ce personnage est par la suite entré dans l'histoire en conduisant les Nordistes à la victoire lors de la guerre de Sécession, ce qui contribua douloureusement à l'unification du pays, puis par son rôle dans l'abolition de l'esclavage.

En 1932, le Démocrate Franklin D. Roosevelt fut le premier candidat à prononcer son discours d'acceptation sur les ondes radiophoniques. Cette première eut encore une fois lieu à Chicago.

C'est encore à Chicago que se tint le premier congrès télévisé de partis politiques, en 1952. Cette année-là, les Démocrates et les Républicains s'étaient tour à tour donné rendez-vous dans la Ville des Vents.

Puis, en 1968, il y eut la tristement célèbre convention démocrate pendant laquelle des émeutes opposant la police et des manifestants contre la guerre du Vietnam éclatèrent dans les rues de la ville.

L'image de Chicago subit alors un dur coup, et il faudra attendre 28 ans, jusqu'au retour des Démocrates en août 1996, avant qu'un nouveau rendez-vous politique n'ait lieu dans cette ville. Pour l'occasion, les autorités de la Ville attendaient quelque 35 000 visiteurs, ce qui ne faisait de ce congrès que le 12e de l'année en importance. C'est toutefois avec beaucoup de sérieux que la Ville s'est alors préparée à accueillir les délégués démocrates.

Bien plus qu'une simple occasion de remplir les chambres d'hôtels, ce congrès devenait plutôt, compte tenu de l'extraordinaire couverture médiatique qui lui était accordée (15 000 représentants de la presse étaient attendus), une occasion en or pour redorer l'image de Chicago. Ainsi, dans les mois qui ont précédé la venue des Démocrates, d'innombrables travaux de réfection, de réaménagement, de nettoyage, etc., ont été entrepris aux quatre coins de la ville, devenue ainsi plus belle que jamais...

qu'elle a vécu qu'elle se permet le luxe d'inviter 26 millions de personnes à visiter la *World's Columbian Exposition* commémorant le 400e anniversaire de la découverte de l'Amérique. L'édifice abritant aujourd'hui le **Museum of Science and Industry** (voir p. 159) est un des vestiges de cette exposition universelle. Il en est de même du métro aérien qui encercle la portion du centre-ville que l'on nomme le Loop (la boucle).

› L'ère industrielle

La fête se termine toutefois plutôt mal alors qu'est assassiné le maire de la ville, Carter H. Harrison, le dernier jour de l'exposition. C'est que cette croissance effrénée ne se réalise pas que dans la joie et l'allégresse. Les tensions sociales ayant marqué l'accession de la majorité des villes du monde à l'ère industrielle se font ressentir de façon de plus en plus aiguë à Chicago, à mesure que croissent les ghettos où s'entassent les ouvriers et leurs familles, et que grandit le mécontentement face à des conditions de travail souvent inhumaines. Déjà, en 1886, des manifestations ouvrières tournent à la tragédie au Haymarket Square, alors qu'une bombe tue sept membres de la police qui riposte en faisant feu sur la foule. Au terme de cette affaire, cinq leaders anarchosyndicalistes sont condamnés et exécutés. En 1893, peu après l'assassinat du maire Harrison, trois autres seront toutefois graciés par le gouverneur John Peter Altgeld, qui travaille ainsi à sa réélection. Puis, en 1894, l'armée est appelée pour mater des manifestants lors de la grève des employés de la société ferroviaire Pullman, dans la partie sud de la ville.

Mais toute cette période est aussi marquée par la création d'un nombre impressionnant d'institutions culturelles. Ainsi naît en 1891 le Chicago Symphony Orchestra, en 1892 l'Art Institute of Chicago et l'University of Chicago, et en 1897 la Chicago Public Library. Voilà bien les contradictions dont sont faites les grandes métropoles...

Au début du XXe siècle, Chicago trouvera une nouvelle façon d'épater la galerie en réalisant une nouvelle prouesse technique. À cette époque, tout le monde en a assez de la pollution du lac Michigan, engendrée par le déversement de déchets industriels dans les eaux de la Chicago River. Parce que Chicago s'approvisionne en eau potable dans le lac Michigan et que les cas de typhoïde et de choléra se font de plus en plus fréquents, il faut en finir avec ce problème de pollution. Par un ingénieux mécanisme composé d'écluses et de contre-pentes, on inversera donc le cours de la rivière qui, dorénavant, ne coulera plus vers le lac, mais plutôt en sens contraire, vers le sud!

À Chicago, tout semble alors possible, et la ville se vautre dans la démesure : Chicago, ce sont les grandes expositions universelles, les forêts de gratte-ciel, les prestigieux plans de développement, les miracles de l'ingénierie civile... mais aussi les catastrophes spectaculaires. Ainsi, le 30 décembre 1903, quelque 600 personnes, dont de très nombreux enfants, sont tués lors de l'incendie qui ravage le théâtre Iroquois. Puis, le 24 juillet 1915, le navire de plaisance *Eastland* sombre dans la Chicago River, entraînant dans la mort 812 personnes, dont 22 familles entières. Tout, à Chicago, prend des proportions titanesques.

Dans le premier quart du XXe siècle, Chicago voit s'ajouter à ses problèmes sociaux, déjà mentionnés plus haut, des problèmes raciaux. Dès 1870 environ commence la migration de dizaines de milliers d'Afro-Américains des États du Sud s'amenant à Chicago dans l'espoir d'y trouver du travail, la plupart du temps dans les fameux Union Stockyards. Le nombre des nouveaux arrivants noirs atteint rapidement 30 000 en 1900, puis 110 000 en 1920, alors que la fin de la Première Guerre mondiale semble accélérer le mouvement. La politique de la ségrégation les confine toutefois dans des quartiers périphériques miteux du South Side, composés de logements dans un état de délabrement avancé, dont plusieurs ne sont même pas équipés de toilettes intérieures, mais pour lesquels les loyers demandés sont souvent nettement plus élevés que la moyenne. Le couvercle de la marmite saute en juillet 1919, alors qu'éclate une émeute qui dure six jours, pendant lesquels 15 Blancs et 23 Noirs sont tués. Encore une fois, l'armée doit intervenir pour rétablir l'ordre.

› Prohibition et Grande Dépression

À la même époque entrent bientôt en scène des personnages rendus mythiques par la magie de l'embellissement nostalgique qui finit souvent par gagner les mémoires collectives. À leur époque toutefois, ils ont donné une bien vilaine réputation à la Ville des Vents. Il s'agit bien sûr des Al Capone, Bugs Moran et autres John Dillinger, auxquels les non moins légendaires incorruptibles d'Eliot Ness donneront la chasse. C'est alors l'ère de la Prohibition, imposée par une Amérique plus puritaine que jamais. Cette loi ridicule ne fera en fait que stimuler l'importation illégale d'alcool du Canada, de même que la création de débits de boisson clandestins, de maisons de jeu illégales et de réseaux de prostitution contrôlés par diverses bandes de gangsters, eux-mêmes appuyés par des élus, fonctionnaires et policiers corrompus. L'un des épisodes les plus sanguinaires de cette époque de guerre ouverte entre bandes rivales sera baptisé le «Massacre de la Saint-Valentin». Le 14 février 1929, sept rivaux d'Al Capone seront assassinés à la mitraillette dans un garage du North Side.

En 1931, Capone est finalement envoyé sous les verrous pour évasion fiscale. C'est tout ce que les incorruptibles du FBI peuvent trouver comme preuve pour mettre à l'ombre le célèbre caïd surnommé *Scarface* (le balafré). Capone est tout de même condamné à 10 ans de prison. Il passera huit années à Alcatraz, avant de mourir de la syphilis en 1947.

La Route 66

La mythique Route 66 reliait jadis Chicago et Santa Monica, en Californie, et traversait ainsi huit États (Illinois, Missouri, Kansas, Oklahoma, Texas, Nouveau-Mexique, Arizona et Californie) et trois fuseaux horaires, sur environ 4 000 km. Elle fut construite entre 1926 et 1937 à partir de tronçons de route déjà existants. Son point de départ se trouvait tout juste à l'angle de Michigan Avenue et d'Adams Street, au cœur du Loop.

De nos jours, on ne peut rouler que sur certaines sections de la célèbre Route 66, surnommée la «Mother Road», la «Main Street of America» ou, plus sobrement, la «Will Rodgers Highway». Il faut, pour ce faire, emprunter les routes secondaires I-55, I-44, I-40, I-15 et I-10. Les voyageurs les plus curieux, et les moins pressés, pourront aussi découvrir çà et là plusieurs autres kilomètres perdus de la route originale.

En 1933, un autre maire de Chicago est assassiné. C'est alors Anton Cermak qui, à Miami, tombe sous les balles qu'un tueur réservait au président américain Franklin D. Roosevelt. Chicago, comme le reste de l'Amérique du Nord, d'ailleurs, est alors en pleine Grande Dépression, une grave crise économique dont l'origine remonte au krach de la Bourse de New York, en 1929.

Étrangement, c'est au beau milieu de cette période trouble, pendant laquelle des milliers de familles se retrouvent sans toit et que les gens font la queue pour manger, que se tient, en 1933-1934, une seconde exposition universelle à Chicago, pompeusement intitulée *Century of Progress*. Cette fois-ci, 39 millions de visiteurs affluent sur le site aménagé en bordure du lac Michigan, tout juste au sud du Loop.

› Seconde Guerre mondiale

Ironiquement, comme ce sera d'ailleurs le cas pour beaucoup de villes américaines, c'est l'entrée en scène des États-Unis dans la Seconde Guerre mondiale, en 1941, qui ramène la prospérité à Chicago. De nombreuses usines vouées à la production d'équipements et d'armes destinés à l'approvisionnement des troupes sont créées à Chicago, occupant ainsi la portion de la population qui n'est pas directement mobilisée par l'armée. Plus de 1,3 milliard de dollars sont alors investis dans les «usines de guerre» de Chicago, plus que dans toute autre ville américaine. Pendant ce temps, en 1942, un groupe de scientifiques réalise à l'University of Chicago la première réaction nucléaire en chaîne contrôlée grâce à la création du premier réacteur nucléaire, un exploit historique qui conduira finalement à la production de la bombe atomique.

Après la fin de la guerre, la ville se retrouve devant une importante crise du logement. En fait, la population de Chicago n'a cessé de progresser dans toute cette première moitié du XXe siècle: 1,7 million en 1900, 2,7 millions en 1920 et 3,6 millions en 1950. Chicago manque donc de toits pour abriter ses citoyens, particulièrement sa population noire, qui atteint alors un demi-million. Un nouveau phénomène, celui de l'étalement urbain, vient d'ailleurs compliquer la tâche de ceux qui cherchent des solutions à ces maux. En effet, à leur retour des champs de bataille européens, les vétérans de la guerre s'installent de plus en plus dans la banlieue. Bientôt, des familles les suivront, délaissant peu à peu la ville. En 1950, la ville compte un peu plus de 3,6 millions de résidents, ce qui représente 65% de la population totale de l'agglomération de Chicago (5,5 millions), qui comprend les villes de sa couronne. Quarante ans plus tard, elle ne comptera plus que 2,7 millions d'habitants, soit 35% de la population métropolitaine (8,1 millions).

Mais la politique de la ségrégation fera en sorte que la population afro-américaine demeure exclue de ce courant. Pour elle, qui formera au début des années 1990 le plus important groupe ethnique de Chicago, les problèmes de logement restent criants.

> ### Règne de Richard J. Daley

L'année 1955 est celle de la première élection de Richard J. Daley comme maire de Chicago, un puissant politicien d'allégeance démocrate qui règnera sur la ville pendant 21 ans. C'est à sa façon bien personnelle qu'il s'attaque aux maux de sa ville, «une ville au travail» (*the city that works*) comme le veut son leitmotiv favori. Parallèlement à l'ouverture de l'aéroport O'Hare (1955), qui deviendra vite le plus achalandé du monde, des quartiers entiers sont rasés par des bulldozers et font bientôt place à d'énormes HLM; des autoroutes sont

1968: chaos chez les Démocrates, une image salie pour Chicago

L'été 1968 est resté bien présent dans la mémoire collective des Américains en général et des Chicagoens en particulier. C'est en effet à Chicago, lors de la convention du Parti démocrate, que culminèrent des luttes engagées depuis déjà quelque temps aux États-Unis et révélant de profondes divisions au sein de la société américaine.

Ainsi, ce sont des Démocrates déchirés qui s'amènent à Chicago à la fin du mois d'août 1968 pour désigner leur candidat à la présidence du pays. Plus tôt cette année-là, Lyndon Johnson avait renoncé à l'idée de briguer un second mandat à la Maison-Blanche, puis Robert Kennedy était tombé sous les balles d'un assassin au mois de juin. Les candidats qui s'affrontent sont donc Hubert Humphrey, partisan du maintien des troupes américaines au Vietnam, et Eugene McCarthy, favorable à leur retrait. Pendant toute la durée du congrès, les délégués démocrates s'entre-déchirent dans le chaos le plus total sur l'épineuse question du Vietnam, et ce, devant des millions de téléspectateurs médusés.

Mais l'action ne se passe pas qu'à l'intérieur de l'amphithéâtre. À l'extérieur, les leaders des différents groupes de pression de la nouvelle gauche américaine (David Dellinger, Rennie Davis, Tom Hayden, Abbie Hoffman, Jerry Rubin, Lee Weiner et Bobby Seale, plus tard désignés du nom de «Chicago Seven») avaient annoncé la venue de 100 000 manifestants. En fait, seulement quelque 12 000 protestataires se présenteront, mais le maire Richard J. Daley, qui règne alors en autocrate sur Chicago, mobilise plus de 11 000 policiers et 5 000 soldats de la Garde nationale.

Ce qui devait arriver arriva... Après les quelques escarmouches des soirées précédentes, c'est l'émeute le dernier soir, au moment où Humphrey remporte l'investiture démocrate. Les délégués, grâce aux écrans de télévision installés dans l'amphithéâtre, sont alors témoins de scènes incroyables que visionnent en même temps qu'eux 80 millions d'Américains: le spectacle saisissant d'une police (on parlera plus tard d'une «émeute policière») qui se déchaîne sur la jeunesse blanche et privilégiée du pays. Du jamais vu! Le sénateur Abraham Ribicoff ne peut s'empêcher de monter sur scène et de dénoncer vertement ce qu'il appelle «des méthodes de la Gestapo dans les rues de Chicago». Pendant ce temps, les caméras saisissent dans les gradins des images d'un maire Daley insultant et menaçant Ribicoff au moyen de mots et de gestes qui ne laissent aucun doute...

Vingt-huit ans plus tard, en août 1996, les Démocrates reviennent à Chicago pour confirmer la candidature de Bill Clinton à un second mandat présidentiel. Cette fois-ci, le scénario s'avère bien différent: débats timides, même sur des sujets délicats comme la réforme de l'aide sociale et le «virage à droite» imposé au parti par Clinton, utilisation habile des heures de grande écoute à la télévision, discours émotifs visant à toucher l'Américain moyen, participation de vedettes de la télé et du cinéma chéries du grand public, etc. Cette fois-ci, autres temps, autres mœurs, c'est à une remarquable opération de relations publiques réglée au quart de tour que se livrent les Démocrates. La ville de Chicago profite ainsi d'une occasion en or pour se refaire une image et se positionner comme «destination touristique du XXIe siècle»... et Bill Clinton est réélu à la Maison-Blanche quelques semaines plus tard.

construites un peu partout; de nouveaux gratte-ciel poussent toujours plus haut. La marque que laissera Richard J. Daley, dit *Da Boss* (le patron), sera indélébile. Il la laissera d'ailleurs à d'autres niveaux, de nombreux observateurs s'accordant pour lui octroyer un rôle vital dans l'élection de John F. Kennedy à la présidence des États-Unis, en 1960.

Pendant le congrès du Parti démocrate, qui se tient à Chicago en 1968, une grande manifestation contre la guerre du Vietnam est organisée. Daley réagit brutalement et lance sa police, devant les caméras de télévision, à l'assaut de manifestants qui se contentent de scander «*the whole world is watching*» (le monde entier regarde). Il faudra près de 30 ans avant qu'un nouveau rendez-vous politique ne soit organisé à Chicago (le congrès démocrate de 1996), une ville autrefois spécialisée dans le genre.

D'autres émeutes marquent l'année 1968 à Chicago. Elles suivent l'assassinat, à Memphis, du grand leader afro-américain Martin Luther King, Jr. Encore là, Daley donne à ses policiers l'ordre de «tirer à vue». Bilan: 11 morts et 500 blessés.

Les années 1960 et 1970 ramèneront Chicago à l'avant-scène en matière d'architecture. De nouveau à l'avant-garde, Chicago attirera les plus remarquables architectes du monde. Cette nouvelle période faste est marquée par l'érection d'audacieuses constructions parmi lesquelles on retient notamment le complexe de Marina City (1965), le John Hancock Center (1969) et la Sears Tower (1974).

› Nouveaux défis

En 1976, Richard J. Daley s'éteint à la suite d'une crise cardiaque. Trois ans plus tard, en 1979, Jayne Byrne devient la première femme à accéder aux fonctions de premier magistrat de Chicago. Puis, en 1983, une autre grande première se concrétise lorsque l'Afro-Américain Harold Washington est élu maire. Son règne est cependant de bien courte durée, interrompu par une crise cardiaque qui le terrasse en 1987. Puis, en 1989, un autre Daley prend le pouvoir, Richard M., fils de l'autre.

Dès ses débuts, le nouveau maire doit faire face à une «douloureuse» réalité: le recensement de 1990 indique que Chicago, avec ses 2 726 000 habitants, se retrouve bon troisième derrière New York et Los Angeles parmi les grandes métropoles américaines. L'un des surnoms de la ville, *The Second City* (la deuxième ville), devient dès lors obsolète. Plus sérieusement, c'est à un taux de criminalité dangereusement élevé que doit s'attaquer l'administration de Richard M. Daley, de même qu'à des problèmes de tensions ethniques alimentées, entre autres, par l'arrivée massive de populations hispanique et afro-américaine. De plus, en juillet 1995, une vague de chaleur sans précédent fait pas moins de 580 victimes. Encore et toujours, la démesure est à l'affiche dans la Ville des Vents...

Le maire Daley fera alors sienne la célèbre phrase utilisée pour décrire Chicago: *the city that works* (une ville au travail). Ainsi, il lance d'importants projets de restauration et d'embellissement de la ville, faisant une large place aux lieux publics et aux espaces verts. Le boom économique des années 1990 vient alimenter ses ambitions et favorise d'innombrables investissements privés ainsi que la revitalisation du Loop.

Daley s'attaque aussi avec succès à la criminalité, en réformant son service de police et en interdisant la possession d'armes de poing, allant même jusqu'à engager des poursuites judiciaires contre les fabricants d'armes à feu. Parallèlement, il mène une ambitieuse révision du système d'éducation public et cherche des solutions à la traditionnelle ségrégation raciale dont souffre toujours la ville. Des projets de construction résidentielle d'envergure, dans le but de remplacer les ghettos d'aujourd'hui par des quartiers mixtes comprenant autant des HLM que des maisons pour la classe moyenne, des écoles, des commerces et des terrains de jeu, visent à atteindre cet objectif.

Pas de Jeux olympiques pour Chicago

En avril 2007, le Comité olympique américain a désigné Chicago comme candidate des États-Unis pour l'obtention des Jeux olympiques et paralympiques d'été de 2016. L'ambitieux plan déposé alors par Chicago prévoit des investissements de l'ordre de 5 milliards de dollars, notamment pour la construction d'un stade dans le quartier de Washington Park et d'un village olympique développé par l'entreprise privée au sud du McCormick Place Convention Center.

Les autres villes candidates pour l'obtention des XXXIes Jeux olympiques d'été étaient alors Rio de Janeiro, Rome, Madrid et Tokyo.

Lors du dévoilement du choix final par le Comité international olympique à Copenhague, en octobre 2009, d'aucuns considéraient Chicago comme l'une des favorites. La chute ne fut dès lors que plus brutale lorsque Chicago fut écartée à la surprise générale dès le premier tour de scrutin. C'est finalement Rio de Janeiro qui a remporté la palme, le Brésil devenant ainsi le premier pays d'Amérique du Sud à être choisi pour organiser les Jeux.

Fort de tout ce travail accompli et d'une popularité qui s'étend à toutes les couches de la société et auprès de tous les groupes ethniques, Richard M. Daley sera réélu à cinq reprises (1991, 1995, 1999, 2003 et 2007). Il quittera ses fonctions en 2011 après un règne de 22 ans.

En janvier 2003, le gouverneur de l'Illinois, George Ryan, tire quant à lui sa révérence. Il surprend alors tout le monde en annonçant à Chicago qu'il gracie 167 condamnés à mort. Ryan, lui-même partisan de la peine capitale lors de son élection quatre ans plus tôt, avait imposé un moratoire sur les exécutions en Illinois à la suite d'une série d'articles du *Chicago Tribune* révélant de nombreuses erreurs et anomalies dans le système judiciaire de l'État. Avec l'aide de ses étudiants, le professeur de journalisme à l'Université Northwestern de Chicago, David Protess, avait mené une enquête poussée qui permit d'innocenter 13 condamnés à mort, entre autres au moyen de tests d'ADN. Le geste d'éclat du gouverneur Ryan relance ainsi aux États-Unis le débat sur la peine de mort, encore en vigueur dans 32 États sur 50.

En 2006 toutefois, l'étoile de l'ex-gouverneur Ryan pâlit de manière irréversible, quand il est condamné à six ans et demi de prison pour diverses affaires de corruption survenues au cours de sa longue carrière politique.

C'est par ailleurs également en 2006 que la Chicago Transit Authority (CTA) annonce le choix de la firme québécoise Bombardier pour la fabrication de 406 voitures de métro, plus une commande possible de 300 voitures additionnelles qui sera confirmée en 2011, soit un contrat d'une valeur totale de 933 millions de dollars américains.

En 2007 s'est tenu à Chicago le procès retentissant de l'homme d'affaires Conrad Black, originaire de Montréal. En quelques décennies, Black avait construit l'empire Hollinger, troisième groupe de presse au monde à son apogée, qui comprenait entre autres le *Daily Telegraph* de Londres, le quotidien montréalais *The Gazette*, le *Chicago Sun-Times* et le *National Post* de Toronto. Sa chute s'amorce toutefois en 2004, lorsque des soupçons de détournement de fonds commencent à peser sur lui. C'est alors que Hollinger International, holding basé à Chicago, entreprend des procédures judiciaires contre Black. En juillet 2007, il est reconnu coupable de fraude et d'entrave à la justice par un jury de la Cour fédérale de Chicago. Il sera condamné à six ans et demi de prison, et à restituer 6,1 millions de dollars au holding qu'il avait jadis présidé. Mais ses problèmes ne devaient pas s'arrêter là puisque, furieux de constater l'effondrement de la valeur de leurs investissements provoqué par les magouilles de Black, divers groupes d'actionnaires lui réclament parallèlement des milliards de dollars devant les tribunaux.

Quant à l'année 2008, elle sera marquée par une lutte à finir entre deux Chicagoens, alors que Barack Obama, sénateur de l'Illinois, et Hillary Clinton, originaire de la banlieue de Chicago, s'affrontent dans le cadre de la course pour l'investiture démocrate en vue de l'élection présidentielle américaine.

Barack Obama devait finalement l'emporter, avant de devenir quelques mois plus tard le premier Afro-Américain à être élu président des États-Unis. Le soir de son élection, c'est plus d'un million de personnes qui se donnèrent rendez-vous au Grant Park pour entendre le nouveau président élu et célébrer sa victoire historique.

Quelques semaines plus tard toutefois, les douteuses manœuvres du gouverneur démocrate de l'Illinois, Rod Blagojevich, vinrent quelque peu porter ombrage à Obama. Blagojevich, qui à titre de gouverneur de l'État avait la responsabilité de nommer le successeur d'Obama au Sénat, avait alors tenté de brader le siège laissé vacant par le nouveau président élu contre des pots-de-vin de diverses natures. Cela devait mener, au début de 2009, à la destitution du gouverneur pour cause de corruption.

L'année 2009 sera par la suite marquée à Chicago par divers événements réjouissants et moins heureux. Ainsi, la Modern Wing de l'Art Institute sera enfin inaugurée au cours de cette année, Chicago sera écartée de la course pour l'obtention des Jeux olympiques de 2016 au profit de Rio de Janeiro, et la vente de l'équipe de baseball des Cubs de Chicago à la riche famille Ricketts sera conclue.

À l'automne 2010, le maire Richard M. Daley annonce son retrait de la vie publique. Au début de 2011, Rahm Emanuel, ancien chef de cabinet du président Barack Obama et ex-conseiller de Bill Clinton, est élu maire après une campagne marquée par la contestation de son éligibilité devant les tribunaux. Bien que propriétaire d'une résidence à Chicago, Emanuel avait passé le plus clair de son temps à Washington pour travailler auprès du président Obama au cours des deux années précédentes, alors que la loi électorale de Chicago dicte que les candidats à la mairie doivent avoir vécu dans la ville au cours de l'année qui précède le scrutin.

Économie

Traditionnellement, ce sont les industries lourdes comme la construction navale et, surtout, la métallurgie qui ont joué le rôle de secteurs économiques vitaux de Chicago. À cela, il fallait ajouter l'industrie de la transformation alimentaire, dont les célèbres Union Stockyards étaient le moteur. Située à la jonction de l'Amérique industrielle et des grandes plaines agricoles, la ville de Chicago est également devenue l'un des plus importants marchés de céréales et de bétail au monde.

Chicago compte par ailleurs plusieurs places boursières : la Chicago Stock Exchange, la Chicago Board Options Exchange, de même que la Chicago Mercantile Exchange, qui a fusionné à l'été 2007 avec le Chicago Board of Trade, créant ainsi le CME Group, la première Bourse mondiale par la capitalisation (plus de 34 milliards de dollars). Au début de 2008, ce nouveau géant a pris le contrôle du NYMEX, le marché new-yorkais du pétrole et des matières premières, pour la somme de 9,4 milliards de dollars.

Parmi les nombreuses compagnies ferroviaires qui avaient jadis leur siège à Chicago, du fait que cette ville constituait le point de jonction du réseau national, il n'en reste plus qu'une seule aujourd'hui : l'Illinois Central Corporation. Ce déclin de l'industrie ferroviaire a toutefois été compensé par l'émergence de l'industrie aérienne. Chicago possède en effet l'aéroport international où l'on enregistre le plus important trafic aérien du globe. De plus, United Airlines, devenue la plus grande compagnie aérienne du monde une fois approuvée par les autorités sa fusion avec Continental en 2010 (144 millions de passagers; 88 000 employés; chiffre d'affaires de 29 milliards de dollars), est installée en banlieue de la Ville des Vents, et le célèbre constructeur Boeing a déménagé son siège social de Seattle à Chicago en 2001.

Les inventions à Chicago

C'est à Chicago que sont nés les biscuits Oreo, dans la plus grande fabrique de biscuits au monde : la Nabisco. On considère qu'à ce jour plus de 2,5 milliards de ces biscuits ont été produits par cette entreprise.

Parmi les autres inventions ayant vu le jour à Chicago figurent :

- les patins à roulettes (1884);
- le gratte-ciel (1885);
- le métro aérien (1892);
- les Cracker Jacks (1893);
- la grande roue (Ferris Wheel) (1893);
- la fermeture éclair (1896);
- la *pinball machine* (billard électrique) (1930);
- la peinture en aérosol (fin des années 1940);
- le détecteur de mensonge (années 1940);
- les restaurants McDonald's (1955)

Tout au long du XXᵉ siècle, l'industrie chicagoenne de l'édition s'est maintenue au second rang en Amérique, derrière celle de New York. Le matériel pédagogique et les encyclopédies forment le plus gros de la production des maisons d'édition de la région.

Bien que Chicago ait entrepris son virage technologique sur le tard par rapport à d'autres villes et régions américaines, une vingtaine de ses 100 plus importantes sociétés œuvrent aujourd'hui dans le domaine de l'électronique, de l'informatique ou des télécommunications. Parmi celles-ci, il faut mentionner le fabricant de logiciels Spyglass, ainsi que la U.S. Robotics Corporation et la compagnie Motorola.

Mais le secteur manufacturier représente encore de nos jours quelque 20% de l'économie chicagoenne. La production d'acier, quoique dans une moindre mesure que jadis, constitue toujours l'une des activités importantes.

Le plus important secteur d'activité est toutefois celui des services, qui représente 35% des revenus d'entreprises et embauche plus de 70% de la main-d'œuvre. Les services gouvernementaux, l'éducation (la ville compte 96 universités et collèges!), la vente au détail, la vente en gros, les transports, les services médicaux, les communications et le tourisme en sont les éléments les plus importants.

Grandement diversifiée, l'économie de la région de Chicago jouit de l'apport, selon le magazine *Fortune*, d'une quarantaine des plus grandes corporations des États-Unis en termes de revenus. Parmi celles-ci, mentionnons les pharmacies Walgreens (32ᵉ), le géant de l'aéronautique Boeing (36ᵉ), Sears Holdings (57ᵉ, mais au deuxième rang des grandes entreprises américaines de vente au détail), Abbott Laboratories (69ᵉ), Allstate (89ᵉ), les restaurants McDonald's (111ᵉ), United Continental Holdings (114ᵉ), Motorola (116ᵉ), Exelon (141ᵉ) et Sara Lee (191ᵉ).

À noter également que le siège social de la chaîne hôtelière Hyatt, laquelle compte plus de 400 établissements et emploie 80 000 personnes, est établi à Chicago.

> Industrie touristique

En 2011, Chicago a accueilli 45,59 millions de visiteurs, dont 1,2 million en provenance de l'étranger (excluant le Canada et le Mexique). Résultat, le tourisme constitue une industrie qui génère des revenus de l'ordre de 11,96 milliards de dollars par année et qui crée 128 300 emplois. Chicago est la septième destination américaine du public international. Ces visiteurs internationaux, qui demeurent en moyenne sept nuitées à Chicago, proviennent de quelque 75 pays différents, dont les plus importants sont la Grande-Bretagne, l'Allemagne, le Japon, la France, le Brésil, la Chine, les Pays-Bas, l'Inde, l'Italie et la Corée du Sud.

En ce qui a trait au tourisme d'affaires, Chicago jouit, grâce à McCormick Place, des plus spacieuses installations des États-Unis pour la tenue de congrès et d'expositions en tout genre. On y accueille annuellement quelque 2 millions de délégués, qui viennent participer à des congrès, salons et autres rencontres d'affaires.

Population

Le recensement de 1990 a repoussé Chicago au troisième rang des villes américaines en termes de population, derrière New York et Los Angeles. Il indiquait alors que 2 783 726 personnes résidaient à l'intérieur des limites de la ville (en 1950, Chicago comptait 3,6 millions d'habitants). Le recensement de 2000 a quant à lui indiqué une certaine remontée de la population de la ville, en l'établissant à 2 896 016 habitants, mais celui de 2010 a ramené ce chiffre à 2 695 598. La population de la grande région métropolitaine de Chicago, pour sa part, s'élevait à plus de 9,68 millions d'individus selon le recensement de 2010.

Grande métropole américaine, la ville de Chicago s'est façonnée au gré des diverses vagues d'immigration qu'ont connues au cours des XIXe et XXe siècles le continent en général et les États-Unis en particulier. Ce fut d'abord la construction du canal reliant les Grands Lacs au Mississippi, chantier terminé en 1848, qui attira les premiers immigrants, les Irlandais, qui fuyaient la famine sévissant dans leur pays. Ce grand projet leur assurait alors enfin du travail. Puis, l'extraordinaire croissance économique que connut la ville dans la seconde moitié du XIXe siècle doit beaucoup à ceux qui les ont suivis : les Allemands, les Scandinaves, les Polonais, les Italiens, les Grecs, les Russes. Ceux-ci, persécutés dans leur pays pour des raisons politiques, religieuses ou ethniques, venaient trouver une vie meilleure au Nouveau Monde. Au XXe siècle, surtout après la Seconde Guerre mondiale, les Asiatiques et les Sud-Américains se sont joints aux immigrants «traditionnels». Parallèlement, les Afro-Américains quittaient les plantations du Sud pour aller trouver du travail dans les grandes villes industrielles du Nord.

Aujourd'hui, plus de 80 communautés installées dans les quelque 175 quartiers que compte Chicago forment le tissu social de la ville. Nous vous présentons ici quelques-uns de ces groupes.

› Afro-Américains

Comme l'indique le tableau des groupes ethniques de Chicago, les Afro-Américains comptent, selon le recensement de 2010, pour près de 33% de la population de la ville de Chicago elle-même.

Évolution de la population de Chicago

1830	50	1900	1,7 million
1837	4 170	1920	2,7 millions
1850	30 000	1950	3,6 millions
1860	110 000	1990	2,7 millions
1870	300 000	2000	2,9 millions
1880	500 000	2010	2,7 millions
1890	1,1 million		

Répartition raciale et ethnique selon le recensement de 2010

Afro-Américains	32,9%	Latino-Américains	28,9%
Blancs (autres que Latino-Américains)	31,7%	Asiatiques	5,5%

L'arrivée des Noirs à Chicago, dès le début du XXe siècle, s'est sensiblement accentuée après la Première Guerre mondiale. C'est alors que commença ce que l'on appela «la grande migration» de cette population du Sud vers le nord du pays. À cette époque, malgré l'abolition de l'esclavage au siècle précédent, la réalité des Afro-Américains est toujours celle de la discrimination, de la pauvreté et des plantations de coton du Sud, où ils exercent des travaux durs et mal rémunérés. Le développement fulgurant des villes industrielles du Nord séduira alors ces populations par la promesse d'emplois mieux payés et d'une vie meilleure. Eux aussi croiront au «rêve américain». C'est donc par centaines de milliers qu'ils quitteront les campagnes du Sud au profit des grandes villes du Nord : Chicago sera l'une de ces villes. Ils viendront y travailler dans les aciéries, mais surtout dans les Union Stockyards, ces vastes parcs à bestiaux du South Side. C'est là qu'ils s'installeront, dans des logements de fortune, formant ce que l'on appelle la *black belt* (ceinture noire) du sud de la ville, notamment dans le quartier de Bronzeville, le «Harlem de Chicago», où naîtra plus tard le *Chicago blues*.

Le rêve tourne toutefois bientôt au cauchemar. Les familles noires sont confinées dans des logements miteux de quartiers déprimants. Leurs conditions de vie sont misérables. Puis, le racisme refait surface alors que Noirs et Blancs doivent rivaliser pour l'obtention de travail et de logements. En 1919, une émeute raciale qui fera 38 morts (23 Noirs et 15 Blancs) et 537 blessés éclate en plein mois de juillet, avant d'être réprimée par l'armée. Les troubles, qui laisseront des centaines de personnes sans toit, durent une semaine entière. C'est le refus d'un policier d'arrêter les coupables du meurtre d'un jeune Noir s'étant aventuré du «côté blanc» d'une plage du South Side qui avait mis le feu aux poudres. La politique de la ségrégation bat alors son plein. Les Noirs doivent envoyer leurs enfants dans des écoles qui leur sont réservées, manger à des comptoirs désignés, n'occuper que les banquettes se trouvant à l'arrière des autobus, etc.

Après la Seconde Guerre mondiale, au retour des vétérans de l'armée, Chicago connaît une importante crise du logement. Rapidement, les Blancs iront vivre dans les villes de banlieue, créant ainsi l'étalement urbain. Les Noirs, quant à eux, seront toujours confinés aux ghettos. Bientôt, pour résorber la crise du logement, des tours d'habitation dans lesquelles ils s'entasseront seront construites, ce qui ne fera qu'amplifier le phénomène de ségrégation. Parallèlement, la lutte pour les droits civiques des Noirs s'organise. En 1955, à Montgomery, dans l'Alabama, une dame afro-américaine du nom de Rosa Parks refuse de laisser son siège d'autobus à un passager blanc. Pour plusieurs, cet incident marque le début des revendications afro-américaines réclamant la fin de la ségrégation raciale systématique. Le mouvement gagnera en importance par la suite et deviendra une force politique importante dans les années 1960. Ainsi, en 1965, le révérend Martin Luther King conduit dans les rues de Chicago une importante manifestation à laquelle prennent part 10 000 personnes. Ils contestent alors la politique de la Ville consistant à construire des logements sociaux, qui n'a d'autre but à leurs yeux que de parquer les Noirs dans des ghettos.

Mais, le 4 avril 1968, King est assassiné à Memphis. Des soulèvements sont alors signalés un peu partout à travers les États-Unis. À Chicago, la colère de la population noire met le West Side à feu et à sang. Des pâtés de maisons entiers sont incendiés, laissant un millier de personnes dans la rue. Onze individus sont tués, et plus de 500 autres blessés. La police procède alors à près de 3 000 arrestations. Le controversé maire Richard J. Daley avait alors

Portrait - Population

Afro-Américains ayant quitté le Sud pour les villes du Nord

1900-1910	180 500	1930-1940	347 500
1910-1920	453 800	1940-1950	1 597 000
1920-1930	773 400	1950-1960	1 457 000

Évolution de la population noire de Chicago

1900-1910	44 103	1930-1940	277 731
1910-1920	109 458	1940-1950	492 265
1920-1930	233 903	1950-1960	812 637

donné à sa police l'ordre tant décrié par la suite de «tirer à vue». Deux des 11 personnes tuées, tous des Noirs, tombent d'ailleurs sous les balles des policiers...

Mais la venue des Noirs à Chicago est bien loin de n'avoir suscité que la violence et le tumulte. C'est à eux que l'on doit par exemple le jazz, le blues, le gospel, le soul et le rhythm-and-blues. En fait, sur le plan culturel, leur apport est tout à fait remarquable, comme en rendent compte aujourd'hui des institutions comme le **DuSable Museum of African-American History** (voir p. 163) et des événements annuels comme les festivals de blues, de jazz et de gospel, de même que l'African-American History Month, qui a lieu au cours du mois de février.

Ayant atteint leur paroxysme dans les années 1960, les luttes menées après la Seconde Guerre mondiale ont permis à la communauté afro-américaine de faire des gains appréciables. Bien que tout soit aujourd'hui loin d'être parfait, la pauvreté et les problèmes de drogue et de criminalité qu'elle entraîne constituant toujours l'univers d'une partie importante de cette population, de nombreux Noirs œuvrant aujourd'hui à titre de professionnels ont accédé à un meilleur niveau de vie. Ayant rejoint la classe moyenne, ils s'installent avec leurs familles dans de plus beaux quartiers, loin du ghetto. La réussite éclatante de vedettes du sport et du spectacle, les carrières politiques impressionnantes des Jesse Jackson père et fils, de Harold Washington, premier homme de couleur élu maire de Chicago, ou de Barack Obama, premier Afro-Américain élu président des États-Unis en 2008, ne sont que quelques exemples permettant de mesurer le chemin parcouru.

> Latino-Américains

L'ensemble des communautés hispanophones, inclusion faite des descendants mexicains, portoricains, cubains et autres, représente le troisième groupe en importance à Chicago (29%).

Les Mexicains, qui ont commencé à arriver dès le début du XXe siècle, lors de la construction des voies ferrées, constituent la plus grande partie de ce groupe fort diversifié. Ils forment majoritairement une population de cols bleus. On note toutefois la création de plusieurs entreprises gérées par des Mexicano-Américains. Il en existerait en effet plus de 5 000.

La révolution cubaine de 1959 a fait fuir vers les États-Unis plusieurs Cubains jusque-là privilégiés dans leur pays. À l'inverse des Mexicains, ils sont plutôt des cols blancs et des professionnels relativement à l'aise. Plusieurs ont d'ailleurs pu se permettre, au fil des ans, de se déplacer vers de confortables villes de banlieue.

Il y a aussi les Portoricains, dont la venue est favorisée par le fait qu'ils détiennent leur citoyenneté américaine dès la naissance. C'est d'ailleurs la deuxième communauté hispa-

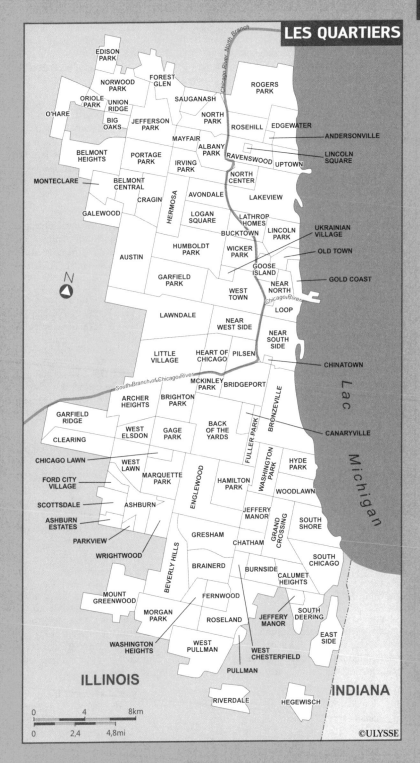

LES QUARTIERS

EDISON PARK
NORWOOD PARK
FOREST GLEN
ORIOLE PARK
UNION RIDGE
O'HARE
BIG OAKS
JEFFERSON PARK
SAUGANASH
NORTH PARK
ROGERS PARK
ROSEHILL
EDGEWATER
ANDERSONVILLE
MAYFAIR
ALBANY PARK
RAVENSWOOD
UPTOWN
LINCOLN SQUARE
BELMONT HEIGHTS
PORTAGE PARK
IRVING PARK
NORTH CENTER
MONTECLARE
BELMONT CENTRAL
CRAGIN
HERMOSA
AVONDALE
LAKEVIEW
GALEWOOD
LOGAN SQUARE
LATHROP HOMES
BUCKTOWN
LINCOLN PARK
UKRAINIAN VILLAGE
HUMBOLDT PARK
WICKER PARK
OLD TOWN
AUSTIN
GARFIELD PARK
WEST TOWN
GOOSE ISLAND
NEAR NORTH
GOLD COAST
LAWNDALE
NEAR WEST SIDE
LOOP
NEAR SOUTH SIDE
LITTLE VILLAGE
HEART OF CHICAGO
PILSEN
CHINATOWN
McKINLEY PARK
BRIDGEPORT
ARCHER HEIGHTS
BRIGHTON PARK
BRONZEVILLE
GARFIELD RIDGE
BACK OF THE YARDS
FULLER PARK
CANARYVILLE
CLEARING
WEST ELSDON
GAGE PARK
CHICAGO LAWN
WEST LAWN
WASHINGTON PARK
HYDE PARK
FORD CITY VILLAGE
MARQUETTE PARK
ENGLEWOOD
HAMILTON PARK
WOODLAWN
SCOTTSDALE
ASHBURN
JEFFERY MANOR
SOUTH SHORE
ASHBURN ESTATES
GRESHAM
GRAND CROSSING
PARKVIEW
CHATHAM
SOUTH CHICAGO
WRIGHTWOOD
BEVERLY HILLS
BRAINERD
BURNSIDE
CALUMET HEIGHTS
MOUNT GREENWOOD
FERNWOOD
JEFFERY MANOR
SOUTH DEERING
MORGAN PARK
ROSELAND
EAST SIDE
WASHINGTON HEIGHTS
WEST PULLMAN
WEST CHESTERFIELD
PULLMAN
ILLINOIS
INDIANA
RIVERDALE
HEGEWISCH
Lac Michigan
Chicago River, North Branch
Chicago River
South Branch of Chicago River

N

0   4   8km
0   2,4   4,8mi

©ULYSSE

guidesulysse.com

nophone en importance à Chicago après les Mexicains. Ils forment toutefois un groupe où la pauvreté est très répandue, se classant derrière les Afro-Américains quant à leur revenu moyen. Puis, il y a des immigrants provenant de nombreux pays d'Amérique centrale (Honduras, Guatemala, El Salvador, etc.) et d'Amérique du Sud (Colombie, Équateur, Pérou, Chili, etc.).

Ces populations habitent aujourd'hui le West Side et le nord-ouest de la ville, des quartiers qui abritaient jadis des immigrants d'Europe de l'Est. Les Mexicains, pour leur part, sont regroupés dans les quartiers de Pilsen et de Little Village, dans le sud-ouest, alors qu'on retrouve les Portoricains dans West Town et le quartier de Humboldt Park, du côté nord-ouest. Les Cubains, moins enclins à se regrouper, sont éparpillés ici et là dans le nord et le nord-ouest de la ville. On peut toutefois dire que les quartiers de Logan Square et d'Edgewater renferment de petites concentrations de Cubains.

> Polonais

Les Polonais comptent parmi les plus anciens immigrants à être venus s'installer à Chicago. Dès les années 1870, ils commencent à arriver en masse dans la région, fuyant la répression qui sévit dans leur pays, où Otto von Bismarck impose une politique de germanisation. Ils s'établissent alors dans le nord-ouest de la ville, autour de Milwaukee Avenue. Ils afflueront en grand nombre jusque dans les années 1930.

À cette vague d'immigration plus ancienne s'en est ajoutée une seconde au cours des années 1980, dans la foulée du mouvement Solidarité mené par Lech Walesa en Pologne. En fait, même après la chute du communisme, l'exode s'est poursuivi en raison des conditions économiques difficiles sévissant dans une Pologne en transition.

Aussi la communauté polonaise de Chicago est-elle la plus importante en dehors de la Pologne. Certaines sources évaluent à près d'un million le nombre de descendants polonais vivant dans la région de Chicago. Cette réalité a d'ailleurs été reconnue lors des voyages officiels à Chicago du pape Jean-Paul II en 1979 et de Lech Walesa en 1989. Il s'agit d'un groupe œuvrant dans toutes les sphères de la société et dont les membres se retrouvent dans toutes les classes socioéconomiques.

Milwaukee Avenue demeure encore aujourd'hui le cœur commercial de la communauté. Mais plusieurs de ses membres vivent plus au nord, dans les quartiers d'Avondale, aussi appelé «Jackowo», de Jefferson Park, de Norwood Park et d'Edison Park. Arpenter Milwaukee Avenue est une intéressante façon de faire connaissance avec quelques-unes des communautés ethniques de Chicago comptant parmi ses plus colorées et ses plus anciennes. Pour ce faire, vous pouvez prendre l'autobus n° 56, qui parcourt l'avenue sur toute sa longueur à partir de l'intersection de Michigan Avenue et de Madison Street, dans le Loop.

> Allemands

Après l'échec de la révolution déclenchée à Berlin en 1848, de nombreux Allemands quittèrent leur pays natal. Plusieurs immigrèrent aux États-Unis, si bien que la communauté allemande de Chicago devint, dès 1860, l'une de ses plus importantes.

Certains de ces nouveaux arrivants s'installèrent aux environs des Union Stockyards; d'autres, plus nombreux, choisirent plutôt l'Old Town. Après 1910, la population allemande de Chicago se déplaça vers le nord, dans le quartier de Lakeview, puis dans celui de Lincoln Square. Aujourd'hui, beaucoup d'entre eux habitent la banlieue, ayant abandonné leurs quartiers traditionnels à d'autres groupes (Latino-Américains, Asiatiques).

Dès leur arrivée, les Allemands inspirèrent une certaine méfiance aux autres Chicagoens, qui les cataloguaient sous le nom d'«activistes», d'«anarchistes» ou d'«agitateurs». La montée du sentiment anti-allemand au cours des deux conflits mondiaux accentua cet état de fait, si bien que plusieurs d'entre eux américanisèrent leur nom et que le groupe entier s'assimila rapidement à la société dite américaine.

La contribution de la communauté allemande à Chicago demeure malgré tout des plus marquantes. Son implication dans le développement du mouvement ouvrier fut par exemple très important, et c'est à elle que l'on doit notamment la création du Chicago Symphony Orchestra.

› Juifs

Entre 1880 et la Première Guerre mondiale, des milliers de Juifs venant de pays germaniques (Prusse, Autriche, Pologne, etc.) vinrent s'installer dans le West Side de Chicago, autour de Maxwell Street. Cela s'inscrivait dans le vaste mouvement migratoire qui vit des millions d'Européens quitter leurs pays d'origine pour le Nouveau Monde.

La communauté juive de Chicago connut ensuite une expansion peu spectaculaire mais constante, si bien qu'en 1920 de nombreux quartiers du South Side (Washington Park, Kenwood, Hyde Park) étaient principalement habités par des Juifs allemands.

Aujourd'hui, la population juive s'est dispersée dans plusieurs secteurs de la ville, notamment dans la banlieue nord.

› Irlandais et Écossais

On évalue à plus de 500 000 le nombre d'Irlandais qui fuirent leur pays à destination de l'Amérique entre 1845 et 1847, lors de la grande famine causée par la maladie de la pomme de terre. Parmi ceux-ci, quelques milliers s'installèrent à Chicago, dans le Near North. Ainsi, en 1870, plus de 13% de la population de la ville était d'origine irlandaise.

Cette communauté se déplaça rapidement vers le sud, dans le quartier de Bridgeport, situé aux abords de la branche sud de la Chicago River. C'est d'ailleurs dans ce quartier que Charles Comiskey, fils d'immigrants irlandais, construisit le stade de baseball qui porta son nom et où évoluèrent les White Sox de Chicago. Plus tard, au début du XXᵉ siècle, les Irlandais se déplacèrent encore, cette fois vers le quartier de Washington Park. L'arrivée des Afro-Américains dans ce dernier secteur créa bientôt de fortes tensions raciales qui culminèrent lors de l'émeute de juillet 1919 (voir p. 39). Les Irlandais changèrent par la suite à nouveau de quartier, optant du coup pour Hyde Park, aux environs de l'University of Chicago.

L'influence des Irlandais sur le devenir de la ville fut prépondérante au fil des décennies. Ils s'impliquèrent de façon constante dans la politique, si bien que Chicago a vu défiler à son hôtel de ville pas moins de huit maires de descendance irlandaise, dont les Daley père et fils. Aujourd'hui, cette influence s'est beaucoup amenuisée, d'autant que plusieurs ont choisi d'aller vivre dans des villes de la banlieue sud de Chicago.

Les Écossais furent de tout temps bien moins nombreux à Chicago. Plusieurs d'entre eux arrivèrent vers la fin du XIXᵉ siècle et se dispersèrent dans les différents quartiers de la ville. Ils firent surtout leur marque dans le domaine des banques et du commerce.

› Italiens

C'est vers 1880 que commencèrent à affluer les Italiens à Chicago. Venant majoritairement du sud de l'Italie, ils s'établirent dans le Near West Side, aux environs de l'intersection des rues Halsted et Taylor, un secteur appelé à devenir la Little Italy.

Dans les années 1960, la construction du campus de l'**University of Illinois** (voir p. 169) transforma brutalement ce quartier et favorisa la dispersion de la communauté italienne de Chicago.

➤ Asiatiques

Le **Chinatown** (voir p. 165) de Chicago se trouve un peu au sud du Loop. Il fut établi en 1912. Quant aux Philippins et aux Japonais, ce n'est que dans les années 1920 qu'ils commencèrent à arriver dans la Ville des Vents.

Les années 1960 et 1970 furent, quant à elles, témoins de l'arrivée de nombreux réfugiés provenant des pays du Sud-Est asiatique. Ces communautés se sont regroupées dans le North Side, dans Argyle Street notamment, ainsi que dans le quartier d'Albany Park.

Culture

Pour des raisons qu'on pourrait qualifier d'historiques, Chicago a longtemps été victime de grands préjugés quant à sa vitalité culturelle. Ville davantage associée au travail, et dont de surcroît l'économie a longtemps été dominée par l'abattage de bestiaux, Chicago, sur le plan des arts et de la culture, n'a jamais reçu la reconnaissance dont jouissent New York, sa rivale de toujours, et même Los Angeles.

Pourtant cette ville fut à deux reprises le théâtre d'expositions universelles; elle possède des institutions qui, prises une par une, jouissent d'une renommée internationale; de grands écrivains et de brillants architectes y ont vu le jour ou y ont œuvré, et une quantité impressionnante de lauréats de prix Nobel y ont étudié et mené leurs recherches.

Une image souvent négative, traînant le souvenir de héros peu recommandables, gangsters ou politiciens véreux, et une vilaine réputation de cité violente ont sans doute longtemps alimenté ce refus de reconnaître Chicago telle qu'elle est vraiment : une grande capitale culturelle mondiale. Avec 46 musées, plus de 200 théâtres, quelque 7 000 restaurants, l'une des plus grandes bibliothèques du monde (2 millions de livres), Chicago n'a rien à envier aux autres métropoles américaines.

Chicago est un musée à ciel ouvert de l'architecture moderne (voir p. 57) et une grande ville de blues : ça, personne au monde ne le conteste. Mais la vie culturelle de la Ville des Vents s'avère bien plus riche encore. L'un des buts du présent ouvrage est de vous le démontrer et de vous en faire profiter au maximum.

➤ Musées

La scène de la muséologie est dominée par l'**Art Institute of Chicago** (voir p. 118), l'un des plus importants musées d'art au monde. Sa collection de toiles impressionnistes et postimpressionnistes, œuvres des Monet, Renoir, Degas et Van Gogh, entre autres, est simplement phénoménale. L'inauguration en 2009 de la **Modern Wing**, une nouvelle aile consacrée à l'art de 1900 à nos jours qui a permis d'augmenter de 30% la superficie totale des espaces d'exposition du musée, est venue ajouter au prestige déjà immense de l'Art Institute.

Le **Museum of Contemporary Art** (voir p. 144), pour sa part, loge depuis 1996 dans un vaste bâtiment où les 3 300 œuvres constituant sa collection permanente sont mises en valeur.

Quant au **Smart Museum of Art** (voir p. 163), situé sur le campus de l'University of Chicago, il abrite une impressionnante collection de sculptures et de peintures de la fin du XIXe siècle et du XXe siècle.

D'autres musées étonnants s'attardent à des formes d'art spécifiques. C'est le cas par exemple du **Smith Museum of Stained Glass Windows** (voir p. 146) et de **Intuit: Center for Intuitive and Outside Art** (voir p. 141), consacré à l'art brut. Le **DuSable Museum of African-American History** (voir p. 163) représente pour sa part la plus importante vitrine de la communauté noire américaine sur le plan des arts visuels, des arts de la scène, de la littérature et de l'histoire.

Le **National Veterans Art Museum** (voir p. 164), qui a ouvert ses portes en 1996, présente quant à lui les œuvres d'artistes américains ayant combattu durant différents conflits, notamment au Vietnam.

Installé sur le campus de l'University of Chicago, le remarquable **Oriental Institute Museum** (voir p. 162) se consacre à l'art et à l'histoire du Proche-Orient, et renferme d'innombrables trésors recueillis lors de fouilles archéologiques.

Quelques autres communautés culturelles ont développé leurs musées, témoignages de la diversité ethnique de ce carrefour qu'est Chicago. Notons par exemple le **National Museum of Mexican Art** (voir p. 171), le plus grand musée d'art mexicain aux États-Unis, le **Spertus Institute of Jewish Studies** (voir p. 98), qui relate l'histoire du peuple juif, le **Swedish-American Museum Center** (voir p. 158), l'**Ukrainian Institute of Modern Art** (voir p. 166), l'**Ukrainian National Museum** (voir p. 166) et le **Polish Museum of America** (voir p. 166).

De son côté, le **Chicago Cultural Center** (voir p. 96) met en vedette de jeunes artistes locaux. Aux arts visuels s'ajoutent sous son toit concerts, films, spectacles de danse, etc.

Le **Museum of Science and Industry** (voir p. 159) constitue pour sa part, avec l'Art Institute of Chicago, l'un des deux plus prestigieux musées de la ville et, sans conteste, l'une de ses attractions les plus populaires. Capsule spatiale *Apollo 8*, pierre lunaire, sous-marin allemand datant de la Seconde Guerre mondiale, ordinateurs et modules de réalité virtuelle ont tour à tour droit à une place de choix dans cet extraordinaire musée. Qui plus est, un cinéma Omnimax complète les installations.

La nature, l'environnement, l'histoire naturelle et l'univers sont aussi brillamment expliqués par des institutions remarquables comme l'**Adler Planetarium & Astronomy Museum** (voir p. 128), le **John G. Shedd Aquarium** (voir p. 125) et le **Field Museum** (voir p. 124). À ce trio, il faut ajouter depuis 1999 le **Peggy Notebaert Nature Museum** (voir p. 156).

Compte tenu de sa renommée mondiale en matière d'architecture, Chicago se devait de se doter d'un musée spécialisé dans le domaine. Le rêve devint réalité en mai 2001, lorsque fut enfin inauguré le centre d'exposition de la **Chicago Architecture Foundation** (voir p. 97).

Finalement, l'histoire de la ville et des États-Unis a aussi sa maison à Chicago : le **Chicago History Museum** (voir p. 154). Ce musée relève de la **Chicago Historical Society**, la plus ancienne institution culturelle de la ville.

On le voit, le choix est vaste et varié. Les musées de Chicago couvrent pratiquement toutes les facettes de l'activité humaine, et ce, bien souvent de brillante façon. Qui plus est, ces innombrables richesses sont accessibles à tous, puisque plusieurs des musées de la ville ont pour politique d'ouvrir leurs portes gratuitement au moins une journée par semaine (voir p. 99).

› Arts de la scène

Sur le plan des arts d'interprétation, la ville de Chicago s'est également dotée d'institutions dont la réputation s'étend de par le monde. Ainsi, les mélomanes connaissent bien le **Chicago Symphony Orchestra**, fondé en 1891, et le **Lyric Opera of Chicago**. Les concerts symphoniques dirigés par Pierre Boulez ou Riccardo Muti, qui ont conjointement succédé au légendaire Daniel Barenboim (à la tête du Chicago Symphony Orchestra de 1991 à 2006) et à l'illustre Sir George Solti (de 1961 à 1991), sont présentés à l'Orchestra Hall de Michigan Avenue, connu sous le nom de **Symphony Center** depuis 1997, lorsque furent terminés d'importants travaux de restauration.

Les amateurs de danse ne seront quant à eux pas en reste puisque de nombreuses troupes (**Ballet Chicago**, **Chicago Moving Company**, **Joffrey Ballet of Chicago**, **Hubbard Street Dance Chicago Company**…) proposent des spectacles tout au long de l'année dans des salles diverses, notamment le tout récent Harris Theater for Music and Dance du Millennium Park.

Il est aussi à noter que Chicago est, chaque année, l'hôte du plus ancien festival de musique des États-Unis, le **Grant Park Music Festival**. Cet événement prestigieux, qui présente de nombreux concerts gratuits en plein air, a lieu au cours des mois d'été, de la mi-juin jusqu'au mois d'août.

Côté théâtre, on trouve de tout à Chicago. Pièces classiques et contemporaines, comédies musicales et spectacles de variétés en tous genres sont présentés dans pas moins de 200 salles. Parmi celles-ci, mentionnons le renommé **Auditorium Theatre**, une splendide salle de 4 000 places conçue en 1889 par les célèbres architectes Louis H. Sullivan et Dankmar Adler, le **Steppenwolf Theatre**, le **Bank of America Theatre** (ex-Shubert Theatre), le **New Goodman Theater** et les récentes additions que constituent le **Ford Center for the Performing Arts**, le **Cadillac Palace Theatre**, le **Storefront Theatre**, le **Lookingglass Theatre** et le **Chicago Shakespeare Theatre**. Il y a aussi, dans un tout autre registre, le **Second City**, le fameux cabaret comique où se sont signalés quelques-uns des plus grands comédiens nord-américains, dont John Belushi, Bill Murray, Dan Aykroyd, Michael Myers et John Candy.

Le jour même des représentations, il est possible d'obtenir des places à moitié prix, lorsqu'il en reste. Pour ce faire, il faut s'adresser à l'un des Hot Tix Half-Price Ticket Centers commandités par la **League of Chicago Theatres** (voir p. 262).

› Musique populaire

Blues

Aucun autre genre musical que le blues n'est autant associé à Chicago. On parle même de *Chicago blues* pour décrire un style précis de cette musique.

Pour plusieurs, le blues a sa source dans la vallée du Mississippi. Mais, en réalité, c'est tout droit d'Afrique qu'il vient. C'est de ce continent que ceux que l'on a embarqués de force sur des bateaux pour en faire des esclaves en Amérique ont importé leur musique traditionnelle, qui devait plus tard se transformer en chants de travail et en *spirituals*.

Ces airs, on les entendait dans les champs de coton du delta du Mississippi peu après la guerre de Sécession. À cette époque, des fermiers noirs exploitaient de petits lopins de terre pour le compte de propriétaires blancs. Cette organisation avait remplacé le système esclavagiste tout en le perpétuant en partie, les fermiers noirs étant la plupart du temps endettés jusqu'au cou auprès du propriétaire... Dans les campagnes du Sud, où vivaient les trois quarts de la population afro-américaine, la grande majorité des Noirs travaillaient dans ces plantations. C'est là qu'une riche tradition musicale s'est peu à peu forgée. Au début du XXᵉ siècle, des musiciens s'accompagnant avec des guitares rudimentaires, comme Charley Patton et W.C. Handy, ont contribué à sortir cette musique des champs de coton et à lui donner un auditoire plus large : ils ont ainsi créé le *Delta blues*.

Après la Première Guerre mondiale, une importante migration de la population afro-américaine devait rapidement transformer le visage des États-Unis. Par centaines de milliers, les Noirs quittent alors les campagnes du Sud et convergent vers les grandes villes industrielles du Nord, alors en plein développement : New York, Philadelphie, Detroit, Pittsburgh,... Chicago. C'est, de façon générale, le tracé des lignes de chemin de fer qui a déterminé les lieux où se sont établis les différents groupes. Ainsi, l'existence d'un train reliant La Nouvelle-Orléans à Chicago et d'un autre faisant la navette entre Greenville, au Mississippi, et la Ville des Vents fit en sorte que les Afro-Américains du Mississippi, du Tennessee et, dans une moindre mesure, de la Louisiane et de l'Arkansas se déplacèrent vers Chicago.

Ces nouveaux arrivants trouvent du travail dans les aciéries, mais surtout dans les parcs à bestiaux du South Side, les fameux Union Stockyards. Bien sûr, le *Delta blues* suit le même chemin, et à Chicago, grâce à la vie nocturne trépidante du South Side et du West Side, il trouve un terrain fertile pour se développer. Il y subira d'ailleurs une nouvelle mutation, après la Seconde Guerre mondiale, alors que la guitare électrique fera son apparition dans le paysage.

Les pionniers de ce que l'on baptisera bientôt le *Chicago blues* sont **Willie Dixon**, auteur-compositeur et producteur, **Otis Rush**, **Howlin' Wolf** et surtout **Muddy Waters**, à qui l'on attribue la paternité de cette nouvelle musique. Dans les années 1950, la rencontre, à Chicago, de ces musiciens et de beaucoup d'autres (**B.B. King**, **Hubert Sumlin**, **Freddy King**, **Little Walter**, **Junior Wells**, etc.) constituera une véritable explosion annonçant le rock britannique qui allait conquérir la scène de la musique populaire mondiale au cours de la décennie suivante.

À cette époque, les frères **Leonard et Phil Chess** fondent les légendaires studios d'enregistrement Chess, dans lesquels la plupart des bluesmen de Chicago et d'ailleurs (Chuck Berry, Bo Diddley, etc.) graveront des disques. Les Rolling Stones y ont d'ailleurs enregistré quelques pièces au début des années 1960 et ont même immortalisé les lieux dans une de leurs chansons. Les Stones seront ainsi parmi les premiers à reprendre des pièces du répertoire du blues urbain et à amener cette musique sur les plus grandes scènes du monde. D'autres musiciens anglais s'inspireront de ce son, comme le groupe Led Zeppelin et le grand guitariste rock Eric Clapton.

Dans les années 1980, une nouvelle génération de musiciens, incluant Robert Clay, insuffle au blues une nouvelle vie. Ces nouveaux venus ont été appuyés par des légendes comme **Buddy Guy**, **Koko Taylor** et B.B. King, ainsi que par des vedettes internationales comme Eric Clapton, le Texan Stevie Ray Vaughan, décédé dans un accident d'hélicoptère en 1990, et son frère Jimmie Vaughan. Aujourd'hui. ceux qui restent perpétuent la tradition du *Chicago blues* en parcourant le monde avec ses airs et ses *riffs* de guitare.

Chaque année, en juin, le Grant Park est le théâtre du **Chicago Blues Festival**.

Jazz
C'est un peu grâce au même mouvement de population, dans les années 1910 et 1920, que s'est développé un jazz typique de Chicago. Dans ce cas-ci, ce sont les musiciens de La Nouvelle-Orléans qui sont venus façonner le *Chicago jazz*. Ainsi, une bonne partie de ce que l'on appelle le *New Orleans jazz* a en fait été créée à Chicago par des jazzmen comme **Louis Armstrong** et **King Oliver**, qui furent bientôt imités par des musiciens comme **Dick et Jimmy McPartland**, **Eddie Condon**, **Gene Krupa** et **Bud Freeman**.

La scène du jazz de Chicago sera ensuite témoin de la montée irrésistible du clarinettiste **Benny Goodman**, qui popularisera le swing peu avant la Seconde Guerre mondiale et qui connaîtra une brillante carrière internationale.

Nat King Cole se fit, quant à lui, d'abord connaître comme pianiste au sein d'un trio de jazz, avant de devenir, dans les années 1950, un chanteur de charme connu mondialement.

D'autres grands du jazz ont vu le jour à Chicago, comme **Anthony Braxton** et **Jack DeJohnette**. Des formations dont la contribution au free jazz fut des plus importantes sont également à signaler. C'est par exemple le cas de l'**Association for the Advancement of Creative Music** (**AACM**), formée par **Muhal Richard Abrams**, de l'**Art Ensemble of Chicago** et de musiciens comme **Fred Anderson** et **George Lewis**. Le free jazz demeure très associé à Chicago encore aujourd'hui, et de nombreux artistes ont repris le flambeau du genre depuis le début des années 1990, dont **Ken Vandermark**, lauréat du prestigieux MacArthur Fellowship en 1999, **Hamid Drake** et **Rob Mazurek**.

Le **Chicago Jazz Festival** est présenté annuellement au Grant Park, à la fin du mois d'août ou au début du mois de septembre.

Gospel

Encore ici, l'émergence du gospel à Chicago est consécutive à l'arrivée massive des Afro-Américains venus des campagnes du Sud. Ils amenèrent en ville les chants religieux qu'ils avaient appris de génération en génération et que l'on désignait de «negro-spirituals».

Le gospel américain tel qu'on le connaît aujourd'hui est né à Chicago dans les années 1930, en pleine Grande Dépression. Le pianiste de blues **Thomas Dorsey** composa alors, en s'inspirant des negro-spirituals, les premiers hymnes sur des airs empruntant à la fois au blues et au jazz. Il se promena avec sa musique dans les églises noires des quatre coins des États-Unis, donnant un peu d'espoir à des gens fortement touchés par la Crise. Des chanteuses, comme **Sallie Martin** et Mahalia Jackson, l'accompagnaient dans ces tournées.

Les 20 ans qui suivent la fin de la Seconde Guerre mondiale correspondent à l'âge d'or du gospel. De nombreux quartettes connaissent alors un grand succès, dont **The Staples Singers**, une famille de Chicago réunissant le père, ses deux filles et son fils.

Mais c'est **Mahalia Jackson**, celle-là même qui toute jeune accompagnait Thomas Dorsey dans ses tournées des églises noires d'Amérique, qui sera la première artiste associée au genre à jouir d'une reconnaissance internationale. On lui attribue aussi une grande influence sur Aretha Franklin, une autre star du gospel, originaire de Detroit celle-là.

Aujourd'hui, le gospel est encore bien vivant, alors que des chorales entières se produisent dans les églises ou les salles de concerts partout aux États-Unis. De plus, le soul et le rhythm-and-blues sont deux courants musicaux qui ont tiré leur origine du gospel américain.

Le **Chicago Gospel Music Festival**, tenu chaque année au début du mois de juin au Grant Park, est le plus important du monde, quelque 80 000 personnes assistant aux différents concerts présentés.

Rock

On ne peut pas vraiment parler de tradition chicagoenne en matière de musique rock. Il y a bien sûr quelques formations qui ont vu le jour dans la Ville des Vents, comme les groupes des années 1970 **Styx** et **Cheap Trick**, ou encore **REO Speedwagon** et, bien sûr, le groupe **Chicago**, à la longévité remarquable. On peut aussi citer le compositeur et arrangeur **Quincy Jones**, né à Chicago en 1933, qui a travaillé avec Michael Jackson, en plus de signer la musique d'une cinquantaine de films. Puis, il y a la house music, cette musique de danse du milieu des années 1980 inventée selon plusieurs à Chicago, ainsi que le hip-hop, dont quelques-uns des artistes les plus innovateurs proviennent de Chicago. Parmi ceux-ci, nommons **Common**, **Kanye West** et **Lupe Fiasco**.

Mais aucun mouvement n'est identifiable à Chicago avant les années 1990. C'est alors qu'on assiste à l'émergence des **Liz Phair**, **Urge Overkill** et surtout **The Smashing Pumpkins**. Ces artistes, associés au courant rock alternatif, prennent en quelque sorte le relais des musiciens *grunge* de Seattle après le décès de Kurt Cobain.

Tout un réseau s'installe à Chicago pour favoriser le développement de ce nouveau son : naissance de plusieurs maisons de disques indépendantes, ouverture de nombreuses boîtes de nuit où peuvent se produire les *bands*, appui des stations de radio étudiante, création de médias spécialisés dont l'influent magazine Internet *Pitchfork*, etc. De nouveaux groupes tels **Gastr del Sol**, **Tortoise**, **The Sea and Cake** et **Wilco** voient alors le jour et réalisent une nouvelle fusion entre le rock, le country, le jazz et la musique actuelle.

Deux festivals importants rendent compte de l'effervescence qui règne dans le monde du rock alternatif de Chicago et d'ailleurs : **Lollapalooza**, un festival jadis itinérant qui s'est maintenant installé à Chicago et qui se tient chaque année en août dans le Grant Park, et le **Pitchfork Music Festival**, qui a lieu en juin dans l'Union Park.

› Architecture

Le Grand Incendie de 1871 fut une incroyable catastrophe qui réduisit en cendres la ville entière. Mais, paradoxalement, du seul point de vue de l'histoire de l'architecture, cette conflagration revêt des airs de bénédiction du ciel... C'est en effet au lendemain du désastre que débute une reconstruction qui attire de grands architectes venus des quatre coins des États-Unis. Tout, ou presque, est alors permis : toutes les expérimentations, toutes les formes, toutes les audaces. Chicago donnera ainsi naissance à l'architecture moderne.

Dès 1833, Chicago avait innové en matière d'architecture avec l'invention de la construction à ossature de bois, dite *balloon frame construction*. L'utilisation du bois de construction (communément appelé « 2 par 4 »), léger et économique, remplaçait alors le bois d'œuvre, les poutres et les entretoises, dont l'assemblage était long et coûteux. Cependant, ces frêles constructions de bois seront des proies faciles pour le Grand Incendie de 1871...

Au lendemain du drame, la construction de bâtiments revêtus de bois est interdite à l'intérieur des limites de la ville, au profit des ouvrages de maçonnerie. Rapidement, la reconstruction s'organise. Au début, on élève des édifices rappelant ceux disparus dans l'incendie. Des architectes comme **John M. Van Osdel**, **Edward Burling**, **Peter B. Wright** et **W.W. Boyington** sont parmi les premiers à s'atteler à la tâche. Toutefois, des innovations, comme l'ascenseur, et de nouvelles techniques de prévention contre le feu font graduellement leur apparition.

Bientôt, une nouvelle vague d'architectes de talent vient prêter main-forte à ceux qui s'efforcent de faire renaître Chicago de ses cendres : **William Le Baron Jenney**, créateur de la structure d'acier qui favorisera l'émergence du gratte-ciel, **William Sooy Smith**, **Dankmar Adler**, **Louis H. Sullivan**, **Daniel H. Burnham**, **John Welbourn Root**, **William Holabird**, **Martin Roche**, etc. Ceux-ci façonnent ce qui devient bientôt l'« école de Chicago ». Dorénavant, ce ne seront plus les murs qui supporteront le poids des édifices, mais plutôt leur armature. Les murs extérieurs ne seront plus que plaqués sur la structure, donnant naissance au mur-rideau, ce qui permettra le perçage de fenêtres plus grandes tout en favorisant une plus grande liberté dans l'élaboration des façades.

La firme fondée par Dankmar Adler et Louis H. Sullivan utilisera ces principes dans l'élaboration des plans de l'Auditorium Theater (1887-1889), du Chicago Stock Exchange Building (élevé en 1894 et démoli en 1972) et du Schiller Building (démoli en 1960). Jenney réalise de son côté le Manhattan Building (1891) et le Second Leiter Building (1891). Burnham et Root unissent leurs efforts dans la construction du Rookery (1885-1888), du Monadnock Building (1889-1891) et du Reliance Building (1891-1895). Holabird et Roche font quant à eux équipe pour la construction du Marquette Building (1893-1895). Tous ces exemples témoignent des innovations apportées par l'« école de Chicago » en matière d'améliorations techniques (ascenseurs, résistance au vent des édifices en hauteur) et de capacité portante des fondations et des structures.

De ces créateurs, plusieurs voient en **Louis H. Sullivan** le maître à penser de l'« école de Chicago » et le père de l'architecture moderne. Après avoir mis un terme à son association avec Dankmar Adler, Sullivan réalise ce que d'aucuns considèrent comme son chef-d'œuvre : la succursale principale des grands magasins **Carson Pirie Scott & Co.** (1899-1903 ; voir p. 108), dans State Street. Il laisse alors libre cours à ses talents en ce qui a trait à l'ornementation. Pour Sullivan, la forme doit suivre la fonction, et l'architecture, plutôt que de repiquer les modèles européens, doit se plier aux besoins du milieu et de l'époque où on la pratique. C'est donc en faveur de l'élaboration d'une architecture moderne et entièrement américaine qu'il milite.

Lorsque la ville de Chicago est choisie pour la présentation de la *World's Columbian Exposition* de 1893, une exposition universelle célébrant le 400e anniversaire de la découverte de l'Amérique par Christophe Colomb, on comprend que Sullivan voit là une extraordinaire occasion de promouvoir cette nouvelle architecture américaine. Il sera amèrement déçu, car, mis à part le Transportation Building, qu'il réalise pour l'occasion, aucun autre des édifices de l'exposition ne fera écho à l'«école de Chicago». Au lieu de cela, Daniel H. Burnham élabore, pour le Jackson Park du South Side, où se tiendra l'exposition, les plans spectaculaires d'une splendide *White City* aux accents Beaux-Arts. Les 26 millions de visiteurs seront émerveillés, mais, pour Sullivan, il s'agit d'un *«recul de 50 ans pour l'architecture»*.

Dans la foulée de la *World's Columbian Exposition*, Chicago se dote de nouveaux équipements, comme le train surélevé reliant le site au centre-ville, et de nouvelles institutions culturelles (Chicago Historical Society, Chicago Academy of Sciences, Newberry Library, Chicago Symphony Orchestra, University of Chicago, etc.). L'architecte **Henry Ives Cobb**, déjà très sollicité pour la construction de plusieurs des pavillons de la *World's Columbian Exposition*, sera un acteur de premier plan dans la conception des bâtiments qui abriteront ces institutions.

Parallèlement à toute cette effervescence dans le domaine de l'architecture publique, la construction résidentielle de la région de Chicago s'apprête à vivre une révolution majeure grâce à l'arrivée d'un autre architecte de génie : **Frank Lloyd Wright**. Déjà impliqué comme apprenti dans l'élaboration de l'Auditorium Theater entre 1887 et 1889, alors qu'il œuvre au sein de la firme d'architectes Adler & Sullivan, Frank Lloyd Wright quitte ce bureau en 1893 pour faire cavalier seul, sans toutefois oublier les enseignements du maître Sullivan. C'est ainsi qu'il élabore une maison parfaitement adaptée aux paysages plats du Midwest américain et qu'il crée la Prairie School. L'Unity Temple (1905-1908) et la Robie House (1906-1909), entre autres, feront date dans l'histoire de l'architecture.

Fort de son expérience dans la conception de l'exposition de 1893, Daniel H. Burnham est ensuite appelé à travailler à l'élaboration d'un plan directeur d'aménagement de la ville de Chicago. Révolutionnaire dans une Amérique au développement alors fulgurant et chaotique, ce plan sera finalement adopté en 1909.

Les années qui suivent, comme l'avait prévu Sullivan, sont marquées par des constructions plus conservatrices s'inspirant même à l'occasion de styles anciens, les audaces que se permettent les architectes se limitant aux dimensions de leurs œuvres. Ainsi, le Merchandise Mart (1930) devient le plus vaste édifice du monde, alors que la tour Art déco du Chicago Board of Trade (1930) s'élève à 182 m. Le pont de Michigan Avenue, construit en 1920 sur le modèle du pont Alexandre III de Paris, a quant à lui favorisé le développement de la rive nord de la Chicago River. Ainsi ont vu le jour le monumental Wrigley Building (1919-1924), qui allie élégamment la tradition européenne et le modernisme de l'«école de Chicago», et la Tribune Tower (1923-1925), une splendide tour aux accents gothiques, élevée à la suite d'un concours international.

En 1933, au plus fort de la Grande Dépression, Chicago célèbre son centenaire en organisant l'exposition internationale *Century of Progress*. Celle-ci est aménagée sur une péninsule gagnée sur le lac Michigan, correspondant à la Northerly Island d'aujourd'hui. Le message de cette nouvelle foire se veut simple : les forces de la science, de l'industrie et du monde des affaires sauront ramener la prospérité. Cette fois-ci, pour faire écho à ce thème résolument optimiste, de nombreux édifices futuristes aux couleurs joyeuses sont construits, souvent avec des matériaux inédits (aggloméré, contreplaqué, etc.). C'est finalement la Seconde Guerre mondiale qui ramène la prospérité à Chicago, alors que les «usines de guerre» de la ville tournent à plein régime.

Frank Lloyd Wright

À ses débuts, Frank Lloyd Wright travaille pendant sept ans au sein de la firme d'architectes Adler & Sullivan. Il a alors pour maître Louis H. Sullivan, partisan, comme Richardson avant lui, de la création d'une architecture proprement américaine qui s'éloigne des modèles du classicisme. Wright, qui participe entre autres à l'élaboration de l'Auditorium Theatre, sera marqué par les enseignements du grand Sullivan.

En 1893, Wright quitte la firme Adler & Sullivan et ouvre son propre cabinet à la suite d'une discorde sur les plans de bâtiments résidentiels qu'il réalise pour des clients dans ses temps libres. Il se spécialise alors de plus en plus dans la construction de demeures privées.

Entre 1900 et 1911, Wright développe ce que l'on nommera longtemps après la *Prairie House*, une maison reflétant la beauté naturelle des plats paysages du Midwest américain. Faibles élévations aux lignes horizontales, toits à pente douce, ouvertures sur des jardins individuels et espaces intérieurs ouverts caractérisent ce type de maison.

Fils d'un pasteur baptiste, Frank Lloyd Wright sera appelé à dessiner les plans de l'Unity Temple (1904-1907) d'Oak Park, près de Chicago. Il réalise alors une œuvre magistrale où l'utilisation de grands piliers, placés en retrait des murs extérieurs et supportant le plafond, permet la création d'un espace intérieur entièrement dégagé. De plus, il réalise lui-même toute la décoration intérieure, assurant ainsi à l'ensemble une unité remarquable. La pensée de Wright repose sur une véritable mystique de la «Nature» (il insiste d'ailleurs pour que l'on écrive ce mot avec un *N* majuscule, comme on écrit Dieu avec un *D* majuscule...). Il favorise ainsi l'emploi de matériaux naturels comme la pierre, la brique et le bois, en plus de créer des bâtiments s'ouvrant sur la nature environnante et s'intégrant le plus parfaitement possible à celle-ci, appelant l'homme à vivre en harmonie avec son environnement. Pour lui, l'humanité placée dans le contexte de la «Nature» ne peut que se développer positivement. Il parle alors d'«architecture organique», expression empruntée à son maître Sullivan, mais dont il ébauche lui-même tous les principes.

La réputation de Wright dépasse alors largement les environs de Chicago. Il réalise bientôt des résidences aux quatre coins des États-Unis. Il construit aussi l'édifice administratif de la Larkin Company (1903-1905) à Buffalo, avant de voyager en Europe et en Asie.

En 1914, Julian Carlston, un serviteur de Wright en proie à une crise de folie, assassine la maîtresse de l'architecte, Mamah Cheney, et six autres personnes, avant d'incendier la retraite de Spring Green, dans le Wisconsin. Il ne s'agit là que d'un des nombreux épisodes dramatiques qui marqueront la vie affective de Wright.

Entre 1915 et 1922, se remettant péniblement du drame, Wright conçoit l'Imperial Hotel à Tokyo. Grâce à l'emploi du béton armé et à la conception d'un système de fondations innovateur, cet édifice sera l'un des rares à survivre au tremblement de terre japonais de 1923.

La poursuite de ses recherches le pousse à utiliser de plus en plus le béton armé, ce nouveau matériau qu'il juge magnifiquement libérateur pour l'architecture. Il l'utilise dans la conception de l'édifice de la S.C. Johnson & Son Co. (1936-1939), dans le Wisconsin, et de l'extraordinaire maison Kaufmann (1935-1939), en Pennsylvanie, aussi appelée «maison Fallingwater». Puis, il dessine le musée Guggenheim de New York entre 1943 et 1946 (la construction n'en sera toutefois terminée qu'en 1959), façonnant cette fois-ci avec le béton armé un bâtiment aux lignes fluides et sinueuses dont l'intérieur, conçu en spirale ascendante, surprend par son audace.

En 1956, on lui demande de dessiner les plans d'une tour de communication pour Chicago. Jugeant absurde l'idée de construire une tour vide, il propose son spectaculaire One Mile High Building (gratte-ciel d'un mille de haut), qui devait compter 528 étages! Celui-ci ne se concrétisera jamais, pas plus que les projets d'université, d'opéra et de centre culturel qu'il ébauche en 1957 pour Bagdad, en Irak.

Frank Lloyd Wright s'éteint à Phoenix, en Arizona, le 9 avril 1959, à l'âge de 91 ans.

Après la guerre, la valse des grandes constructions reprend avec, entre autres, l'érection du Prudential Building (1955), de l'édifice de l'Inland Steel (1954-1958), du Chicago Civic Center (1965), devenu par la suite le Richard J. Daley Center, et de la First National Bank (1969), devenue la Chase Tower. Celui qui influence le plus cette période est **Ludwig Mies van der Rohe**. Ses grandes tours de verre dépouillées à l'excès et à ossature noire repoussent alors les limites de l'utilisation du mur-rideau. C'est à titre de directeur du Bauhaus, entre 1930 et 1933, que Mies van der Rohe, d'origine allemande, avait jeté les bases de ce qui est devenu le style international. Lorsqu'il quitte l'Allemagne devant la montée du nazisme pour venir s'installer à Chicago, il y importe ce nouveau vocabulaire architectural qui connaîtra là un terrain lui permettant un développement fulgurant. On parlera alors de la «seconde école de Chicago».

L'immeuble du 860-880 N. Lake Shore Drive (1952) et le Federal Center (1964) comptent parmi les plus importantes réalisations de Mies van der Rohe à Chicago. Mais l'influence du maître se fait sentir pendant de nombreuses années. Ainsi, la Lake Point Tower (1968), le John Hancock Center (1969) et la Sears Tower (1968-1974), devenue la Willis Tower et toujours le plus haut gratte-ciel des États-Unis, bien qu'ils aient apporté leur part de nouveautés et de variantes, appartiennent tous au style international développé par le grand architecte. Pendant toute cette période, seuls quelques rares bâtiments échapperont à ce style aux lignes droites et froides, et oseront s'opposer à celui-ci. Ce sera le cas du spectaculaire immeuble d'appartements de Marina City (1959-1967), dont les deux tours cylindriques de béton et les innombrables balcons semi-circulaires sont dessinés en réaction aux diktats du style international.

Le plan Burnham de 1909

Make no little plans; they have no magic to stir men's blood (n'élaborez pas de plans qui soient modestes; ils n'ont pas la magie qu'il faut pour stimuler les hommes). Ces paroles sont de Daniel H. Burnham, l'homme derrière la *World's Columbian Exposition* de 1893, une œuvre contestée mais magistrale, et du non moins ambitieux plan d'urbanisme de Chicago adopté en 1909.

On peut dire que ce plan visionnaire, auquel se réfèrent toujours aujourd'hui les acteurs du développement de la ville, s'articule autour de six axes principaux:

- La préservation de l'accès public aux abords du lac Michigan par l'élaboration d'un réseau de parcs longeant sa rive ainsi que l'absence de constructions importantes.

- L'aménagement d'un réseau de parcs à travers la ville, reliés entre eux par de larges boulevards bordés d'arbres.

- Le développement d'un réseau de rues, boulevards et voies rapides reliant Chicago aux villes de sa périphérie.

- L'amélioration du système ferroviaire pour favoriser le transport des personnes et des marchandises entre les différents secteurs de la ville.

- La mise en place d'une organisation systématique des rues et avenues afin d'enrayer les problèmes de congestion par une gestion efficace de la circulation (l'aménagement du Lower Wacker Drive, en sous-sol du Wacker Drive, suit à la lettre les principes élaborés dans le plan Burnham).

- La construction d'une série d'institutions culturelles dans la foulée de celles qui existaient déjà (Art Institute of Chicago, Theodore Thomas Orchestra Hall Building, Chicago Public Library).

Dans les années 1980, une nouvelle vague d'architectes, dont le leader est sans conteste **Helmut Jahn**, vient adoucir les lignes sévères et froides du style international. Ce nouveau style, dit postmoderne, favorise les combinaisons de verre réfléchissant et de pierre (granit multicolore, marbre, calcaire), que des formes plus variées et des couleurs plus vivantes transforment en véritables sculptures géantes. Le 333 Wacker Drive Building (1979-1983), le James R. Thompson Center (1979-1985) et le Citycorp Center (1987) constituent de brillants exemples du style postmoderne. Puis, à l'aube des années 1990, le postmodernisme prend encore davantage ses distances par rapport au style international alors qu'il récupère, dans ses compositions sculpturales, des éléments du passé. L'élégante NBC Tower (Skidmore, Owings & Merrill; 1989), qui emprunte à la glorieuse époque de l'Art déco, est sans doute le plus bel exemple de cette nouvelle tendance.

Pour célébrer l'avènement du nouveau millénaire, la Ville lance ensuite un projet d'envergure en annonçant la création du Millennium Park tout juste au nord du Grant Park. Une nouvelle prouesse technique permet alors d'aménager cette place publique au-dessus des voies ferrées, faisant ainsi disparaître ce canyon qui séparait la ville du lac Michigan et l'accroc qu'il représentait au plan Burnham. Ce nouveau parc, achevé en 2003, regroupe une patinoire extérieure et des jardins agrémentés de fontaines ou de sculptures monumentales, ainsi que le Harris Theater for Music and Dance, une salle de 1 500 places sur la scène de laquelle se produisent divers orchestres et troupes de danse de Chicago et d'ailleurs. Son élément le plus important est toutefois le spectaculaire Jay Pritzker Pavilion, un amphithéâtre à ciel ouvert, œuvre du célèbre architecte américain d'origine canadienne **Frank Gehry**, qui n'avait encore rien signé jusque-là à Chicago.

En 2009, un autre élément architectural de qualité est venu en quelque sorte prolonger le Millennium Park lorsque fut inaugurée la nouvelle aile de l'Art Institute of Chicago. Baptisé la Modern Wing, ce nouveau bâtiment à la fois sobre et splendide, dessiné par l'architecte italien **Renzo Piano**, renferme des salles bien souvent baignées de lumière naturelle qui mettent magnifiquement en valeur les œuvres exposées. Il est par ailleurs relié au Millennium Park par une passerelle également dessinée par Piano, le Nichols Bridgeway, qui permet d'en apprécier l'architecture en plus d'offrir de splendides vues sur les autres édifices des environs.

> Art public

Même si l'architecture est sans contredit la forme la plus aboutie d'art public, la sculpture représente une autre façon appréciée d'amener l'art au niveau de la rue. La Ville des Vents s'avère particulièrement choyée à ce chapitre, tant par ses monuments classiques, dont plusieurs se trouvent dans les plus beaux parcs de la ville, que par les sculptures modernes ornant ses places publiques et commerciales.

Parmi les plus impressionnants monuments traditionnels élevés à Chicago à la mémoire de personnages historiques, il convient de citer l'impressionnant *Standing Lincoln* (1887; voir p. 154) du Lincoln Park, œuvre d'Augustus Saint-Gaudens. Lorado Taft, sculpteur originaire de la Ville des Vents, a réalisé quant à lui de nombreuses créations que l'on retrouve aujourd'hui aux quatre coins de Chicago. Le chef-d'œuvre de ce prolifique artiste demeure toutefois la *Fountain of Time* (voir p. 160) du Washington Park. Il fallut 14 ans pour achever ce monument d'acier et de béton faisant 33 m de long. Son installation eut lieu en 1922.

Puis, il y a l'exceptionnelle série de sculptures modernes du Loop. On y trouve en effet, à l'intérieur de quelques quadrilatères seulement, la plus extraordinaire collection du monde d'œuvres publiques réalisées par les maîtres du XXe siècle. À tout seigneur tout honneur, il faut d'abord mentionner le controversé *Untitled Picasso* (1967; voir p. 110), cette gigantesque création de Pablo Picasso trônant au centre de la Daley Center Plaza. En face, reposant dans une sorte d'écrin formé par des bâtiments voisins, *Chicago* (1981; voir p. 110), de l'Espagnol Joan Miró, surprend tout autant.

Il y a aussi l'élégante structure d'acier rouge d'Alexander Calder, ***Flamingo*** (voir p. 109), placée en 1974 devant le Federal Center de Mies van der Rohe, ainsi que la sculpture de fibre de verre blanc et noir caractéristique du style du Français Jean Dubuffet, le ***Monument with Standing Beast*** (voir p. 112), installé en 1989 aux abords du James R. Thompson Center.

Il ne faut pas oublier l'étonnante mosaïque de Marc Chagall, ***Four Seasons*** (voir p. 110), sur la place devant la Chase Tower, ni l'extravagante ***Batcolumn*** (voir p. 104) de Claes Oldenburg, ce bâton de baseball géant s'élevant tout près du Social Security Administration Center.

L'aménagement au cours des années 2000 du remarquable Millennium Park a permis l'ajout de nouvelles sculptures monumentales à la collection déjà impressionnante d'œuvres de ce genre dans le Loop. Ainsi, l'artiste britannique d'origine indienne Anish Kapoor y a réalisé l'irrésistible ***Cloud Gate***, une imposante sculpture en acier inoxydable dont la forme évoque une immense *jelly bean*, et sur laquelle se reflètent les gratte-ciel de la ville.

Les habitants de Chicago ont également vite adopté la ***Crown Fountain***, qui s'élève dans la section sud-ouest du Millennium Park. Dessinée par l'artiste espagnol Jaume Plensa, elle est constituée de deux tours de verre plantées à chacune des extrémités d'un bassin, sur lesquelles sont projetées des vidéos reproduisant des figures humaines de manière qu'on ait l'impression qu'un jet d'eau provient de leur bouche.

Finalement, il faut signaler le **Wrigley Square and Millennium Park Monument**, qui met en scène une reproduction presque à grandeur réelle d'un péristyle qui se trouvait dans les environs entre 1917 et 1953. Les noms des principaux donateurs ayant contribué financièrement à la réalisation du Millennium Park apparaissent à la base de ce monument composé de 24 colonnes doriques.

› Chicago au cinéma

Tout au long du XXe siècle, Chicago a servi de toile de fond à de nombreux films. Dans certains cas, ils ont d'ailleurs contribué au mythe qui entoure la Ville des Vents. Par exemple, toute une série de films de gangsters ont pris Chicago pour décor, renforçant ainsi la notoriété des Al Capone et compagnie. Parmi ceux-là, il faut mentionner le classique *Scarface* (1932), avec Paul Muni, *Al Capone* (1959), avec Rod Steiger, et la version de Brian De Palma des *Incorruptibles* (*The Untouchables*) (1987), dans lequel Eliot Ness (Kevin Costner) et un policier irlandais (Sean Connery) donnent la chasse à Capone (Robert De Niro).

Se référant à cette époque trouble, mais sur une note plus amusante, *L'Arnaque* (*The Sting*), avec Paul Newman et Robert Redford, a remporté l'Oscar du meilleur film en 1973. Ayant également Chicago pour toile de fond, *Ordinary People*, première tentative de Robert Redford comme metteur en scène avec en vedette Mary Tyler Moore et le Canadien Donald Sutherland, mérita le même honneur en 1980.

Chicago, ville de journaux, a inspiré deux versions cinématographiques de *The Front Page*, l'une tournée en 1931 avec Adolphe Menjou et Pat O'Brien, et l'autre en 1974, avec le duo Jack Lemmon et Walter Matthau.

Chicago a également inspiré une panoplie de films de moindre qualité qui n'en sont pas moins devenus des films cultes ou qui ont contribué à lancer les carrières d'importants acteurs américains. C'est le cas de *The Blues Brothers* (1980), cet hommage échevelé aux grands du blues avec John Belushi et Dan Aykroyd, dans lequel des musiciens et chanteurs comme Ray Charles, John Lee Hooker et Aretha Franklin font des apparitions devenues légendaires. En 1998, ce film culte se verra consacrer une suite : *The Blues Brothers 2000*. Aykroyd y reprend le flambeau, mais cette fois en compagnie de James Belushi et de John Goodman. Encore ici, plusieurs stars du blues y font des apparitions, entre autres Junior Wells. On peut aussi citer dans cette catégorie *Ferris Bueller's Day Off* (1986), l'archétype du film d'ados réalisé par un spécialiste du genre, John Hughes, dans lequel le tout jeune Matthew Broderick fait une virée aux quatre coins de Chicago lors d'une journée d'école buissonnière. Le film *About Last Night* (1986) a quant à lui lancé la carrière de Demi Moore, Rob Lowe et James Belushi, alors que *Risky Business* (1983) en avait fait autant pour celle de Tom Cruise.

Le jeu a par ailleurs inspiré *The Man with the Golden Arm* (1956), une adaptation du roman du Chicagoen Nelson Algren avec Frank Sinatra, ainsi que *The Color of Money* (1986), réalisation de Martin Scorsese avec Paul Newman et Tom Cruise.

A Raisin in the Sun (1961) est l'adaptation au grand écran d'une pièce de la dramaturge chicagoenne Lorraine Hansberry avec Sidney Poitier, qui raconte les rêves d'une famille noire de Chicago.

Le plus grand scandale de l'histoire du sport professionnel, la tricherie des White Sox de Chicago en 1919, est raconté en détail dans *Eight Men Out* (1988).

Il y a aussi Robert Altman, qui a situé son film *A Wedding* (1978) dans la banlieue de Chicago, et Ron Howard, qui a raconté les mésaventures des pompiers de la Ville des Vents dans *Backdraft* (1991). L'action de la version cinématographique de la série policière culte *Le Fugitif* (1993), avec Harrison Ford, se déroule aussi à Chicago, et c'est sur le campus de l'University of Chicago que se rencontrent pour la première fois Meg Ryan et Billy Crystal dans *When Harry Met Sally* (1989). Pour sa part, c'est dans le métro de Chicago que travaille Sandra Bullock dans *While You Were Sleeping* (1995).

La plus grande réussite cinématographique associée à la Ville des Vents est toutefois l'adaptation de Rob Marshall de la comédie musicale *Chicago* (2002), qui met en vedette Richard Gere, Renée Zellweger, Catherine Zeta-Jones et Queen Latifah. Ce film, adapté de la pièce de Broadway signée par l'un des fils illustres de Chicago, Bob Fosse, domina la soirée de remise des Academy Awards en mars 2003, avec pas moins de 13 nominations. Il remporta finalement six Oscars, dont celui du meilleur film de l'année.

Au cours des dernières années, de nombreux autres films ont situé leur intrigue dans la Ville des Vents. C'est le cas par exemple de *Public Enemies* (2008), dans lequel Johnny Depp incarne le célèbre gangster John Dillinger, de *The Weather Man* (2004), avec Nicolas Cage dans le rôle d'un présentateur télé de bulletin météo que les citoyens de Chicago prennent un malin plaisir à couvrir d'injures, et de deux épisodes des aventures du justicier masqué Batman, soit *Batman Begins* (2004), retour aux origines du personnage, et le troublant *The Dark Knight* (2007), dernier film de Heath Ledger, qui lui valut, à titre posthume, l'Oscar du meilleur acteur dans un rôle de soutien pour son incarnation d'un Joker à l'esprit plus pervers que jamais.

Chicagoens célèbres

Plusieurs individus ayant vu le jour ou ayant vécu à Chicago se sont élevés, chacun dans leur domaine, à un niveau de notoriété qui a dépassé les frontières de la ville et des États-Unis.

Jane Addams (1860-1935): considérée comme l'une des pionnières des services sociaux à Chicago, Jane Addams fonde la Hull-House en 1889 avec l'aide d'Ellen Gates Starr. Ce centre d'œuvres sociales vise alors à aider de diverses façons la communauté multiethnique défavorisée du secteur de la ville aujourd'hui occupé par l'University of Illinois at Chicago. La notoriété de Jane Addams atteint une envergure internationale grâce notamment à son action militante pour mettre fin à la Première Guerre mondiale, puis à la création de la Women's International League for Peace and Freedom, qu'elle préside de 1919 à 1929. En reconnaissance de sa contribution, on lui octroie le prix Nobel de la paix en 1931.

Nelson Algren (1909-1981): ce romancier est reconnu pour ses personnages de laissés-pour-compte. Ainsi, dans *Somebody in Boots* (1935), il s'emploie à décrire la crise de 1929 telle que vécue dans les quartiers défavorisés de Chicago. Son œuvre la plus connue sera toutefois *The Man with the Golden Arm* (1950), qui raconte la décadence d'un joueur de poker miné par la drogue. Algren est considéré comme un membre actif de l'aile gauche du milieu littéraire chicagoen des années 1930 et comme une influence importante pour les écrivains de la *beat generation*. Il a été aussi l'amant de Simone de Beauvoir, comme l'illustre le recueil de la correspondance qui lui fut adressée par l'intellectuelle française, paru en 1997 chez Gallimard: *Lettres à Nelson Algren, Un amour transatlantique 1947-1964*.

Sherwood Anderson (1876-1941): on associe cet écrivain à la Chicago Literary Renaissance du début du XXe siècle, avec les Carl Sandburg, Ben Hecht et Theodore Dreiser. Ce mouvement littéraire se caractérisera par ses récits réalistes évoquant les dures conditions de vie des populations prolétaires dans une ville au développement industriel effréné, et dénonçant l'imposture du «rêve américain». Les romans d'Anderson, aux accents autobiographiques, s'attardent quant à eux souvent au désespoir des habitants de petites communautés.

Louis Armstrong (1901-1971): le nom de Louis Armstrong est davantage associé à La Nouvelle-Orléans, sa ville natale, qu'à Chicago. Ce fameux trompettiste y a pourtant «importé» le *New Orleans-style jazz* en 1922, ce qui contribua à faire de la Ville des Vents une capitale mondiale du jazz.

L. Frank Baum (1856-1919): on lui doit la création du classique *Magicien d'Oz*, qu'il écrivit en 1900 et qui devint un film culte mettant en vedette Judy Garland en 1939. En 1976, un parc de North Side a été aménagé à sa mémoire: Oz Park.

John Belushi (1949-1982): voilà l'une des figures mythiques de Chicago. Ce grand comique à l'humour irrévérencieux et faussement macho a fait ses débuts dans les boîtes de Chicago, dont la fameuse Second City, avant de devenir une vedette nationale grâce à sa participation à l'émission de télévision *Saturday Night Live* et à de nombreux films. L'un de ceux-ci, *The Blues Brothers* (1980), qui met aussi en vedette le Canadien d'origine Dan Aykroyd, est devenu un film culte rendant hommage aux grands bluesmen de Chicago. À l'âge de 33 ans, John Belushi succomba à une surdose d'héroïne et de cocaïne dans un hôtel de Los Angeles. Son frère, **Jim Belushi**, lui a en quelque sorte succédé et poursuit une carrière cinématographique et télévisuelle qui connaît un certain succès.

Saul Bellow (1915-2005): né à Lachine, au Québec, ce romancier a passé une partie importante de son enfance à Chicago. Prix Nobel de littérature en 1976, il est considéré comme le chef de file de l'école des romanciers juifs américains. Son roman le plus célèbre est *Herzog*, publié en 1964.

Daniel H. Burnham (1846-1912): on le connaît pour sa fameuse phrase: *Make no little plans; they have no magic to stir men's blood* (n'élaborez pas de plans qui soient modestes; ils n'ont pas la magie qu'il faut pour stimuler les hommes). C'est sans doute ce principe qui l'a amené à mettre au point le révolutionnaire plan d'urbanisme de Chicago, adopté en 1909. Architecte brillant, il avait auparavant dirigé l'aménagement de la *World's Columbian Exposition* de 1893.

Edgar Rice Burroughs (1875-1950): il s'agit de l'auteur du roman légendaire *Tarzan of the Apes* (1912), dont le héros sera beaucoup plus tard interprété au grand écran par un autre Chicagoen: Johnny Weissmuller.

Al Capone (1899-1947): le plus célèbre gangster de l'époque de la Prohibition est devenu une figure mythique de Chicago. Il ordonna le «Massacre de la Saint-Valentin» le 14 février 1929, se débarrassant du coup de sept concurrents membres du gang rival des Irlandais. C'est pour évasion fiscale que les incorruptibles d'Eliot Ness finiront par le coffrer en 1931.

Harry Caray (1915-1998) : ce légendaire commentateur de baseball fut pendant long-temps celui des Cards de Saint Louis, avant de décrire les matchs des White Sox puis des Cubs de Chicago. Personnage coloré, reconnu pour ses grandes lunettes, ses expressions savoureuses et son inimitable interprétation de *Take Me Out to the Ball Game* pendant la traditionnelle pause de la septième manche lors des matchs des Cubs, Caray s'est éteint au début de 1998.

Leonard Chess (1917-1969) : avec son frère Phil, ce Juif d'origine polonaise créa Chess Records, la maison de disques qui popularisa le *Chicago blues*. Les plus grands noms du blues y ont enregistré, de Muddy Waters à Willie Dixon, en passant par Howlin' Wolf, Sonny Boy Williamson, Chuck Berry et Bo Diddley. Les Rolling Stones, en 1964, y ont même gravé quelques chansons.

Henry Ives Cobb (1859-1931) : originaire du Massachusetts, Cobb devint un architecte très en vue à Chicago à la fin du XIXe siècle. On lui doit de nombreuses résidences privées construites à Chicago, ainsi que plusieurs bâtiments institutionnels de styles néoroman et gothique. Parmi ceux-ci, mentionnons la Newberry Library, l'édifice originel de la Chicago Historical Society, qui abrite aujourd'hui la discothèque Excalibur, ainsi que le plan directeur et près d'une vingtaine des premiers bâtiments de l'University of Chicago. Cobb fut égale-ment très actif dans l'élaboration des plans de la *World's Columbian Exposition* de 1893.

Nat King Cole (1919-1965) : Nat King Cole et sa famille quittèrent l'Alabama pour s'établir à Chicago alors que le futur chanteur de charme et musicien de jazz n'avait que quatre ans. Dans les années 1950, il aligna une série de succès et devint le premier Afro-Américain à inscrire une de ses chansons au palmarès pop américain. Il fut aussi, à partir de 1957, le premier Noir à animer une émission de télévision aux États-Unis.

Charles A. Comiskey (1859-1931) : Comiskey fut d'abord joueur de premier but pour les Red Stockings de Cincinnati (ancêtres des Reds) dans la Ligue nationale de baseball. Puis il fonda la Ligue américaine avec le journaliste sportif Byron Bancroft Johnson. Enfin, il mit sur pied l'équipe des White Sox de Chicago en 1900. Le premier Comiskey Park a ouvert ses portes en 1910, et c'est là que fut joué le premier match en soirée de l'histoire de ce sport. On y disputa un dernier match en 1990, avant que ne soit inauguré le nouveau Comiskey Park (rebaptisé le US Cellular Field depuis), en avril 1991.

Billy Corgan (1967-) : Corgan est le chanteur-vedette des Smashing Pumpkins, qui sont devenus le plus important groupe rock alternatif après le suicide de Kurt Cobain, leader du groupe Nirvana. Fondé à Chicago à la fin des années 1980, le groupe a été démantelé en 2000, avant de renaître de ses cendres en 2006.

Richard J. Daley (1902-1976) : imposant maire de Chicago pendant 21 ans (de 1955 à 1976), Richard J. Daley tint les rênes de sa ville avec une main de fer. Démocrate, il contribua grandement à l'élection de John F. Kennedy à la Maison-Blanche en 1960. Sous son règne furent construits l'aéroport O'Hare, les principales composantes du réseau d'autoroutes qui donnent accès à la ville ainsi que de très nombreux HLM. Il est également passé à l'histoire en 1968 pour avoir réprimé avec une rare violence les émeutes raciales secouant Chicago ainsi qu'une manifestation contre la guerre du Vietnam organisée pendant le congrès du Parti démocrate. De 1989 à 2011, son fils, **Richard M. Daley**, s'acquitte à son tour des fonctions de maire de Chicago.

Walt Disney (1901-1966) : né à Chicago au début du XXe siècle, Disney étudia à la Chicago Academy of Fine Arts. Ce pionnier de l'animation inventa une caméra permettant de donner de la profondeur de champ à ses dessins animés, puis fut le premier à leur ajouter couleurs, son et musique. Il réalisa de remarquables longs métrages d'animation comme *Blanche Neige et les Sept Nains* (1937) et *Fantasia* (1940). Il créa aussi la célèbre souris Mickey, devenue l'emblème d'un gigantesque empire du divertissement comprenant des studios de cinéma, des parcs thématiques (Disneyland en Californie, Walt Disney World en

Floride, Tokyo Disneyland au Japon, Disneyland Paris, Hong Kong Disneyland en Chine), des boutiques de jouets et souvenirs, etc.

John Roderigo Dos Passos (1896-1970): ce romancier d'origine portugaise fut d'abord correspondant de guerre en Espagne, au Mexique et au Proche-Orient. Ses œuvres les plus marquantes sont *Manhattan Transfer* (1925) et la trilogie *USA*, comprenant *Le 42e parallèle* (1930), *1919* (1932) et *La grosse galette* (1936).

Theodore Dreiser (1871-1945): ce romancier, qui fut le pionnier de la Chicago Literary Renaissance du début du XXe siècle et l'un des plus importants auteurs américains de sa génération, s'est évertué à dénoncer l'envers du «rêve américain». Ses romans, qui abordent des thèmes audacieux comme la sexualité (*Sister Carrie*, 1900) ou la maternité hors mariage (*Jennie Gerhardt*, 1911), firent scandale. Sa trilogie composée de *The Titan* (1912), *The Financier* (1914) et *The Stoic* (1917) raconte la vie d'un magnat de la finance sans scrupule et imbu de pouvoir. Son plus grand succès sera *An American Tragedy* (1925), l'histoire d'un jeune homme d'origine modeste prêt à commettre un meurtre pour accéder à un milieu plus favorisé.

James Thomas Farrel (1904-1979): l'œuvre de cet écrivain d'origine irlandaise est fortement autobiographique, racontant dans un style naturaliste les frustrations des individus issus de milieux défavorisés. Bien qu'il soit un auteur prolifique, sa trilogie ayant pour héros un Irlandais du South Side, Studs Lonigan, surpasse toutes ses autres réalisations. La trilogie comprend *Young Lonigan* (1932), *The Young Manhood of Studs Lonigan* (1934) et *Judgment Day* (1935). Lui-même influencé par Theodore Dreiser, Farrel sera une importante source d'inspiration pour des écrivains américains des générations suivantes, comme Norman Mailer et Tom Wolfe.

Enrico Fermi (1901-1954): déjà Prix Nobel de physique en 1938 pour ses recherches en fission nucléaire à l'Université de Rome, Enrico Fermi quitta l'Italie l'année suivante, pour fuir la montée du fascisme. Il conduisit en 1942, à l'University of Chicago, les expérimentations qui aboutirent à la première réaction nucléaire en chaîne contrôlée grâce à la création du premier réacteur nucléaire, un exploit historique qui mena à la production de la première bombe atomique en 1945.

Marshall Field (1834-1906): c'est à ce marchand que l'on doit la création des grands magasins qui portèrent longtemps son nom et dont le slogan était en son temps: *Give the lady what she wants* (donnez à la dame ce qu'elle désire). Le magasin original, devenu un maillon de la chaîne Macy's, fut inauguré en octobre 1868 dans State Street, à l'angle de Washington Street (voir p. 106). C'est grâce à un don d'un million de dollars de Marshall Field que fut créé le Field Museum of Natural History lors de la *World's Columbian Exposition* de 1893. Cet important musée a été déplacé dans ses locaux actuels de Lake Shore Drive en 1921.

Bob Fosse (1927-1987): chorégraphe de Broadway et important cinéaste, Bob Fosse est né à Chicago en 1927. Parmi ses comédies musicales jouées sur Broadway, mentionnons *Pajama Game*, *Damn Yankees*, *Chicago* et *Sweet Charity*, qu'il porta au grand écran en 1968 avec Shirley McLaine dans le rôle-titre. Il réalisa d'autres grands films, dont *Cabaret* (1972), avec Liza Minnelli, *Star 80* (1983), dont l'histoire relate le meurtre de la modèle de *Playboy* Dorothy Stratten, et surtout *All That Jazz* (1979), œuvre autobiographique qui remporta quatre Oscars.

Benny Goodman (1909-1986): ce grand clarinettiste de jazz est né à Chicago en 1909. C'est lui qui a popularisé le swing, cette musique de *big band* qui a fait danser l'Amérique durant la période s'échelonnant entre la Grande Dépression et la Seconde Guerre mondiale.

Buddy Guy (1936-): comptant parmi les grands bluesmen de sa génération, Buddy Guy possède l'un des plus populaires bars de blues de la ville (**Buddy Guy's Legends**, voir

p. 267). Comme plusieurs autres, ce virtuose de la guitare électrique enregistra chez Chess dans les années 1950. Son influence sur le musicien anglais Eric Clapton est indéniable.

Ben Hecht (1894-1964) : figure centrale de la Chicago Literary Renaissance, Hecht est surtout connu pour la pièce de théâtre maintes fois portée à l'écran qu'il écrivit avec Charles MacArthur, *The Front Page* (1928). Celle-ci dévoilait le cynisme avec lequel était pratiqué le journalisme à cette époque. Hecht écrivit aussi des scénarios pour le cinéma : *Underworld* (1927), *Scarface* (1930), *The Scoundrel* (1934), *A Star is Born* (1937), *A Walk on the Wild Side* (1962).

Hugh Hefner (1926-) : Hefner est sans doute un des plus turbulents fils de Chicago, où il fonda son empire *Playboy*. C'est Marilyn Monroe qui apparut sur la couverture du tout premier numéro du fameux magazine en novembre 1953. En 1972, son tirage atteint un sommet avec 7,2 millions d'exemplaires. Aujourd'hui, la fille du fondateur, Christie Hefner, cherche à relancer un empire qui a eu du mal à s'adapter au changement.

Ernest Hemingway (1899-1961) : c'est à Oak Park, en banlieue de Chicago, qu'a vu le jour ce grand romancier. Il fut d'abord reporter pour le *Kansas City Star*, puis correspondant à Paris pour le *Toronto Star*. C'est là qu'il entreprit sa brillante carrière d'écrivain pendant laquelle il créa, entre autres, des œuvres célèbres comme *L'Adieu aux armes* (*A Farewell to Arms*, 1929), *Pour qui sonne le glas* (*For Whom the Bell Tolls*, 1940) et *Le Vieil Homme et la mer* (*The Old Man and the Sea*, 1952). Il remporta le prix Pulitzer pour ce dernier roman, puis, en 1954, on lui décerna le prix Nobel de littérature. Globe-trotter, il habita en Espagne, à Cuba et à Key West (Floride), avant de s'enlever la vie au début des années 1960.

John Hertz (1879-1961) : Hertz est né en Autriche et est décédé à Los Angeles, mais c'est à Chicago, où il vécut presque toute son existence, qu'il a fondé l'entreprise internationale de location de voitures qui porte son nom. Auparavant, il s'était déjà fait remarquer en créant la première compagnie de taxis de Chicago (Yellow Cab).

David Homel (1952-) : ce romancier américain né à Chicago vit depuis plusieurs années à Montréal, où il enseigne à l'Université Concordia et traduit en anglais les œuvres de certains des plus importants auteurs québécois (Dany Laferrière, Yves Beauchemin, Martine Desjardins). Son premier roman, *Orages Électriques*, raconte son adolescence à Chicago et sa désillusion face au rêve américain.

Jesse Jackson (1941-) : élevé en Caroline du Nord, le révérend Jesse Jackson vint s'installer à Chicago en 1964. Il fit la rencontre de Martin Luther King, qui devint son mentor, lors d'une marche en faveur des droits civiques en 1965. En 1971, Jackson fonda l'opération Push (People United to Save Humanity). Orateur de premier plan, ce personnage charismatique négocia la libération du lieutenant Robert Goodman, pris en otage en Syrie en 1984. Il prit part à la course à l'investiture démocrate pour la présidence en 1984 et 1988. Son fils, Jesse Jackson, Jr., a été élu au Congrès américain en 1995.

Mahalia Jackson (1911-1972) : Mahalia Jackson devint la première grande vedette du gospel lorsque ses disques commencèrent à se vendre par millions au début des années 1950. Née à La Nouvelle-Orléans, elle est venue s'installer à Chicago à l'âge de 16 ans. En 1984, une comédie musicale sur sa vie simplement intitulée *Mahalia* fut créée sur Broadway.

Michael Jordan (1963-) : cette super-vedette du basket-ball est née à New York et a grandi en Caroline du Nord, mais est devenue le roi de Chicago dans les années 1990. Il a conduit les Bulls à trois championnats (1991, 1992 et 1993), puis, après s'être retiré à la suite de l'assassinat de son père, il a fait un retour et mené l'équipe à trois autres triomphes (1996, 1997 et 1998). Il annonce sa retraite peu après la conquête du championnat de 1998, mais revient au jeu en 2001 avec une nouvelle équipe : les Wizards de Washington. Il se retire définitivement de la compétition au terme de la saison 2002-2003.

Portrait - Chicagoens célèbres

James L. Kraft (1874-1953): né en Ontario, James L. Kraft émigra aux États-Unis en 1903 et créa à Chicago, en 1909, une importante entreprise de production de fromages. Il est considéré comme un des fondateurs de l'empire agroalimentaire Kraft Foods.

Ray Kroc (1902-1984): c'est à Chicago qu'est né celui qui révolutionna le domaine de la restauration lorsqu'il acheta puis transforma en empire les restaurants McDonald's à l'âge de 53 ans. Aujourd'hui, cette chaîne de 12 000 restaurants répartis dans 52 pays est la plus importante au monde.

Lucien Lagrange (1940-): bien que né en France, Lucien Lagrange fait ses études d'architecture à l'Université McGill de Montréal (diplômé en 1972), avant d'aboutir en 1978 à Chicago, où il œuvre pour le célèbre bureau Skidmore, Owings & Merrill. Il fonde sa propre firme en 1985 et devient l'un des architectes les plus actifs de Chicago. On lui doit notamment les restaurations du Carbide & Carbon Building, devenu le Hard Rock Hotel, de la tour nord de l'InterContinental Hotel et du Blackstone Hotel. Il a également signé l'élégante Park Tower, ainsi que de nombreuses tours d'habitation de prestige.

Vachel Lindsay (1879-1931): ce poète visionnaire et puritain vit sa carrière lancée par le magazine *Poetry* de Harriet Monroe, lors de la publication de *General William Booth Enters Into Heaven* (1913), un hommage au fondateur de l'Armée du Salut. Sa poésie, dont le rythme emprunte au jazz et au ragtime, est alors acclamée. Il fera beaucoup pour la poésie orale destinée au peuple en se promenant à travers les États-Unis pour réciter ses vers. Néanmoins, ce troubadour mal compris se suicidera à l'âge de 52 ans.

David Mamet (1947-): natif de Chicago, David Mamet est un des dramaturges les plus en vue aux États-Unis. Il remporta le prix Pulitzer en 1984 pour sa pièce *Glengarry Glen Ross*, qui sera portée à l'écran en 1992 dans un film avec Al Pacino et Jack Lemmon. On doit aussi à cet auteur prolifique les scénarios de plusieurs films marquants, dont *The Postman Always Rings Twice* (1981), adaptation d'un roman de James M. Cain mettant en vedette Jack Nicholson, *The Verdict* (1982), avec Paul Newman, et *The Untouchables* (1987).

Edgar Lee Masters (1869-1950): figure marquante de la Chicago Literary Renaissance, le poète Edgar Lee Masters ne se vit reconnaître que lors de la publication de *Spoon River Anthology* (1915). Ce recueil de poèmes prenant la forme d'épitaphes imaginaires raconte la vie intime des gens enterrés au cimetière de Spoon River, une ville fictive de l'Illinois.

Albert A. Michelson (1852-1931): ce physicien, qui mena à l'University of Chicago de brillantes expériences permettant d'en venir à mesurer avec précision la vitesse de la lumière, reçut le prix Nobel en 1907. Ses recherches ouvrirent la voie à l'élaboration de la théorie de la relativité d'Einstein.

Ludwig Mies van der Rohe (1886-1969): même s'il n'est pas originaire de Chicago, cet architecte est à ce point associé à la Ville des Vents, où il est d'ailleurs mort, qu'il faut le citer parmi les Chicagoens célèbres. Il devint directeur de l'Illinois Institute of Technology à partir de 1937 et réalisa une impressionnante série de constructions à Chicago dans les années 1940 et 1950 (notamment le Crown Hall, le 860-880 N. Lake Shore Drive Building et le Federal Center). Ses gratte-ciel innovateurs, à ossature d'acier ou de béton recouverte de verre, à la silhouette dépouillée et aux lignes verticales (le Seagram Building à New York, le Westmount Square à Montréal, le Toronto Dominion Centre), firent de lui une figure marquante de l'architecture moderne et du style dit international.

Vincente Minnelli (1903-1986): c'est à Chicago qu'a vu le jour ce metteur en scène connu pour ses spectaculaires comédies musicales, ce genre cinématographique typiquement américain qu'il a contribué à élever à un très haut niveau. Parmi ses grandes réussites, mentionnons *Un Américain à Paris* (1951), *Brigadoon* (1954) et *Gigi* (1958), pour lequel il reçut l'Oscar de la meilleure direction. Il fut marié à la chanteuse Judy Garland et est le père de Liza Minnelli.

Joan Mitchell (1926-1992): peintre de la seconde génération des expressionnistes abstraits et issue d'une famille riche de Chicago dont la mère, Marion Strobel, travaillait à l'édition du magazine *Poetry* aux côtés de Harriet Monroe, elle fut la compagne de l'artiste québécois Jean Paul Riopelle pendant près de 25 ans. L'une des œuvres de Riopelle, bien qu'intitulée *Hommage à Rosa Luxemburg*, se veut en fait un hommage à Joan Mitchell. Elle fut réalisée à la mort de la peintre.

Harriet Monroe (1860-1936): en 1912, cette poète et journaliste fonda le magazine *Poetry*, premier du genre aux États-Unis et organe essentiel de la mise en place de la Chicago Literary Renaissance, important courant auquel adhérèrent, entre autres, Vachel Lindsay, Edgar Lee Masters, Carl Sandburg et Sherwood Anderson.

Barack Obama (1961-): né à Honolulu, Hawaii, Barack Obama commence sa carrière professionnelle à Chicago en 1985 comme animateur social dans les quartiers noirs pauvres. Après un exil de quelques années pour étudier le droit à Harvard (diplômé en 1991), il revient bientôt à Chicago pour se faire élire représentant au sénat de l'Illinois en 1996, puis sénateur de l'État en 2004. Candidat à l'investiture démocrate pour l'élection présidentielle américaine de 2008, il livre alors une chaude lutte à Hillary Clinton, sénatrice de l'État de New York, mais originaire de la région de Chicago. Il remporte finalement la course, puis devient le premier Afro-Américain à être élu président des États-Unis quelques mois plus tard. En 2012, Obama a été réélu pour un second mandat.

Allan Pinkerton (1819-1884): né en Écosse, Pinkerton émigra en 1842 en Amérique, où il devint un détective fameux. Parmi les faits d'armes importants de son agence, la Pinkerton National Detective Agency, il faut mentionner la bataille sans merci livrée aux bandits légendaires Butch Cassidy et Sundance Kid jusqu'en Amérique du Sud.

Hillary Rodham Clinton (1947-): première dame des États-Unis au cours du mandat présidentiel de son mari Bill Clinton de 1992 à 2002, Hillary Rodham a vu le jour à Park Ridge, en banlieue de Chicago. Poursuivant une brillante carrière d'avocate en Arkansas, elle y a rencontré Clinton alors qu'il était gouverneur de l'État. Tout au long de leur passage à la Maison-Blanche, elle s'est fait remarquer par sa participation active à la conduite des affaires d'État, jouant notamment le rôle de conseillère spéciale du président et œuvrant à la réforme du système de santé. Elle a été élue sénatrice dans l'État de New York en novembre 2000, devenant ainsi la première *First Lady* à accomplir pareil exploit. En 2007, elle se lance dans la course à l'investiture démocrate en vue de l'élection présidentielle de 2008. Elle sera battue par Barack Obama, qui lui-même sera par la suite élu président des États-Unis. Elle occupera toutefois le poste de secrétaire d'État au cours du premier mandat de l'administration Obama.

Carl Sandburg (1878-1967): journaliste au *Chicago Daily News* de 1917 à 1927, Sandburg s'est toutefois surtout fait remarquer pour ses créations poétiques, qui lui valurent d'ailleurs le prix Pulitzer en 1951. C'est de ses *Chicago Poems* (1916) qu'est tiré l'un des surnoms de la ville: *City of Big Shoulders* (la ville aux larges épaules). Entre 1926 et 1939, il réalisa une imposante biographie en six tomes d'Abraham Lincoln. Le dernier de ces volumes lui valut un premier prix Pulitzer (1940).

Richard W. Sears (1863-1914): Richard Sears fonda sa firme de vente par correspondance à Chicago en 1886. Dans les années qui suivirent, les énormes catalogues saisonniers de Sears devinrent partie intégrante de la vie de millions d'Américains. La Sears Tower, construite en 1974, rendit hommage au fondateur de cette prestigieuse entreprise commerciale jusqu'en 2009, date à laquelle elle fut rebaptisée « Willis Tower » par ses nouveaux occupants.

Albert G. Spalding (1850-1915): lui-même ancien lanceur au baseball, Spalding fut un des cofondateurs de la Ligue nationale de baseball, le propriétaire des White Stockings de Chicago (qui devinrent les Cubs) et le créateur des équipements sportifs Spalding.

Portrait - **Chicagoens célèbres**

Louis Henri Sullivan (1856-1924): né à Boston, cet architecte est considéré par plusieurs comme le maître à penser de l'«école de Chicago», et peut-être même le père de l'architecture moderne. En 1881, il fonde avec l'ingénieur Dankmar Adler une firme qui laissera une marque indélébile dans le paysage architectural de Chicago. On doit entre autres au duo l'Auditorium Theatre (1889), à la conception duquel participe également un jeune apprenti du nom de Frank Lloyd Wright, et l'extraordinaire magasin Carson Pirie Scott and Co. de State Street (1904).

Charles Walgreen (1873-1939): en 1901, Walgreen acheta une pharmacie à Chicago. À sa retraite, en 1934, son empire en comptera plus de 500. Aujourd'hui, il y a plus de 7 000 pharmacies Walgreens à travers les États-Unis.

Muddy Waters (1915-1983): Waters est considéré comme le père du *Chicago blues*, une révolution musicale qui juxtapose l'utilisation de la guitare électrique et les formes classiques du *Delta blues*, annonçant l'émergence de la musique rock. Il s'installa à Chicago en 1943, en même temps qu'un grand nombre de ses confrères afro-américains qui venaient chercher à cette époque une vie meilleure dans les grandes métropoles du Nord.

Johnny Weissmuller (1904-1984): cinq fois médaillé d'or olympique en natation, Johnny Weissmuller est considéré par plusieurs comme l'un des plus grands nageurs du XXe siècle. Au cours de sa brillante carrière, il établit d'ailleurs pas moins de 67 records mondiaux. Il devint par la suite un acteur populaire, personnifiant le héros *Tarzan* au cinéma entre 1935 et 1948, puis *Jim la Jungle* au cinéma dans les années 1950 et à la télévision dans les années 1960.

Raquel Welch (1940-): dans les années 1960, Raquel Welch devient l'une des grandes déesses du cinéma populaire hollywoodien. Elle tourne alors de nombreux films avec, entre autres acteurs, Elvis Presley, Frank Sinatra et Burt Reynolds. Elle joue également en France avec Jean-Paul Belmondo dans *L'Animal* de Claude Zidi.

Junior Wells (1934-1998): né à Memphis, au Tennessee, cet harmoniciste de blues arrive à Chicago dès l'âge de 12 ans. En 1952, il devient l'un des membres du célèbre orchestre de Muddy Waters. Il participe ensuite à de nombreux concerts aux côtés de Buddy Guy, assurant entre autres la première partie du spectacle des Rolling Stones en 1970. Auparavant, en 1965, il réalise l'album *Hoodoo Man Blues*, devenu un classique du *Chicago blues*. Un cancer du système lymphatique l'emporte le 16 janvier 1998.

Oprah Winfrey (1954-): Oprah Winfrey, reine incontestée du talk-show, est une des figures emblématiques de Chicago. Sa popularité a atteint de tels sommets qu'elle est aujourd'hui considérée comme une des femmes les plus riches et les plus influentes d'Amérique!

Howlin' Wolf (1910-1976): ce musicien originaire du Mississippi suivit un peu la même route que Muddy Waters et bien d'autres Afro-Américains, en quittant son Mississippi natal pour une des grandes villes du Nord. Il s'installa à Chicago en 1952 et, avec Waters, devint l'un des pionniers du *Chicago blues*, qui devait bientôt influencer les plus grandes stars du rock international.

Frank Lloyd Wright (1867-1959): pour plusieurs, Wright fut le plus grand architecte de Chicago. Il travailla chez Adler & Sullivan, où il devint le principal assistant du maître Louis H. Sullivan entre 1887 et 1893. Au cours de la première décennie du XXe siècle, il créa la *Prairie House*, dont l'aménagement intérieur, avec un minimum de cloisonnement, est révolutionnaire et dont la Robie House de Chicago (1909) est un bel exemple. Lignes horizontales, plans bas, utilisation de matériaux naturels, ouverture sur l'extérieur sont les autres caractéristiques de ses constructions résidentielles. Il élabora ainsi peu à peu la théorie de l'architecture organique *(An Organic Architecture,* publié en 1939), pour tenir compte des rapports entre l'individu, le bâtiment et la nature. Il est aussi l'auteur de l'hôtel Imperial de Tokyo (1922) et du musée Guggenheim de New York (1959).

Richard Wright (1908-1960) : romancier afro-américain engagé, Wright combattit par les mots l'injustice sociale et le racisme en Amérique. Lui-même né sur une plantation de coton du Sud et venu à Chicago dans les années 1930, il dénonce dans *Native Son* (1940) et *Black Boy* (1945), des récits en partie autobiographiques, la condition des Noirs américains. *Native Son* fut plus tard porté à la scène par Orson Welles, puis à l'écran en quelques occasions.

William Wrigley, Jr. (1861-1932) : c'est à cet entrepreneur que l'on doit l'empire de la gomme à mâcher Wrigley, dont le siège social fut installé dans l'extraordinaire Wrigley Building de North Michigan Avenue (1924). En 1921, il devint l'actionnaire majoritaire des Cubs de Chicago, et en 1926 le Weeghman Park changea de nom pour devenir le Wrigley Field.

Sport professionnel

Aux États-Unis, le sport professionnel a atteint un tel niveau de popularité qu'il n'est pas exagéré de dire qu'il fait partie intégrante de la culture américaine. Les vedettes du baseball, du basket-ball, du football américain et, dans une moindre mesure, du hockey sur glace, sont de véritables dieux dans les villes où ils évoluent. Les enfants, tout jeunes, les idolâtrent et les vénèrent. Bientôt, ils les imitent, puis cherchent à suivre leurs traces. En fait, on reconnaît dans le mythe de l'athlète professionnel américain l'une des représentations les plus flamboyantes de l'*American Dream*. Partis de rien, souvent même des pires ghettos, certains athlètes en arrivent à gravir à une vitesse vertigineuse les échelons qui les mènent à la gloire et à la richesse.

Même si le sport professionnel fait partie de la culture américaine, on peut tout aussi justement prétendre qu'il constitue une industrie à part entière. Le sport, aux États-Unis, c'est du *big business*. Les partisans sont prêts à payer des droits d'entrée souvent étonnamment élevés ; de grandes corporations investissent des millions dans la réservation de loges privées où elles peuvent inviter leurs clients à assister aux matchs ; les droits de télédiffusion se négocient à prix d'or ; les fans s'arrachent les gadgets en tout genre produits aux couleurs des différentes équipes ou à l'effigie des héros sportifs...

L'envers de tout ce *glamour* on ne peut plus américain s'avère toutefois bien moins reluisant : certains joueurs, gâtés et imbus d'eux-mêmes, font preuve d'arrogance et affichent de plus en plus ouvertement leur mépris pour les supporters ; d'autres, étourdis par le vedettariat et les millions, sombrent dans de tristes histoires de drogue. Mais c'est en 1994 que le sommet (ou le fond...) fut atteint, lorsque les joueurs professionnels de baseball, que tous considèrent comme le «passe-temps national des Américains», déclenchèrent une grève générale. Le spectacle désolant de millionnaires du sport, joueurs et propriétaires, se disputant d'autres millions de dollars sans la moindre considération pour le «monde ordinaire» a donné des hauts-le-cœur aux Américains. Ce conflit sera suivi d'autres du même genre au hockey, en 1994-1995, au basket-ball en 1998, puis à nouveau au hockey lorsqu'un lock-out mènera à l'annulation complète de la saison 2004-2005.

Malgré tout cela, le sport et ses acteurs continuent de fasciner. À Chicago, comme dans toutes les grandes villes américaines, assister à un spectacle sportif, car c'est bien de cela qu'il s'agit, peut être une façon agréable de passer une soirée ou un après-midi.

› Baseball

La ville est divisée en matière de baseball. Deux équipes professionnelles se disputent l'affection des Chicagoens, soit les Cubs, de la Ligue nationale, et les White Sox, de la Ligue américaine. Dans la réalité, ce sont des questions d'ordre géographique qui déterminent l'équipe à laquelle les fans jurent fidélité : les Cubs, s'ils sont du secteur nord de Chicago (North Side), et les White Sox, si c'est plutôt dans la partie sud qu'ils habitent (South Side).

Portrait - Sport professionnel

De plus, il y a des différences majeures entre les deux «clans». Alors que les Cubs jouent dans un des plus vieux stades du baseball majeur, les White Sox, eux, évoluent dans un des plus modernes, construit spécifiquement pour eux.

Cubs

Les pauvres Cubs n'ont pas participé à la Série mondiale, cette grande finale au cours de laquelle les champions de la Ligue nationale et de la Ligue américaine s'affrontent pour le titre de champion du «monde», depuis 1945... alors qu'ils avaient perdu. De fait, leur dernier triomphe remonte à 1908! Pourtant, leurs ancêtres, les White Stockings de Chicago, avaient gagné le tout premier championnat de l'histoire du baseball majeur, en 1876.

On raconte que les Cubs sont victimes d'un mauvais sort que leur aurait jeté en 1945 un hurluberlu du nom de William *Billy Goat* Sianis, aussi fondateur de la célèbre **Billy Goat Tavern** (voir p. 225, 268). Sianis avait pris l'habitude d'assister aux matchs avec son bouc (*goat*). Lorsqu'on interdit l'accès au stade à son cher compagnon, Sianis, furieux, se vengea et lança sa cruelle malédiction. Voilà bien le genre de légendes que les Américains sont les seuls à pouvoir inventer (et croire!) pour expliquer les déboires de leurs équipes sportives chéries.

En 2003, les Cubs pensaient bien pouvoir vaincre le mauvais sort. Ainsi, ils atteignirent cette année-là la finale de la Ligue nationale. Mieux encore, ils s'approchèrent à cinq retraits d'une participation à la Série mondiale. Mais c'est alors que la malédiction les rattrapa. Au cours de la huitième manche du match qu'ils s'apprêtaient à gagner pour éliminer les Marlins de la Floride au Wrigley Field, un spectateur empêcha leur vedette Moises Alou de capter une fausse balle, ce qui ouvrit la porte à un ralliement spectaculaire des Marlins qui l'emportèrent finalement ce soir-là... et lors de la rencontre ultime qui suivit.

Quoi qu'il en soit, de grands joueurs ont marqué l'histoire de cette équipe, comme Ernie Banks, monsieur Cubs lui-même, celui qui disait vouloir jouer deux matchs tous les jours. Banks a réussi cinq saisons de plus de 40 coups de circuit et en a totalisé 512 au cours de sa carrière. Il a été élu joueur le plus utile à deux reprises et est, à ce jour, le seul à avoir joué plus de 1 000 parties à l'arrêt-court et 1 000 autres au premier but. Parmi les autres grands joueurs qui ont évolué pour les Cubs, mentionnons le lanceur canadien récipiendaire du trophée Cy Young (meilleur lanceur) Ferguson Jenkins, l'ancien Expo Andre Dawson, qui a connu ici de grandes saisons, et les légendaires Billy Williams, Ryne Sandberg et Sammy Sosa. Ce dernier fut choisi joueur par excellence de la Ligue nationale en 1998 après avoir produit 158 points pour les Cubs et frappé 66 coups de circuit. À ce dernier chapitre toutefois, sa performance exceptionnelle fut éclipsée par celle de Mark McGwire, des Cards de Saint Louis, qui en frappa 70. Ces deux joueurs devaient donc, la même année, battre le record légendaire de 61 coups de circuit réalisé en 1961 par Roger Maris. La rivalité entre ces deux puissants frappeurs devait se poursuivre au cours de la saison 1999. Encore une fois, McGwire (65 coups de circuit) a cependant eu le dessus sur Sosa (63). Sosa frappa 50 circuits et plus au cours des deux saisons suivantes, devenant le troisième joueur de l'histoire à en frapper autant au cours de quatre saisons différentes, après Babe Ruth et Mark McGwire. Plus encore, en 2001, il fut le premier joueur à signer une troisième saison de plus de 60 circuits et, au début de la saison 2003, il devint le 18e joueur de l'histoire à réussir 500 coups de circuit en carrière. Lorsque Sosa se retira en 2007, il totalisait 609 coups de circuit, ce qui le plaçait alors au cinquième rang de l'histoire du baseball à ce chapitre. Malgré tous ces exploits et le fait que rien n'ait été prouvé à ce jour, la place de Sosa au Temple de la renommée du baseball majeur, tout comme celle de McGwire du reste, est loin d'être assurée à cause des lourds soupçons d'utilisation de stéroïdes qui pèsent toujours sur lui.

Aller voir un match des Cubs au Wrigley Field est une expérience extraordinaire. Quiconque visite Chicago, et s'intéresse le moindrement au sport, ne peut y échapper. Le Wrigley Field est un des plus vieux stades encore utilisés par une équipe du baseball majeur. Son aspect vieillot qui nous ramène au moins 50 ans plus tôt, ses clôtures du champ extérieur couvertes de vignes, son tableau indicateur actionné manuellement, le vent qui transforme de petits ballons en coups de circuit et l'exubérance débridée des fans rendent ce stade complètement irrésistible. D'ailleurs, parmi cette foule fidèle aux Cubs, on a tôt fait de repérer, dans les estrades à prix populaires, ceux que l'on a surnommé les *bleachers' bums*, les plus déchaînés de tous, qui vont même jusqu'à conspuer les spectateurs qui osent conserver une balle frappée par les joueurs adverses ayant atterri dans les gradins...

Bien que des projecteurs fussent installés en 1988 (les Cubs étaient alors depuis longtemps les seuls à n'évoluer qu'à la lumière du jour, comme dans le bon vieux temps...), la majorité des parties sont toujours disputées en après-midi; une autre tradition soigneusement préservée au Wrigley Field, qui fait tout le charme de l'endroit. Il faut aussi voir ces estrades aménagées sur le toit des maisons bordant le stade. Une atmosphère unique!

En 2007, The Tribune Company, alors propriétaire de l'équipe, a annoncé la mise en vente des Cubs et d'autres actifs reliés à leurs activités, incluant le stade Wrigley Field. La recherche d'un nouveau propriétaire prêt à s'engager à garder l'équipe à Chicago et à «respecter l'héritage de ce club historique» a alors été lancée. Ce n'est que deux ans plus tard, vers la fin de l'été de 2009, que la famille Ricketts se porta acquéreur de 95% des parts du célèbre club de baseball, du Wrigley Field et de la participation de The Tribune Company dans le réseau de télévision câblé Comcast Sportsnet, pour la rondelette somme de 845 millions de dollars (The Tribune Company avait acquis les Cubs au prix de 20 millions de dollars en 1981…). La discrète mais riche famille Ricketts, dont certains des membres sont établis dans la région de Chicago, avait précédemment construit sa fortune dans le domaine financier.

White Sox

Tout comme les Cubs, les White Sox ont mis des décennies à remporter la Série mondiale après leur conquête de 1917. Ils possédaient alors une puissante formation dominée par le talentueux frappeur *Shoeless* Joe Jackson. D'ailleurs, en 1919, ils étaient largement favoris pour rééditer l'exploit de 1917, alors qu'ils faisaient face aux Reds de Cincinnati en Série mondiale. À la surprise générale, ce sont ces derniers qui remportèrent la victoire, défaisant les White Sox en cinq gains contre trois.

Ce n'est qu'un an plus tard que le pire scandale de l'histoire du sport professionnel éclata au grand jour. Huit joueurs des White Sox avaient été payés par des «bookmakers» pour perdre, et parmi ceux-ci, il y avait l'idole *Shoeless* Joe Jackson. La légende a retenu les paroles qu'un bambin aurait adressées au héros déchu en l'apercevant: *Say it ain't so, Joe* (dis-moi que c'est faux, Joe). Il s'agit bien sûr d'une autre légende inventée de toutes pièces, mais qui traduit bien la désillusion profonde ressentie par les supporters à l'époque. En fait, il appert que le pauvre Jackson, qui n'avait reçu qu'une éducation sommaire, s'était fait embarquer en signant un document dont il n'avait rien saisi de la teneur. Tous les joueurs impliqués furent bannis à vie du baseball, et leur équipe de tricheurs fut rebaptisée *Black Sox* par dérision. Pour plusieurs spécialistes, cela détruisit du coup ce qui serait devenu une grande dynastie sportive et laissa toute la place à l'établissement de celle des Yankees de New York.

Les partisans des White Sox durent attendre jusqu'en 2005 avant de voir leurs favoris remporter les grands honneurs à nouveau. Cette année-là, les White Sox accédèrent à la Série mondiale pour la première fois depuis 1959. Avec dans leur formation des frappeurs comme Paul Konerko et Jermaine Dye, des lanceurs-vedettes comme Jose Contreras, Mark Buehrle (auteur d'un match parfait quelques saisons plus tard, en 2009), Jon Garland et Freddy Garcia, et l'exubérant gérant Ozzie Guillen, ils réussirent alors à balayer la série ultime qui les opposait aux Astros de Houston.

Cette victoire que l'on n'attendait plus est venue récompenser la patience exemplaire dont ont fait preuve les supporters de l'équipe. Non seulement leur club bien-aimé leur aura fait vivre une disette de 88 ans, mais il les aura aussi menacés de quitter Chicago dans les années 1980. Pour les garder, il a fallu investir 150 millions de dollars de fonds publics dans la construction d'un nouveau stade ultramoderne conçu spécifiquement pour le baseball. Le nouveau Comiskey Park s'élève donc depuis 1991 non loin du site de l'ancien stade (aujourd'hui un terrain de stationnement), lui-même construit en 1910 et pompeusement surnommé, en ce temps-là, le «Baseball Palace of the World» (le palais mondial du baseball) par le fondateur des White Sox, Charles Comiskey. Malgré tout le modernisme de la nouvelle demeure des Sox, rebaptisée le US Cellular Field en 2003, une tradition a été conservée: lorsqu'un joueur de l'équipe locale frappe un coup de circuit, des feux d'artifice éclatent au champ centre.

> Basket-ball

En termes de championnats remportés par leurs équipes, les amateurs de sport de Chicago sont probablement les moins choyés d'Amérique. D'une manière générale, les clubs de Chicago sont tous étiquetés *losers* (perdants): au baseball, les Cubs n'ont pas gagné la Série mondiale depuis 1908 et les White Sox ne remportent les grands honneurs qu'à tous les... 88 ans; au hockey sur glace, les Blackhawks ont dû attendre jusqu'en 2010 avant de remporter la coupe Stanley pour la première fois depuis leur triomphe de 1961; au football, mise à part une victoire au Super Bowl de 1986, les Bears ne cassent rien...

Mais, pour les supporters de la Ville des Vents, *Thank God* il y eut les **Bulls** au basket-ball, avec leur méga-star Michael Jordan. Aucun autre athlète, aucune vedette de la chanson ou du cinéma, aucune figure politique, ne peut prétendre à une renommée comparable à celle dont jouit ce joueur de basket dans les années 1990. À Chicago, Michael Jordan était alors un messie, rien de moins. C'est lui qui possédait les clés de la ville, c'était lui le seul maître à bord, c'était lui le dieu tout-puissant, c'était lui le héros des héros. Il n'y a pas un Chicagoen qui ne vénérait alors Michael Jordan.

Dès son arrivée chez les Bulls, en 1984, ce joueur au talent exceptionnel se révèle. En 1986, il permet aux Bulls de se qualifier pour les séries éliminatoires grâce à des performances incroyables accomplies malgré une blessure. Ils seront finalement vaincus cette année-là par la légendaire équipe des Celtics de Boston. Mais ce n'est que partie remise: le grand Jordan les mènera au championnat de la National Basketball Association trois années de suite, en 1991, 1992 et 1993. Puis, c'est la désolation lorsque Jordan, secoué par l'assassinat de son père, annonce sa retraite du basket-ball et tente pathétiquement de faire carrière dans un autre sport, le baseball.

L'éclipse de l'idole est heureusement de courte durée. En 1995, il fait un retour au jeu vers la fin de la saison. L'année suivante, il est l'inspiration d'une équipe qui domine complètement ses rivales (72 victoires pour huit défaites en saison régulière) et remporte le championnat encore une fois. On le couronne alors du titre de joueur le plus utile à son équipe. Plus que jamais, ce «surhomme volant», que l'on surnomme *Air Jordan*, est le messie de Chicago. Les propriétaires de l'équipe le couvrent d'ailleurs d'or après cette saison exceptionnelle en lui offrant un contrat de 30 millions de dollars (!) pour la seule saison 1996-1997... Le grand Jordan répond en conduisant les Bulls à deux autres conquêtes du championnat, pour un grand total de six triomphes en huit saisons.

Outre Jordan, les Bulls comptent alors sur des vedettes comme Scottie Pippen et surtout l'excentrique Dennis Rodman, un original qui se teint les cheveux, a le corps couvert de tatouages, se déguise en femme lors du lancement du livre racontant sa vie, a une liaison avec la chanteuse Madonna, etc. Au lendemain de la victoire de 1998, l'empire s'écroule toutefois. Peu après la démission de l'entraîneur Phil Jackson, Michael Jordan secoue le monde du sport en annonçant sa retraite. Le coup est fatal pour la dynastie des Bulls, qui voit ensuite partir une à une ses autres vedettes (Scottie Pippen, Dennis Rodman, Luc Longley, Steve Kerr). Les Bulls n'ont alors pas le choix: ils doivent entreprendre un fastidieux processus de reconstruction...

Les Bears enfin reçus à la Maison-Blanche

La tradition veut que les équipes sportives championnes soient reçues à Washington par le président des États-Unis. Mais lorsque que les Bears de Chicago remportèrent le Super Bowl en 1986, cette célébration dut être annulée en raison de l'explosion de la navette spatiale *Challenger*, tragédie survenue quelques jours à peine après la victoire de l'équipe de football.

À l'automne 2011, Barack Obama prit sur lui d'enfin corriger la situation en conviant les joueurs et entraîneurs des Bears de l'édition 1985-1986 à une cérémonie tenue en leur honneur à la Maison-Blanche.

En 2001, Michael Jordan surprend tout le monde et revient à nouveau au jeu… mais ce retour se fera avec les Wizards de Washington, équipe dont il est aussi le propriétaire, et non avec les Bulls. Qui plus est, il reviendra hanter son ancien club en marquant le 30 000e point de sa carrière contre lui à Washington, en janvier 2002. Il fera quelques semaines plus tard un retour triomphal à Chicago, alors que sa nouvelle équipe infligera un revers de 77-69 aux Bulls. Puis il annoncera sa retraite définitive au terme de la saison 2002-2003.

➤ Football

Les **Bears** de Chicago représentent la Ville des Vents dans la Ligue nationale de football américain depuis les années 1930. À ses débuts, cette équipe était considérée comme des plus redoutables, et les Bears étaient surnommés *The Monsters of the Midway*. Cependant, depuis l'instauration du match du Super Bowl, lors duquel les champions des conférences nationale et américaine s'affrontent dans une rencontre ultime visant à déterminer le grand gagnant de la saison, les Bears n'y ont participé qu'à deux reprises, soit en 1986 et en 2007.

En 1986, les Bears, dirigés par Mike Ditka et possédant des joueurs puissants, comme le gigantesque William *Refrigerator* Perry (joueur marginal qui connut alors son heure de gloire), l'habile quart-arrière Jim McMahon, Richard Dent et la star Walter Payton (joueur légendaire décédé en 1999, membre du Temple de la Renommée), remportèrent les grands honneurs en enlevant le match par la marque écrasante de 46 à 10, grâce à un brillant système de jeu défensif mis au point par le coach Buddy Ryan.

Les Bears de Chicago ont participé pour une seconde fois au Super Bowl en 2007, mais ils ont alors dû s'avouer vaincus devant les Colts d'Indianapolis. Cette édition des Bears possédait une attaque plutôt ordinaire, menée par le quart-arrière mal aimé Rex Grossman, mais également une solide défensive. Leur entraîneur-chef Lovie Smith devint alors le premier Afro-Américain à mener son équipe au Super Bowl.

À la fin de la saison 2012-2013, les Bears ont annoncé la mise sous contrat à titre d'entraîneur-chef de Marc Trestman, celui-là même qui a conduit les Alouettes de Montréal à trois participations à la finale de la Ligue canadienne de football et à deux conquêtes de la coupe Grey.

➤ Hockey sur glace

L'équipe des **Blackhawks** représente Chicago dans la Ligue nationale de hockey, qui compte 30 formations. Le hockey sur glace est sans conteste le sport professionnel le plus rapide et le plus excitant. Malgré cela, il arrive difficilement à se positionner avantageusement aux États-Unis par rapport aux autres sports, plus populaires, sauf dans certaines villes. C'est le cas par exemple de Chicago, une ville d'hiver selon les standards américains, mais surtout une ville dont l'équipe est une des six formations originales de la Ligue nationale.

Les fans des Blackhawks sont fidèles à leur équipe et manifestent avec un enthousiasme souvent délirant leur appui à leurs favoris. Jusqu'à 1995, les matchs étaient disputés au célèbre Chicago Stadium, un amphithéâtre reconnu comme le plus bruyant de la Ligue, car envahi, à chaque rencontre, par une foule déchaînée ne ménageant rien pour encourager ses porte-couleurs. Toujours rempli à pleine capacité, le Chicago Stadium offrait une atmosphère électrisante, tout à fait unique. Déjà, lors de l'interprétation de l'hymne national avant même le début du match, les cris de cette foule atteignaient un niveau de décibels insupportable pour le commun des mortels. Puis, tout au long du match, un puissant orgue entretenait cette frénésie avec des airs de ralliement faisant délirer encore davantage les supporters. Lorsque l'on décida de démolir le vénérable centre sportif et de déménager l'équipe dans un nouvel amphithéâtre, le United Center, grand et moderne, le défi consistait à préserver cette caractéristique. Après quelque temps d'adaptation, les partisans se sont «approprié» les lieux et lui ont donné, comme à son ancêtre, une ambiance que l'on ne retrouve nulle part ailleurs.

Pourtant, il aura fallu attendre près de 50 ans avant que les Blackhawks ne puissent gagner la coupe Stanley, la récompense ultime remise à l'équipe gagnante des séries éliminatoires, après leur conquête de 1961. Qui plus est, leurs deux seuls autres championnats remontaient aussi loin qu'à 1934 et 1938. Tout au long de cette longue période de disette, les Blackhawks sont venus bien près de l'emporter à quelques reprises, se rendant jusqu'à la finale en 1971 et 1973 contre les Canadiens de Montréal, puis en 1992 contre les Penguins de Pittsburgh, mais toutes ces tentatives échouèrent. Si les fans sont demeurés si fidèles tout au long de ces années malgré les déboires de leur équipe, c'est sans doute que la direction des Blackhawks a toujours réussi à former de bonnes équipes à l'intérieur desquelles de grands joueurs ont évolué: Glenn Hall et Tony Esposito, gardiens de but légendaires, Bobby Hull et Stan Mikita, marqueurs de plus de 500 buts, Denis Savard, Jeremy Roenick et, brièvement, Bobby Orr, tous des joueurs au style spectaculaire.

Au cours des dernières années, les Blackhawks ont dû passer par une période difficile au cours de laquelle ils se sont retrouvés plus souvent qu'autrement au bas du classement. Cette longue période de reconstruction a toutefois permis l'avènement puis l'émergence de jeunes joueurs talentueux comme Patrick Kane, Jonathan Toews, Brent Seabrook et Duncan Keith qui, entourés de joueurs plus expérimentés comme Patrick Sharp et Marian Hossa, ont permis à l'équipe de retrouver une place parmi les meilleures. Ainsi, au printemps 2010, la patience des partisans des Blackhawks a enfin été récompensée lorsque leur équipe a défait les Flyers de Philadelphie en finale de la coupe Stanley, pour ainsi remporter son premier championnat en 49 ans.

Portrait - Sport professionnel

Renseignements généraux

Le présent chapitre a pour objectif d'aider les voyageurs à mieux planifier leur séjour dans la Ville des Vents. Il renferme plusieurs indications générales qui pourront vous être utiles lors de vos déplacements. Nous vous souhaitons un excellent voyage à Chicago.

Les formalités d'entrée

> Passeports et visas

Pour entrer aux États-Unis par voie aérienne, les citoyens canadiens ont besoin d'un passeport. S'ils entrent par voie terrestre ou maritime, ils pourront présenter soit leur passeport ou leur «permis de conduire Plus», qui sert à la fois de permis de conduire et de document de voyage.

Les résidents d'une trentaine de pays dont la France, la Belgique et la Suisse, n'ont plus besoin d'être en possession d'un visa pour entrer aux États-Unis à condition de :

- avoir un billet d'avion aller-retour;
- présenter un passeport électronique sauf s'ils possèdent un passeport individuel à lecture optique en cours de validité et émis au plus tard le 25 octobre 2005; à défaut, l'obtention d'un visa sera obligatoire;
- projeter un séjour d'au plus 90 jours (le séjour ne peut être prolongé sur place : le visiteur ne peut changer de statut, accepter un emploi ou étudier);
- présenter des preuves de solvabilité (carte de crédit, chèques de voyage);
- remplir le formulaire de demande d'exemption de visa (formulaire I-94W) remis par la compagnie de transport pendant le vol;
- le visa est toujours nécessaire pour certaines catégories de voyageurs (étudiants ou visa précédemment refusé).

Depuis janvier 2009, les ressortissants des pays bénéficiaires du Programme d'exemption de visa doivent obtenir une autorisation de séjour avant d'entamer leur voyage aux États-Unis. Afin d'obtenir cette autorisation, les voyageurs éligibles doivent remplir le questionnaire du Système électronique d'autorisation de voyage (ESTA) au moins 72h avant leur déplacement aux États-Unis.

Ce formulaire est disponible gratuitement sur le site Internet administré par le **U.S. Department of Homeland Security** *(https:// esta.cbp.dhs.gov/esta/esta.html)*.

L'arrivée

> Par avion

Air Canada propose jusqu'à huit vols directs quotidiens entre Montréal et Chicago (aéroport O'Hare). De son côté, United Airlines a inauguré en juin 2008 une liaison quotidienne entre Québec et Chicago.

Depuis l'Europe, American Airlines, Delta et United Airlines proposent des vols directs presque chaque jour entre Paris et Chicago. United le fait également au départ de Bruxelles. Au départ de Genève, plusieurs vols par semaine sont proposés par Swiss, avec escale à Zurich.

Aéroport international O'Hare (ORD)

L'aéroport international O'Hare de Chicago *(www.flychicago.com)* est le plus fréquenté du monde. Chaque année, on y dénombre quelque 900 000 vols, et près de 67 millions de passagers y transitent. On y compte trois aérogares pour les vols intérieurs, et une autre, aménagée en 1993, pour les vols outre-mer. Il est situé à 27 km au nord-ouest du centre-ville.

La plupart des agences de location de voitures y sont aussi représentées. Pour rejoindre le centre-ville en voiture, il faut emprunter la Kennedy Expressway (autoroute 90) en direction est. La sortie «Ohio Street» permet d'accéder à la partie du centre-ville située au nord de la Chicago River, alors que la sortie «Congress Parkway» mène au Loop, dans la section sud.

La Chicago Transit Authority (CTA) gère le service de **train rapide** (ligne bleue du métro) qui relie l'aéroport au centre-ville en 45 min *(2,25$)*. Le départ s'effectue à l'intérieur même de l'aéroport (rez-de-chaussée) toutes les 10 min *(toutes les 30 min durant la nuit, soit de 1h à 5h)*. Le train conduit ses passagers directement dans le Loop, en plein cœur du quartier des affaires.

Go Airport Express *(888-284-3826, www. airportexpress.com)* propose un service de **minibus** pouvant vous conduire jusqu'aux principaux hôtels du centre-ville. Il en coûte 32$ (58$ aller-retour). Départ toutes les 10 min à 15 min.

Pour une course en **taxi** entre l'aéroport et le centre-ville, il faut compter environ 45$. Le trajet se fait normalement en quelque 30 min, mais des bouchons de circulation causent souvent des délais supplémentaires.

Si vous souhaitez effectuer le trajet à bord d'une **limousine**, vous pouvez réserver auprès d'**O'Hare Midway Limousine Service** *(847-948-8050, www.ohare-midway.com)*.

Aéroport Midway (MDW)

L'autre aéroport de Chicago où vous êtes susceptible d'atterrir est celui de Midway *(www.chicago-mdw.com)*, situé à environ 20 min au sud-ouest du centre de la ville. D'envergure plus modeste que l'aéroport O'Hare, le Midway reçoit tout de même 18 millions de passagers et 255 000 vols par année.

Toutes les agences internationales gèrent des comptoirs de location de voitures sur place. La Stevenson Expressway (autoroute 55) relie l'aéroport au centre de Chicago.

Un **train** de la CTA (ligne orange du métro) relie l'aéroport Midway au centre-ville (Loop) en 30 min *(2,25$)*. Départ de la station située du côté est de l'aéroport.

Les **minibus** de **Go Airport Express** *(888-284-3826, www.airportexpress.com)* peuvent aussi vous conduire aux hôtels du centre-ville pour 27$ (48$ aller-retour).

En **taxi**, il faut vous attendre à débourser entre 30$ et 35$ pour atteindre le cœur de Chicago, un trajet de 20 à 30 min.

Pour réserver une **limousine**, communiquez avec **O'Hare Midway Limousine Service** *(847-948-8050, www.ohare-midway.com)*.

> En voiture

Au départ de Montréal, empruntez l'autoroute 20 Ouest en direction de Toronto. Une fois franchie la frontière québéco-ontarienne, cette route devient la 401, qui mène jusqu'à Detroit, aux États-Unis. De là, l'Interstate 94 conduit à Chicago en longeant le sud du lac Michigan et s'unit bientôt à l'autoroute 90, qui donne accès à la ville. Distance totale: 1 361 km.

De New York, l'Interstate 80 Ouest, après avoir traversé les États du New Jersey et de la Pennsylvanie, se fond avec l'autoroute 90, en Ohio, puis traverse l'Indiana jusqu'en Illinois, où elle permet d'accéder à Chicago. Distance totale: 1 309 km.

> Par autocar

La société **Greyhound** *(800-231-2222, www. greyhound.com)* gère le réseau de liaisons par autocar aux États-Unis.

À Chicago, la gare routière se trouve au 630 W. Harrison Street *(312-408-5821)*.

Les Canadiens et les Québécois peuvent faire leur réservation directement auprès de la **Gare d'autocars de Montréal** *(1717 rue Berri, 514-843-4231, www.greyhound. ca)*, du terminus d'autobus de la **Gare du Palais** *(320 rue Abraham-Martin, 418-525-3000)* à Québec ou du **Toronto Coach Terminal** *(610 Bay St., 416-594-1010, www. greyhound.ca)* à Toronto.

> Par train

Pour obtenir les horaires et les destinations desservies, communiquez avec la société **Amtrak** *(800-872-7245, www.amtrak. com)*, la propriétaire du réseau ferroviaire américain.

La **Chicago Union Station**, gare ferroviaire Amtrak de la ville, est située au 225 South Canal Street.

Les déplacements dans la ville

> Orientation

La ville est quadrillée par un réseau de rues et d'avenues se croisant presque toujours à

Renseignements généraux - Les déplacements dans la ville

angle droit. Ce quadrillage systématique est donc composé d'artères est-ouest traversant des rues, avenues ou boulevards nord-sud. Les adresses, qui portent toujours les mentions «North», «South», «East» ou «West», permettent d'identifier facilement le sens de l'artère et le secteur de la ville recherché. Il faut alors savoir que le point zéro du quadrillage se trouve à l'angle des rues State et Madison. Ainsi, toute adresse située à l'est de State Street sur une artère est-ouest comportera la mention «East» (par exemple, 237 E. Ontario Street), et toute adresse située au sud de Madison Street sur une artère nord-sud comportera la mention «South» (par exemple, 618 S. Michigan Avenue).

› En voiture

L'automobile ne constitue sûrement pas le moyen le plus efficace, ni le plus agréable, pour visiter Chicago. Les embouteillages nombreux, la circulation dense et la difficulté de trouver un stationnement vous feront perdre plus de temps qu'autre chose, du moins lors de votre découverte du centre de la ville. Nous vous conseillons donc fortement de découvrir Chicago à pied et, pour parcourir des distances plus longues, d'utiliser les transports en commun, fort bien organisés.

Si malgré tout vous souhaitez louer une voiture, rappelez-vous que plusieurs agences de location exigent que leurs clients soient âgés d'au moins 25 ans et que toutes insistent pour qu'ils soient en possession d'une carte de crédit reconnue. Voici quelques adresses d'agences de location de voitures ayant un bureau au cœur de Chicago:

Avis: 214 N. Clark St., 312-782-6825

Enterprise: Millennium Park, 65 E. Lake St., 312-251-0200

Hertz: 401 N. State St., 312-372-7600

National: 203 N. LaSalle St., 312-236-2581

› En transports en commun

C'est de la **Chicago Transit Authority (CTA)** *(312-836-7000, www.transitchicago. com)* que relève le système de transport en commun de Chicago. Il est composé d'un important réseau de lignes d'autobus, ainsi que du métro, parfois souterrain, parfois aérien, qui sillonne la ville et la banlieue immédiate.

Le tarif adulte pour l'autobus est de 2,25$, auquel il faut ajouter 0,25$ pour le billet de correspondance, si nécessaire. Pour le métro, il faut aussi compter 2,25$ pour l'accès et 0,25$ pour le billet de correspondance.

Il est aussi possible de se procurer, dans les stations du métro, une carte à puce rechargeable pour une valeur variant entre 2$ et 100$. Des laissez-passer donnant aux visiteurs un accès illimité au réseau pendant une période définie sont également proposés. Il en coûte 10$ pour un laissez-passer de 24 heures, 20$ pour trois jours et 28$ pour sept jours. Ces laissez-passer touristiques sont en vente dans les bureaux d'information touristique et les aéroports.

Notez que le métro, en partie aérien (dans le Loop notamment), est aussi dénommé *El* par les Chicagoens. Il s'agit d'une sorte d'abréviation de «Elevated Rapid Transit Train».

En outre, il y a le **Metra** *(312-322-6777, www.metrarail.com)*, abréviation de «Metropolitain Rail», un réseau de trains de banlieue, de même que l'organisme **Pace** *(847-364-7223, www.pacebus.com)*, qui gère une série de routes d'autocar reliant entre elles les villes de la région.

› En taxi

De très nombreux taxis sillonnent les rues de Chicago. Vous n'aurez, la plupart du temps, qu'à lever le bras pour en héler un. Voici malgré tout les coordonnées de quelques compagnies de taxis:

Flash Cab Chicago: 773-561-4444

Yellow Cab Chicago: 312-829-4222

› En *water taxi*

Durant la belle saison (mai à septembre), de petites embarcations dénommées *water taxis* font la navette sur le lac Michigan entre le Navy Pier et le Museum Campus (près du Shedd Aquarium), ou sur la Chicago River entre le Navy Pier et la Willis Tower (derrière le 200 S. Wacker Drive). Ce service est pro-

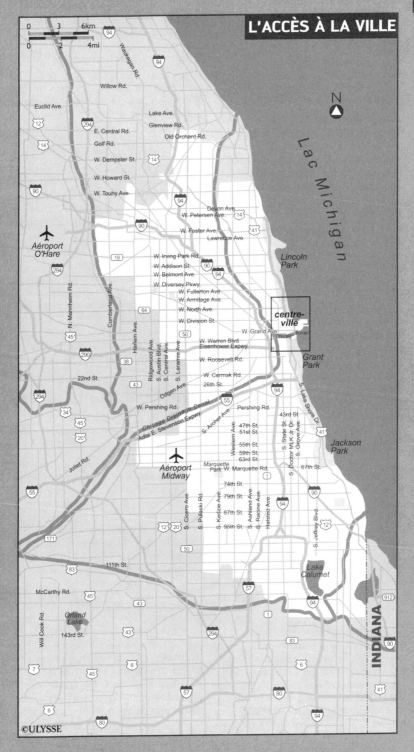

L'ACCÈS À LA VILLE

©ULYSSE

posé par **Shoreline Sightseeing** *(312-222-9328, www.shorelinesightseeing.com)*, et les tarifs vont de 5$ à 8$ pour les adultes et de 3$ à 5$ pour les enfants, en fonction de la distance parcourue. Il y a aussi des laissez-passer d'un jour *(adultes 23$, enfants 11$)* ou de deux jours *(adultes 29$, enfants 14$)*.

Chicago Water Taxi *(312-337-1446, www. chicagowatertaxi.com)* propose également ses services sur la Chicago River, entre le Magnificent Mile et le Chinatown. Il en coûte entre 3$ et 5$ pour un aller seulement. La laissez-passer d'un jour coûte 7$.

➤ À vélo

À priori, Chicago, du moins en ce qui a trait à son centre-ville, peut sembler peu hospitalière pour les cyclistes : la circulation automobile y est dense, quelquefois même un peu désordonnée, et les pistes cyclables sont rares. La Ville de Chicago a toutefois adopté un ambitieux projet urbanistique devant porter à plus de 800 km le réseau de voies cyclables de la ville d'ici 2015. Outre la création de nouvelles voies, le plan prévoit l'instauration d'une signalisation particulière, l'installation de nombreux supports de stationnement pour vélos et une plus grande accessibilité pour les vélos dans les transports en commun.

Une première addition aux infrastructures de la ville destinées aux cyclistes a vu le jour il y a quelques année dans la portion nord-est du prestigieux Millennium Park : le **McDonald's Cycle Center** *(printemps et automne lun-ven 6h30 à 19h, sam-dim 10h à 18h; été lun-ven 6h30 à 20h, sam-dim 8h à 20h; hiver lun-ven 6h30 à 18h30, sam-dim fermé; 239 E. Randolph St., 312-729-1000, www.chicagobikestation.com)*. Il abrite un stationnement intérieur gratuit pour vélos (330 places) et propose divers services comme la réparation et la location de bicyclettes.

En attendant la concrétisation de ces projets, on peut toujours compter sur les grands parcs de la ville, merveilleusement aménagés le long du lac Michigan. Cette extraordinaire «bande verte», qui sert de lieu de transition entre la métropole et cette vaste étendue d'eau, représente à n'en point douter une bénédiction pour les cyclistes. Ainsi, il y a plusieurs pistes dans le **Lincoln Park** et le **Grant Park**.

Système de vélo en libre-service

En 2012, la Ville de Chicago a adopté le système de vélo en libre-service Bixi de Montréal, représenté aux États-Unis par la firme Alta Bicycle Share. Le plan original, qui prévoyait le déploiement d'un réseau de 300 stations et de 3 000 vélos dans les rues de Chicago dès la fin de l'été 2012, a cependant été reporté au printemps 2013. À terme, c'est 500 stations et 5 000 vélos qui devraient constituer le réseau chicagoen. L'abonnement annuel coûtera 75$, mais il sera aussi possible d'opter pour un abonnement quotidien au coût de 7$.

➤ À pied

C'est encore la marche qui permet le mieux de goûter la richesse architecturale de Chicago, de profiter de ses nombreuses places publiques ou de faire du lèche-vitrine. Ainsi, en prévision de votre séjour dans la Ville des Vents, assurez-vous de ne pas oublier vos chaussures de marche...

Renseignements utiles, de A à Z

➤ Aînés

Si vous êtes âgé de 65 ans et plus, vous pouvez bénéficier de tarifs réduits en ce qui concerne l'accès aux musées, les médicaments d'ordonnance, l'hébergement et le transport en commun. Pour les voyages à taux préférentiels et d'autres renseignements pertinents, contactez l'**American Association of Retired Persons** *(601 E St. NW, Washington, DC 20049, 888-687-2277, www.aarp.org)*.

Soyez particulièrement avisé en ce qui a trait aux questions de santé. En plus des médicaments que vous prenez normalement, glissez votre ordonnance dans vos bagages pour le cas où vous auriez besoin de la renouveler. Songez aussi à transporter votre dossier médical avec vous, de même que le nom, l'adresse et le numéro de téléphone de votre médecin. Vérifiez enfin si vos assurances vous protègent à l'étranger.

› Ambassades et consulats étrangers aux États-Unis

Belgique
Ambassade: 3330 Garfield St. NW, Washington, DC 20008, 202-333-6900, www.diplobel.us

Canada
Ambassade: 501 NW Pennsylvania Ave., Washington, DC 20001, 202-682-1740, www.canadianembassy.org

Consulat: 180 N. Stetson St., Suite 2400, Chicago, IL 60601, 312-616-1860, www.canadainternational.gc.ca/chicago

Délégation du Québec: 444 N. Michigan Ave., bureau 3650, Chicago, IL 60611-3977, 312-645-0392, www.quebec-chicago.org

France
Ambassade: 4101 NW Reservoir Rd., Washington, DC 20007, 202-944-6000, www.info-france-usa.org

Consulat: 205 N. Michigan Ave., bureau 3700, Chicago, IL 60601, 312-327-5200, www.consulfrance-chicago.org

Suisse
Ambassade: 2900 Cathedral Ave. NW, Washington, DC 20008, 202-745-7900, www.swissemb.org

Consulat: 737 N. Michigan Ave., Suite 2301, Chicago, IL 60611, 312-915-0061

› Argent et services financiers

Monnaie
L'unité monétaire est le dollar ($US), divisé en 100 cents. Il existe des billets de banque de 1, 5, 10, 20, 50 et 100 dollars, de même que des pièces de 1 (*penny*), 5 (*nickel*), 10 (*dime*) et 25 (*quarter*) cents. Il y a aussi les pièces d'un demi-dollar et d'un dollar, ainsi que le billet de 2$, mais ceux-ci sont très rarement utilisés.

Il est à noter que tous les prix mentionnés dans le présent ouvrage sont en dollars américains.

Banques
Les banques sont généralement ouvertes du lundi au vendredi, de 9h à 15h. Le meilleur moyen pour retirer de l'argent à Chicago consiste à utiliser sa carte bancaire (carte de guichet automatique). Attention, votre banque vous facturera des frais fixes à chaque retrait; aussi vaut-il mieux éviter de retirer trop souvent de petites sommes.

Change
La plupart des banques changent facilement les devises européennes et canadiennes, mais presque toutes demandent des **frais de change**. En outre, vous pouvez vous adresser à des bureaux ou comptoirs de change qui, en général, n'exigent aucune commission. Ces bureaux ont souvent des heures d'ouverture plus longues. En plus du comptoir situé au terminal n° 5 de l'aéroport O'Hare, il y a quelques bureaux de change dans le centre-ville:

American Express Travel Service: 605 N. Michigan Ave., Suite 105, 312-943-7840

World's Money Exchange: 203 N. LaSalle St., Suite M11, 312-641-2151

› Bars et boîtes de nuit
Certains bars et boîtes de nuit exigent des droits d'entrée, particulièrement lorsqu'il y a un spectacle. Le pourboire au portier n'y est pas obligatoire et est laissé à la discrétion de chacun; le cas échéant, il appréciera votre geste. Pour les consommations par contre, un pourboire entre 10% et 15% est de rigueur. Selon le type de permis qu'ils possèdent, les bars, boîtes de nuit ou discothèques de Chicago peuvent demeurer ouverts jusqu'entre 2h et 5h du matin.

Taux de change

1$US	=	1,011$CA
1$US	=	0,78€
1$US	=	0,95FS
1$CA	=	0,99$US
1€	=	1,28$US
1FS	=	1,06$US

N.B. Les taux de change peuvent fluctuer en tout temps.

Renseignements généraux — Renseignements utiles, de A à Z

guidesulysse.com

Notez que l'âge légal auquel il est permis de boire de l'alcool est de 21 ans.

› Climat

Quand visiter Chicago?

Le printemps et l'automne procurent les journées et les nuits les plus confortables.

Les étés ont tendance à être très chauds et humides. Les nuits peuvent alors s'avérer inconfortables.

Les hivers sont quant à eux plus secs. Ils sont ensoleillés bien que froids, le mercure descend fréquemment au-dessous de zéro, et la neige est au rendez-vous! C'est durant cette saison que l'on comprend le mieux d'où Chicago tire son surnom de «Ville des Vents». En fait, le vent souffle toute l'année en provenance du lac Michigan; alors qu'en été sa présence se fait agréable par la fraîcheur qu'il apporte, il contribue en hiver à refroidir de manière drastique la température.

Préparation des valises

En hiver, assurez-vous que vos valises contiennent tricot, gants, bonnet et écharpe. N'oubliez pas non plus votre manteau d'hiver le plus chaud et vos bottes.

En été, par contre, il peut faire extrêmement chaud. Munissez-vous donc alors de t-shirts, de chemises et de pantalons légers, de shorts ainsi que de lunettes de soleil. Un tricot peut toutefois être nécessaire en soirée. Rappelez-vous en outre que Chicago jouit de très belles plages, à deux pas du centre-ville. Pour bien en profiter, n'oubliez pas maillot de bain, serviette de plage, tongs et crème solaire.

Au printemps et en automne, il faut prévoir chandail, tricot et écharpe, sans oublier le parapluie.

En toute saison (sauf en hiver), des chaussures flexibles, confortables et légères s'imposent pour vos visites des différents coins de la ville.

› Décalage horaire

Lorsqu'il est midi à Montréal, il est 11h à Chicago. Le décalage horaire pour la France, la Belgique et la Suisse est de sept heures. Attention cependant aux changements d'horaire, qui ne se font pas aux mêmes dates qu'en Europe: aux États-Unis et au Canada, l'heure d'hiver entre en vigueur le premier dimanche de novembre et prend fin le deuxième dimanche de mars.

› Drogues

Les drogues sont absolument interdites (même les drogues dites «douces»). Aussi bien les consommateurs que les distributeurs risquent de très gros ennuis s'ils sont trouvés en possession de drogues.

› Électricité

Partout aux États-Unis et en Amérique du Nord, la tension électrique est de 110 volts et de 60 cycles; aussi, pour utiliser des appareils électriques européens, devrez-vous vous munir d'un transformateur de courant adéquat, à moins que vos appareils ne soient équipés d'un convertisseur interne. En effet, de plus en plus de petits appareils électroniques (ordinateurs de poche, téléphones portables, appareils photo, rasoirs, etc.) sont équipés de chargeurs fonctionnant avec les tensions de 110 à 240 volts. Après vous en être assuré, il vous suffira alors de vous munir de l'adaptateur de prise de courant.

Les fiches d'électricité sont plates, et vous pourrez trouver des adaptateurs sur place ou, avant de partir, vous en procurer dans

Moyennes des températures et des précipitations

	Jan	Fév	Mars	Avr	Mai	Juin	Juil	Août	Sept	Oct	Nov	Déc
Max. (°C)	−6,5	1,0	7,0	15,0	21,0	26	29,6	27,8	24,2	18,0	9,0	1,7
Min. (°C)	−10,2	−7,7	−2,4	4,0	9,0	14,0	17,1	16,5	12,2	5,6	−0,3	−6,5
Précip. (cm)	4,0	3,3	6,5	9,2	7,9	10,2	9,1	8,8	8,0	5,7	5,2	5,3

une boutique d'articles de voyage ou une librairie de voyage.

> Fumeurs

Il est interdit de fumer dans tous les lieux publics de Chicago, y compris les bars et les restaurants.

> Heures d'ouverture

Les magasins sont généralement ouverts du lundi au samedi, de 10h à 18h (parfois jusqu'à 19h), et de midi à 17h le dimanche. Les supermarchés ferment en revanche plus tard ou restent même, dans certains cas, ouverts 24 heures sur 24, sept jours sur sept.

> Jours fériés

Voici la liste des jours fériés aux États-Unis. Notez que la plupart des magasins, services administratifs et banques sont fermés pendant ces jours.

New Year's Day (jour de l'An)
1ᵉʳ janvier

Martin Luther King Day
troisième lundi de janvier

President's Day (anniversaires de George Washington et d'Abraham Lincoln)
troisième lundi de février

Memorial Day (jour du Souvenir)
dernier lundi de mai

Independence Day (fête nationale)
4 juillet

Labor Day (fête du Travail)
premier lundi de septembre

Columbus Day (jour de Christophe Colomb)
deuxième lundi d'octobre

Veterans Day (jour des Vétérans et de l'Armistice)
11 novembre

Thanksgiving Day (action de Grâce)
quatrième jeudi de novembre

Christmas Day (Noël)
25 décembre

> Médias

Presse écrite

Les deux grands quotidiens de la Ville des Vents sont le ***Chicago Sun-Times*** *(www. suntimes.com)* et le ***Chicago Tribune*** *(www. chicagotribune.com)*. De format tabloïd, le *Chicago Sun-Times* s'attarde davantage à l'actualité locale, alors que le *Chicago Tribune* couvre l'ensemble des nouvelles d'ordre national et international. De plus, l'édition du vendredi du *Chicago Tribune* contient une section «week-end» très utile pour savoir ce qui se passe sur la scène culturelle chicagoenne. Il en est de même du *Chicago Sun-Times*, qui propose, le même jour, son cahier «Weekend Plus».

Le «Tribune» publie par ailleurs en semaine un second quotidien de format tabloïd qui s'adresse spécifiquement aux jeunes, une clientèle qu'il n'arrive plus à intéresser avec son édition traditionnelle: le ***Red Eye*** *(www. redeyechicago.com)*.

Parmi les journaux publiés à Chicago, il faut aussi mentionner le ***Chicago Defender*** *(www.chicagodefender.com)*, un hebdomadaire tout spécialement dédié à la population afro-américaine.

Un hebdomadaire gratuit, publié le jeudi, propose par ailleurs un gros plan sur la vie culturelle de Chicago: le ***Chicago Reader*** *(www.chicagoreader.com)*. Dans la même veine, mais un peu moins complet, le ***New City*** *(www.newcitychicago. com)* est également disponible gratuitement à partir du jeudi. Le ***Windy City Times*** *(www.windycitytimes.com)* est quant à lui un hebdo gratuit qui s'adresse à la communauté gay.

Dans les grands hôtels, on remet habituellement à la clientèle le magazine mensuel ***Where Chicago*** ou le ***Chicago Magazine*** *(www.chicagomag.com)*, qui brossent un tableau général de ce que la ville a à offrir en termes d'attraits, de restaurants, de boutiques, de spectacles, d'expositions et d'événements spéciaux. Le ***Key This Week in Chicago*** est également distribué gratuitement dans les hôtels et les bureaux d'information touristique. Il s'agit d'un hebdomadaire de petit format qui s'adresse aux visiteurs de passage en leur présentant les événements

Renseignements généraux – Renseignements utiles, de A à Z

de la semaine et en leur donnant une série de suggestions de restaurants. Le magazine culturel hebdomadaire **Time Out Chicago** *(www.timeoutchicago.com)* est pour sa part vendu en kiosque.

Vous trouverez des magazines et des journaux français à l'**Europa Bookstore** *(832 N. State St., 312-335-9677).*

Radio

La chaîne WBEZ 91,5 FM est la station locale du réseau public national. Les amateurs de musique classique syntoniseront quant à eux le 98,7 (WFMT), alors que les fans de rock choisiront la station The Loop 97,9 FM (WLUP) ou le 93,1 FM (WXRT). Les amateurs de hip-hop et de *R&B* iront pour leur part du côté du 107,5 FM (WGCI). Pour du jazz, il faut plutôt opter pour le 90,9 FM (WDCB), alors que, pour la musique country, c'est le 99,5 FM (WUSN) qu'il faut syntoniser.

Télévision

Il va sans dire que tous les grands réseaux américains de télévision sont présents dans une métropole comme Chicago : CBS, NBC, ABC et FOX. WGN est pour sa part une télévision locale indépendante, propriété du *Chicago Tribune*. Par ailleurs, le réseau de télévision public PBS diffuse à Chicago sur les ondes de WTTW.

La télévision par câble ou satellite donne en outre accès à des dizaines de stations spécialisées comme le réseau d'informations continues CNN, le réseau des sports ESPN et le réseau TNT, consacré au cinéma.

⟩ Poste

On peut se procurer des timbres dans les bureaux de poste, bien sûr, mais aussi dans les grands hôtels. La levée du courrier s'effectue sur une base quotidienne.

Les bureaux de poste sont généralement ouverts du lundi au vendredi seulement. Voici quelques adresses centrales :

Federal Center : *lun-ven 7h à 18h;* 211 S. Clark St.; *lun-ven 8h à 17h30,* 100 W. Randolph St.

Merchandise Mart : *lun-ven 10h à 17h30;* 222 Merchandise Mart Plaza, Suite 102; *lun-ven 12h à 17h,* 5 S. Wabash Ave.

⟩ Pourboire

Le pourboire s'applique à tous les services rendus à table, c'est-à-dire dans les restaurants et les autres endroits où l'on vous sert à table (la restauration rapide n'entre donc pas dans cette catégorie). Il est aussi de rigueur dans les bars, les boîtes de nuit et les taxis, entre autres.

Selon la qualité du service rendu, il faut compter environ 15% de pourboire sur le montant avant taxes. Il n'est pas, comme en Europe, inclus dans l'addition, et le client doit le calculer lui-même et le remettre à la serveuse ou au serveur. Service et pourboire sont une seule et même chose en Amérique du Nord.

⟩ Renseignements touristiques

À Chicago

L'office de tourisme de Chicago, **Choose Chicago** *(www.choosechicago.com)* gère des bureaux d'information touristique accessibles au public aux endroits suivants :

Chicago Waterworks (Pumping Station) : *tlj horaire variable;* 163 E. Pearson St.

Chicago Cultural Center : *tlj horaire variable;* 77 E. Randolph St.

Millennium Park Welcome Center : *tlj 9h à 17h (jusqu'à 19h en été);* 201 E. Randolph St.

En France

Visit USA Committee : 08 99 70 24 70 (frais d'appel), www.office-tourisme-usa.com

⟩ Santé

Pour les personnes en provenance d'Europe et du Canada, aucun vaccin n'est nécessaire. D'autre part, il est vivement recommandé, en raison du prix élevé des soins, de contracter une bonne assurance maladie-accident. Il existe différentes formules de protection, et nous vous conseillons de les comparer. Emportez vos médicaments, surtout ceux qui exigent une ordonnance. Sauf indication contraire, l'eau est potable partout en Illinois.

› Sécurité

De façon générale, il est conseillé d'éviter de fréquenter seul les couloirs du métro de Chicago en dehors des heures de service, tôt le matin ou très tard le soir. De la même manière, vous devriez abandonner l'idée d'une promenade le soir dans un des grands parcs de la ville (Grant, Lincoln, etc.), à moins qu'il ne s'y tienne un événement quelconque qui attire une foule importante.

Le quartier des affaires, que l'on surnomme le Loop, est déserté après les heures de bureau. Bien que la situation ait tendance à s'améliorer depuis quelque temps à mesure que de nouveaux théâtres ouvrent leurs portes, il demeure toujours plus prudent de ne pas s'y balader seul le soir ou la nuit. Évitez aussi le South Side (au sud de Cermak Road) et le West Side (à l'ouest de la Chicago River). La section nord de la ville est quant à elle considérée comme sûre, exception faite des environs du Merchandise Mart et des quartiers situés à l'ouest de la Gold Coast (à l'ouest d'Orleans Street).

Pour éviter des désagréments inutiles, il serait toujours plus sage d'opter systématiquement pour des déplacements en taxi à la nuit tombée, à moins de déjà bien connaître le quartier où vous allez.

En prenant les précautions courantes, il n'y a pas lieu d'être inquiet outre mesure pour sa sécurité. Si toutefois la malchance était avec vous, n'oubliez pas que le numéro de secours est le 911, ou le 0 en passant par le téléphoniste.

› Taxes

Notez qu'une taxe de vente de 9,5% est systématiquement ajoutée à tout achat de produits non alimentaires à Chicago. La taxe sur l'hébergement est quant à elle de 16,4%. Enfin, la taxe sur les repas au restaurant est de 10,75%.

› Télécommunications

Système téléphonique

Les cabines téléphoniques sont devenues très rares à Chicago, surtout au centre-ville, où elles ont pratiquement disparu.

L'indicatif régional principal de Chicago est le **312**. Depuis quelques années toutefois,

Numéros utiles

Urgences	911
Police (cas non urgents)	311
Chicago Transit Authority (transports en commun)	312-836-7000

l'indicatif **773** est utilisé dans les quartiers en périphérie du centre. Il faut composer tous les chiffres, incluant l'indicatif régional, même pour les appels locaux.

Tout au long du présent ouvrage, vous apercevrez aussi des numéros de téléphone dont le préfixe est 800, 866, 877 ou 888. Il s'agit alors de numéros sans frais, en général accessibles depuis tous les coins de l'Amérique du Nord.

Pour téléphoner à Chicago depuis le Québec, vous devez composer le 1-312 (ou 1-773), puis le numéro de votre correspondant. Depuis la France, la Belgique et la Suisse, il faut faire le 00-1-312 (ou 00-1-773), puis le numéro.

Pour joindre le Québec depuis Chicago, il faut composer le 1, l'indicatif régional et finalement le numéro. Pour atteindre la France, faites le 011-33, puis le numéro complet en omettant le premier zéro. Pour téléphoner en Belgique, composez le 011-32, l'indicatif régional, puis le numéro. Pour appeler en Suisse, faites le 011-41, l'indicatif régional et le numéro de votre correspondant.

Internet

De nombreux hôtels et cafés donnent accès gratuitement ou à prix raisonnable à des réseaux sans fil.

Pour ceux qui n'ont pas avec eux d'ordinateur portable, la ville compte plusieurs cybercafés. En voici quelques-uns :

Capital One 360 Café : 21 E. Chestnut St., 312-981-1236

Screenz : 2717 N. Clark St., 773-912-1565, www.screenz.com

Vous pouvez aussi vous rendre à la **Harold Washington Library** (400 S. State St., 312-747-4300), où des terminaux avec accès Internet sont disponibles.

Renseignements généraux – Renseignements utiles, de A à Z

Chicago sur Internet

À l'intention des internautes, voici quelques sites pouvant aider à la planification d'un séjour à Chicago :

www.choosechicago.com
Site officiel de l'office de tourisme de Chicago.

www.chicagotraveler.com
Ce site d'information sur Chicago permet notamment le téléchargement de guides audio gratuits sur divers thèmes : Chicago pour les enfants, le Millennium Park, le blues à Chicago. Malheureusement, ces guides audio ne sont pas offerts en français.

www.chicagoparkdistrict.com
Pour en savoir plus sur les activités organisées dans les grands parcs de la ville.

www.chicagohistory.org
Site de la Chicago Historical Society.

www.cityofchicago.org
Site officiel de la Ville.

www.metromix.com
Site géré par le *Chicago Tribune*, qui contient beaucoup d'informations sur les restaurants, les bars et les spectacles.

www.diningchicago.com
Renseignements sur les restaurants.

www.chicagoarchitecture.info
Base de données très complète sur l'architecture à Chicago.

› Visites guidées

De nombreuses formules de tours de ville sont proposées aux visiteurs désireux d'entreprendre leur découverte de Chicago au moyen d'un circuit guidé. Nous en mentionnons ici quelques-unes en vous invitant, compte tenu des changements fréquents, à communiquer directement avec chacun des organismes suivants pour connaître les programmes détaillés, les horaires et les tarifs.

American Sightseeing
312-251-3100, www.americansightseeingchicago.com
Circuits à bord d'autobus.

Gray Line Chicago
www.grayline.com
Circuits à bord d'autobus.

Chicago Architecture Foundation
312-922-3432, www.architecture.org
Découverte des richesses architecturales de la ville à pied, en bus ou en bateau. Les visites à pied et en bus partent du Shop & Tour Center de la fondation, au 224 South Michigan Avenue. L'embarquement pour les croisières commentées se fait au quai situé à l'angle sud-est du Michigan Avenue Bridge et de Wacker Drive (voir «Chicago's First Lady Cruises», plus loin). Il est également possible de louer au Shop & Tour Center des guides audio en différentes langues, dont le français, pour apprécier les bâtiments et gratte-ciel du Loop.

Chicago Double Decker Co.
Water Tower, 773-648-5000,
www.coachusa.com/chicagotrolley
Visite de la ville à bord d'un autobus à étage avec possibilité de monter et descendre à 18 endroits différents dans la ville.

Chicago Film Tour
312-593-4455, www.chicagofilmtour.com
Découverte en autobus des lieux de tournage de films célèbres ou en cours de réalisation à Chicago.

Untouchable Tours
départs en face du restaurant McDonald's (660 N. Clark St.); 773-881-1195, www.gangstertour.com
Visite en autocar qui raconte l'époque de la Prohibition, en suivant les traces d'Al Capone et des incorruptibles (*untouchables* en anglais) menés par Eliot Ness.

Chicago Neighborhood Tours
départs du Chicago Cultural Center; 77 E. Randolph St., 312-742-1190, www.chicagoneighborhoodtours.com
Découverte des différents quartiers de Chicago et des communautés culturelles qui les ont façonnés.

Chicago Greeter
sur réservation; 312-744-8000, www.chicagogreeter.com
Visites thématiques en compagnie d'un citoyen bénévole de Chicago désireux de partager ses connaissances sur la ville et sa fierté d'y habiter.

The Noble Horse
départs de la Water Tower; 312-266-7878
Promenades en calèche.

Bike Chicago
Plusieurs départs chaque jour en été du Millennium Park, du Navy Pier et de la North Avenue Beach. Comptez 39$ pour les adultes et 25$ pour les enfants, incluant la location de vélos pour la durée de la visite; 312-729-1000, www.bikechicago.com
Visites guidées à vélo.

Bobby's Bike Hike
Départs quotidiens du 465 N. McClurg Court à 9h30, 10h, 13h30 et 19h. Comptez 35$ pour les adultes et 20$ pour les enfants, incluant la location d'un vélo pour la durée de la visite; 312-915-0995, www.bobbysbikehike.com
Visites guidées à vélo permettant de découvrir les principaux monuments du centre-ville.

Chicago's First Lady Cruises
départs de l'angle sud-est du Michigan Avenue Bridge et de Wacker Drive; 847-358-1330, www.cruisechicago.com
Croisières commentées sur la Chicago River organisées par la Chicago Architecture Foundation.

Chicago Line Cruises
Départs du River East Arts Center; 465 N. McClurg Ct., 312-527-1977, www.chicagoline.com
Croisières commentées sur l'histoire ou l'architecture de Chicago.

Mercury Chicago's Skyline Cruiseline
départs de l'intersection du Michigan Avenue Bridge et de Wacker Drive, du côté sud de la Chicago River; 312-332-1353, www.mercuryskylinecruiseline.com
Croisières sur la Chicago River et le lac Michigan.

Wendella Boats
départs du côté nord de la Chicago River, à la hauteur de Michigan Avenue; 312-337-1446, www.wendellaboats.com
Croisières sur la Chicago River.

Shoreline Sightseeing
départs du Navy Pier; 312-222-9328, www.shorelinesightseeing.com
Découverte en bateau des gratte-ciel de Chicago depuis le lac Michigan.

Spirit of Chicago
départs du Navy Pier; 866-273-2469, www.spiritofchicago.com
Croisières de type «dîner dansant».

Chicago en quelques applications mobiles

Art Institute French Impressionism App
3,99$
Reproductions de qualité et descriptions d'œuvres de la collection impressionniste et postimpressionniste de l'Art Institute, et biographies des artistes qui les ont réalisées.

Chicago's Public Art
gratuit
Répertoire des œuvres d'art public de la ville, avec descriptions et photos de plusieurs d'entre elles.

Broadway in Chicago
gratuit
Infos sur les horaires de spectacles et réservations de places.

Tagwhat
gratuit
Présentation d'anecdotes historiques et de vidéos à travers la réalité augmentée.

TransitGenie
gratuit
À l'aide de la géolocalisation, cette application indique comment vous rendre d'où vous vous trouvez à la destination de votre choix en transports en commun.

BestParking
gratuit
Permet à l'aide d'un plan de la ville de repérer les terrains de stationnement, avec une idée des tarifs pratiqués par chacun.

Odyssey
départs du Navy Pier; 866-305-2469,
www.odysseycruises.com
Croisières sur le lac Michigan, de type «dîner dansant».

Segway Experience of Chicago
départs du Segway Experience Chicago Showroom, angle Michigan Avenue et Jackson Street, ou du Navy Pier; 224 S. Michigan Ave., 312-663-0600, www.mysegwayexperience.com
Visites guidées du Millennium Park, du Grant Park et du Museum Campus à bord de Segways, ces véhicules électriques à deux roues, appelés «gyropodes» en français, sur lesquels on se tient debout.

➤ Voyageurs à mobilité réduite

Chicago s'efforce de rendre de plus en plus d'édifices et d'établissements accessibles aux personnes handicapées. Pour de plus amples renseignements sur les quartiers que vous projetez de visiter, adressez-vous au **Mayor's Office for People with Disabilities** *(312-744-7050, www.cityofchicago.org/disabilities)*.

Le site Internet *www.easyaccesschicago. org* indique les attraits, restaurants, hôtels et autres établissements qui sont accessibles aux personnes à mobilité réduite.

L'organisme américain suivant est aussi en mesure de fournir des renseignements utiles aux voyageurs à mobilité réduite : **Society for Accessible Travel and Hospitality** *(347 Fifth Ave., Suite 605, New York, NY 10016, 212-447-7284, www.sath.org)*.

Chicago avec les enfants

Chicago a beaucoup à offrir aux familles avec jeunes enfants. Voici quelques «classiques» qui ne risquent pas de décevoir vos rejetons. Une description plus détaillée de ces attraits se retrouve dans les circuits du chapitre «Attraits touristiques».

Le **Chicago Children's Museum**, situé au complexe récréo-touristique de Navy Pier, constitue bien entendu une halte obligée avec les enfants. Une journée entière peut être planifiée à **Navy Pier**, où l'on trouve notamment un carrousel, une grande roue géante et de nombreux amuseurs publics.

Le **Museum Campus** est un autre site des plus populaires. S'y côtoient l'**Adler Planetarium**, le **Field Museum** (musée d'histoire naturelle) et le **John G. Shedd Aquarium**.

Une visite du zoo amuse toujours petits et grands. Le **Lincoln Park Zoo**, gratuit et situé en plein cœur de la ville, les comblera à coup sûr.

Les plus jeunes adorent monter le plus haut possible pour voir le monde différemment... Les observatoires situés au sommet du **John Hancock Center** et de la **Willis Tower** (ex-**Sears Tower**) les raviront.

Le **Museum of Science and Industry** est un des attraits de Chicago les plus appréciés des enfants, avec ses avions, ses modules spatiaux, ses sous-marins, etc.

Installé dans le centre commercial Water Tower Place, le **LEGO Store** émerveillera jeunes et moins jeunes grâce à ses nombreuses reproductions de monuments et de personnages faites à l'aide des célèbres briques de plastique colorées. Quant à l'**American Girl Place**, tout juste à côté, sa délicieuse exposition de poupées ne laissera personne indifférent.

Par les chaudes journées d'été, les nombreuses **plages** qui donnent sur le lac Michigan sont autant de bénédictions du ciel. Mais il faut alors aussi considérer la *Crown Fountain* du Millennium Park, que les familles transforment littéralement en parc aquatique en venant s'y rafraîchir.

Finalement, si vous disposez d'une voiture, des sorties au **Brookfield Zoo** ou au parc d'attractions **Six Flags Great America**, à Gurnee, feront le bonheur de vos petits garnements.

Attraits touristiques

Ville aux inépuisables ressources, Chicago ne peut être décrite en quelques lignes, ne peut être visitée en quelques heures. La richesse de cette grande métropole du monde sur les plans architectural, culturel, historique, commercial, ethnique, etc., est si grande qu'il faut lui consacrer du temps, beaucoup de temps, avant de pouvoir prétendre en saisir l'essence et la grandeur.

La liste de tout ce qui peut vous y retenir des jours et des jours est interminable: gratte-ciel innombrables et gigantesques, sculptures publiques signées par de grands noms, musées renfermant des trésors inimaginables, quartiers ethniques, chics boutiques, grouillante vie nocturne, parcs s'étirant majestueusement le long du lac Michigan, campus universitaires, sympathiques équipes sportives, belles demeures de ses beaux quartiers...

Chicago est une grande *city* typiquement américaine. Les extrêmes s'y côtoient avec une belle indifférence. Comme dans les autres métropoles américaines, richesse et pauvreté, grandeur et misère, animation et froideur cohabitent pour le meilleur et pour le pire. Américaine, Chicago l'est aussi de par sa composition humaine, un spectaculaire *melting pot* où tous ont influencé le devenir de la mégalopole. Américaine, Chicago l'est également par sa folie des grandeurs, sa propension à l'abus de *greatest* et de *biggest* sans doute commandée par sa rivalité avec New York, la *Big Apple*.

Les pages qui suivent vous conduiront dans les divers quartiers de Chicago en tentant de vous faire partager les sentiments que nous entretenons à l'égard de cette grande ville: passion et admiration, émerveillement et attachement. Depuis le Loop, le quartier des affaires, jusqu'au Magnificent Mile, paradis commercial, en passant par le Near North, Streeterville, Navy Pier, le New East Side, le Lincoln Park, la Gold Coast, l'Old Town, Wrigleyville, Lakeview, Hyde Park, Oak Park, etc., nous vous ferons goûter les multiples saveurs de Chicago, humer ses innombrables parfums, palper ses formes infinies, écouter sa symphonie bruyante, voir ses moindres recoins.

Le Loop et le South Loop ★★★

△ *p. 187* ◑ *p. 220* ➔ *p. 267* ▯ *p. 285*

⏱ *une journée*

À ne pas manquer

> Auditorium Building p. 98
> Willis Tower p. 100
> Carson Pirie Scott Store p. 108
> Federal Center p. 109
> Richard J. Daley Center p. 110
> The Rookery p. 114

Les bonnes adresses

Restaurants
> The Berghoff p. 221
> Italian Village p. 222
> Russian Tea Time p. 222
> Walnut Room p. 223
> Everest p. 223
> Mercat a la Planxa p. 224

Sorties
> Jazz Showcase p. 267
> Buddy Guy's Legends p.267

Achats
> State Street p. 287
> Chicago Architecture Foundation p. 291
> Symphony Store p. 293
> The Museum Shop at the Art Institute p. 293
> Blackhawks Store p. 296

Le quartier des affaires de Chicago s'est vu attribuer le surnom de «Loop» lorsque fut achevée la voie aérienne du métro qui décrit une boucle (*loop* en anglais) autour de ses édifices. Il est délimité à l'ouest et au nord par la Chicago River, à l'est par Michigan Avenue et au sud par Congress Parkway. Ce quartier constitue toujours aujourd'hui le cœur économique, politique et culturel de la Ville des Vents. Sur le plan architectural, il offre une variété et une qualité absolument exceptionnelles, contribuant ainsi grandement à la réputation de Chicago en ce domaine.

C'est en semaine et durant la journée que le Loop est le plus animé. Une foule compacte s'y active alors au pied de ses innombrables tours de bureaux. State Street, quant à elle, attire les amateurs de lèche-vitrine grâce à ses célèbres grands magasins et à ses boutiques en tout genre, ce qui lui assure des samedis tout aussi vivants. C'est donc au cours de ces périodes qu'il vaut mieux visiter le Loop, afin de s'imprégner de son

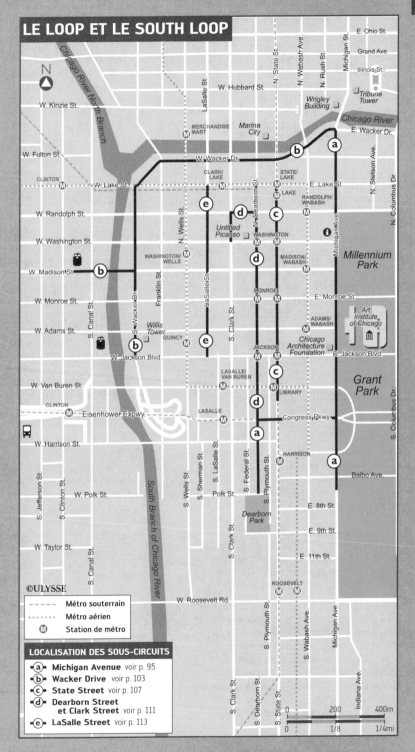

LE LOOP ET LE SOUTH LOOP

LOCALISATION DES SOUS-CIRCUITS

- a Michigan Avenue voir p. 95
- b Wacker Drive voir p. 103
- c State Street voir p. 107
- d Dearborn Street et Clark Street voir p. 111
- e LaSalle Street voir p. 113

Métro souterrain
Métro aérien
Ⓜ Station de métro

©ULYSSE

La Chicago CityPass

La Chicago CityPass constitue une façon économique de visiter les attractions les plus populaires de la ville. Ainsi, pour 84$ (adultes) et 69$ (enfants), ce laissez-passer vous donne accès au Field Museum of Natural History, au John G. Shedd Aquarium, au Skydeck de la Willis Tower, à l'observatoire du John Hancock Center ou au Museum of Science and Industry, et au Adler Planetarium & Astronomy Museum ou à l'Art Institute of Chicago. La Chicago CityPass est vendue dans chacune de ces attractions et est valide pendant les neuf jours suivant la date de son achat.

énergie tout en faisant la découverte de ses trésors architecturaux et de ses œuvres d'art public. En soirée, une fois les bureaux fermés et les clients partis, le quartier se vide et ses rues se font beaucoup plus tranquilles, sauf dans le Theatre District.

Nous vous proposons, dans les pages qui suivent, d'arpenter les rues du Loop. Nous déborderons aussi légèrement au sud afin de découvrir le quartier historique de Printer's Row, notamment.

Michigan Avenue

🕐 *deux heures*

Les édifices bordant le côté ouest de Michigan Avenue, au sud de la Chicago River, forment un ensemble remarquable. Faisant face au Grant Park, qui lui-même borde le lac Michigan, ces constructions sont en quelque sorte devenues la «façade de la ville», un concept que l'on retrouvait dans le plan d'aménagement élaboré par Daniel Burnham au début du XXe siècle. Parmi les éléments de cette «façade», il faut tout particulièrement noter la présence d'institutions de prestige (Chicago Public Library, Theodore Thomas Orchestra Hall Building, Auditorium Building) fondées dans la foulée de la *World's Columbian Exposition* de 1893.

Pour découvrir les beaux édifices installés le long de Michigan Avenue, en bordure du Loop, nous vous conseillons de marcher du côté est de l'avenue. Vous longerez alors bientôt l'agréable **Millennium Park** (voir p. 122), de même que l'**Art Institute of Chicago** (voir p. 118) et le **Grant Park** (voir p. 116), et vous aurez ainsi le recul nécessaire pour apprécier les différents bâtiments.

Nous commencerons notre visite au **Michigan Avenue Bridge** (voir p. 130) et nous nous dirigerons vers le sud.

Les deux premiers bâtiments se faisant face datent tous deux des années 1920. Celui se trouvant sur la gauche, au **333 N. Michigan Avenue**, a été érigé par les architectes Holabird & Root en 1928. Remarquez les bas-reliefs de sa façade, exécutés par Fred M. Torrey et représentant les pionniers et les Amérindiens du fort Dearborn, qui s'élevait jadis sur le site. D'ailleurs, vous noterez dans le secteur la présence de plaques disposées sur le sol pour délimiter l'emplacement qu'occupait autrefois le fort. Sur votre droite, au **360 N. Michigan Avenue**, vous ne pourrez manquer l'entrée monumentale flanquée d'imposantes colonnes corinthiennes de l'édifice construit en 1923 pour la London Guarantee & Accident Co.

À l'angle sud-ouest de Michigan Avenue et de Wacker Place se dresse l'élégante tour Art déco du **Carbide & Carbon Building** ★ *(230 N. Michigan Ave.).* Contrairement à la majorité des constructions Art déco de Chicago, cet édifice datant de 1929 se pare de matériaux de couleurs foncées (granit et marbre noirs à la base, terre cuite vert foncé pour la tour). À la suite d'une rénovation majeure réalisée par la firme d'architectes de Lucien Lagrange, le **Hard Rock Hotel** y a emménagé en 2003.

Plus loin, à la hauteur de Randolph Street, le **Smurfit-Stone Building** ★ *(150 N. Michigan Ave.)* illustre bien, quant à lui, la tendance postmoderne qui a marqué l'architecture de Chicago dans les années 1980 (cet édifice a été terminé en 1984). Cette splendide tour, avec son toit à angle de 45° se terminant en pointe, présente l'aspect d'une

LE LOOP Michigan Avenue

Chicago River

Merchandise Mart Ⓜ

Marina City

E. Wacker Dr.

E. Water

CLARK/LAKE Ⓜ

STATE/LAKE Ⓜ

Ⓜ LAKE

E. Lake St.

N. Stetson

Franklin St.

N. Wells St.

N. Clark St.

N. Dearborn St.

N. State St.

RANDOLPH/WABASH

E. Randolph St.

Untitled Picasso

WASHINGTON Ⓜ

Ⓜ

Michigan Ave.

ⓘ

Millennium Park

W. Madison St.

MADISON/WABASH Ⓜ

N. Wabash Ave.

MONROE Ⓜ

E. Monroe St.

S. State St.

Adams St.

ADAMS/WABASH Ⓜ

Art Institute of Chicago

JACKSON Ⓜ Ⓜ

E. Jackson Blvd.

LIBRARY Ⓜ

E. Van Buren St.

Grant Park

S. Federal St.

S. Dearborn St.

Congress Pkwy.

W. Harrison St.

E. Harrison St.

HARRISON Ⓜ

S. Plymouth St.

Balbo Ave.

Polk St.

Dearborn Park

E. 8th St.

E. 9th St.

©ULYSSE

⭐ ATTRAITS TOURISTIQUES

1. CV 333 N. Michigan Avenue
2. CV 360 N. Michigan Avenue
3. CV Carbide & Carbon Building/ Hard Rock Hotel
4. CW Smurfit-Stone Building
5. CW Chicago Cultural Center
6. CW Heritage at Millennium Park
7. CW Ward Tower
8. CW Willoughby Tower
9. CW Chicago Athletic Association Building
10. CX Gage Group
11. CX Legacy at Millennium Park
12. CX University Club
13. CX Monroe Building
14. CX People's Gas Building
15. CX Art Institute of Chicago
16. CX Theodore Thomas Orchestra Hall Building/ Symphony Center
17. CX Santa Fe Center/Chicago Architecture Foundation
18. CX Metropolitan Tower
19. CY CNA Center
20. CY Roosevelt University Vertical Campus
21. CY Chicago Club
22. CY Station du Metra
23. CY Fine Arts Building
24. CY Auditorium Building
25. CY Congress Plaza Hotel
26. CZ Museum of Contemporary Photography
27. CZ Spertus Institute of Jewish Studies
28. CZ Blackstone Hotel
29. CZ DePaul University Merle Reskin Theatre
30. CZ Hilton Chicago
31. BY Printer's Row
32. BY Hotel Blake
33. BY Pontiac Building
34. BY Transportation Building
35. BY Printer's Row Park
36. BY Grace Place
37. BZ Donohue Building
38. BZ Second Franklin Building
39. BZ Dearborn Station Galleria
40. BZ Dearborn Park

	Métro souterrain
	Métro aérien
Ⓜ	Station de métro

guidesulysse.com

véritable sculpture de verre. Vous apprécierez davantage ses audacieuses lignes si vous vous retournez après avoir croisé quelques rues. Au pied de l'immeuble, la sculpture intitulée *Communication X9*, œuvre de l'Israélien Yaacov Agam, a été réinstallée en 2008 après une restauration majeure contestée par l'artiste. Haute de près de 13 m, elle n'en séduit pas moins les passants grâce à sa multitude de couleurs qui changent à mesure que l'on se déplace autour.

L'édifice qui couvre tout le quadrilatère suivant est le **Chicago Cultural Center** ★ ★ *(entrée libre; lun-jeu 9h à 19h, ven-sam 9h à 18h, dim 10h à 18h; 78 E. Washington St., 312-744-6630, www.chicagoculturalcenter. org).* Construit en 1897 pour abriter la Chicago Public Library, cet édifice s'inscrit dans la foulée de la *World's Columbian Exposition* de 1893, qui a engendré la création d'une série impressionnante d'institutions culturelles à Chicago. C'est donc un véritable palais néoclassique que l'on a érigé pour la première bibliothèque publique de la ville. L'intérieur est à ne pas manquer (entrez par Washington Street), avec son monumental escalier de marbre et sa majestueuse décoration composée entre autres d'éléments de bronze et d'une grande coupole recouverte de beaux vitraux. En 1974, le bâtiment, devenu trop étroit pour les besoins de la bibliothèque centrale, fut rénové et transformé en centre culturel, comprenant toujours une petite bibliothèque, mais aussi des salles pour la présentation de spectacles et d'expositions. Aussi y propose-t-on aujourd'hui une variété d'activités gratuites: concerts, films, conférences, théâtre, danse, etc. Le Chicago Department of Cultural Affairs and Special Events loge désormais ici, de même que l'office de tourisme de la ville, **Choose Chicago** *(tlj horaire variable; 77 E. Randolph St., www.choosechicago. com).* De plus, des visites guidées de l'édifice sont organisées les mercredi, vendredi et samedi à 13h15 *(312-744-6630).* Elles permettent entre autres de découvrir le Preston Bradley Hall et son extraordinaire dôme de verre signé Louis Comfort Tiffany, auquel une restauration majeure terminée en 2008 a redonné son éclat d'origine.

Derrière le Chicago Cultural Center se profile la haute et élégante silhouette de l'immeuble d'appartements de luxe baptisé **Heritage at Millennium Park** *(130 N. Garland Court),* élevé en 2004 par la firme d'architectes Solomon Cordwell Buenz et dont la tour principale compte 57 étages.

Vous longerez ensuite le **Millennium Park** (voir p. 122), prolongement du **Grant Park** (voir p. 116). À l'intersection suivante, la **Ward Tower** *(6 N. Michigan Ave.),* construite en 1899 pour la firme de vente par correspondance Montgomery Ward & Co., a été reconvertie en un immeuble résidentiel au début des années 2000.

En vous retournant, vous pourrez jeter un coup d'œil sur les tours qui composent le **New East Side** (voir p. 114), au nord du Millennium Park et tout juste à l'est de Michigan Avenue. Le grand bâtiment blanc qui domine ce groupe est l'**Aon Center** (autrefois l'Amoco Building; voir p. 115), le troisième plus haut édifice de la ville.

Le quadrilatère suivant est composé de plusieurs immeubles d'intérêt, parmi lesquels figurent la **Willoughby Tower** *(8 S. Michigan Ave.),* construite en 1929, et l'étonnant **Chicago Athletic Association Building** ★ *(12 S. Michigan Ave.),* dont les lignes évoquent de manière directe un palais vénitien. Ce bâtiment achevé en 1893 fut dessiné par Henry Ives Cobb, également très actif dans l'élaboration de l'**University of Chicago** (voir p. 162).

Puis, il y a le **Gage Group** *(18 S., 24 S. et 30 S. Michigan Ave.),* un harmonieux ensemble de trois bâtiments de la fin du XIXᵉ siècle, exemple remarquable du style de l'«école de Chicago», dont la façade du premier est l'œuvre de Louis H. Sullivan, alors que les deux autres sont signés Holabird & Roche.

En arrière-plan de ce groupe, vous apercevrez une autre de ces immenses tours d'habitation de prestige qui ont poussé comme des champignons dans le Loop dans les dernières années. Il s'agit de l'immeuble **Legacy at Millennium Park** *(21-39 S. Wabash Ave.),* terminé en 2009, conçu par les mêmes architectes que l'Heritage at Millennium Park (voir plus haut) avec lequel il partage un évident lien de parenté. Haut de 250 m et constitué de 71 étages, ce gratte-ciel est l'un des plus imposants réalisés dans le Loop depuis le début des années 1990.

Tout près, l'**University Club** *(76 E. Monroe St., angle Michigan Ave.)*, construit en 1909 dans un style néogothique, illustre bien, quant à lui, le retour aux références historiques qui a marqué l'architecture de Chicago à la suite de la *World's Columbian Exposition*. De l'autre côté de la rue, le **Monroe Building** *(104 S. Michigan Ave.)*, élevé à la même époque par les mêmes architectes (Holabird & Roche), lui fait brillamment écho grâce à son apparence monumentale et à son inspiration gothique.

Plus loin, le **People's Gas Building** *(122 S. Michigan Ave.)*, bâti en 1910 par l'architecte Daniel Burnham, cache sa structure d'acier typique de l'«école de Chicago» derrière une lourde façade comprenant colonnes ioniques et lions sculptés. Vous avez alors atteint la hauteur de l'**Art Institute of Chicago** (voir p. 118), qui se trouve juste en face. Depuis les grandes marches de ce musée, on peut bien apprécier la série de belles façades donnant sur Michigan Avenue. Aussi, plusieurs choisissent de s'y asseoir quelques minutes, le temps d'une petite pause bien méritée.

Dans la rue suivante, Adams Street, les amateurs de routes mythiques remarqueront, du côté nord entre les avenues Michigan et Wabash, le panneau qui indique le début de la fameuse **Route 66** (voir l'encadré p. 40), surnommée la «Main Street of America», qui s'étendait jadis jusqu'à Santa Monica en Californie, soit quelque 4 000 km plus loin.

Du même architecte que le People's Gas Building, le **Theodore Thomas Orchestra Hall Building** *(220 S. Michigan Ave., 312-294-3000)* date de 1905. Sur sa façade géorgienne, on remarque les hautes fenêtres cintrées à l'étage, derrière lesquelles s'étend la salle de bal. Au-dessus de chacune, les noms de grands musiciens ont été gravés (Bach, Mozart, Beethoven, Schubert, Wagner). L'Orchestra Hall est encore aujourd'hui la demeure du Chicago Symphony Orchestra, qui jouit d'une grande renommée internationale. Entre 1995 et 1997, d'ambitieux travaux de rénovation ont

permis de doubler la superficie de l'édifice, devenu depuis le **Symphony Center**.

On doit également à Burnham le bâtiment voisin, le **Santa Fe Center** ★ *(80 E. Jackson Blvd.)*, anciennement connu sous le nom de Railway Exchange Building, qui présente une belle élégance avec sa splendide façade en terre cuite blanche. Il abrite depuis 2001 la **Chicago Architecture Foundation** ★ *(entrée libre; dim-jeu 9h30 à 18h, ven-sam 9h à 18h; 224 S. Michigan Ave., 312-922-3432, www.architecture.org)*, qui rend compte de la grande histoire d'amour entre la Ville des Vents et l'architecture grâce à diverses expositions temporaires. Le Shop & Tour Center est quant à lui le point de départ des visites guidées à pied organisées par la fondation.

Envie...

... d'un souvenir lié à l'architecture de Chicago? Faites une halte au Shop & Tour Center de la Chicago Architecture Foundation (voir ci-dessus), qui regorge de livres, de reproductions miniatures de bâtiments et d'autres objets évoquant les richesses architecturales de la ville.

Au 310 South Michigan Avenue s'élève la **Metropolitan Tower**, autrefois connue sous le nom de Britannica Building. Remarquez son joli toit de verre que l'on illumine en soirée. La silhouette de cet élégant bâtiment construit en 1924 se détache admirablement bien sur l'écran rouge dessiné en arrière-plan par celle du **CNA Center** *(333 S. Wabash Ave.)*. Cette tour typique du style international érigée en 1973 passerait probablement inaperçue si ce n'était de sa flamboyante couleur qui, à elle seule, lui assure une personnalité propre et lui permet de se distinguer dans la forêt de gratte-ciel de Chicago malgré sa relative petite taille (44 étages).

Également en arrière-plan, le tout nouveau **Roosevelt University Vertical Campus** ★ *(425 S. Wabash Ave.)* s'élève tout juste au sud du CNA Center. Cette tour, qui mesure 143 m de hauteur et compte 32 étages, a été terminée en 2012. Elle constitue le plus haut bâtiment universitaire de Chicago (résidences étudiantes, salles de classe et bureaux) et le deuxième aux États-Unis. Avec ses lignes zigzagantes et ses façades rythmées par les variations de teintes de ses panneaux de verre, cet édifice construit au beau milieu de la crise économique qui a secoué le pays représente un ajout remarquable à la «façade de la ville» que composent les bâtiments de Michigan Avenue et ceux, généralement plus modernes, qui s'élèvent derrière.

Le **Chicago Club** *(81 E. Van Buren St.)* marque l'intersection suivante. Ce bâtiment néoroman se trouve à l'endroit où fut jadis construit le premier Art Institute of Chicago, en 1887.

En face, de l'autre côté de Michigan Avenue, l'entrée Art nouveau d'une **station du Metra** attire à coup sûr l'attention. Il s'agit de la reproduction d'une entrée typique du métro de Paris dessinée en 1900 par l'architecte français Hector Guimard. De fabrication récente (2003), elle fut offerte à la Ville de Chicago par la Régie autonome des transports parisiens (RATP).

De retour sur le côté ouest de Michigan Avenue, vous verrez le **Fine Arts Building** ★ *(410 S. Michigan Ave.)*, qui fut pendant longtemps un site vital de la vie artistique de Chicago. Mais ce bâtiment avait d'abord été construit pour la firme Studebaker en 1885, comme on peut encore le lire aujourd'hui sur sa façade. Son rez-de-chaussée servait alors de salle d'exposition pour chariots et calèches... Ce n'est qu'en 1898 que l'édifice devient le Fine Arts Building, alors qu'on y aménage deux théâtres, des ateliers d'artistes, des studios pour les écrivains, etc. Ce centre fut fréquenté autant par les poètes et auteurs de la Chicago Literary Renaissance que par des architectes comme Frank Lloyd Wright, des gens de théâtre et des éditeurs de magazines et de journaux de gauche.

Vous serez ensuite à même d'apprécier le chef-d'œuvre de l'ingénieur Dankmar Adler et du designer Louis H. Sullivan: l'**Auditorium Building** ★ ★ ★ *(10$ pour les visites guidées lun à 10h30 et 12h, jeu à 10h30; 50 E. Congress Pkwy., 312-341-2310, www. auditoriumtheatre.org)*. Cet édifice innovait à l'époque de sa construction (1887-1889) par sa structure permettant de réunir en un seul bâtiment une grande salle de spectacle, un hôtel et un immeuble de bureaux. Pendant qu'Adler réalisait cette prouesse technique, en

plus d'assurer à la salle une acoustique remarquable, d'y installer l'air conditionné et de concevoir une scène pouvant être déplacée grâce à un système hydraulique, Sullivan dessinait une façade rythmée au moyen de formes géométriques simples rappelant les travaux de son maître, Henry Hobson Richardson. La décoration intérieure qu'il imagina pour la salle de spectacle de 4 300 sièges lui conféra une allure monumentale et somptueuse. Malgré toutes les qualités de la salle, l'Orchestre symphonique et l'Opéra de Chicago la délaissèrent toutefois au début des années 1930, cette salle étant trop grande pour leurs concerts et opéras. Puis, la Roosevelt University se porta acquéreur de l'édifice en 1946. La salle, quant à elle, fut rénovée dans les années 1960 et rouvrit ses portes en 1968, après avoir sombré dans l'oubli pendant plusieurs années. Aujourd'hui, de grandes comédies musicales y sont présentées.

De l'autre côté de la rue, le **Congress Plaza Hotel** *(520 S. Michigan Ave.; voir p. 187)* s'inspire de l'Auditorium Building pour son design. En fait, il fut d'abord construit en guise d'annexe à ce dernier.

Un peu plus loin, le **Museum of Contemporary Photography** *(entrée libre; lun-mer et ven-sam 10h à 17h, jeu 10h à 20h, dim 12h à 17h; 600 S. Michigan Ave., 312-663-5554, www.mocp.org)* est partie intégrante du Columbia College Chicago. On y propose divers événements et expositions sur l'art photographique.

Puis, la nouvelle demeure du **Spertus Institute of Jewish Studies** ★ *(entrée libre; dim-mer 10h à 17h, jeu 10h à 18h, ven 10h à 15h, sam fermé; 610 S. Michigan Ave., 312-322-1700, www.spertus.edu)*, inaugurée à l'automne 2007, affiche sa spectaculaire façade de verre sculptée, haute de 10 étages et composée de 726 panneaux disposés de manière à ce que l'ensemble ressemble à un diamant géant. Ce musée, voisin de l'édifice où logeait précédemment l'institution, a été dessiné par les architectes Ron Krueck et Mark Sexton, et met en valeur une collection de quelque 6 000 objets relatant les 5 000 ans d'histoire du peuple juif. Il abrite en outre une salle de théâtre de 410 places et une importante section interactive s'adressant spécifiquement aux enfants.

Portes ouvertes dans les musées

Certains des musées de Chicago ont comme politique d'ouvrir leurs portes gratuitement certains jours de la semaine. C'est le cas par exemple des institutions suivantes :

- Chicago Children's Museum · jeudi (17h à 20h seulement)
- DuSable Museum of African-American History · dimanche
- International Museum of Surgical Science · mardi
- Loyola University Museum of Art · mardi

Rappelez-vous également que l'entrée est libre en tout temps dans plusieurs autres musées de la ville :

- Chicago Architecture Foundation
- Chicago Cultural Center
- City Gallery (Water Tower)
- Federal Reserve Bank
- Jane Addams Hull-House Museum
- Museum of Contemporary Photography
- National Italian American Sports Hall of Frame
- National Museum of Mexican Art
- Oriental Institute Museum
- Smart Museum of Art
- Smith Museum of Stained Glass Windows
- Spertus Institute of Jewish Studies

À l'angle de la rue suivante (E. Balbo Avenue), vous verrez le **Blackstone Hotel** *(636 S. Michigan Ave.)*. Au cours des dernières années, d'ambitieux projets de rénovation ont été élaborés afin de remettre sur pied ce bâtiment historique qui avait beaucoup perdu de son lustre. On pensa d'abord le reconvertir en un immeuble résidentiel de prestige, mais, finalement, on décida que lui serait rendue sa vocation hôtelière d'origine, au terme d'une restauration de plus de 112 millions de dollars menée par la firme d'architectes de Lucien Lagrange. À l'arrière se cache le **DePaul University Merle Reskin Theatre** *(60 E. Balbo Ave.)*, anciennement connu sous le nom de Blackstone Theatre.

L'immense **Hilton Chicago** ★ *(720 S. Michigan Ave.; voir p. 189)* couvre tout le quadrilatère suivant. Il fut érigé entre 1922 et 1927 par Holabird & Roche, et comportait à l'origine 3 000 chambres, ce qui en faisait le plus grand hôtel du monde. On y avait même aménagé un parcours de golf sur le toit! Il fut acheté en 1945 par Conrad Hilton, qui le rénova de fond en comble et le transforma en un hôtel moderne de 1 600 chambres en 1951 (il y eut une nouvelle restauration en 1985). C'est devant cet hôtel qu'eurent lieu les tristement célèbres émeutes qui marquèrent la tenue du congrès national du Parti démocrate en 1968. N'hésitez pas à pénétrer dans son beau hall de marbre qui semble s'étendre à perte de vue...

En revenant sur vos pas jusqu'à Congress Parkway, puis en tournant à gauche pour vous rendre à Dearborn Street, que vous emprunterez vers le sud, vous pourrez ainsi visiter le quartier historique de **Printer's Row** ★ en vous dirigeant vers l'élégante Dearborn Station Galleria, qui ferme la rue au sud. Ce secteur est ainsi appelé à cause du grand nombre d'imprimeries que l'on y retrouvait entre 1880 et 1950. Après la Seconde Guerre mondiale, l'industrie se transforma rapidement grâce à d'importantes percées techniques, les plus petits imprimeurs disparaissant ou se faisant acheter par les plus gros. C'est alors que ces derniers quittèrent Printer's Row, dont les bâtiments ne répondaient plus aux nouvelles exigences. Dans les années 1970, la transformation de plusieurs de ces édifices en immeubles d'habitation, conjuguée à l'aménagement de nouveaux complexes résidentiels, redonna vie au secteur.

Parmi les plus beaux bâtiments rénovés de Printer's Row figure l'**Hotel Blake** *(500 S. Dearborn St.)*, qui unit en fait deux anciens édifices, le Morton Building et le Duplicator Building, à une construction nouvelle datant de 1987.

Le **Pontiac Building** *(542 S. Dearborn St.)* est également à signaler. Il s'agit d'un bel exemple de gratte-ciel dont l'élaboration suivit les principes de l'«école de Chicago». Il fut élevé en 1891 par Holabird & Roche, et constitue de ce fait la plus ancienne réalisation de ces prolifiques architectes encore existante au centre-ville.

La rénovation, en 1980, du **Transportation Building** *(600 S. Dearborn St.)*, datant de 1911, fut un événement clé dans la renaissance du quartier. On y aménagea alors près de 300 appartements. Tout près, le joli **Printer's Row Park**, inauguré à l'automne 2009, vient de belle façon égayer le secteur malgré ses dimensions modestes. Vous y remarquerez tout particulièrement les inscriptions en caractères d'imprimerie inversés qui ornent les bancs, un clin d'œil amusant à la vocation ancienne du quartier.

Il y a également **Grace Place** *(637 S. Dearborn St.)*, bâti en 1915 et rénové en 1985, le **Donohue Building** *(711 S. Dearborn St.)*, où s'installa jadis le premier imprimeur du quartier, et le **Second Franklin Building** *(720 S. Dearborn St.)*, dont la façade est ornée d'illustrations évoquant l'histoire de l'imprimerie.

Au bout de la rue s'élève la **Dearborn Station Galleria** ★ *(47 W. Polk St.)*, la seule gare ferroviaire du XIXe siècle avec salle d'attente pour passagers à avoir survécu jusqu'à nos jours à Chicago. On ne peut rater sa belle tour néoromane de briques rouges couronnée d'une horloge à quatre faces. La gare fut bâtie en 1885 et dut être en partie reconstruite après un incendie qui fit rage en 1923. On y trouve aujourd'hui des bureaux et quelques boutiques.

Derrière l'ancienne gare, des projets résidentiels ont fortement contribué à la renaissance du secteur. C'est le cas principalement de **Dearborn Park**, qui fut construit en deux phases. La première, qui comprend 1 200 logements, fut mise en œuvre entre 1974 et 1987, et couvre le quadrilatère délimité par les rues State, Polk, Clark et Roosevelt. Des *townhouses*, des immeubles de hauteur moyenne et quelques tours d'habitation composent ce qui est devenu une sorte de «banlieue dans la ville», avec espaces verts et petites rues en impasse. La deuxième phase, quant à elle, a permis la construction, immédiatement au sud de la première, de maisons individuelles de luxe, dont certaines empruntent à la *Prairie House* de Frank Lloyd Wright.

Wacker Drive

🕐 *1 heure 30 min*

Nous vous proposons ici d'arpenter Wacker Drive du sud vers le nord, le long de la branche sud de la Chicago River, puis de l'ouest vers l'est, toujours en longeant la rivière, qui semble ainsi onduler dans une forêt de gratte-ciel.

Nous commencerons cette balade au **311 S. Wacker Drive Building**, une addition relativement récente (1990) au parc immobilier du Loop. Remarquez le grand cylindre entouré de quatre autres plus petits qui forment une sorte de couronne posée sur son toit.

Tout juste au nord se dresse le plus haut gratte-ciel de Chicago, qui fut longtemps le plus haut du monde: la **Willis Tower** ★ ★ ★ *(233 S. Wacker Dr.)*, mieux connue sous son nom d'origine de **Sears Tower**. Construite entre 1968 et 1974, cette monumentale sculpture moderne en verre et en acier culmine à 442 m (527 m en incluant les antennes placées au sommet). On évalue à plus de 25 000 le nombre de personnes travaillant quotidiennement dans les bureaux

Un nouveau nom pour la Sears Tower

C'est en mars 2009 que fut annoncé à la surprise générale le changement de nom de la Sears Tower pour celui de Willis Tower. La décision du Willis Group, un holding de courtiers en assurance de Londres, de regrouper dans le célèbre gratte-ciel tous ses bureaux de la région fut à l'origine de ce coup d'éclat.

Mais pourquoi avoir exigé en même temps que soit rebaptisée l'iconique tour? C'est que le groupe Willis est directement en compétition avec Aon Corporation, dont le nom est associé au troisième plus haut édifice de Chicago: l'**Aon Center** (voir p. 115). En apposant son nom sur le plus haut gratte-ciel d'Amérique, Willis obtint par la même occasion une visibilité spectaculaire pour sa marque... tout en reléguant au second plan son plus important concurrent.

Reste à voir combien de temps il faudra aux Chicagoens pour adopter la nouvelle appellation. Le nom de Sears Tower est associé à ce gratte-ciel, longtemps le plus haut du monde, depuis sa construction au début des années 1970. Lorsque la Sears, Roebuck & Company vendit la Sears Tower en 1994, ayant relocalisé ailleurs ses bureaux au cours des années précédentes, elle retint les droits sur le nom de l'édifice jusqu'en 2003. Mais, même après cette nouvelle échéance, il fallut attendre l'arrivée en scène du groupe Willis en 2009 avant que le nom soit changé. Willis possède donc désormais les droits sur le nom de l'édifice jusqu'en 2024, ce qui devrait laisser suffisamment de temps aux citoyens pour s'y faire...

répartis sur les 110 étages que compte l'édifice. C'est dans le but de consolider en un endroit unique les activités de la firme de vente au détail et par correspondance Sears, Roebuck & Co., jusque-là éparpillées à sept endroits différents à travers la ville, que fut élevée cette tour. Sears, Roebuck & Co. s'est alors installée à la base de la tour et a loué les (nombreux!) étages supérieurs, la hauteur de l'ensemble devant refléter la place occupée par l'entreprise, alors la plus importante du genre dans le monde. La structure est constituée de neuf tubes de 22 m reposant sur 114 caissons d'acier et de béton, ce qui assure à l'ensemble une grande résistance au vent. Autour de cette ossature, on a créé une élégante composition d'aluminium noir et de verre teinté évoquant des «blocs» que l'on aurait empilés de façon originale. Le hall principal est pour sa part orné d'une installation sculpturale colorée, œuvre d'Alexander Calder intitulée *The Universe*, qui évoque la théorie du «big bang» à l'aide de divers mobiles et éléments muraux.

Au 103e étage de la Willis Tower a été aménagé un observatoire où il faut se rendre par temps clair: le **Skydeck** ★★★ *(adultes* *18$, enfants 12$; avr à sept tlj 9h à 22h, oct à mars tlj 10h à 20h; entrée sur Jackson Blvd., www.theskydeck.com)*. Avant qu'ils ne gravissent les 103 étages, un court film est d'abord présenté aux visiteurs qui affluent au rythme de 1,3 million par année. Vous y apprendrez des choses amusantes comme le fait que la Willis Tower pèse 201 849 t, qu'elle renferme 69 200 km de câbles téléphoniques et suffisamment de béton pour construire une autoroute à huit voies sur une distance de 8 km... Par la suite, un ascenseur ultra-rapide vous conduit au 103e étage, d'où la vue est saisissante. On raconte que, quand le ciel est dégagé, il est possible d'apercevoir le paysage de quatre États différents. À l'été 2009 fut inauguré **The Ledge at Skydeck** ★★★, une série de boîtes de verre rétractables qui s'avancent hors de la structure pour offrir une vue sans obstruction sur tous les côtés... et même sous vos pieds. Cœurs sensibles s'abstenir.

En traversant la rivière par Adams Street, vous pourrez ensuite aller faire un petit tour du côté de l'**Union Station** ★ *(210 S. Canal St.)*, l'une des dernières grandes gares ferroviaires américaines (sa construction remonte à 1925). Son austère façade cache entre

Miroir, dis-moi qui est la plus grande

En 1996, la Sears Tower (maintenant rebaptisée Willis Tower, 442 m) a officiellement perdu son statut de plus haut gratte-ciel du monde, une fois achevée la construction des tours Petronas (451,9 m) à Kuala Lumpur, en Malaisie.

La Ville de Chicago, ne se comptant pas pour battue, a alors acheminé une requête au Conseil international des gratte-ciel et de l'habitat urbain afin que soit redéfinie la façon de mesurer les édifices de manière à ce que l'on considère aussi dans le calcul les antennes de télévision se trouvant au sommet de la Sears Tower. Cette demande fut toutefois rejetée par un comité international appelé à trancher le débat. La hauteur officielle des bâtiments est donc toujours mesurée depuis le trottoir devant la porte principale jusqu'au sommet de la structure, incluant les flèches mais excluant les antennes.

Depuis, d'autres gratte-ciel encore plus hauts ont vu le jour en Asie, reléguant ainsi la Sears Tower encore plus loin dans le palmarès. C'est le cas de la Makkah Clock Royal Tower (601 m), de l'édifice Tapei 101 à Taiwan (509 m), du Shanghai World Financial Center (492 m), de l'International Commerce Center (484 m) de Hong Kong et du Nanjing Greenland Financial Center (450 m) de Nanjing en Chine.

Et tout cela n'était encore rien en comparaison de la tour Burj Khalifa, grand numéro un mondial inauguré à Dubaï au tout début de 2010. Ce titanesque gratte-ciel, élevé au coût de la bagatelle de 1,5 milliard de dollars, compte 160 étages et fait 828 m de haut!

autres une vaste salle d'attente garnie de belles colonnes corinthiennes. Vous y accéderez en descendant l'escalier dans lequel fut tournée une scène mémorable du film *Les Incorruptibles* de Brian De Palma.

Du côté est de la rivière, un petit détour permet d'aller jeter un coup d'œil sur l'**AT&T Center** *(227 W. Monroe St.)* et l'**USG Building** *(125 S. Franklin St.)*, deux édifices reliés à la base et construits entre 1988 et 1992 selon les plans de l'architecte Adrian Smith. Il s'agit d'un bel exemple du retour aux formes propres à l'Art déco qui marqua l'architecture de Chicago dans les années 1990. Culminant à 307 m, l'AT&T Center est aussi le cinquième plus haut édifice de Chicago.

Revenez ensuite à Wacker Drive par Monroe Street afin de jeter un coup d'œil sur l'élégante tour ovale de verre et d'acier du **Hyatt Center** *(71 S. Wacker Dr.)*. Inauguré en 2005, ce gratte-ciel postmoderne de 48 étages est l'œuvre de la firme Pei, Cobb Freed & Partners.

De l'autre côté de Wacker Drive, vous apercevrez ensuite le **Chicago Mercantile Exchange Center** *(20 S. Wacker Dr., www. cme.com)*, l'une des quatre Bourses que compte la ville. En fait, deux de ces Bourses, soit le Chicago Mercantile Exchange et le Chicago Board of Trade, ont fusionné en 2007.

De l'autre côté de la rue se trouve l'imposant **Civic Opera House** ★ *(20 N. Wacker Dr.)*, qui a succédé à l'**Auditorium Building** (voir p. 98) d'Adler & Sullivan en 1929 à titre de demeure officielle du Lyric Opera of Chicago. Le bâtiment renferme deux salles à sa base, l'une consacrée à l'opéra et comprenant 3 500 sièges et l'autre de 900 places réservée au théâtre. Ces salles supportent le poids d'une massive tour de bureaux. L'ensemble intègre des éléments classiques (la colonnade longeant Wacker Drive) et des lignes Art déco. Le grand foyer de l'opéra fut quant à lui décoré par Jules Guérin.

De nouveau, vous pouvez choisir de traverser la rivière par Madison Street si le cœur vous en dit. Cela vous permettra d'abord de voir, juste en face du Civic Opera House, la **Riverside Plaza** *(400 W. Madison St.)*, une autre imposante construction datant de 1929. Dessiné par Holabird & Root, le bâti-

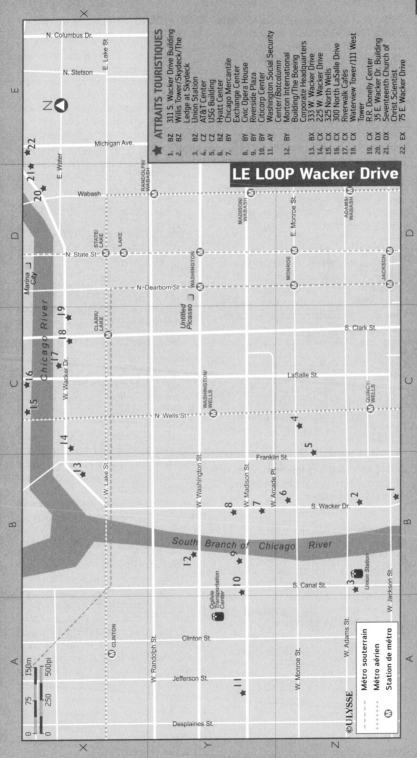

103

LE LOOP Wacker Drive

ATTRAITS TOURISTIQUES

1. BZ 311 S. Wacker Drive Building
2. BZ Willis Tower/Skydeck/The Ledge at Skydeck
3. BZ Union Station
4. CZ AT&T Center
5. CZ USG Building
6. BZ Hyatt Center
7. BY Chicago Mercantile Exchange Center
8. BY Civic Opera House
9. BY Riverside Plaza
10. BY Citicorp Center
11. AY Washington Social Security Center/Botcolumn
12. BY Morton International Building/The Boeing Corporate Headquarters
13. BX 333 W. Wacker Drive
14. CX 225 W. Wacker Drive
15. CX 325 North Wells
16. CX 300 North LaSalle Drive
17. CX Riverwalk Cafés
18. CX Waterview Tower/111 West Tower
19. CX R.R. Donelly Center
20. DX 35 E. Wacker Dr. Building
21. DX Seventeenth Church of Christ Scientist
22. EX 75 E. Wacker Drive

©ULYSSE

Métro souterrain
Métro aérien
Station de métro

guidesulysse.com

ment abritait originalement les bureaux du *Chicago Daily News*, journal qui n'existe plus aujourd'hui. La place publique qui l'avoisine et qui borde la rivière fut la première à être aménagée à Chicago.

Immédiatement à l'ouest, la belle tour de verre bleue du **Citicorp Center** ★ *(500 W. Madison St.)* semble vouloir suggérer une grande cascade au moyen de ses sinueuses lignes verticales. Conçu en 1987 par Helmut Jahn, le Citicorp Center est un des plus beaux exemples du style postmoderne mis en avant par cet architecte au cours des années 1980, en réaction au design froid et dépouillé du style international de Mies van der Rohe.

Une rue plus loin, vous atteindrez le **Washington Social Security Center** *(600 W. Madison St.)*, qui en lui-même ne présente que peu d'intérêt, mais devant lequel s'élève l'incroyable ***Batcolumn*** ★. Cette immense sculpture (30 m de haut) de Claes Oldenburg, vedette du pop art dans les années 1960, a la forme d'un bâton de baseball.

Faites ensuite demi-tour pour revenir à Wacker Drive. Tout juste après le Civic Opera House, levez les yeux pour apercevoir le **Morton International Building** ★ *(100 N. Riverside Plaza)*, qui abrite aujourd'hui le siège social du géant de l'aéronautique Boeing et a été rebaptisé **The Boeing Corporate Headquarters**. Construit en 1990, le bâtiment présente entre autres une tour au sommet de laquelle on a posé une horloge au design futuriste.

Poursuivez votre route vers le nord. À la hauteur de Lake Street, Wacker Drive, qui suit le cours de la rivière, entreprend son virage vers l'est et le lac Michigan. À cet endroit, on a élevé une autre belle tour postmoderne dont la forme cintrée épouse la courbe dessinée par la rivière. Il s'agit du **333 W. Wacker Drive** ★★, un élégant édifice postmoderne érigé en 1983. Sur une base classique, l'architecte William E. Pedersen, de la firme Kohn, Pedersen & Fox, a posé une splendide «sculpture» de verre teinté de couleur verte, sur la façade de laquelle se reflètent comme dans un miroir le ciel et les bâtiments voisins. Juste à côté,

le **225 W. Wacker Drive**, datant de 1989, est l'œuvre du même bureau d'architectes.

À partir d'ici, vous apprécierez la vue dégagée, que permet la présence de la rivière, sur quelques beaux bâtiments situés sur sa rive nord. C'est le cas du gigantesque **Merchandise Mart** (voir p. 138); du **325 North Wells**, construit en 1914 et dans lequel loge aujourd'hui The Chicago School of Professional Psychology; du **300 North LaSalle Drive**, une haute tour d'acier terminée en 2009 suivant les plans du bureau d'architectes Pickard Chilton; du **Reid-Murdoch Center** (voir p. 138), qui abrite depuis 2005 l'équipe éditoriale de l'encyclopédie Britannica; du complexe **Marina City** (voir p. 138), dont on ne peut rater les deux tours cylindriques; du **330 North Wabash** (voir p. 137), œuvre emblématique de Mies van der Rohe anciennement connue sous le nom d'IBM Regional Office Building; et de l'imposant **Trump International Hotel & Tower** (voir p. 137).

Par ailleurs, cette section de Wacker Drive comporte deux niveaux superposés. Aménagée en 1926, elle est la première rue de ce genre dans le monde. Sa construction suit d'ailleurs à la lettre les propositions du plan de Daniel Burnham, qui souhaitait une ségrégation du trafic routier. Ainsi, la version souterraine de Wacker Drive permet d'éviter la présence des camions et autres véhicules lourds en surface. Une promenade donnant sur la Chicago River complète agréablement l'ensemble. Durant la belle saison, cette promenade est envahie par les **Riverwalk Cafés**. Il s'agit d'établissements temporaires où certains restaurants de Chicago proposent un aperçu de leur menu.

En 2006 furent entrepris les travaux de la **Waterview Tower**, une nouvelle tour de 89 étages et d'environ 320 m de haut, à l'angle sud-ouest de Wacker Drive et de Clark Street. Les plans d'origine prévoyaient que l'hôtel Shangri-La occuperait les étages compris entre les 12e et 27e étages. Mais la grave crise économique qui a tout particulièrement secoué les États-Unis a mené à l'interruption des travaux en deux occasions, et la chaîne hôtelière Shangri-La s'est retirée du projet. En 2012, un nouvel acquéreur a relancé les travaux de construction dans une perspective plus modeste. Simplement rebaptisé 111 West Wacker, l'édifice ne comprendra finalement que 59 étages et sera inauguré en 2014.

De l'autre côté de Clark Street, le **R.R. Donelly Center** *(77 W. Wacker Dr.)* a été dessiné par l'architecte barcelonais Ricardo Bofill. On en acheva la construction en 1992.

Plus loin se dresse la belle tour de couleur crème baptisée «Jewelers Building» lors de sa construction, en 1926. Il s'agit du **35 E. Wacker Dr. Building** ★. Très ornementé, ce bâtiment présente de jolies formes néobaroques. Aux quatre angles du toit de l'édifice principal, qui compte 24 étages, vous remarquerez les dômes montés sur des colonnes. Ces dômes cachent en fait habilement des réservoirs d'eau. Un dôme similaire, mais de plus grande dimension, coiffe ensuite la tour de 17 étages qui complète la composition architecturale. À l'origine, le stationnement se trouvait au beau milieu du bâtiment, sur chaque niveau, et un système d'ascenseur permettait de transporter les véhicules à l'étage désiré.

De l'autre côté de la rue, vous remarquerez le monument élevé en 1941 à la mémoire de Haym Salomon et de Robert Morris, deux personnages qui contribuèrent financièrement à la Révolution américaine menée par George Washington, également représenté dans cette œuvre. Puis, l'étrange structure circulaire qui vous fait face à mesure que vous vous dirigez vers l'est sur Wacker Drive est la **Seventeenth Church of Christ Scientist** *(55 E. Wacker Dr.)*. Cette construction de forme surprenante, qui rappelle presque les soucoupes volantes des films de science-fiction, fut installée là en 1968. Elle cache en fait un amphithéâtre où ont lieu les cérémonies religieuses et sous lequel se trouvent des salles de classe.

Derrière l'église, un peu sur la gauche, le **75 E. Wacker Drive** ★ s'élance vers le ciel. Autrefois connu sous le nom de Mather Tower, cet élégant édifice blanc fut construit en 1928 en alliant des éléments néogothiques et Art déco. Sur une première partie comptant 24 étages, on a placé une tour octogonale plus étroite comprenant 18 étages. Svelte et pointant vers le firmament, cette tour a des airs de fusée attendant la fin du compte à rebours pour décoller.

State Street

⏱ *une heure*

Pendant longtemps, State Street fut l'artère commerciale de prestige de Chicago, celle que chantait même Frank Sinatra. Peu à peu, elle s'est toutefois fait surclasser par la section nord de Michigan Avenue, qui est devenue le **Magnificent Mile** (voir p. 130). Dans les années 1970, on tenta de lui donner un second souffle en la transformant en mail piétonnier. Mais c'est l'effet inverse qui se produisit, alors que les clients fuirent encore en plus grand nombre vers sa rivale, plus facile d'accès en voiture...

En 1996, on entreprit toutefois une vaste rénovation au terme de laquelle la circulation automobile a été de nouveau permise, les trottoirs ont été élargis, le mobilier urbain a été entièrement changé, etc. Cette nouvelle tentative, réalisation d'Adrian Smith de la firme Skidmore, Owings & Merrill, a été récompensée par le prix du design urbain de l'American Institute of Architects. Elle a rendu à State Street une partie de son panache d'antan, et nous vous invitons à le constater par vous-même en la parcourant du nord vers le sud.

Avant de passer sous la voie aérienne du métro, qui fait une boucle dans le quartier des affaires, rebaptisé le «Loop» pour cette raison, vous arriverez à la hauteur de l'hôtel **theWit** ★ *(201 N. State St.)*, inauguré au printemps 2009 dans un nouveau bâtiment de 27 étages élevé en plein cœur du Theatre District selon les plans de la jeune architecte Jackie Koo. Cet édifice possède en quelque sorte une double personnalité: sa section nord est plutôt banale et sans grand intérêt, alors que sa partie sud s'avère au contraire toute en élégance. Une bande translucide jaune posée sur la façade zigzague sur presque toute la hauteur de cette section, dessinant une sorte de *S* et assurant du même coup une signature distinctive à l'ensemble.

Puis la splendide marquise du **Chicago Theatre** ★ *(175 N. State St., 312-462-6300, www.thechicagotheatre.com)* vous souhaite la bienvenue sur «State Street, that Great Street». Il s'agit de l'un des plus anciens théâtres de cinéma et de vaudeville de

Chicago (1921), ainsi que de l'un de ses plus grands (3 800 sièges). Il fit l'objet d'une première rénovation en 1933, en vue de l'exposition universelle *Century of Progress*. Derrière sa spectaculaire marquise, ajoutée plus tard, le bâtiment prend la forme d'un arc de triomphe convenant bien au surnom de *movie palace* que l'on donnait aux salles de cinéma construites à cette époque. Dans les années 1980, il échappa de peu aux pics des démolisseurs, avant de connaître une nouvelle restauration. À noter que des visites guidées sont proposées de manière sporadique. Le plan du Chicago Theatre prend la forme d'un *L* qui entoure partiellement le bâtiment voisin, le **Page Brothers Building** *(177-191 N. State St.)*. Celui-ci fut construit tout juste après le Grand Incendie de 1871 et constitue l'un des rares survivants de la vague de construction qui a immédiatement suivi le sinistre.

À l'angle nord-est des rues State et Randolph s'élève la **Joffrey Tower** *(10 E. Randolph St.)*, terminée en 2008. Œuvre de la firme Booth Hansen, cette tour de 32 étages à usage mixte abrite notamment une vaste succursale des pharmacies Walgreens au rez-de-chaussée, des appartements privés aux étages supérieurs, ainsi que les bureaux administratifs, les salles de répétition et l'école de danse officielle de la célèbre troupe Joffrey Ballet.

De l'autre côté, vous remarquerez le **Gene Siskel Film Center** *(164 N. State St., 312-846-2800, www.siskelfilmcenter.org)*, un cinéma de répertoire ainsi nommé à la mémoire du regretté critique du *Chicago Tribune*.

Rue Randolph, à l'ouest de State Street, ne manquez pas de jeter un coup d'œil sur l'**Oriental Theatre** *(24 W. Randolph St.)*, rénové ces dernières années dans la foulée de la revitalisation du **Theatre District** (voir l'encadré sur le **Chicago Theatre District**, p. 263), et maintenant connu sous le nom de **Ford Center for the Performing Arts**. Tout juste à côté, à l'angle des rues State et Randolph, s'élève le **School of the Art Institute of Chicago Residence Hall** *(162 N. State St.)*. On a conservé la façade du vieux Goodman Theatre afin de l'intégrer au nouveau bâtiment.

Au coin de rue suivant, une succursale de **Macy's** loge depuis quelques années dans le célèbre édifice construit à l'origine pour le **Marshall Field Store ★** *(111 N. State St.)*. Quatre colonnes ioniques marquent l'entrée principale de ce grand magasin conçu par Daniel Burnham et aménagé en plusieurs phases entre 1892 et 1914. Remarquez les horloges qui ornent les angles de l'édifice donnant sur State Street. À l'intérieur, dans la partie sud-ouest, vous pouvez voir une superbe coupole réalisée par Louis Comfort Tiffany.

C'est toute une commotion que provoqua en 2005 le rachat de Marshall Field, fleuron du commerce de détail de Chicago, par sa rivale new-yorkaise Macy's. Puis, c'est dans la controverse que le nom de toutes les succursales de Marshall Field, incluant le vénérable magasin de State Street, fut changé dès l'année suivante pour celui de Macy's. Une exposition de photographies, présentée au septième étage, rend toutefois hommage à Marshall Field et au rôle que la maison a joué dans l'histoire de la ville.

Envie...

... d'une *chicken pot pie* (tourte au poulet)? Celle servie au légendaire restaurant Walnut Room (voir p. 223), situé au septième étage de Macy's, jouit d'une réputation fort enviable.

En face de Macy's, le quadrilatère bordé par les rues State, Washington, Dearborn et Randolph est connu à Chicago sous le nom de **Block 37**. Après la démolition à la fin des années 1980 des vétustes bâtiments qui couvraient alors le site, de nombreux projets furent imaginés pour cet emplacement de qualité. Mais il fallut attendre jusqu'à il y a quelques années à peine avant que des travaux sérieux d'aménagement ne soient finalement entrepris... et même là, les plans durent être remaniés en cours de route avec, notamment, l'abandon d'un projet de salle d'enregistrement reliée par train rapide aux deux aéroports de la ville et celui de l'érection d'un hôtel de 384 chambres. Pour l'heure, le complexe abrite une station de télévision depuis l'automne 2008, et un mail commercial y a été inauguré un an plus tard.

À l'angle sud-ouest des rues State et Washington s'élève le **Reliance**

LE LOOP State Street

MERCHANDISE MART

Marina City

Chicago River

E. Wacker Dr.

E. Water

N. Stetson

CLARK/LAKE

STATE/LAKE

E. Lake St.

LAKE

RANDOLPH/WABASH

E. Randolph St.

Michigan Ave.

Millennium Park

N. Wells St.

N. Dearborn St.

Untitled Picasso

W. Washington St.

WASHINGTON

N. Wabash Ave.

WASHINGTON/WELLS

MADISON/WABASH

W. Madison St.

LaSalle St.

S. Clark St.

W. Monroe St.

MONROE

E. Monroe St.

Franklin St.

QUINCY

ADAMS/WABASH

W. Adams St.

Chicago Architecture Foundation

Art Institute of Chicago

E. Jackson Blvd.

JACKSON

LASALLE/VAN BUREN

LIBRARY

W. Van Buren St.

S. LaSalle St.

S. Federal St.

S. Plymouth St.

LASALLE

Congress Pkwy.

W. Harrison St.

S. Clark St.

HARRISON

S. State St.

S. Wabash Ave.

W. Harrison St.

E. Wells St.

Polk St.

Dearborn Park

E. 8th St.

ATTRAITS TOURISTIQUES

1. BV theWit
2. BW Chicago Theatre
3. BW Page Brothers Building
4. BW Joffrey Tower
5. BW Gene Siskel Film Center
6. BW Oriental Theatre/ Ford Center for the Performing Arts
7. BW School of the Art Institute of Chicago Residence Hall
8. BW Macy's/Marshall Field Store
9. BW Block 37
10. BW Reliance Building
11. BW Sears on State
12. BX Ancien Carson Pirie Scott Store
13. BX Chicago Building
14. BX Palmer House
15. BX Bank of America Theatre
16. BX Berghoff Cafe
17. BY Harold Washington Library Center
18. BY Second Leiter Building

Métro souterrain
Métro aérien
M Station de métro

©ULYSSE

guidesulysse.com

Building ★ ★ *(32 N. State St.)*, un bâtiment au concept révolutionnaire à l'époque (1891-1895), œuvre de Charles B. Atwood et John Root de la firme Burnham & Root. Les principes mis en avant par l'«école de Chicago» y furent appliqués (c'est une structure de métal interne, plutôt que des murs extérieurs, qui supporte le poids de l'édifice), ce qui permit de composer des façades comprenant de grandes fenêtres annonçant la venue, des décennies plus tard, des gratte-ciel de verre à la Mies van der Rohe. Au cours des dernières années, des travaux d'envergure ont permis d'y aménager l'**Hotel Burnham** (voir p. 188).

À l'intersection nord-ouest de State Street et de Madison Street, le grand magasin **Sears on State** a ouvert ses portes il y a quelques années, s'inscrivant ainsi dans la vague de revitalisation du secteur.

L'ancien **Carson Pirie Scott Store** ★ ★ ★ *(1 S. State St.)*, chef-d'œuvre de Louis H. Sullivan (1899), se trouve sur la gauche à l'intersection des rues State et Madison. Vous ne pourrez le manquer avec son extraordinaire porte d'entrée en rotonde, à l'ornementation riche et d'une rare finesse. Sullivan donna, dans l'élaboration de ce projet, libre cours à sa créativité quant au design. Il a ainsi conçu une gracieuse dentelle de bronze au niveau du rez-de-chaussée et du premier étage, laquelle entoure les vitrines comme le feraient des cadres somptueux. À noter que le grand magasin Carson Pirie Scott a fermé ses portes au début de 2007 et qu'une ambitieuse rénovation a alors été entreprise afin de reconvertir ce bâtiment historique en un complexe mixte baptisé Sullivan Center, qui abrite restaurants, bureaux et magasins, incluant le premier **City Target** (voir p. 288).

En face, vous remarquerez l'étroite silhouette du **Chicago Building** *(7 W. Madison St.)*, dessiné en 1904 par Holabird & Roche. Ses beaux oriels *(bay windows)*, du côté de Madison Street, et sa corniche demeurée intacte depuis sa construction, chose rare au centre-ville de Chicago, retiendront tout particulièrement votre attention.

Vous êtes ici, à l'angle des rues State et Madison, au point zéro du quadrillage des rues de Chicago. Ainsi, toute adresse située à l'est de State Street sur une artère «est-ouest» comportera la mention «East» et toute adresse située au sud de Madison Street sur une artère «nord-sud» inclura l'indication «South».

L'hôtel **Palmer House** ★ *(17 E. Monroe St.)* couvre, quant à lui, un important espace à l'intersection suivante. Également signé Holabird & Roche (1927), cet établissement de prestige comporte un splendide hall au haut plafond couvert de fresques, en plus de majestueuses colonnes et d'un escalier monumental. Ce gigantesque palace de 1 639 chambres a été construit en remplacement de l'hôtel originel de 1871, détruit lors du Grand Incendie la même année.

De l'autre côté de State Street, toujours à l'angle de Monroe Street, vous verrez le **Bank of America Theatre** *(18 W. Monroe St.)*, anciennement connu sous le nom de Sam Shubert Theatre.

À l'angle nord-ouest de State Street et d'Adams Street, vous ne pourrez manquer l'imposante tour de verre érigée en 2003 et baptisée **Citadel Center** (voir p. 109).

Rue Adams, sur votre droite, vous apercevrez ensuite l'enseigne commerciale du légendaire restaurant **Berghoff Cafe** *(17 W. Adams St.)*, fondé en 1898.

Poursuivez jusqu'à l'impressionnant **Harold Washington Library Center** ★ ★ *(lun-jeu 9h à 21h, ven-sam 9h à 17h, dim 13h à 17h; 400 S. State St., 312-747-4300, www.chipublib.org)*, ainsi nommé en l'honneur du premier maire afro-américain de Chicago (voir p. 35). Lorsque furent terminés les travaux de construction de cette bibliothèque publique centrale en 1991, l'accueil qu'on lui réserva fut plutôt tiède. Plusieurs déplorèrent ce retour à la manière Beaux-Arts et se moquèrent de l'ornementation pompeuse accrochée à ce nouvel édifice, qu'ils jugeaient ridiculement grandiloquent (notez les gigantesques hiboux juchés aux quatre angles du toit!). En y regardant de plus près toutefois, on apprécie davantage cette composition architecturale réunissant l'ancien (le classicisme des lignes principales) et le moderne (le mur de verre et d'acier de la façade ouest ou le splendide atrium, ou *winter garden*, situé à l'étage supérieur, sous le toit de verre). On peut ainsi y voir une brillante représentation de la dualité qui a marqué l'architecture de Chicago : la manière de Burnham et de sa *White City* classique, qu'il conçut pour la *World's Columbian Exposition*, versus la «révolution moderne» de l'«école de Chicago» prônée par Louis H. Sullivan. Abritant plus de 2 millions de livres, elle est une des plus grandes bibliothèques au monde.

En face, vous noterez aussi la présence d'une autre construction imposante, 100 ans plus ancienne celle-là : le **Second Leiter Building** *(403 S. State St.)*. Il fut édifié par le créateur de la structure d'acier et pionnier de l'«école de Chicago» William Le Baron Jenney pour le magasin Siegel, Cooper & Co. Plus tard, ce bâtiment a aussi abrité l'un des maillons de Sears, Roebuck & Co.

Dearborn Street et Clark Street

🕐 *une heure*

En entreprenant de remonter Dearborn Street vers le nord à partir de Congress Parkway, vous pourrez tout d'abord apprécier un joli trio de bâtiments de la fin du XIXe siècle. Il s'agit du **Manhattan Building** *(n° 431)*, du **Plymouth Building** *(n° 417)* et de l'**Old Colony Building** *(n° 407)*. Lors de sa construction par William Le Baron Jenney en 1891, le Manhattan était le plus haut gratte-ciel au monde (16 étages). Le Plymouth date quant à lui de 1899, alors que l'Old Colony Building, ce bel édifice aux coins arrondis, a été dessiné par Holabird & Roche en 1894.

De l'autre côté de la rue Van Buren, vous apercevrez sur votre droite le **Fisher Building** *(343 S. Dearborn St.)*, un beau bâtiment orangé aux accents gothiques, œuvre de la firme de Daniel H. Burnham (1896). Remarquez les éléments décoratifs de la façade donnant sur Van Buren Street qui font référence avec humour au nom de l'édifice : *fisher* (pêcheur).

Le remarquable **Monadnock Building** ★★ *(53 W. Jackson Blvd.)* se trouve juste en face du Fisher Building. Il fut dessiné à moitié par Burnham & Root (partie nord, 1891) et à moitié par Holabird & Roche (partie sud, 1893). Remarquez les beaux oriels (*bay*

windows), légèrement différents entre les deux sections, de même que les courbes subtiles de la silhouette, au-dessus du rez-de-chaussée et au sommet. Le Monadnock est considéré comme un des plus beaux exemples architecturaux de l'«école de Chicago». Construit en pleine ère victorienne, ce bâtiment dépourvu d'ornementation surprit par son audace les observateurs d'alors. Ne manquez pas de pénétrer à l'intérieur afin d'en admirer le hall de marbre, rénové au cours des années 1980.

Au-delà de Jackson Street, plusieurs édifices modernes entourent une place centrale. Il s'agit de l'une des plus brillantes réalisations de Ludwig Mies van der Rohe à Chicago : le **Federal Center** ★★ *(S. Dearborn St. entre Jackson St. et Adams St.)*. Le complexe urbain, conçu entre 1959 et 1974, comprend l'**Everett McKinley Dirksen Building** *(219 S. Dearborn St.)*, qui s'élève du côté est de la rue Dearborn et constitue l'élément le plus ancien de l'ensemble (1959-1964), le **John C. Kluczynski Building** *(230 S. Dearborn St.)*, une tour de 45 étages terminée en 1974 dans la partie sud-ouest, et le **U.S. Post Office Loop Station** *(219 S. Clark St.)*, une construction d'un seul étage située au nord de la place centrale. Il s'agit d'un exemple parfait du style international développé par Mies van der Rohe : structure d'acier, murs-rideaux de verre, absence totale d'ornementation. Au centre de la place, la monumentale sculpture d'Alexander Calder *Flamingo* ★ (1974), avec ses courbes généreuses et son rouge éclatant, offre un heureux contraste avec les lignes droites et la couleur noire utilisées par Mies van der Rohe.

Le **Marquette Building** ★ *(140 S. Dearborn St.)* borde le Federal Center au nord. Élevé en 1894, ce bâtiment typique de l'«école de Chicago» est considéré comme un des chefs-d'œuvre des prolifiques architectes William Holabird et Martin Roche. Remarquez les bas-reliefs en bronze, au-dessus de l'entrée, ainsi que les mosaïques du hall évoquant l'exploration de la région par le père Jacques Marquette au XVIIe siècle.

Une tour de verre inaugurée en 2003 s'élève juste en face du Marquette Building, à l'angle nord-est de Dearborn Street et d'Adams Street : le **Citadel Center** *(131 S.*

Dearborn St.). Il est l'œuvre de l'architecte catalan Ricardo Bofill, à qui l'on doit aussi le **R.R. Donelly Center** (voir p. 105). Dans son hall d'entrée, vous remarquerez la splendide reproduction dorée de *La Victoire de Samothrace*, célèbre sculpture grecque datant de l'an 190 avant J.-C., découverte en 1863 et dont l'original est conservé au Louvre.

Ne manquez pas ensuite de jeter un coup d'œil sur le **55 West Monroe Building** ★, anciennement connu sous le nom de «Xerox Building». Dessinée par le célèbre architecte Helmut Jahn, cette tour fut élevée en 1980, et son érection marqua le début du postmodernisme à Chicago.

À la même intersection, sur le coin nord-est, vous remarquerez l'**Inland Steel Building** *(30 W. Monroe St.),* dont les colonnes ont été placées à l'extérieur du mur-rideau, ce qui permet d'ouvrir d'immenses espaces à l'intérieur. Une tour aveugle, à l'est, qui renferme les ascenseurs et les équipements techniques, complète cet ensemble élaboré en 1957.

De l'autre côté de la rue Dearborn, vous ne pourrez manquer la belle silhouette élancée de la **Chase Tower** ★ *(quadrilatère délimité par les rues Dearborn, Madison, Clark et Monroe),* construite en 1969. La place en gradins qui s'étend devant le gratte-ciel est agrémentée d'une jolie fontaine, de cafés-terrasses et d'une étonnante mosaïque de Marc Chagall intitulée *Four Seasons* ★. Celle-ci, réalisée en 1974, fut rénovée et couverte d'un abri protecteur au cours de l'été 1996.

Plus loin, le **Richard J. Daley Center** ★★ *(quadrilatère délimité par les rues Washington, Dearborn, Randolph et Clark),* anciennement connu sous le nom de Chicago Civic Center, complète la trilogie des gratte-ciel avec place publique (et art public) construits le long de Dearborn Street dans les années 1960 (en 1965 dans ce cas-ci). La tour d'acier et de verre teinté noir imite à la perfection la manière de Mies van der Rohe, qui, contrairement à ce que l'on pourrait croire a priori, n'a participé d'aucune façon à l'élaboration de ce projet. La grande place est quant à elle devenue célèbre grâce à la présence de l'énigmatique sculpture d'acier de Pablo Picasso : *Untitled Picasso* ★.

Envie...

... d'un peu de musique? Durant la belle saison, à l'heure du déjeuner, des concerts de toute nature sont présentés «à l'ombre du *Picasso*» sur la place du Richard J. Daley Center.

De l'autre côté de Washington Street, et blottie entre les murs d'édifices voisins sur ce que l'on nomme la **Brunswick Building Plaza**, la sculpture colorée de Joan Miró, simplement intitulée *Chicago* (1981), fait écho à l'œuvre de Picasso (1967). C'est là que se trouve le **Chicago Temple** ★ *(77 W. Washington St., 312-236-4548, www.chicagotemple.org),* où loge la First United Methodist Church. Avec ses 29 étages, elle serait la plus haute église du monde (170 m). Il s'agit en fait d'une tour de bureaux qui abrite un lieu de culte au deuxième étage, et sur laquelle on a «posé» une chapelle gothique surmontée d'une élégante flèche dont la hauteur équivaut à celle d'un bâtiment de sept étages. Il est possible de prendre part à une visite guidée de cette chapelle surnommée **Sky Chapel** ★ *(lun-sam à 14h).*

À l'angle nord-est des rues Dearborn et Randolph se trouve le **Delaware Building** *(36 W. Randolph St.),* l'un des premiers bâtiments construits tout juste après le Grand Incendie, en 1874, soit à peine trois ans après la catastrophe. Les formes italianisantes de ce bel édifice commercial sont typiques de l'architecture de l'époque victorienne.

De l'autre côté de la rue, tout juste en face, le **Goodman Theatre** *(170 N. Dearborn St., 312-443-3800, www.goodmantheatre.org)* a été inauguré à l'automne 2000. La vénérable troupe institutionnelle, jusque-là installée à l'Art Institute, a vu ainsi son nom prestigieux être ajouté aux autres salles de spectacle du Chicago Theatre District. Le complexe comprend deux salles : l'Albert Ivar Goodman Theatre (850 places) et l'Owen Bruner Goodman Theatre (400 places), en plus d'un restaurant et d'une boutique.

Tournez à gauche dans Randolph Street, et vous déboucherez ainsi sur la place aménagée devant le **James R. Thompson Center** ★★ *(100 W. Randolph St.),* auparavant appelé le State of Illinois Center. Cette

Attraits touristiques – **Le Loop et le South Loop** - Dearborn Street et Clark Street

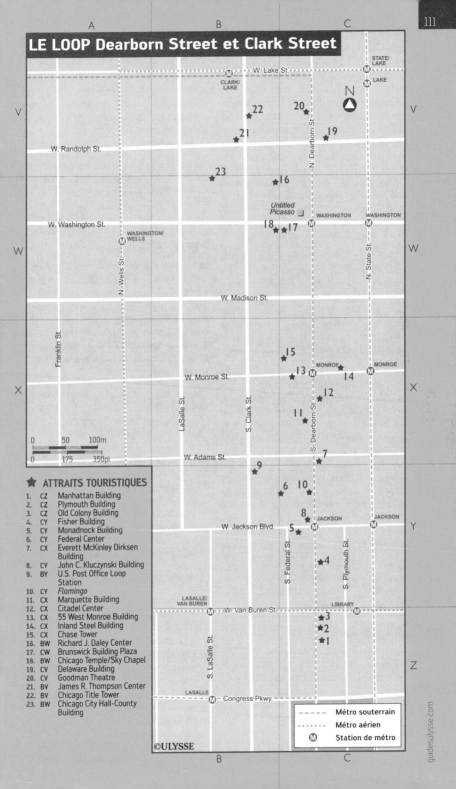

LE LOOP Dearborn Street et Clark Street

★ **ATTRAITS TOURISTIQUES**

1.	CZ	Manhattan Building
2.	CZ	Plymouth Building
3.	CZ	Old Colony Building
4.	CY	Fisher Building
5.	CY	Monadnock Building
6.	CY	Federal Center
7.	CX	Everett McKinley Dirksen Building
8.	CY	John C. Kluczynski Building
9.	BY	U.S. Post Office Loop Station
10.	CY	*Flamingo*
11.	CX	Marquette Building
12.	CX	Citadel Center
13.	CX	55 West Monroe Building
14.	CX	Inland Steel Building
15.	CX	Chase Tower
16.	BW	Richard J. Daley Center
17.	CW	Brunswick Building Plaza
18.	BW	Chicago Temple/Sky Chapel
19.	CV	Delaware Building
20.	CV	Goodman Theatre
21.	BV	James R. Thompson Center
22.	BV	Chicago Title Tower
23.	BW	Chicago City Hall-County Building

Métro souterrain
Métro aérien
Ⓜ Station de métro

©ULYSSE

guidesulysse.com

remarquable construction de verre arrondie fut terminée en 1985 selon les plans de Helmut Jahn. L'intérieur de cet édifice postmoderne s'avère quant à lui tout à fait spectaculaire. En y pénétrant, vous accédez à un immense atrium haut de 17 étages comprenant boutiques, restaurants et bureaux de fonctionnaires de l'État de l'Illinois. Un ascenseur vitré permet d'atteindre les étages supérieurs. Devant le bâtiment, on a posé une sculpture moderne, comme c'est devenu la tradition dans le Loop. Il s'agit du **_Monument with Standing Beast_** (monument à la Bête Debout), conçu en fibre de verre blanc et noir par l'artiste français Jean Dubuffet en 1969 et installé sur le site en 1984.

La belle tour ivoire s'élevant à l'est, avec sa coiffe originale qui reprend la forme des ponts mobiles enjambant la Chicago River, est la **Chicago Title Tower** ★ _(161-171 N. Clark St.)_. Une seconde tour devait compléter au nord ce complexe, en s'ajoutant à cette première construction érigée en 1992 par Kohn, Pederson & Fox, mais ce projet fut abandonné.

L'immense **Chicago City Hall-County Building** ★ _(bordé par les rues Clark, LaSalle, Randolph et Washington)_ couvre tout le quadrilatère situé au sud du James R. Thompson Center. Cet édifice dessiné par Holabird & Roche en 1911 présente une fenestration réduite et, surtout, une impressionnante colonnade se répétant sur ses quatre faces; chacune des colonnes corinthiennes qui la composent fait 23 m de haut. Le complexe est en fait formé de deux bâtiments mitoyens: la moitié ouest abrite la mairie, et la section est, le County Building.

Dirigez-vous ensuite vers l'ouest, puis tournez à gauche dans LaSalle Street.

LaSalle Street

 une heure

La rue LaSalle est en quelque sorte la Wall Street de Chicago, avec ses banques et ses édifices abritant les bureaux d'opérateurs financiers. En regardant vers le sud, vous obtenez une belle vue de ce «canyon urbain» qui se termine au pied du Chicago Board of Trade, lequel semble veiller sur la bonne marche des affaires.

À l'intersection des rues LaSalle et Randolph s'élève le **State of Illinois Building** _(160 N. LaSalle St.)_, dessiné à l'origine par la firme Burnham Brothers (1924), puis restauré et agrandi par Holabird & Root en 1992. Vous remarquerez tout spécialement la sculpture d'acier monumentale intitulée **_Freeform_**, de Richard Hunt, accrochée à la façade entre les sixième et neuvième étages.

Situé dans Randolph Street, à l'ouest de LaSalle Street, le **Cadillac Palace Theatre** _(151 W. Randolph St.)_, adjacent à l'Hotel Allegro, a fait l'objet d'importants travaux de rénovation dans la foulée de la revitalisation du Theatre District. Il a rouvert ses portes en novembre 1999.

La **Savings of America Tower** _(120 N. LaSalle St.)_ constitue l'un de ces bâtiments postmodernes de Helmut Jahn qui ont donné un nouvel élan à l'architecture chicagoenne dans les années 1980 et 1990 (celui-ci date de 1991). Une grande mosaïque intitulée **_Arts and Science of the Ancient World: Flight of Daedalus and Icarus_**, signée Roger Brown, orne le dessus de l'entrée.

Plus au sud, à l'angle de Madison Street, la **Chemical Plaza** _(10 S. LaSalle St.)_ fut élevée en 1989. On incorpora à cet édifice d'aluminium et de verre l'**Otis Building**, construit en 1912 par Holabird & Roche. Son voisin à l'ouest, la **Paine Webber Tower** _(181 W. Madison St.)_, est l'œuvre de Cesar Pelli et fut terminé en 1990. Puis, de l'autre côté de la voie aérienne du métro, vous apercevrez la **Madison Plaza** _(200 W. Madison St.)_ avec son «mur-accordéon», devant laquelle trône une sculpture d'acier signée Louise Nevelson: **_Dawn Shadows_** (1983).

Revenez à LaSalle Street et tournez à droite. Bientôt vous atteindrez le **190 South LaSalle Street**, construit en 1987 selon les plans de Philip Johnson. Il faut voir son hall de marbre blanc et sa tapisserie représentant le **_Burnham Chicago Plan_**. En face, le **135 South LaSalle Street**, le dernier gratte-ciel Art déco à avoir été construit à Chicago (1934), se dresse sur l'emplacement du défunt Home Insurance Building, le premier gratte-ciel du monde (neuf étages), que réalisa William Le Baron Jenney en 1885. Il fut démoli en 1929.

LE LOOP LaSalle Street

Wrigley Building

0 75 150m
0 250 500pi

MERCHANDISE MART

Marina City

Chicago River

E. Wacker Dr.

E. Water

N. Stetson

N

CLARK/ LAKE

STATE/ LAKE

E. Lake St.

LAKE

RANDOLPH/ WABASH

E. Randolph St.

Untitled Picasso

WASHINGTON

W. Washington St.

N. Dearborn St.

N. State St.

N. Wells St.

Michigan Ave.

Millennium Park

WASHINGTON/ WELLS

MADISON/ WABASH

W. Madison St.

Franklin St.

LaSalle St.

S. Clark St.

N. Wabash Ave.

MONROE

E. Monroe St.

ADAMS/ WABASH

Adams St.

Art Institute of Chicago

QUINCY

Chicago Architecture Foundation

JACKSON

E. Jackson Blvd.

Grant Park

LASALLE/ VAN BUREN

S. Federal St.

LIBRARY

E. Van Buren St.

LASALLE

Congress Pkwy.

W. Harrison St.

©ULYSSE

S. Wells St.

S. Financial Pl.

S. LaSalle St.

S. Clark St.

S. Dearborn St.

S. Plymouth St.

HARRISON

E. Harrison St.

Balbo Ave.

Polk St.

Dearborn Park

E. 8th St.

W. 9th St.

guidesulysse.com

Légende

- – – Métro souterrain
- ⋯⋯ Métro aérien
- Ⓜ Station de métro

★ ATTRAITS TOURISTIQUES

#		
1.	AW	State of Illinois Building
2.	AW	Cadillac Palace Theatre
3.	AW	Savings of America Tower
4.	AX	Chemical Plaza/Otis Building
5.	AW	Paine Webber Tower
6.	AW	Madison Plaza
7.	AX	190 South LaSalle Street
8.	AX	135 South LaSalle Street
9.	AX	The Rookery
10.	AX	Federal Reserve Bank
11.	AX	Continental Illinois National Bank
12.	AX	Chicago Board of Trade
13.	BY	Metropolitan Correctional Center

À l'intersection sud-est des rues LaSalle et Adams, **The Rookery** ★★ *(209 S. LaSalle St.)*, le chef-d'œuvre du duo Burnham et Root, s'élève avec magnificence depuis 1888. Au centre de l'édifice se trouve une cour intérieure surmontée d'une verrière. Entre 1905 et 1907, Frank Lloyd Wright entreprit la restauration de cette partie du bâtiment. Le résultat obtenu, que l'on peut toujours admirer aujourd'hui, fut simplement fabuleux. Les beaux escaliers monumentaux, le marbre blanc et les feuilles d'or utilisées dans la décoration, ainsi que la lumière du jour pénétrant sans entrave, contribuent à une composition empreinte de vie et de raffinement. Au début des années 1990, une ambitieuse rénovation a redonné à l'ensemble du bâtiment le charme et le panache de ses premières heures.

Au coin de la rue suivante, Jackson Boulevard, du côté droit, la **Federal Reserve Bank** ★ *(230 S. LaSalle St.)* renferme un petit musée numismatique *(entrée libre; lun-ven 8h30 à 17h; www.chicagofed.org)*. Il comprend quelques bornes interactives, des billets de banque anciens ainsi qu'une sorte de grand aquarium dans lequel on a placé un million de billets de 1$! D'autre part, des visites guidées *(gratuit; lun-ven 13h; 312-322-2400)* sont organisées sur réservation, permettant de se familiariser avec le rôle de la banque centrale américaine : politique monétaire, influence sur l'économie, etc.

La **Continental Illinois National Bank** ★ *(231 S. LaSalle St.)* mérite bien, quant à elle, que l'on y consacre quelques minutes. Les colonnes ioniques de sa façade classique semblent narguer les colonnes corinthiennes de la Federal Reserve Bank d'en face. De plus, son intérieur somptueux est à ne pas manquer; avec ses colonnades et ses fresques, œuvres de Jules Guérin, il a l'allure d'un vaste temple romain.

Puis, l'édifice du **Chicago Board of Trade** ★★ *(141 W. Jackson Blvd.)*, de Holabird & Root (1930), ferme la rue. Cette tour Art déco est considérée par plusieurs comme la plus réussie, dans ce style, à Chicago. C'est sur une base haute de neuf étages, dans laquelle se trouvent les parquets de la Bourse de Chicago, que repose la tour de 45 étages coiffée d'un toit de forme pyra-

midale sur lequel on a posé une statue de Cérès, déesse romaine des Moissons. Celle-ci fait près de 10 m et est signée John Storrs. En 1980, Helmut Jahn dessina la nouvelle aile située dans la partie sud et donnant sur Van Buren Street. Il s'agit de l'une de ses premières réalisations postmodernes.

Tournez à gauche dans Van Buren Street afin d'aller jeter un coup d'œil sur l'étonnant **Metropolitan Correctional Center** ★ *(71 W. Van Buren St.)*. Dans cette construction triangulaire en béton, dont chacun des côtés ressemble à une immense carte perforée, sont détenus sur 27 étages des accusés en attente de leur procès. On raconte que Harry Weese s'inspira de l'Unité d'Habitation de Le Corbusier, à Marseille, pour concevoir ce centre carcéral en 1975!...

Le New East Side

🕐 *1 heure 30 min*

À ne pas manquer

Les bonnes adresses

L'appellation «New East Side» désigne le secteur du centre-ville bordé au nord par la Chicago River, au sud par le Millennium Park, à l'ouest par Michigan Avenue et à l'est par le lac Michigan. Il s'agit d'une sorte de prolongement du Loop vers l'est construit au-dessus d'anciennes voies ferrées à partir du milieu des années 1950. Ce quartier relativement neuf est constitué essentiellement de gratte-ciel renfermant bureaux, appartements et chambres d'hôtel. Notez que plusieurs des édifices décrits dans le circuit suivant peuvent être admirés à distance depuis le Millennium Park ou la rive nord de la Chicago River.

L'édifice du **One Prudential Plaza** *(130 E. Randolph St.)* est le doyen du secteur. Il fut construit en 1955 et, à son époque, consti-

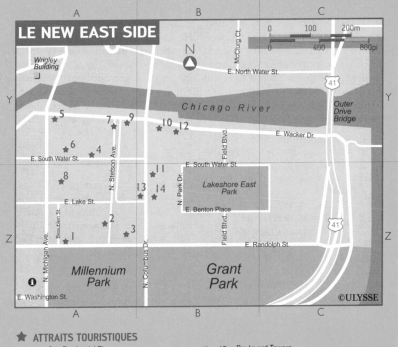

LE NEW EAST SIDE

★ **ATTRAITS TOURISTIQUES**

1.	AZ	One Prudential Plaza
2.	AZ	Two Prudential Plaza
3.	AZ	Aon Center/Northerly Plaza
4.	AY	Illinois Center
5.	AY	One Illinois Center
6.	AY	Two Illinois Center
7.	AY	Hyatt Regency Chicago

8.	AZ	Boulevard Towers
9.	AY	Columbus Plaza
10.	BY	Three Illinois Center
11.	BZ	Fire Station CF-21
12.	BY	Swissôtel Chicago
13.	BZ	Fairmont Hotel
14.	BZ	Aqua Tower

tuait le plus haut édifice de la ville. On avait d'ailleurs aménagé un observatoire à son sommet. Juste derrière lui, le **Two Prudential Plaza** ★ *(180 N. Stetson Ave.)* fut terminé en 1990. Les architectes, Loebl, Schlossman & Hackl, se seraient alors inspirés du Chrysler Building de New York pour dessiner cette belle tour pointant vers le ciel. Une petite place a été aménagée au nord-ouest de celle-ci. Elle donne accès à un atrium reliant les deux édifices.

Leur grand voisin blanc est l'**Aon Center** ★ *(200 E. Randolph St.)*, autrefois connu sous le nom d'Amoco Building, le troisième plus haut gratte-ciel de Chicago (341 m) après la **Willis Tower** (voir p. 100) et le **Trump International Hotel & Tower** (voir p. 137). Les lignes verticales dépouillées de l'Aon Center semblent d'ailleurs vouloir accentuer encore davantage son effet de grandeur. La construction de cet édifice de 82 étages fut achevée en 1973. À l'origine, l'extérieur était

recouvert d'une fine couche de marbre. Ce parement commença toutefois à s'effriter bien vite, ne pouvant résister aux froids hivers de Chicago, et entre 1990 et 1992, on dut le remplacer à grands frais par des plaques plus épaisses de granit provenant de Caroline du Nord. Une agréable place, la **Northerly Plaza**, s'étend au pied de ce géant controversé. Vous y verrez une sculpture installée sur deux bassins, œuvre de Harry Bertoia : *Offering the Wind* (1975). Comme son titre le suggère, le souffle du vent, lorsqu'il caresse les éléments de la sculpture, crée d'agréables effets sonores.

L'**Illinois Center** *(bordé par la Chicago River, Lake Shore Dr., Michigan Ave. et Lake St.)* est le fruit d'un vaste projet de développement de ce secteur, situé au-dessus des voies ferrées de l'ex-Illinois Central Gulf Railroad Co. et originalement imaginé en 1967 par Ludwig Mies van der Rohe. Il y voyait la conception d'un vaste complexe multifonctionnel, d'une véritable ville dans la ville comprenant logements, bureaux, commerces, hôtels, centres de loisirs, etc. Le résultat final est toutefois fort décevant : absence totale d'unité entre les édifices, manque de lumière au niveau de la rue causé par une trop forte densité de hautes constructions, superposition en trois niveaux du trafic urbain qui complique la vie de tous.

Il est intéressant d'essayer de voir comment ceux qui ont succédé au maître ont transformé son projet. Ainsi, le **One Illinois Center** *(111 E. Wacker Dr.)* fut construit en 1970 par le bureau de Mies van der Rohe. Celui-ci réalisa ensuite le **Two Illinois Center** *(233 N. Michigan Ave.)* trois ans plus tard. Puis, en 1974, la tour ouest du **Hyatt Regency Chicago** *(151 E. Wacker Dr.)* fut élevée selon les plans d'Epstein & Sons. Dès lors, l'apparition de cette construction à façade de briques, qui n'a rien à voir avec ses deux voisins, annonce l'anarchie qui marquera le développement du site. En 1980, la tour est du Hyatt est terminée, avec son gigantesque hall en atrium et sa passerelle la reliant à la section plus ancienne. Cette même année, la firme Fujikawa, Johnson & Associates entreprend de poursuivre le développement en se référant de façon stricte au plan de Mies van der Rohe. On lui doit les **Boulevard Towers** *(205-225 N. Michigan Ave.)*, la **Columbus Plaza** *(233 E. Wacker Dr.)*, un immeuble d'appartements en béton, ainsi que, de l'autre côté de Columbus Drive, le **Three Illinois Center** *(303 E. Wacker Dr.)* et la **Fire Station CF-21** *(259 N. Columbus Dr.)*, peut-être l'élément le mieux réussi du groupe.

Envie...

... d'une coupe de vin? Faites une pause au Eno Wine Room (voir p. 268) du Fairmont Hotel, qui offre une vaste sélection de vins servis au verre pour accompagner aussi bien fromages que truffes au chocolat.

De nouvelles constructions sont venues meubler l'espace restant de l'Illinois Center à la fin des années 1980 et au cours des années 1990. Parmi celles-ci figure le **Swissôtel Chicago** *(323 E. Wacker Dr.)*, inauguré en 1989. Il y a aussi le **Fairmont Hotel** *(200 N. Columbus Dr.)*, dont le parement extérieur de granit rose vient ajouter une rafraîchissante touche de couleur aux environs.

Tout juste en face du Fairmont Hotel, la spectaculaire **Aqua Tower** ★ *(225 N. Columbus Dr.)*, terminée en 2010, impose sa silhouette singulière. Haut de 265 m et comptant 82 étages, ce majestueux immeuble résidentiel, dessiné par Jeanne Gang, affiche une allure ondulante sculptée par les terrasses et la fenestration de ses appartements, qui se succèdent selon une rythmique irrégulière. À noter que, dans le projet original, 15 étages étaient réservés à l'aménagement d'une annexe du Fairmont Hotel. Frappé par les impacts de la crise économique, le groupe hôtelier a toutefois dû se retirer du projet à l'automne 2008. C'est finalement le **Radisson Blu Aqua Hotel Chicago** (voir p. 191) qui s'est installé aux étages inférieurs et qui a ouvert ses portes fin 2011.

Le Grant Park ★★★

▲ *p. 191* ♨ *p. 225* ⤴ *p. 257* 🛏 *p. 285*

⏱ *deux journées*

À ne pas manquer

> Art Institute of Chicago p. 118
> Buckingham Fountain p. 121
> Millennium Park p. 122

> Jay Pritzker Pavilion p. 122
> Field Museum p. 124
> John G. Shedd Aquarium p. 125

Les bonnes adresses

Restaurants
> Park Grill p. 225

Achats
> The Museum Shop of the Art Institute of Chicago p. 292

Le Grant Park est un vaste espace vert qui longe le lac Michigan à la hauteur du centre-ville. En plus de ses belles allées et de ses beaux jardins ornés de fontaines et de monuments, s'y trouvent quelques-unes des institutions qui font la fierté de la ville : l'Art Institute of Chicago, le Field Museum, le John G. Shedd Aquarium et l'Adler Planetarium & Astronomy Museum. De plus, le Millennium Park, avec ses extraordinaires places publiques et son fabuleux amphithéâtre extérieur, est venu il y a quelques années à peine le prolonger de brillante façon vers le nord, ajoutant à son prestige déjà considérable.

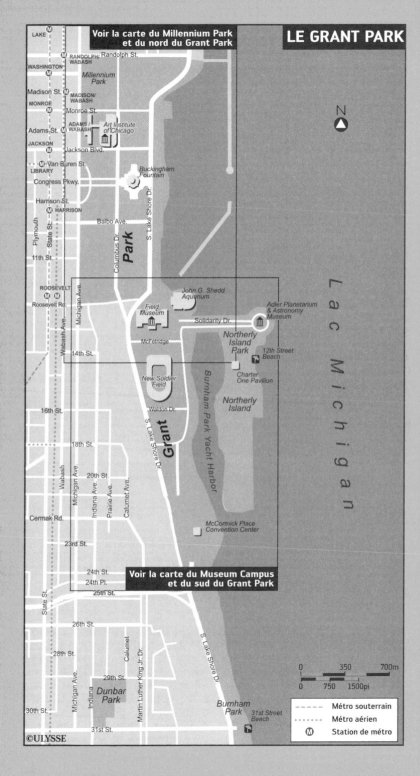

Voir la carte du Millennium Park et du nord du Grant Park

LE GRANT PARK

LAKE

RANDOLPH/ WABASH — Randolph St.

WASHINGTON

Millennium Park

Madison St.

MADISON/ WABASH

MONROE

Monroe St.

ADAMS/ WABASH

Adams St.

Art Institute of Chicago

JACKSON

Jackson Blvd.

Van Buren St.

LIBRARY

Congress Pkwy.

Buckingham Fountain

Harrison St.

HARRISON

Balbo Ave.

Plymouth St.

State St.

11th St.

Columbus Dr.

S. Lake Shore Dr.

Park

ROOSEVELT

Roosevelt Rd.

Michigan Ave.

Wabash Ave.

John G. Shedd Aquarium

Field Museum

Solidarity Dr.

Adler Planetarium & Astronomy Museum

McFetridge

Northerly Island Park

14th St.

12th Street Beach

New Soldier Field

Charter One Pavilion

Grant

Waldon Dr.

Burnham Park Yacht Harbor

Northerly Island

16th St.

18th St.

S. Lake Shore Dr.

Michigan Ave.

20th St.

Indiana Ave.

Prairie Ave.

Calumet Ave.

Wabash

Cermak Rd.

McCormick Place Convention Center

23rd St.

24th St.

24th Pl.

Voir la carte du Museum Campus et du sud du Grant Park

State St.

25th St.

26th St.

28th St.

Michigan Ave.

Indiana

Calumet

Martin Luther King Jr. Dr.

29th St.

Dunbar Park

30th St.

S. Lake Shore Dr.

Burnham Park

31st Street Beach

31st St.

©ULYSSE

Lac Michigan

N

| 0 | | 350 | | 700m |
| 0 | 750 | | 1500pi | |

- - - - - Métro souterrain

· · · · · Métro aérien

Ⓜ Station de métro

Ce remarquable parc urbain constitue un lieu de promenade apprécié tout autant des employés qui œuvrent dans les tours de bureaux tout près que des retraités, des jeunes familles, des amateurs d'art, des visiteurs de passage… En outre, ce lieu mythique est devenu au fil des ans un point de ralliement pour les citoyens de la ville. C'est là que les Chicagoens se rassemblent lors des grands festivals tout au long de l'été, pour fêter les championnats des Bulls ou des White Sox, mais aussi pour manifester, par exemple, contre la guerre du Vietnam dans les années 1960. En 1979, le pape Jean-Paul II y a même célébré une messe devant 350 000 fidèles et, en novembre 2008, c'est plus de 240 000 personnes qui ont acclamé ici le nouveau président élu, Barack Obama (voir p. 44).

Dès 1835, le site de l'actuel Grant Park fut désigné espace public pour demeurer exempt de construction. En 1847, on le baptisa «Lake Park». L'endroit resta toutefois pratiquement à l'abandon jusqu'à la tenue de la *World's Columbian Exposition* en 1893, qui entraîna la naissance de plusieurs institutions culturelles, entre autres l'Art Institute of Chicago. Après la construction de ce premier musée, la bataille fut féroce afin d'empêcher que tout le site ne soit livré aux promoteurs immobiliers. Le magnat de la vente par correspondance Aaron Montgomery Ward monta alors aux barricades, réclamant que la Ville transforme le site en un véritable parc urbain.

Le site prit le nom de Grant Park en 1901 en l'honneur du président des États-Unis Ulysses S. Grant, natif de l'État de l'Illinois. On en confia alors l'aménagement aux frères Olmsted, fils du grand architecte paysagiste Frederick Law Olmsted, à qui l'on doit notamment le Central Park de New York et le parc du Mont-Royal de Montréal. Ils imaginèrent un grandiose parc aux lignes formelles, à la manière des jardins de Versailles. L'aménagement s'effectua peu à peu sur plusieurs années. Ainsi, ce n'est qu'en 1924 que la philanthrope Kate Buckingham fit don de la somme nécessaire à la construction de la fontaine monumentale qui porte aujourd'hui son nom. En 1934-1935, le sud du parc accueillit les pavillons de l'exposition universelle *Century of Progress*.

L'Art Institute of Chicago et ses environs

Longeant Michigan Avenue, l'**Art Institute of Chicago** ★ ★ ★ *(18$; lun-mer et ven-dim 10h30 à 17h, jeu 10h30 à 20h; 111 S. Michigan Ave., 312-443-3600, www.artic. edu)* demeure la plus importante construction du Grant Park. L'édifice originel, celui qui donne sur Michigan Avenue et que l'on appelle aujourd'hui l'«Allerton Building», fut d'abord utilisé comme bâtiment annexe au cours de la *World's Columbian Exposition*, et ce, même si le site principal de celle-ci se trouvait en fait quelques kilomètres plus au sud. Après l'exposition internationale, l'Art Institute y emménagea à la fin de 1893. À l'Allerton Building originel, restauré en 1987, furent ajoutés d'autres bâtiments annexes au cours des années, le musée s'étendant ainsi vers l'arrière au-dessus des voies ferrées. Parmi ces ajouts figurent la Hutchison Wing et la McKinlock Court (1924), le Ferguson Building (1958), la Morton Wing (1962) et le Rice Building (1988). Finalement, la Modern Wing fut inaugurée en 2009 dans la partie nord-est de la propriété du musée, devant le Millennium Park.

Autour de ce musée aux lignes classiques se dressent quelques monuments dignes d'attention. On ne peut par exemple rater les deux fiers *Lions* ★ de bronze placés à chacune des extrémités du grand escalier menant à l'entrée principale. Devenues les symboles de l'Art Institute, ces sculptures sont signées Edward Kemeys et furent installées dès 1894. En les regardant de près, vous découvrirez qu'elles ne sont pas tout à fait identiques; il s'agit bel et bien de deux sculptures indépendantes. Kemeys (1843-1907) se spécialisait dans la reproduction d'animaux. Theodore Roosevelt, ancien président des États-Unis, était un de ses admirateurs et possédait plusieurs de ses sculptures animalières.

Une œuvre abstraite de Henry Moore intitulée *Large Interior Form* se trouve aussi aux abords du musée (au nord de l'entrée principale). Ce bronze de 5 m de haut fut terminé en 1983. Tout près, dans le même jardin, vous reconnaîtrez sans mal le style d'Alexander Calder dans la sculpture intitulée *Flying Dragon* (1975). Vous noterez aussi la présence de la *Fountain of the*

Great Lakes (au sud de l'entrée principale), réalisée en 1913 par le prolifique sculpteur chicagoen Lorado Taft. Les cinq femmes qu'on y aperçoit forment une allégorie évoquant les eaux des cinq Grands Lacs, situés à la frontière américano-canadienne, et dont le lac Michigan fait partie.

Le rez-de-chaussée (*First Level*) de l'Art Institute est le seul niveau qui permette d'accéder à toutes les ailes du musée. Vous y trouverez, de chaque côté de l'escalier monumental conduisant aux galeries de l'étage, les **Ryerson and Burnham Libraries** et le **Fullerton Hall**. Sur votre droite, vous pourrez apprécier une extraordinaire **collection de pièces chinoises, japonaises et coréennes** ★ ★ ★ couvrant près de 5 000 ans d'histoire.

En vous dirigeant vers l'arrière, vous traverserez les longilignes **Alsdorf Galleries**, consacrées aux arts anciens de l'Asie du Sud-Est et de l'Inde.

À l'arrière complètement, dans le **Rubloff Building**, il ne faut surtout pas rater la **Chicago Stock Exchange Trading Room** ★ ★. En 1977, on a reconstruit ici de toutes pièces le parquet de l'ancien Stock Exchange Building (démoli en 1972), tel que conçu à l'origine par Dankmar Adler et Louis H. Sullivan. Au moment de la démolition, cette pièce fut minutieusement démantelée afin que l'on puisse la préserver. On a également pu sauver de la destruction le portail du bâtiment, que l'on a depuis installé dans le Grant Park, derrière le musée (voir p. 122). Tout près de là, toujours dans le Rubloff Building, une salle entière est consacrée au magnifique vitrail *America Windows* ★ ★ signé Marc Chagall. Offerte par l'artiste à la Ville de Chicago en 1976 à l'occasion du bicentenaire des États-Unis et exposée l'année suivante, cette œuvre monumentale en trois tableaux a été retirée en 2005 afin de la protéger des vibrations et de la poussière pendant la construction de la Modern Wing. On en profita pour la restaurer et lui rendre ses brillantes couleurs d'origine, avant de procéder à sa réinstallation en 2010.

Situé à droite du Rubloff Building, le **Rice Building** attenant propose à ce niveau un panorama de l'**art américain des XVIII**ᵉ **et**

XIXᵉ **siècles**. Si vous choisissez plutôt de vous diriger vers la gauche, vous accéderez à la toute récente **Modern Wing** (voir plus bas).

De retour à l'Allerton Building, à l'avant du musée, n'oubliez pas de descendre au niveau inférieur (*Lower Level*) afin de découvrir les étonnantes **Thorne Miniature Rooms** ★ ★. Cette surprenante collection compte 68 pièces (salons, salles à manger, etc.) reproduites en miniature, qui présentent des styles de décoration variés allant du XIIIᵉ au XXᵉ siècle.

Empruntez ensuite le grand escalier afin d'atteindre l'étage supérieur (*Second Level*), là où se trouvent les **trésors impressionnistes et postimpressionnistes** ★ ★ ★ qui ont rendu célèbre de par le monde l'Art Institute of Chicago. Il s'agit de la plus importante collection du genre hors de la France. Vous pourrez entre autres admirer des œuvres d'Édouard Manet (*Le Christ raillé par les soldats* ★), de Claude Monet (*L'ancienne gare Saint-Lazare* ★), de Gustave Caillebotte (le monumental *Rues de Paris un jour de pluie* ★ ★ ★), de Pierre Auguste Renoir (*Déjeuner des canotiers* ★), de Paul Cézanne (*Les baigneuses* ★ ★), de Paul Gauguin (*Jour de Dieu* ★), de Georges Seurat (le chef-d'œuvre pointilliste *Un dimanche après-midi à l'île de la Grande-Jatte* ★ ★ ★), de Vincent van Gogh (*Autoportrait de 1886* ★ ★, *Chambre de Vincent à Arles* ★ ★ ★) et de Henri de Toulouse-Lautrec (*Au Moulin Rouge* ★).

Et pourtant, ce n'est là qu'une partie des trésors conservés à cet étage, qui offre en fait une vaste **rétrospective de l'histoire de la peinture européenne** ★ ★ ★ depuis le XVᵉ siècle jusqu'à nos jours, de Botticelli à Chagall, en passant par Rubens, Poussin, Rembrandt, Delacroix, Matisse, Picasso, Miró, Dalí et Magritte.

À l'arrière sur la droite, dans le Rice Building, la section portant sur l'**art moderne américain** (1900 à 1950) est à voir, notamment pour les tableaux emblématiques que sont devenus *American Gothic* ★, de Grant Wood, et *Nighthawks* ★, d'Edward Hopper.

Inaugurée en 2009, la **Modern Wing** ★ ★ ★ constitue pour sa part un véritable «musée dans le musée» consacré à l'art de 1900 à nos jours. L'architecte d'origine italienne Renzo Piano, qui a entre autres participé à la conception du Centre national d'art et de culture Georges-Pompidou de Paris, a été choisi pour mener à bien ce projet d'agrandissement de 258 millions de dollars, le premier entrepris par la prestigieuse institution depuis celui de 1988. L'Art Institute a ainsi augmenté du tiers la superficie totale de ses espaces d'exposition. Piano a livré ici un bâtiment à la fois sobre et splendide de trois étages dont les salles, bien souvent baignées de lumière naturelle, mettent magnifiquement en valeur les œuvres exposées. Le musée est d'autre part relié au **Millennium Park** (voir p. 122) par une passerelle également dessinée par Piano, le **Nichols Bridgeway** (voir p. 124), qui permet d'en apprécier l'architecture en plus d'offrir de splendides vues sur les autres édifices des environs.

Le rez-de-chaussée (*First Level*) de la Modern Wing comporte quelques galeries consacrées à la photographie, à la vidéo et aux nouveaux médias. À l'étage (*Second Level*), on s'attarde à l'**art contemporain de 1945 à aujourd'hui**. De nombreux artistes américains (Andy Warhol, Roy Lichtenstein, Alexander Calder, Jackson Pollock) sont ici représentés. Mais c'est l'étage supérieur (*Third Level*) qui s'avère le plus spectaculaire grâce à sa remarquable **rétrospective de l'art moderne européen ★★★**. Les visiteurs peuvent y admirer des œuvres souvent célèbres de tous les grands maîtres européens de la première moitié du XXᵉ siècle: Pablo Picasso (*Le vieux guitariste* ★★, icône de la période bleue de l'artiste espagnol; *Mère et enfant au bord de la mer* ★, tableau réalisé en 1921 qui s'inscrit dans le retour au classicisme de Picasso), Salvador Dalí (le prophétique *L'invention des monstres* ★★), René Magritte (*La durée poignardée* ★★), Fernand Léger, Henri Matisse, Joan Miró (*The Policeman* ★), Henry Moore, Alberto Giacometti (*Femme cuillère* ★), Georges Braque, Marc Chagall (*La crucifixion blanche* ★★) et même deux toiles de Le Corbusier.

Pour bien saisir l'ampleur de l'aménagement du Grant Park, il convient d'y pénétrer par sa **Grand Entrance ★**, à l'intersection de Michigan Avenue et de Congress Parkway. Jadis, un large escalier s'y trouvait, qui menait à une vaste place conduisant elle-même jusqu'à la Buckingham Fountain. La Grand Entrance fut réaménagée en 1956, lorsque l'on décida de prolonger vers l'est Congress Parkway en raison de l'expansion de la circulation automobile. Aujourd'hui, à la suite d'une rénovation effectuée au cours de l'été 1995, l'«entrée principale» du parc a quelque peu retrouvé son élégance d'antan. De chaque côté de l'entrée, vous remarquerez deux sculptures de guerriers amérindiens à cheval. L'un est «armé» d'un arc imaginaire, et l'autre, d'une lance également absente mais suggérée par son mouvement. Il s'agit de *The Bowman* et *The Spearman*, réalisés en 1928 par le sculpteur d'origine yougoslave Ivan Mestrovic. Également placés de chaque côté de l'entrée, deux bassins sont surmontés de bronzes intitulés *Eagles*. Ces deux aigles sont des vestiges de la *Century of Progress Exposition*, œuvres de Frederick Hibbard. *Magdelene ★* est une autre splendide sculpture qui orne la Grand Entrance. Réalisée par l'artiste Dessa Kirk au milieu des années 2000, elle prend la forme d'une élégante silhouette féminine qui émerge d'un jardin fleuri et de vignes grimpantes plantées à sa base.

Un peu plus loin vers le sud, entre Harrison Street et Balbo Avenue, s'étend l'agréable **Spirit of Music Garden**, au cœur duquel s'élève un monument dédié au premier chef d'orchestre du Chicago Symphony Orchestra, Theodore Thomas (1835-1905). Réalisé par le sculpteur Albin Polasek et l'architecte Howard Van Doren Shaw, ce mémorial fut installé en face de l'Orchestra Hall en 1924, pour ensuite être déplacé en quelques occasions. Une grande muse en bronze domine l'ensemble, qui comprend aussi un long banc de granit dont la partie supérieure est recouverte de bas-reliefs illustrant Thomas et ses musiciens. Non loin de là, un **buste de Sir Georg Solti** (1912-1997), autre réputé chef qui dirigea l'orchestre symphonique de la ville de 1969 à 1991, a été installé en 2006 pour faire écho à cette thématique musicale. À l'origine, ce monument se trouvait devant le **Lincoln Park Conservatory** (voir p. 156).

Pas de nouveau musée dans le Grant Park

À l'automne 2007, le maire Richard M. Daley annonçait en grande pompe la relocalisation, dans le Grant Park, du **Chicago Children's Museum** (voir p. 146), actuellement situé à Navy Pier. Grâce au soutien financier de la compagnie d'assurances Allstate, le musée déménagerait ainsi dans un nouvel immeuble deux fois plus vaste que ses locaux actuels, à l'angle nord-est de Monroe Street et de Columbus Drive, soit dans la partie sud de la Daley Bicentennial Plaza.

Dire que ce projet a été mal accueilli par les citoyens intéressés à la préservation du Grant Park est un euphémisme. Des voix d'opposition se sont en effet élevées un peu partout en ville, y compris dans les éditoriaux des grands journaux, principalement en raison de l'accroc que ce projet représente par rapport aux garanties obtenues par Aaron Montgomery Ward lorsqu'il convainquit la Ville de créer le Grant Park afin que le site demeure, à jamais, exempt de constructions importantes.

Depuis lors, les coûts de construction projetés du nouveau musée ont explosé, passant de 85 à plus de 125 millions, et la crise économique est venue plomber toute tentative de campagne de souscription auprès de la communauté des affaires.

Finalement, la Ville a officiellement enterré le projet en janvier 2012 lorsque fut dévoilé un nouveau plan pour la Daley Bicentennial Plaza dans lequel n'apparaît plus le Children's Museum. Au lieu d'accueillir un musée, c'est à un important réaménagement de 35 millions de dollars que sera soumis cet espace public. Les plans de l'architecte paysagiste new-yorkais Michael Van Valkenburgh visent par exemple à donner une nouvelle personnalité au site à l'aide d'allées ombragées tout en courbes, inspirées du **BP Bridge** de Frank Gehry (voir p. 124) qui permet d'accéder à la *plaza* depuis le Millennium Park. On prévoit que les travaux de réaménagement seront terminés en 2015.

De retour à la hauteur de la Grand Entrance, dirigez-vous vers l'intérieur du parc où, après être passé au-dessus des voies ferrées, vous apercevrez sur votre gauche une autre remarquable sculpture signée Augustus Saint-Gaudens : *The Seated Lincoln* ★. Cette représentation du président Abraham Lincoln le montre siégeant sur ce qui devait devenir *The Court of the Presidents*. Malheureusement, les sculptures des autres présidents ne furent jamais réalisées. Celle de Lincoln, qui présente une certaine ressemblance avec celle occupant le Lincoln Memorial de Washington, D.C., fut installée en 1926, soit près de 20 ans après la mort de l'artiste.

Continuez ensuite vers l'est et, au-delà de Columbus Drive, vous atteindrez la belle place où se trouve la **Buckingham Fountain** ★★. C'est en 1927 que fut inaugurée cette magnifique fontaine monumentale, point central du Grant Park. Ses concepteurs, Edward Bennett, Marcel François Loyau et Jacques Lambert, s'inspirèrent du Bassin de Latone à Versailles. Ils réalisèrent une œuvre de bronze et de marbre rose de Géorgie deux fois plus grande que son modèle. Kate Buckingham avait, quelques années auparavant, fit don de l'argent nécessaire pour construire cette fontaine en l'honneur de son frère Clarence, l'un des mécènes de l'Art Institute. Le bassin symbolise le lac Michigan, et les paires de chevaux marins qui s'y ébattent représentent les quatre États qui bordent le lac. Au centre, un puissant jet peut propulser l'eau jusqu'à 40 m dans les airs. En 1995, la Buckingham Fountain fit littéralement peau neuve à la suite d'une importante restauration. On perfectionna alors sensiblement son système d'éclairage de manière à permettre de spectaculaires jeux de lumière. Symétriquement disposées autour de la Buckingham Fountain, quatre autres petites fontaines ont été réalisées par Leonard Crunelle : *Crane Girl*, *Dove Girl*, *Fisher Boy* et *Turtle Boy*.

Remarquez également, aux quatre coins de la place au milieu de laquelle se trouve la Buckingham Fountain, les petits **pavillons** aux accents Beaux-Arts qui furent ajoutés en 1997. L'architecte à qui l'on doit ces bâtiments de services aux visiteurs, David Woodhouse, a réussi à bien les intégrer à l'ensemble en évoquant habilement la fontaine par les couleurs employées et à l'aide de certains éléments architecturaux.

Plus au nord, de l'autre côté de Jackson Street, la **Petrillo Music Shell** est une scène extérieure sur laquelle sont présentés, au cours de l'été, divers spectacles dans le cadre des festivals de blues, de jazz, de gospel et de country.

À l'intersection sud-ouest de Columbus Drive et de Monroe Street s'élève la **Chicago Stock Exchange Arch**, vestige de l'édifice construit en 1893 par Adler & Sullivan et démoli en 1972.

Le Millennium Park ★★★

De l'autre côté de la rue Monroe, le Millennium Park vient maintenant prolonger le Grant Park au nord, à l'intérieur du quadrilatère formé par les rues Monroe au sud et Randolph au nord, et par Michigan Avenue à l'ouest et Columbus Drive à l'est. C'est la firme Skidmore, Owings & Merrill qui s'est vue confier le défi de soustraire à la vue des passants les peu esthétiques voies de chemin de fer, auparavant à ciel ouvert, en leur superposant un garage souterrain de 2 500 emplacements et, au niveau de la rue, un parc urbain. Plusieurs équipements, dont certains fort impressionnants, meublent celui-ci. Dans la moitié ouest du parc, il y a par exemple la **McCormick Tribune Plaza and Ice Rink**, où une agréable patinoire extérieure accueille en musique les amateurs de patin à glace durant l'hiver.

Envie...

... d'une petite pause au grand air? Arrêtez-vous à la terrasse du Park Grill (voir p. 225), aménagée en été sur l'emplacement de la patinoire, le temps de prendre une bière ou un repas sur le pouce, tout en admirant le remarquable alignement de bâtiments de Michigan Avenue.

Tout juste à l'est, des escaliers conduisent à un palier supérieur où s'étend l'**AT&T Plaza**. C'est là qu'a été installée l'irrésistible sculpture intitulée *Cloud Gate* ★★. Signé par l'artiste britannique d'origine indienne Anish Kapoor, cet imposant monument dont la forme évoque une immense *jelly bean* pèse plus de 110 t. La sculpture figure une arche en acier inoxydable sur laquelle se reflètent les gratte-ciel de la ville.

De part et d'autre de cette place, de larges couloirs baptisés **Boeing Gallery North** et **Boing Gallery South** accueillent des installations temporaires de sculptures monumentales.

Toujours dans la partie ouest du Millennium Park, vous repérerez sans mal le **Wrigley Square and Millennium Park Monument** ★, qui met en scène une reproduction presque à grandeur réelle d'un péristyle qui se trouvait dans les environs entre 1917 et 1953. Les noms des principaux donateurs ayant contribué financièrement à la réalisation du Millennium Park apparaissent à la base de ce monument composé de 24 colonnes doriques qui entourent partiellement un bassin circulaire.

L'autre élément important de la section ouest du parc est la *Crown Fountain* ★★, dessinée par l'artiste espagnol Jaume Plensa. À chacune des extrémités du bassin de cette fontaine s'élèvent des tours de verre hautes d'environ 15 m, sur lesquelles sont projetées des vidéos reproduisant la figure d'un citoyen de la ville (il y en aurait 1 000 différentes) de telle manière qu'on ait l'impression qu'un jet d'eau provient de sa bouche, un amusant clin d'œil aux fontaines classiques où l'eau jaillissait de la bouche de personnages sculptés. De façon plutôt inattendue, la *Crown Fountain* s'est rapidement imposée comme un exemple remarquable d'œuvre d'art en interaction constante avec le public. Ainsi, par les chaudes journées d'été, le site se voit littéralement transformer en parc aquatique par les familles qui viennent s'y rafraîchir.

Bien qu'impressionnants, tous ces éléments ne constituent qu'une mise en appétit par rapport à la partie est du Millennium Park, laquelle est dominée par le spectaculaire **Jay Pritzker Pavilion** ★★★, un amphithéâtre

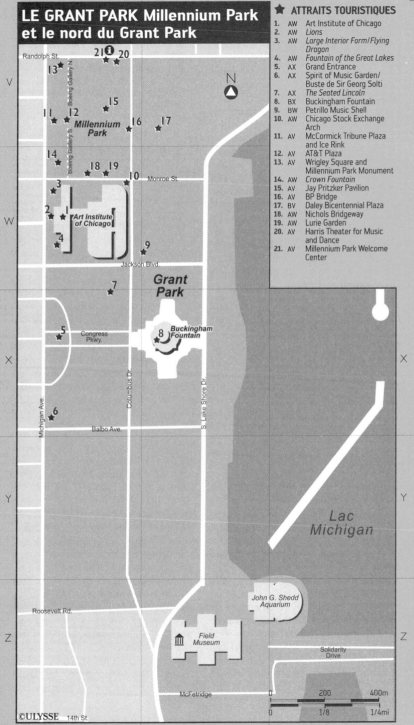

LE GRANT PARK Millennium Park et le nord du Grant Park

★ **ATTRAITS TOURISTIQUES**

1.	AW	Art Institute of Chicago
2.	AW	*Lions*
3.	AW	*Large Interior Form/Flying Dragon*
4.	AW	*Fountain of the Great Lakes*
5.	AX	Grand Entrance
6.	AX	Spirit of Music Garden/ Buste de Sir Georg Solti
7.	AX	*The Seated Lincoln*
8.	BX	Buckingham Fountain
9.	BW	Petrillo Music Shell
10.	AW	Chicago Stock Exchange Arch
11.	AV	McCormick Tribune Plaza and Ice Rink
12.	AV	AT&T Plaza
13.	AV	Wrigley Square and Millennium Park Monument
14.	AW	*Crown Fountain*
15.	AV	Jay Pritzker Pavilion
16.	AV	BP Bridge
17.	BV	Daley Bicentennial Plaza
18.	AW	Nichols Bridgeway
19.	AW	Lurie Garden
20.	AV	Harris Theater for Music and Dance
21.	AV	Millennium Park Welcome Center

Randolph St.

Boeing Gallery N.

Boeing Gallery S.

Millennium Park

Monroe St.

Art Institute of Chicago

Jackson Blvd.

Grant Park

Buckingham Fountain

Congress Pkwy.

Michigan Ave.

Columbus Dr.

S. Lake Shore Dr.

Balbo Ave.

N

Lac Michigan

John G. Shedd Aquarium

Solidarity Drive

Field Museum

Roosevelt Rd.

McFetridge

14th St.

©ULYSSE

200   400m
1/8   1/4mi

guidesulysse.com

à ciel ouvert, œuvre du célèbre architecte américain d'origine canadienne Frank Gehry, à qui l'on doit notamment le Walt Disney Concert Hall de Los Angeles et, surtout, le Guggenheim Museum de Bilbao (Espagne). Les rubans d'acier géants qui coiffent le dessus de la scène extérieure rappellent d'ailleurs les lignes particulières de ces deux précédentes réalisations et constituent en quelque sorte la signature du maître. C'est ici que sont présentés les concerts estivaux du Grant Park Orchestra and Chorus. On y trouve 4 000 sièges et une grande pelouse où peuvent prendre place quelque 7 000 autres personnes. Une sorte d'immense treillis auquel sont suspendues les enceintes acoustiques surplombe élégamment tout cet espace. Pour compléter le tout, Gehry a également dessiné le sinueux **BP Bridge ★ ★**, un pont piétonnier qui enjambe Columbus Drive afin de relier le Millennium Park à la **Daley Bicentennial Plaza**.

Une autre passerelle, le **Nichols Bridgeway ★ ★**, enjambe Monroe Street pour ainsi relier le Millennium Park à la **Modern Wing** (voir p. 119) de l'Art Institute of Chicago. Dessiné par Renzo Piano, à qui l'on doit la nouvelle aile du musée inaugurée en 2009, ce pont permet à ceux qui l'empruntent de jouir de vues exceptionnelles sur le Jay Pritzker Pavilion et les gratte-ciel du New East Side. Il conduit à une entrée située à l'étage supérieur (*Third Level*) de la Modern Wing, là où se trouve un jardin de sculptures.

La portion sud-est du Millennium Park est couverte par le **Lurie Garden**, un agréable aménagement horticole à travers lequel serpente une promenade en planches. Quant à la partie nord-est, c'est là qu'a été érigé en 2003 le **Harris Theater for Music and Dance** *(205 E. Randolph St., 312-334-7777, www.harristheaterchicago.org)*, une salle de 1 500 places sur la scène de laquelle se produisent divers orchestres et troupes de danse de Chicago et d'ailleurs. Tout près de là, au **Millennium Park Welcome Center** *(tlj 9h à 19h en été, 9h à 17h en basse saison; 201 E. Randolph St., 312-742-1168, www.millenniumpark.org)*, vous pourrez prendre part à des visites guidées gratuites du parc en été.

Envie...

*... d'une promenade à vélo? Présentez-vous au **McDonald's Cycle Center** (voir p. 181) du Millennium Park, qui abrite un stationnement intérieur pour vélos (300 places) et propose des services divers comme la réparation et la location de bicyclettes. Consultez aussi nos propositions de circuits à vélo (voir p. 182).*

Le Museum Campus et le sud du Grant Park ★ ★ ★

Quelques œuvres d'art public sont à signaler dans la portion sud du Grant Park, mais c'est l'extraordinaire concentration d'institutions culturelles regroupées au sein de ce que l'on a baptisé le **Museum Campus** qui vole la vedette. Jadis coupé en deux par Lake Shore Drive, ce secteur a été complètement réaménagé au cours des années 1990, alors que les voies de circulation automobile ont été déplacées à l'ouest du stade de football Soldier Field (voir l'encadré p. 125). On a ainsi créé une nouvelle zone où les passants peuvent déambuler tranquillement. Plus au sud encore, le Grant Park devient le **Burnham Park**. Dans ces environs, la présence de certains des bâtiments de l'immense McCormick Place Convention Center vient, aux yeux de plusieurs, défigurer les abords du lac Michigan.

La première des institutions culturelles du Museum Campus que l'on aperçoit, droit devant lorsque l'on se dirige vers le sud sur Lake Shore Drive, est le **Field Museum ★ ★ ★** *(plusieurs options entre 15$ et 30$; tlj 9h à 17h; 1400 S. Lake Shore Dr., angle Roosevelt Rd., 312-922-9410, www.fieldmuseum.org)*, un fabuleux musée d'histoire naturelle auquel on peut facilement consacrer une journée entière. Cette institution fut créée en 1893 lors de la *World's Columbian Exposition*, tenue au **Jackson Park** (voir p. 159). Le commerçant Marshall Field, propriétaire des grands magasins qui ont longtemps porté son nom, investit à l'époque un million de dollars dans la création du musée. En 1921, on déménagea enfin la collection dans ce nouvel édifice aux allures de temple grec dont Daniel Burnham avait entrepris la conception 15 ans auparavant.

Museum Campus Plan

Dans les années 1980, la Ville de Chicago a posé sa candidature pour la tenue d'une nouvelle exposition universelle en 1992. C'est alors que fut conçu le *Museum Campus Plan*, qui visait à consolider davantage le remarquable ensemble que constituent le Field Museum, le Soldier Field, le John G. Shedd Aquarium et l'Adler Planetarium. Le plan prévoyait l'ajout de nouveaux bâtiments sur ces terrains ayant déjà été utilisés lors de la *Century of Progress Exposition* de 1933-1934. Le projet d'une nouvelle exposition universelle ne se réalisa pas, mais une partie du *Museum Campus Plan* fut tout de même retenue par les autorités municipales. Ainsi, l'ancienne voie en direction nord de Lake Shore Drive fut déplacée à l'ouest du Field Museum, puis remplacée par un espace vert. Ce plan permit de réunifier le site autrefois coupé en deux: le Field Museum et le Soldier Field d'un côté de Lake Shore Drive, et le Shedd Aquarium et l'Adler Planetarium de l'autre.

En pénétrant à l'intérieur, vous serez émerveillé par l'impressionnant hall central entouré d'arches supportées par de splendides colonnes ioniques. Deux paires de colonnes, situées aux extrémités de la salle, servent de piédestaux à quatre statues de femmes représentant les quatre missions de l'institution: la science, la recherche, l'acquisition et la diffusion de connaissances. Le **Stanley Field Hall** ★ ★ ★ renferme une reproduction grandeur nature de mammouths, le squelette d'une immense bête préhistorique (un tyrannosaure baptisé *Sue*) et de beaux mâts totémiques. Les salles d'exposition sont disposées sur trois étages autour du hall.

Au rez-de-chaussée (*Ground Level*), outre les restaurants et les aires de détente, les expositions intitulées **Inside Ancient Egypt**, consacrée à l'Égypte ancienne et comportant entre autres une vingtaine de momies, et **Underground Adventure**, dans laquelle les visiteurs sont «réduits» aux dimensions du monde des insectes, comptent parmi les plus appréciées du musée. C'est également sur cet étage que vous retrouverez **Bushman**, un immense gorille jadis très populaire au **Lincoln Park Zoo** (voir p. 155) et aujourd'hui empaillé.

Le premier étage (*Main Level*) renferme quant à lui diverses expositions sur les animaux: les mammifères d'Asie et d'Afrique, les oiseaux d'Amérique du Nord, etc. Plus intéressante, la seconde moitié de cet étage rend hommage aux peuples autochtones des Amériques, notamment au moyen de l'exposition **Ancient Americas**, qui survole plus de 13 000 ans d'histoire du continent.

Finalement, le second étage (*Upper Level*) propose des expositions qui explorent le Pacifique, et qui initient le visiteur à la géologie et à la botanique. Mais on y trouve surtout une extraordinaire collection de dinosaures reconstitués, à l'intérieur de l'**Elizabeth Morse Genius Dinosaur Hall**.

Derrière le Field Museum, le **New Soldier Field** *(1410 S. Museum Campus, 312-235-7000, www.soldierfield.net)* constitue la demeure des Bears de Chicago, l'équipe professionnelle de football américain de la ville. Le stade original fut construit entre 1922 et 1926 par Holabird & Roche, et baptisé «Soldier Field» à la mémoire des soldats ayant participé à la Première Guerre mondiale. Il présente une structure en *U* agrémentée de colonnes doriques. Sa rénovation complète, au coût de 365 millions de dollars US, fut achevée en 2003. Comme les façades classiques ont été conservées, cette nouvelle incarnation donne l'impression étrange qu'un stade moderne a été déposé au beau milieu de l'ancien... et que les estrades dépassent de chaque côté. Étonnant! Il est possible de prendre part à un tour guidé afin de visiter le stade lorsqu'il ne s'y tient pas de matchs ou d'événements *(15$; horaire variable; 312-235-7152)*.

Il y a ensuite le **John G. Shedd Aquarium** ★ ★ ★ *(34,95$ incluant aquarium et océanarium; juin à août tlj 9h à 18h, sept à mai lun-ven 9h à 17h, sam-dim 9h à 18h; 1200 S. Lake Shore Dr., 312-939-2438,* *www.sheddaquarium.org)*, superbement installé près du lac Michigan. Vous remarquerez d'abord le grandiose édifice Beaux-Arts de forme octogonale, conçu en 1929 de façon à bien s'harmoniser avec le Field Museum. Sur ce plan, la réussite est complète, avec la splendide façade à colonnade dorique qui fait brillamment écho à celle du musée d'histoire naturelle. En 1991, un océanarium s'avançant dans le lac Michigan fut construit à l'arrière du bâtiment. Grâce à une faible élévation, cet ajout s'insère adroitement dans l'ensemble sans le déparer. Encore une fois, la réussite est totale.

Le Shedd Aquarium, le plus grand du monde dit-on, est une des attractions les plus populaires de la ville. Aussi est-il conseillé de s'y rendre tôt dans la journée afin d'éviter les files d'attente. Plus de 8 000 animaux marins représentant 650 espèces différentes résident ici. En entrant, vous apercevrez, droit devant vous, un grand bassin : le **Caribbean Reef Exhibit** ★★. D'innombrables poissons tropicaux et même des requins nagent dans cet immense bassin contenant 340 000 litres d'eau salée. À intervalles réguliers *(10h30, 12h, 14h et 15h)*, un plongeur vient nourrir les poissons et répond sous l'eau, grâce à un système de microphones, aux questions de l'assistance.

Autour du Caribbean Reef Exhibit, plusieurs salles présentent des espèces du monde entier. En débutant par la droite pour visiter ces salles dans le sens contraire des aiguilles d'une montre, vous découvrirez tout d'abord l'exposition *Amazon Rising* ★, qui décrit de façon vivante comment évoluent les animaux peuplant les rivières de la forêt amazonienne en fonction des saisons et, par conséquent, des changements de niveau d'eau. Les autres salles présentent la faune marine qui vit dans divers écosystèmes tels que les océans, les lacs et les rivières.

Il ne faut manquer sous aucun prétexte la visite de l'**Oceanarium** ★★★, ce brillant ajout datant de 1991. Réaménagé en 2008-2009 au coût de 50 millions de dollars, l'Oceanarium présente maintenant un visage moderne et dynamique. Des spectacles mettant en vedette diverses espèces marines (dauphins, bélugas, otaries et autres) y sont présentés plusieurs fois par jour. Les

animaux évoluent devant les spectateurs dans un immense bassin. Le grand mur de verre situé en arrière-plan donne sur le lac Michigan et crée l'illusion que cet habitat marin se prolonge à perte de vue. L'effet obtenu est saisissant.

Il y a aussi d'autres bassins, de dimensions plus modestes, habités par des otaries, des loutres de mer et des manchots. Des séances de «questions-réponses» d'une trentaine de minutes animées par des naturalistes sont organisées à intervalles réguliers (heures variables) aux abords de certains de ces bassins.

L'étage inférieur, situé sous l'amphithéâtre, a été complètement réaménagé dans la foulée de la rénovation des dernières années. Grâce à de grandes baies vitrées, on peut toujours y observer les dauphins et les bélugas s'ébattre jusque dans les profondeurs de l'habitat conçu pour eux, mais la mise en scène est aujourd'hui plus élaborée. Ainsi, on y trouve désormais divers éléments interactifs qui s'adressent aux jeunes enfants, notamment dans la **Polar Play Zone**, où est même proposée une balade simulée en mini-sous-marin.

Un nouvel agrandissement a été complété au printemps 2003, mais, comme il devenait impossible d'ajouter de nouvelles ailes au bâtiment historique d'origine, c'est en profondeur qu'il fallut aller. Ainsi, c'est 7,5 m au-dessous du niveau de la rue que l'on a aménagé la nouvelle section baptisée **Wild Reef** ★★★, à voir absolument. Cette exposition recrée un village des Philippines et présente la barrière de corail méconnue de ce pays, bien qu'elle soit pourtant l'une des plus grandes du monde et la plus riche en termes d'animaux marins qui y résident. D'ailleurs, elle met aussi en valeur la faune marine de cette région du globe, au moyen de 26 habitats reconstitués dans lesquels évoluent pas moins de 540 espèces différentes d'animaux et de coraux. Mais le clou du spectacle est assuré par la trentaine de requins d'espèces diverses qui nagent dans un immense bassin (1,5 million de litres) dont la paroi en pente permet aux visiteurs de s'avancer au point de voir les requins se promener au-dessus de leurs têtes.

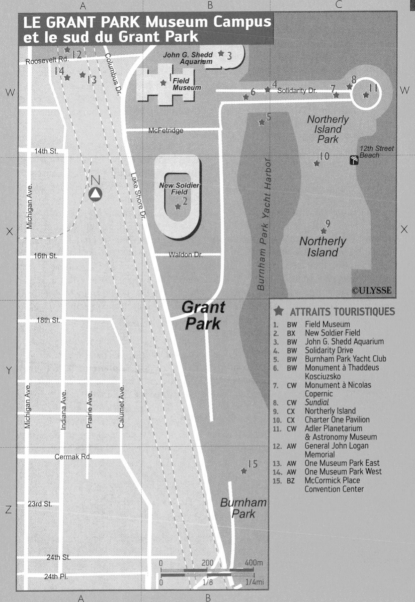

LE GRANT PARK Museum Campus et le sud du Grant Park

©ULYSSE

★ ATTRAITS TOURISTIQUES

1.	BW	Field Museum
2.	BX	New Soldier Field
3.	BW	John G. Shedd Aquarium
4.	BW	Solidarity Drive
5.	BW	Burnham Park Yacht Club
6.	BW	Monument à Thaddeus Kosciuzsko
7.	CW	Monument à Nicolas Copernic
8.	CW	Sundial
9.	CX	Northerly Island
10.	CX	Charter One Pavilion
11.	CW	Adler Planetarium & Astronomy Museum
12.	AW	General John Logan Memorial
13.	AW	One Museum Park East
14.	AW	One Museum Park West
15.	BZ	McCormick Place Convention Center

Afin de vous diriger vers l'Adler Planetarium (voir ci-dessous), vous devrez emprunter **Solidarity Drive** ★, une superbe promenade ainsi nommée en 1980 en hommage au mouvement lancé en Pologne par Lech Walesa, depuis laquelle vous jouirez de vues imprenables sur les gratte-ciel du centre-ville ainsi que sur les bateaux de plaisance amarrés au **Burnham Park Yacht Club**. Quelques monuments parsèment cette voie comportant une jolie pelouse en son centre. Vous y remarquerez ainsi tout d'abord celui élevé à la mémoire de **Thaddeus Kosciuzsko**, héros d'origine polonaise de la Révolution américaine, puis celui à **Nicolas Copernic**, le célèbre astronome polonais (1473-1543) dont la théorie réfutant l'idée que la Terre se trouvait au centre de l'Univers lui attira les foudres du pape Paul V, mais qui fut également à l'origine de la révolution scientifique du XVIIe siècle, ce qui lui valut le titre de fondateur de l'astronomie moderne. Cette sculpture est une réplique de l'œuvre de Bertel Thorvaldsen (1770-1844) qui s'élevait devant l'Académie des Sciences de Pologne, à Varsovie, entre 1823 et 1944, année où elle fut détruite pendant la Seconde Guerre mondiale. Finalement, tout juste devant le planétarium, s'élève un bronze du sculpteur Henry Moore faisant 4 m de haut: *Sundial*.

La promenade fut aménagée lors de la *Century of Progress Exposition* en 1933-1934. Auparavant, un pont reliait la **Northerly Island** à la terre ferme. Cette île tout en longueur fut entièrement créée par l'homme en 1930. Elle devait en fait, selon le plan de Daniel Burnham, ne constituer que le premier maillon d'un archipel s'étirant le long de la rive du lac Michigan. Elle demeure toutefois à ce jour la seule île jamais construite.

Après l'exposition universelle de 1933-1934, on envisagea immédiatement de convertir la Northerly Island en un aéroport privé. Ce n'est toutefois pas avant 1948 que se réalisa ce projet. L'aéroport en question prit en 1950 le nom de Merrill C. Meigs Field en l'honneur d'un pionnier chicagoen de l'aviation. Mais en 2003, la Ville ferma l'aéroport dans la controverse afin de reconvertir l'île en un parc public (voir l'encadré ci-dessous). En 2005, on y construisit le **Charter One Pavilion**, un amphithéâtre extérieur comptant 7 500 places assises où sont présentés des spectacles de musique populaire durant la belle saison. Le concert inaugural mit d'ailleurs en vedette le fameux groupe rock Chicago.

C'est à l'extrême nord de la Northerly Island que fut érigé l'**Adler Planetarium & Astronomy Museum** ★ ★ *(12$ prix d'entrée général, 28$ incluant les spectacles; lun-ven 9h30 à 16h, sam-dim 9h30 à 16h30; 1300 S. Lake Shore Dr., 312-922-7827, www. adlerplanetarium.org)* en 1930, selon les plans d'Ernest Grunsfeld Jr. Il s'agissait alors du premier planétarium public à ouvrir ses portes aux États-Unis. Un dôme, à l'intérieur duquel sont projetées les images du firmament, domine ce bâtiment Art déco. Il repose sur une base comptant 12 faces, qui représente les 12 signes du zodiaque.

Aujourd'hui, ce bâtiment originel est partiellement encerclé par une construction récente, le **Sky Pavilion**, où se trouvent les salles d'exposition. Ainsi, dans cette nouvelle aile, est racontée sur trois étages l'histoire de l'astronomie et de l'exploration de l'espace au moyen d'instruments anciens, de reconstitutions du système solaire, de diaporamas et de bornes interactives. Parmi les élé-

La reconversion controversée d'un aéroport en parc

Le maire de Chicago Richard M. Daley, se réclamant du plan Burnham, commença dès 1995 sa campagne en faveur de la reconversion de l'aéroport privé Merrill C. Meigs Field de la Northerly Island en un vaste parc public. Il se heurta alors à l'opposition de plusieurs groupes qui jugeaient cet équipement indispensable. Le projet du puissant maire fut alors mis de côté pour un temps, jusqu'à ce que les événements du 11 septembre 2001 viennent lui permettre de réclamer pour des raisons de sécurité nationale la fermeture de cet aéroport situé tout près du centre-ville.

Le 30 mars 2003, le maire Daley ordonna que la piste d'atterrissage soit détruite par des bulldozers, et ce, en pleine nuit! Le coup de force fut d'autant plus dramatique qu'aucune annonce n'en avait été faite auparavant, au point où 16 avions étaient encore sur place au moment de la fermeture forcée de l'aéroport. Malgré toutes les contestations qui suivirent, les actions peu orthodoxes du maire Daley dans ce dossier furent appuyées par les tribunaux, la Ville de Chicago étant dûment propriétaire de la Northerly Island.

ments les plus intéressants figure l'**Atwood Sphere** ★, une grande sphère dans laquelle les visiteurs peuvent pénétrer. À l'intérieur sont reproduites plusieurs constellations au moyen de trous percés dans la sphère qui laissent juste entrer la lumière qu'il faut pour créer l'illusion d'un beau ciel étoilé. Simple, mais ingénieux...

Une exposition intitulée *Shoot for the Moon: A Journey with Jim Lovell* raconte, à l'aide d'objets appartenant à cet astronaute aujourd'hui résidant de la région de Chicago, les débuts de l'exploration américaine de l'espace. La reconstitution de la capsule spatiale Gemini 12, pilotée par Lovell et son collègue Buzz Aldrin en novembre 1966, constitue le clou de cette présentation. Jim Lovell fut également le capitaine de la célèbre mission Apollo 13, qui frôla la catastrophe en 1970 et à laquelle un film de Ron Howard mettant en vedette Tom Hanks a été consacré.

L'attraction la plus impressionnante est cependant le **Grainger Sky Theater** ★ ★, qui présente une projection sur écran géant donnant l'impression aux spectateurs de participer à un voyage dans l'immensité de l'espace. Ils sont de plus invités à jouer un rôle actif dans l'expédition en effectuant quelques manœuvres au moyen de commandes placées sur le bras de leur fauteuil.

Quelques monuments et sculptures attirent l'attention dans la portion sud-ouest du Grant Park qui longe Michigan Avenue. Mentionnons par exemple l'imposant **General John Logan Memorial**, élevé en hommage à un héros de la guerre de Sécession originaire de l'Illinois, devenu homme politique par la suite. Installée au sommet d'un monticule à la hauteur de 9th Street, cette spectaculaire statue équestre attire à coup sûr l'attention. Les sculpteurs Augustus Saint-Gaudens, pour la représentation de Logan, et Alexander Phimister Proctor, pour celle de son cheval, ont uni leurs efforts dans la conception du monument élevé à la fin du XIXe siècle. Pas très loin de là, la sculpture publique intitulée *Agora* interpelle les passants de singulière

façon depuis 2006. Œuvre de l'artiste polonaise Magdalena Abakanowicz, elle est constituée de 106 paires de jambes en fonte moulées en Pologne, chacune haute de 3 m.

Cette section du parc est bordée au sud par Roosevelt Road, le long de laquelle poussent depuis peu quelques grands gratte-ciel. Le plus imposant de ceux-ci est le **One Museum Park East**, une tour résidentielle de verre bleu haute de 65 étages qui fut terminée en 2008. À ces côtés, le **One Museum Park West**, qui compte pour sa part 53 étages, a été inauguré la même année.

Plus au sud, les impressionnantes installations (en termes de superficie) du **McCormick Place Convention Center** *(angle Lake Shore Dr. et 23rd St., 312-791-7000, www.mccormickplace.com)* représentent un des rares accrocs au principe de la non-construction d'édifices le long du lac Michigan. Déjà, avant même son achèvement, il constituait le plus vaste centre de congrès des États-Unis. L'**East Building** *(2301 S. Lake Shore Dr.)*, rebaptisé Lakeside Center en 1998, fut le premier élément du complexe à être réalisé en 1971. En lui-même, il représente une belle prouesse technique, seulement huit colonnes supportant le plafond du hall d'exposition principal de 30 000 m². Toutefois, sa construction, en remplacement de l'ancien centre de congrès incendié qui se trouvait au même endroit (1960-1967), souleva la colère de nombreuses personnes frustrées de voir se répéter la même erreur au mépris des principes du plan de Burnham. Le **North Building** *(450 E. 23rd St.)* fut quant à lui construit en 1986 selon les plans de Skidmore, Owings & Merrill. Puis, l'inauguration d'un troisième bâtiment eut lieu en 1996 : le **South Building**. Ce nouveau bâtiment annexe avec ses 84 000 m² a porté la superficie totale du centre des congrès à 220 000 m². Mais l'histoire ne s'arrête pas là, puisqu'une nouvelle aile, le **West Building**, a été inaugurée à l'été 2007. Cette fois, c'est quelque 47 000 m² d'aire d'exposition et 25 000 m² de salles de conférences qui sont venus s'ajouter à ce vaste complexe.

Attraits touristiques - **Le Grant Park** - Le Museum Campus et le sud du Grant Park

Le Magnificent Mile
★ ★ ★

▲ *p. 191* 🍴 *p. 225* 🛍 *p. 268* 🏨 *p. 285*

🕐 trois heures

À ne pas manquer

> Wrigley Building
  p. 132
> Tribune Tower p. 132

> Chicago Water Tower
  p. 134
> John Hancock Center
  p. 135

Les bonnes adresses

Restaurants
> The Billy Goat Tavern
  p. 225
> Gino's East p. 227
> NoMI Kitchen p. 230

> Spiaggia p. 231
> Tru p. 231
> Michael Jordan's
  Steak House p. 230

Sorties
> C-View Lounge
  p. 269

> Signature Lounge
  p. 269

Achats
> The Shops at North
  Bridge p. 289
> The 900 Shops
  p. 289

> Water Tower Place
  p. 289

La partie nord de Michigan Avenue, comprise entre la Chicago River et Oak Street, est devenue la Mecque du magasinage à Chicago (voir p. 286). Boutiques chics, centres commerciaux et grands magasins s'alignent de chaque côté de l'avenue que l'on a tôt fait de surnommer *The Magnificent Mile*.

Cette artère n'a toutefois pas toujours eu cette vocation. Avant la Première Guerre mondiale, il s'agissait plutôt d'une rue bordée de belles maisons familiales, alors connue sous le nom de Pine Street. Avec la construction du Michigan Avenue Bridge, suivant les recommandations du plan d'aménagement de Daniel Burnham, les choses se transformèrent rapidement. Le Wrigley Building, au sud, et le Drake Hotel, au nord, furent édifiés presque simultanément au début des années 1920 et vinrent délimiter ce qui devait devenir les «Champs-Élysées de Chicago». D'autres édifices importants furent érigés par la suite, mais ce n'est que dans les années 1970 qu'est vraiment né le Magnificent Mile, avec la construction de mégacentres commerciaux comme la Water Tower Place.

Au-delà du lèche-vitrine, on peut profiter d'une visite de cette avenue de prestige pour apprécier la belle cohérence de son aménagement. Tout au long du parcours, plusieurs beaux exemples architecturaux méritent une attention particulière. Nous les décrirons brièvement dans les pages qui suivent.

Notre circuit débute au **Michigan Avenue Bridge** ★, l'un des 50 ponts mobiles permettant aux Chicagoens de circuler facilement d'un côté à l'autre de la Chicago River. Ce pont fut érigé entre 1918 et 1920 par Edward H. Bennett et Hugh Young, qui s'inspirèrent alors du pont Alexandre III de Paris. Le résultat est un véritable monument dont la construction a encouragé l'émergence d'édifices tout aussi monumentaux dans ses environs immédiats: le **333 North Michigan Avenue Building** et le **360 North Michigan Avenue Building**, au sud (voir p. 94), et le Wrigley Building et la Tribune Tower, au nord.

Les quatre pylônes de 12 m qui supportent la structure à deux niveaux sont ornés de bas-reliefs permettant de remonter dans le temps et de revivre des épisodes de l'histoire de Chicago. Au sud, du côté est de l'avenue, *Regeneration* commémore la renaissance de la ville à la suite du Grand Incendie de 1871. De l'autre côté de la rue, *Defense* raconte le «massacre du fort Dearborn», en 1812, qui se trouvait grosso modo à cet endroit à l'époque. Au nord, du côté ouest, *The Pioneers* rappelle que c'est ici que Jean Baptiste Point DuSable s'installa en 1779, devenant ainsi le premier habitant de ce qui deviendrait plus tard Chicago. John Kinzie, dont on honore aussi la mémoire dans cette œuvre, acheta le poste de traite de DuSable en 1804 et fut longtemps considéré comme le père de Chicago, honneur qui revint finalement à DuSable. Finalement, du côté est, *The Discoverers* évoque l'épopée des explorateurs Louis Jolliet, Jacques Marquette, René Robert Cavelier de La Salle et Henri de Tonti. Ces bas-reliefs ont été réalisés par James Earle Fraser et Henry Herig en 1928.

À l'été 2006, l'intérieur du pylône sud-ouest a été transformé en musée: le **McCormick Tribune Bridgehouse & Chicago River Museum** *(4$; jeu-lun 10h à 17h, en été seulement; 376 N. Michigan Ave., 312-*

LE MAGNIFICENT MILE

Lac Michigan

Lincoln Park

Oak Street Beach

N. Lake Shore Dr.

E. Lake Shore Dr.

Lakeshore Park

Museum of Contemporary Art

CHICAGO

W. Chicago Ave.

THE MAGNIFICENT MILE

Trump International Hotel & Tower

Chicago River

©ULYSSE

★ ATTRAITS TOURISTIQUES

1.	BZ	Michigan Avenue Bridge
2.	BZ	McCormick Tribune Bridgehouse & Chicago River Museum
3.	BZ	Wrigley Building
4.	BZ	Equitable Building
5.	BY	Tribune Tower
6.	BY	InterContinental Hotel
7.	BY	The Shops at North Bridge
8.	BY	543-545 North Michigan Avenue
9.	BY	Lake Shore Bank
10.	BX	Woman's Athletic Club
11.	BX	Crate & Barrel
12.	BX	Ritz-Carlton Residences
13.	BX	Nike Chicago/Apple Store/Garmin
14.	BX	City Place/Omni Chicago Hotel
15.	BX	Chicago Place
16.	BX	Olympia Center/Neiman Marcus
17.	BX	730 North Michigan Avenue Building
18.	BW	Chicago Water Tower/City Gallery
19.	BW	Park Tower
20.	BW	Loyola University Museum of Art
21.	BW	Pumping Station/Chicago Water Works/Lookingglass Theatre
22.	BW	Water Tower Place/American Girl Place
23.	BW	John Hancock Center/Garden Plaza/SkyWalk
24.	BW	Fourth Presbyterian Church
25.	BW	The 900 Shops
26.	BW	919 North Michigan Avenue/Playboy Building
27.	BV	One Magnificent Mile
28.	BV	Drake Hotel
29.	CV	Oak Street Beach
30.	BV	Oak Street

0   50   100m
0   200   400pi

- - - - - Métro souterrain

Ⓜ   Station de métro

guidesulysse.com

977-0227, *www.bridgehousemuseum.org*). Il raconte l'histoire de la Chicago River et témoigne de son importance dans le développement de la ville.

Aux abords du pont, tant au sud qu'au nord de la Chicago River, on peut descendre des escaliers qui conduisent près de l'eau, là où il est possible d'embarquer sur des bateaux d'excursion (commentée) sillonnant les eaux de la rivière et du lac Michigan.

Au nord-ouest du pont se dresse avec une rare élégance ce que d'aucuns considèrent comme le plus beau bâtiment de la ville : le **Wrigley Building** ★ ★ ★ *(400-410 N. Michigan Ave.)*. Cette tour de terre cuite blanche, élevée entre 1919 et 1924, emprunte quelques formes à la cathédrale de Séville. Le bâtiment principal est relié à une annexe, au nord, par un passage couvert cachant une jolie petite place aménagée en 1957 et agrémentée de plantes et d'une fontaine. Aux yeux de plusieurs observateurs, le Wrigley Building réunit le meilleur de deux mondes en usant du langage propre à la *White City* classique de Daniel Burnham et, au moyen de sa tour de 120 m, en suivant également les principes du gratte-ciel moderne de Sullivan, le tout composant un ensemble aux lignes équilibrées et aux proportions parfaites. Il ne faut pas manquer le spectacle féerique de cet édifice monumental lorsqu'il est éclairé en soirée. Simplement fabuleux!

Au pied du Wrigley Building, des escaliers permettent d'accéder au niveau inférieur de Michigan Avenue, là où se cache la légendaire **Billy Goat Tavern** *(430 N. Michigan Ave.; voir p. 225, 268)*.

En face, en bordure de la rivière, l'**Equitable Building** *(401 N. Michigan Ave.)* date quant à lui de 1965. Il s'agit d'une tour de 40 étages caractéristique du style international tel que mis en avant par Mies van der Rohe.

Au nord de l'Equitable Building, une agréable place sépare celui-ci de la splendide **Tribune Tower** ★ ★ *(435 N. Michigan Ave.)*. Cette remarquable tour néogothique fut élevée entre 1923 et 1925 à la suite d'un concours international remporté par les architectes new-yorkais John Mead Howells et Raymond Hood. Si les concepteurs du Wrigley Building se sont inspirés de la cathé-

drale de Séville, ceux de la Tribune Tower en ont fait autant avec celle de Rouen. Au niveau de la rue, des pierres de grands monuments du monde ramenées par des correspondants du *Chicago Tribune* ont été intégrées aux murs. Il est amusant de chercher à les repérer ; il y en a plus de 200, provenant des pyramides d'Égypte, du Parthénon, de la Grande Muraille de Chine, du mur de Berlin, du fort Alamo, au Texas, de Notre-Dame de Paris, etc. La Tribune Tower abrite les bureaux du quotidien *Chicago Tribune*, dont la société à laquelle il appartient, la Tribune Company, est aussi propriétaire de nombreux journaux, de chaînes de télévision, de stations radiophoniques et de maisons d'édition.

Du même côté de Michigan Avenue, au nord d'Illinois Street, vous remarquerez le bâtiment où a emménagé en 1990 l'**Inter-Continental Hotel** ★ *(505 N. Michigan Ave.; voir p. 194)*, dessiné en 1929 par Walter W. Ahlschlager et dont il ne faut pas manquer de voir le hall. De dimensions restreintes, celui-ci présente toutefois une décoration fortement ornementée qui lui confère un cachet romantique irrésistible. L'entrée principale de l'hôtel se trouve toutefois aujourd'hui juste un peu plus au nord, au pied d'un second bâtiment plus récent. Elle a d'ailleurs été complètement redessinée il y a quelques années et prend la forme d'une monumentale rotonde ornée de lourdes portes de bronze. N'oubliez pas de jeter un coup d'œil sur le hall principal, dont la rénovation s'est également terminée il y a peu de temps. Notez qu'il est possible de visiter l'hôtel gratuitement à l'aide d'un audioguide disponible au comptoir du concierge.

Juste en face, on ne peut manquer l'entrée du mail intérieur de construction récente qu'est **The Shops at North Bridge** *(520 N. Michigan Ave.)*, qui abrite notamment le grand magasin Nordstrom et l'élégant hôtel **Conrad Chicago** *(voir p. 194)*. On accède à la galerie de boutiques par un étonnant couloir incurvé. L'ensemble a du chic avec ses grands espaces intérieurs. Par ailleurs, il est tout à l'honneur des concepteurs du complexe d'avoir su conserver la façade du McGraw-Hill Building (1929) pour l'intégrer habilement dans une composition résolument moderne.

Puis, au nord de Grand Avenue, le modeste **543-545 North Michigan Avenue** est à signaler pour ses statues de femmes placées au-dessus des portes d'entrée dans la plus pure tradition Art déco. Il fut érigé en 1929 pour accueillir une luxueuse boutique de vêtements pour dames. Un peu plus au nord, la **Lake Shore Bank** *(605 N. Michigan Ave.)* comporte de belles colonnes corinthiennes à l'entrée.

À l'intersection nord-ouest de Michigan Avenue et d'Ontario Street, le **Woman's Athletic Club** *(626 N. Michigan Ave.)* rappelle l'élégance qui marquait cette artère dans les années 1920 et 1930. D'inspiration française, ce bâtiment fut dessiné par Philip Maher et inauguré en 1928.

Tout juste à côté du club, le magasin **Crate & Barrel** ★ *(646 N. Michigan Ave.)* surprend par l'audace de ses lignes. Ses grandes vitrines qui le rendent presque transparent, surtout dans la portion arrondie de sa façade, et son côté *flashy* tranchent radicalement avec les ouvrages de maçonnerie voisins. Toutefois, sans qu'on sache vraiment pourquoi, cette œuvre postmoderne achevée en 1990 s'insère bien dans le contexte du Magnificent Mile. Ses concepteurs en ont imaginé les lignes générales de façon à rendre hommage à Le Corbusier, alors que le coin en rotonde donne un coup de chapeau à Louis H. Sullivan et à son fameux magasin **Carson Pirie Scott & Co.** (voir p. 108) de State Street.

À l'intersection nord-ouest de Michigan Avenue et d'Erie Street s'élèvent depuis 2010 les **Ritz-Carlton Residences** *(664 N. Michigan Ave.)*, un immeuble d'appartements privés de luxe qui, malgré son nom, ne remplit aucune vocation hôtelière. Le bureau d'architectes de Lucien Lagrange a conçu les plans de cet élégant édifice de 40 étages, qui ne comprend que 88 appartements.

Au nord d'Erie Street, du côté est de l'avenue, se trouve un des alignements de boutiques les plus populaires en Amérique. Il comprend notamment le célèbre **Nike Chicago** *(669 N. Michigan Ave., 312-642-6363)*, qui a fermé pendant plusieurs mois pour cause de rénovation avant sa réouverture à l'automne 2012. Cette boutique ultramoderne d'équipements de sport est devenue une véritable attraction touristique. Des cars de touristes s'y arrêtent, et des visites guidées (sur réservation) des quatre étages ouverts au public et des étages privés sont même organisées. Parmi les autres établissements de ce groupe, mentionnons le fameux **Apple Store** *(lun-sam 10h à 21h, dim 11h à 19h; 679 N. Michigan Ave., 312-981-4104)*, vitrine du célèbre fabricant d'ordinateurs personnels, ainsi que la belle boutique du fabricant de GPS **Garmin** *(lun-jeu 10h à 18h, ven-sam 10h à 19h, dim 10h à 17h; 663 N. Michigan Ave., 312-787-3221)*.

Plus loin, vous remarquerez le **City Place** *(676 N. Michigan Ave.)*, un complexe multifonctionnel qui abrite des commerces, un hôtel (le chic **Omni Chicago Hotel**, qui occupe les étages 5 à 25; voir p. 195) et des bureaux, installés principalement aux niveaux supérieurs. Le rouge et le rose du bâtiment, de même que le bleu de ses fenêtres teintées, ajoutent une touche de couleur qui contribue à rajeunir l'élégant Magnificent Mile. L'édifice, dont la façade principale donne en fait sur Huron Street, fut terminé en 1990.

Tout le quadrilatère suivant, du côté ouest, est occupé par **Chicago Place** *(700 N. Michigan Ave.)*, un vaste complexe comportant une tour résidentielle de 43 étages et qui, jusqu'au début de 2009, abritait aussi un grand mail intérieur. Décision fut alors prise de remplacer la majorité des boutiques par des espaces de bureaux, seuls Saks Fifth Avenue et quelques autres magasins du rez-de-chaussée échappant au changement de vocation des lieux. Certains éléments de la façade révèlent des références stylisées à l'architecture de Chicago : les colonnes rappellent le magasin **Macy's** (voir p. 288) de State Street (anciennement Marshall Field); le coin arrondi, au sud, renvoie au Carson Pirie Scott de Sullivan, et les fenêtres adoptent les lignes propres aux *Chicago windows*.

En diagonale, de l'autre côté de Superior Street, s'élève l'**Olympia Center** *(161 E. Chicago Ave.)*, dont la base est réservée au grand magasin chic **Neiman Marcus** *(737 N. Michigan Ave.)*. La grande arche de verre qui en marque l'entrée rend hommage aux travaux de Henry H. Richardson et de Louis H. Sullivan.

Une succursale de **Banana Republic** *(744 N. Michigan Ave.)* logeait jadis dans un petit immeuble de deux étages... Dans une ville qui ne semble habitée que par des géants, cela ne pouvait durer. Aussi, en 1997, ce bâtiment fut reconstruit en entier et arbore maintenant des dimensions dignes de Chicago... Ce nouveau venu, le **730 North Michigan Avenue Building**, s'inscrit dans le courant postmoderne qui cherche à rendre hommage aux styles du passé. Outre Banana Republic, **Polo-Ralph Lauren, Victoria's Secret** et **Tiffany and Company** y ont aussi pignon sur rue. Les étages supérieurs accueillent quant à eux le chic hôtel **Peninsula Chicago** (voir p. 196).

Vous rejoindrez ensuite la légendaire **Chicago Water Tower** ★★ *(806 N. Michigan Ave.)*, entourée d'un joli jardin où il fait bon s'arrêter quelques instants. Ce bâtiment est un des rares à avoir survécu au Grand Incendie de 1871 et symbolise aux yeux des Chicagoens la force qui a permis à leur ville de renaître de ses cendres. Cette belle tour de 46 m fut élevée en 1869. Il s'agissait en fait d'une annexe de la Pumping Station, située de l'autre côté de la rue et pour sa part construite trois ans auparavant, abritant une colonne d'alimentation pour le contrôle de la pression de l'eau potable distribuée dans la ville. Les deux constructions aux murs de pierres calcaires jaunes constituent un bel ensemble dont le style gothique empreint de naïveté rappelle presque les châteaux de contes de fées. Elles sont l'œuvre de William Boyington, un architecte des plus prolifiques à Chicago dans la seconde moitié du XIXe siècle, mais dont le sinistre de 1871 a fait disparaître une partie importante des réalisations. Depuis 1999, la Water Tower abrite la **City Gallery** *(entrée libre; lun-sam 10h à 18h30, dim 10h à 17h; 312-742-0808)*. On y présente des expositions de photographies sur divers aspects de la vie à Chicago.

À l'ouest de la Water Tower, on ne peut manquer la **Park Tower** de 67 étages, œuvre de Lucien Lagrange complétée en 2000. Elle abrite le chic hôtel **Park Hyatt Chicago** (voir p. 195) ainsi que de nombreux appartements de luxe. La présence de la place entourant la Water Tower permet de prendre le recul nécessaire pour apprécier la silhouette filiforme de cette tour, dont les lignes rappellent le style Art déco tel qu'appliqué à l'intérieur des grands paquebots d'antan.

Tout juste à côté s'élève l'édifice qui abrite le **Loyola University Museum of Art** *(8$, mar entrée libre; mar 11h à 20h, mer-dim 11h à 18h, lun fermé; 820 N. Michigan Ave., 312-915-7600, www.luc.edu/luma)*, surnommé LUMA, qui a ouvert ses portes à l'automne 2005. Ce musée dédié à la spiritualité dans les arts vise principalement à mettre en valeur la collection de l'université d'œuvres médiévales, Renaissance et baroques (1150 à 1750), composée de quelque 500 peintures, sculptures, bijoux, pièces de mobilier et objets liturgiques.

La **Pumping Station** ou, comme on l'appelle maintenant, le **Chicago Water Works** ★ *(lun-jeu 9h à 19h, ven-sam 9h à 18h, dim 10h à 18h; 163 E. Pearson St.)* abrite le centre d'information touristique principal de Chicago. Vous trouverez aussi à l'intérieur un comptoir Hot Tix pour la réservation de spectacles. Depuis 2003, le **Lookingglass Theatre** *(821 N. Michigan Ave., 312-337-0665, www.lookingglasstheatre.org)* y a également élu domicile en y faisant aménager une salle de 270 sièges.

En face s'élève l'impressionnant **Water Tower Place** *(835 N. Michigan Ave.)*, le plus fréquenté des mails intérieurs du Magnificent Mile. Ce gigantesque complexe de marbre blanc inauguré en 1976, qui s'étend sur tout le quadrilatère, est composé d'un centre commercial de 12 étages et, en retrait vers l'est, d'une tour de 62 étages dans laquelle se trouvent des appartements mais aussi le chic hôtel **Ritz-Carlton Chicago** (voir p. 195).

Relocalisée dans Water Tower Place depuis la fin de 2008, l'**American Girl Place** ★ *(835 N. Michigan Ave., 877-247-5223, www.americangirl.com)* présente toujours une adorable collection de poupées d'hier et d'aujourd'hui, mais maintenant dans une mise en scène élaborée et de vastes locaux répartis sur deux étages. Ainsi, les diverses poupées à l'allure vintage en vente dans cette boutique qui sort de l'ordinaire

La folie des grandeurs

Après quelques décennies d'accalmie, la folie des grandeurs a repris chez les promoteurs immobiliers qui œuvrent à Chicago. En effet, la course à celui qui construira ici la plus haute tour a été lancée, et il y a fort à parier que le fait que la Sears Tower (aujourd'hui la Willis Tower) ait été déclassée de son titre de plus haut gratte-ciel du monde il y a quelques années n'y soit pas tout à fait étranger.

Ainsi, en 2006 furent entrepris les travaux de la **Waterview Tower**, une nouvelle tour qui devait comprendre 89 étages et culminer à environ 320 m, dans Wacker Drive, tout juste au sud de la Chicago River. Des difficultés financières diverses ont toutefois forcé l'interruption des travaux peu après leur début, et ils ne reprirent qu'en 2012 dans le cadre du projet plus modeste d'un gratte-ciel de 59 étages repabtisé simplement **111 West Wacker**.

Le milliardaire new-yorkais Donald Trump a pour sa part inauguré en 2008 un imposant gratte-ciel de 92 étages de l'autre côté de la rivière, sur l'emplacement de l'ancien immeuble du *Chicago Sun Times*, derrière le Wrigley Building. Le **Trump International Hotel & Tower** culmine à 351 m (409 m en incluant son antenne).

Un autre projet, mis de l'avant il y a quelques années, a soulevé l'ire de Trump parce que encore plus spectaculaire. Il s'agit du **Chicago Spire**, un immeuble entièrement résidentiel (1 193 unités) de 150 étages qui serait érigé au confluent du lac Michigan et de la Chicago River. Si cet édifice de 488 m de haut (609,7 m en incluant les antennes) voit le jour tel qu'annoncé, il transformera complètement la silhouette de la ville et reléguera dans l'ombre la Trump Tower. L'architecte espagnol Santiago Calatrava a dessiné pour ce projet une monumentale tour aux formes élégantes dans le but avoué d'en faire le symbole de la ville. Calatrava s'est fait remarquer à plusieurs reprises ailleurs dans le monde, notamment pour la réalisation de la Cité des arts et des sciences de Valence, du BCE Place Mall de Toronto et de la gare de Saint-Exupéry TGV de Lyon. Originellement annoncé pour 2010, ce géant ne verra toutefois peut-être jamais le jour, des difficultés financières ayant causé l'interruption des travaux en 2008, alors que seules les fondations étaient terminées.

---

sont présentées sous verre, comme dans un musée. On trouve au rez-de-chaussée une section faussement historique ainsi qu'une petite librairie. À l'étage a été reproduit un «mail dans le mail», avec un salon de coiffure pour poupées, une boutique de t-shirts personnalisés, un café et même un hôpital pour poupées.

Envie...

... de faire plaisir aux enfants ou à l'enfant qui sommeille toujours en vous? Rendez-vous au deuxième étage de la **Water Tower Place** (voir ci-dessus), où se trouvent côte à côte deux boutiques de rêve : l'**American Girl Place** (voir ci-dessus et p. 294), avec ses adorables poupées, et l'irrésistible **LEGO Store** (voir p. 295), qui présente des reproductions de monuments à petite échelle réalisées à l'aide des pièces du fameux jeu de construction.

Un autre géant se dresse sur le quadrilatère suivant : le **John Hancock Center** ★ ★ ★ *(875 N. Michigan Ave., 888-875-8439, www.jhochicago.com)*, de l'architecte Bruce Graham et de l'ingénieur Fazlur R. Khan, tous deux à l'emploi de la firme Skidmore, Owings & Merrill. Depuis sa construction, en 1969, ce fier édifice symbolise Chicago par son allure costaude, sa silhouette noire et les célébrissimes renforts croisés qu'arbore sa structure extérieure. Ceux-ci, avec les colonnes et les poutres également apparentes, composent un système structurel doté d'une remarquable efficacité élaboré par l'ingénieur Khan, et qui assurait à peu de frais la grande stabilité du gratte-ciel. La base de cet obélisque de 100 étages (338 m; 443 m en incluant les antennes), le quatrième gratte-ciel le plus élevé de la ville, loge quelques boutiques et restaurants qui donnent sur l'agréable **Garden Plaza**, une jolie place agrémentée d'une fontaine prenant la forme d'un long «mur-cascade». L'**observatoire** *(17,50$; tlj 9h à 23h)*, situé au 94e étage, est accessible au moyen d'un ascenseur ultra-rapide qui s'y rend en 39 secondes! De là, la vue est saisissante de tous les côtés (choisissez une journée où le temps est clair). Grâce au **SkyWalk**, il est même possible de sortir à l'extérieur, ce qui permet d'entendre les bruits de la ville et de ressentir le souffle du vent... mais malheureusement pas de mieux voir à cause de la barrière de sécurité qui empêche de s'approcher trop près du bord et de l'épais grillage de protection. On trouve également à l'observatoire des télescopes interactifs permettant d'identifier les différents bâtiments visibles, un café, une boutique de souvenirs et même, pendant les mois d'hiver, une patinoire artificielle. Les 95e et 96e étages abritent aussi un restaurant (**The Signature Room**, voir p. 230) et un bar (**Signature Lounge**, voir p. 269).

Envie...

... d'un verre «avec vue»? Le **Signature Lounge** se trouve au 96e étage du John Hancock Center. Y prendre un martini ou une simple bière coûte la peau des fesses, mais, quand on y pense bien, cela revient à peu près au même prix que de se rendre à l'observatoire, pour la même vue... avec un verre en prime. Quant aux dames, elles ont en plus droit à un extra non négligeable : une vue exceptionnelle sur la ville depuis la salle de bain qui leur est réservée!

Du côté opposé de Michigan Avenue, la **Fourth Presbyterian Church** ★ présente un cadre fort différent. Ce temple néogothique (1912) est l'œuvre de Ralph Adams Cram, l'un des maîtres américains de ce style. La salle paroissiale attenante fut érigée ultérieurement (1925) par Howard Van Doren Shaw. Entre les deux s'étend un jardin où règne une belle sérénité et où, en été, des concerts sont occasionnellement présentés.

En traversant la Delaware Place, vous serez ensuite de retour dans le magnifique monde du commerce, alors que vous atteindrez le chic magasin Bloomingdale's et, derrière lui, le non moins chic **Four Seasons Hotel Chicago** (voir p. 194). Ils font tous deux partie du complexe **The 900 Shops**, autre mail intérieur du Magnificent Mile, construit

en 1989. Notez la présence des quatre tourelles qui coiffent le sommet du gratte-ciel. En soirée, elles sont éclairées d'un rouge écarlate qui retient l'attention.

En face, vous remarquerez la silhouette Art déco du **919 North Michigan Avenue** ★, longtemps connu sous le nom de **Playboy Building**, à l'époque où le célèbre magazine érotique y avait ses quartiers généraux (1967 à 1989). L'édifice fut construit par Holabird & Root en 1929 pour le compte de la firme Palmolive. Ses nombreux étages en gradins sont caractéristiques des gratte-ciel adoptant le style Art déco. Sur le toit, on remarque encore ce qui fut jadis, à l'époque où cette tour dominait le secteur, une balise lumineuse de 45 m de haut servant à guider les pilotes d'avion.

Le **One Magnificent Mile** *(940-980 N. Michigan Ave.)*, une tour de granit rose de 58 étages, s'élève comme une sentinelle à l'extrême nord de l'avenue de prestige et renferme entre autres quelques boutiques de luxe.

De l'autre côté de Walton Street, du côté est de Michigan Avenue, vous apercevrez ensuite le vénérable **Drake Hotel** ★ *(140 E. Walton St.; voir p. 194)*, un monument historique élevé en 1920 par Marshall & Fox. Faisant face au lac Michigan et à l'**Oak Street Beach** (voir p. 178), en plus d'être situé à deux pas des boutiques du Magnificent Mile et de la très chic **Oak Street** ★, le Drake offre à sa distinguée clientèle un remarquable emplacement.

Le River North ★

▲ *p. 196*   🍴 *p. 231*   🍷 *p. 269*   🛏 *p. 285*

🕐 *deux heures*

À ne pas manquer

Les bonnes adresses

Restaurants

Sorties
> House of Blues
> p. 270
> Andy's p. 269

> Blue Chicago p. 270
> Underground Wonder
> Bar p. 272

Achats
> Le Gallery District
> p. 288

Nous définirons le quartier de River North comme étant le secteur situé au nord de la Chicago River, entre Michigan Avenue et la branche nord de la rivière, et s'étendant jusqu'à Oak Street. Il s'agit aujourd'hui d'un quartier résidentiel en quelque sorte neuf, des lofts aménagés dans d'anciennes manufactures et des immeubles d'appartements y ayant vu le jour en quantité au cours des dernières années. C'est aussi l'un des quartiers les plus animés de la ville en soirée grâce à ses innombrables restaurants et boîtes de nuit en tous genres.

Au milieu du XIXe siècle, il s'agissait pourtant d'un secteur industriel où l'on ne retrouvait qu'usines, entrepôts et cours à bois, en plus de logements en piteux état qui hébergeaient les ouvriers. Faisaient exception quelques secteurs où se concentrait une partie de l'élite de la ville: la bordure est du quartier et les environs du Washington Square, notamment.

Après le long déclin de ses industries, commencé dans les années 1920, le secteur connut enfin une mutation importante, à partir de la fin des années 1970, grâce à la venue en masse d'artistes. Ils devaient rénover des maisons, transformer des manufactures en logements, créer des galeries d'art et autres boutiques. Toute cette effervescence attira bientôt des entrepreneurs et des promoteurs qui établirent des restaurants branchés, des immeubles d'appartements luxueux, des tours de bureaux, des hôtels, etc.

Les abords de la rivière

Aux abords de la Chicago River s'alignent une série d'édifices à la fois fort intéressants et extrêmement différents les uns des autres. En fait, il est plus facile d'apprécier cet ensemble, du moins en ce qui a trait à l'aspect extérieur des bâtiments, depuis la rive sud de la rivière, qui permet une vue dégagée. Les nombreux ponts qui enjambent la Chicago River font en sorte qu'il est toujours aisé de s'en approcher plus près.

Envie...

... d'une balade sur la Chicago River? Faire une visite guidée en bateau sur la Chicago River n'est rien de moins qu'un incontournable absolu. Tout juste au pied du Wrigley Building, descendez au niveau de la rivière pour prendre part à l'une des excursions organisées par **Wendella Sightseeing Boats** (voir p. 89), ou faites de même de l'autre côté du pont, à l'angle sud-est de Michigan Avenue et de Wacker Drive, pour celles de **Chicago's First Lady Cruises** (voir p. 89), organisées par la **Chicago Architecture Foundation**.

Tout juste derrière le **Wrigley Building** (voir p. 132), vous remarquerez tout d'abord la silhouette argentée du **Trump International Hotel & Tower** ★★, inauguré en 2008 sur l'emplacement même de l'ancien Chicago Sun-Times Building. Le très médiatisé milliardaire américain Donald Trump a en effet érigé ici son premier gratte-ciel à Chicago. Réalisée par la mythique firme d'architectes Skidmore, Owings & Merrill, à laquelle on doit entre autres les célèbres **John Hancock Center** (voir p. 135) et **Willis Tower** (voir p. 100), cette tour de 92 étages abrite des unités d'habitation de grand luxe, un hôtel, ainsi que des boutiques au niveau du rez-de-chaussée. Le résultat final donne un gratte-ciel flamboyant, comme il était permis de s'y attendre, mais élégant, qui s'insère bien auprès de ses célèbres voisins et aux abords de la Chicago River. Avec ses 409 m, il s'agit du deuxième plus haut édifice de la ville après la Willis Tower. Sa silhouette est composée de quelques retraits graduels, qui seraient autant de coups de chapeau aux bâtiments environnants. Ainsi, le premier palier se trouve à peu près à la hauteur du premier palier du Wrigley Building, le deuxième à celle de Marina City et le troisième au niveau du 330 North Wabash de Mies van der Rohe.

D'ailleurs, en allant vers l'ouest, c'est le **330 North Wabash** ★, anciennement connu sous le nom d'IBM Regional Office Building, que vous apercevrez, un édifice au panache hors du commun. Il s'agit de la dernière tour élevée par Mies van der Rohe en sol américain. Elle fut en fait terminée en 1971, soit deux ans après sa mort. On reconnaît bien la signature du maître dans cet édifice d'aluminium noir et de verre teinté, le plus haut gratte-ciel qu'il ait jamais conçu.

À gauche du 330 North Wabash, les extravagantes tours jumelles de béton de **Marina City** ★ *(300 N. State St.)* offrent un contraste pour le moins frappant avec celui-ci. Construits entre 1959 et 1967, ces «épis de maïs géants», comme se plaisent à les surnommer les Chicagoens, étaient justement une réaction aux modèles froids et austères du style international à la Mies van der Rohe, qui dominait alors totalement l'architecture de cette époque. Le complexe est composé de deux tours de 60 étages comprenant des appartements avec balcons semi-circulaires, ainsi que d'une petite tour de bureaux située à l'arrière. Les 18 étages inférieurs des deux tours jumelles abritent pour leur part un stationnement intérieur. Leurs ouvertures, qui prennent la même forme que les balcons des niveaux supérieurs, laissent entrevoir des derrières ou des devants de voitures... une esthétique qui ne fait guère l'unanimité. Quoi qu'il en soit, Marina City a innové en assurant, au cœur du centre-ville, le logement à une clientèle de jeunes professionnels, et ce, à l'époque où le mouvement vers les banlieues était à son plus fort. Le rez-de-chaussée du complexe abrite depuis quelques années restaurants et boîtes de nuit (Smith and Wollenski, House of Blues).

Les deux édifices suivants ont été érigés en 1987 et sont reliés à la base par le **Riverfront Park**, une agréable promenade longeant la rivière. Il s'agit du **Westin Chicago River North** *(320 N. Dearborn St.; voir p. 200)*, dont vous devez à tout prix visiter l'extraordinaire hall, et de la **Quaker Tower** *(321 N. Clark St.)*.

Le beau bâtiment horizontal que domine une tour couronnée d'une horloge est le **Reid-Murdoch Center** *(320 N. Clark St.)*, qui abrite depuis 2005 l'équipe éditoriale de l'encyclopédie Britannica. Il fut construit en 1914 selon les plans de George C. Nimmons, spécialiste de l'architecture commerciale et industrielle. Si l'édifice présente aujourd'hui une façade asymétrique (il y a une série de fenêtres en moins sur la gauche), c'est qu'on a procédé à un réaménagement du côté ouest en 1930, lorsque fut élargie LaSalle Street.

Plus loin vers l'ouest, la massive construction du **Merchandise Mart** ★ *(sur la rive nord de la Chicago River, entre les rues Wells et Orleans)* ne laisse personne indifférent. À l'époque de son érection, en 1930, le Merchandise Mart constituait le plus grand édifice commercial du monde avec ses 410 000 m² de locaux à louer. Il fut élevé pour les besoins de la firme Marshall Field & Co., qui le revendit en 1945 à Joseph P. Kennedy, patriarche du célèbre clan duquel allait émerger le président John F. Kennedy. La famille Kennedy demeurera propriétaire du Merchandise Mart jusqu'en 1998. Aujourd'hui, on y retrouve deux étages de boutiques (voir p. 289) et diverses salles d'exposition commerciales. Remarquez, devant l'entrée, la rangée de huit piliers de marbre surmontés de bustes de bronze. Ces huit têtes sculptées sont celles de grands chevaliers du commerce de détail américain : Marshall Field, Edward A. Filene, George Huntington Hartford, Julius Rosenwald, John R. Wanamaker, Aaron Montgomery Ward, Frank Winfield Woolworth et Robert E. Wood. Cette espèce de «temple de la renommée» du commerce a été instaurée entre 1953 et 1972.

Derrière cette «façade» donnant sur la rivière se trouvent quelques édifices d'intérêt, mais de dimensions la plupart du temps moins impressionnantes. Ainsi, à l'angle des rues Dearborn et Kinzie, vous ne pourrez manquer l'extravagant bâtiment qui abrite le restaurant **Harry Caray's** *(33 W. Kinzie St.; voir p. 231)*. Il fut érigé en 1900 par Henry Ives Cobb pour la Chicago Varnish Co.

À l'angle des rues Kinzie et State, le **Museum of Broadcast Communications** *(12$; mar-sam 10h à 17h, dim-lun fermé; 360 N. State St., 312-245-8200, www.museum.tv)*, autrefois installé dans le **Chicago Cultural Center** (voir p. 96), rend compte de l'évolution de la radio et de la télévision aux États-Unis au moyen d'archives et d'expositions. On y a inauguré la **National Radio Hall of Fame Gallery** en décembre 2011.

Poursuivez ensuite votre découverte du River North en empruntant Dearborn Street vers le nord. À la hauteur de la rue Hubbard, sur votre gauche, vous remarquerez l'imposante silhouette néoromane de la **Courthouse Place** ★ *(54 W. Hubbard St.)*. Otto H. Matz

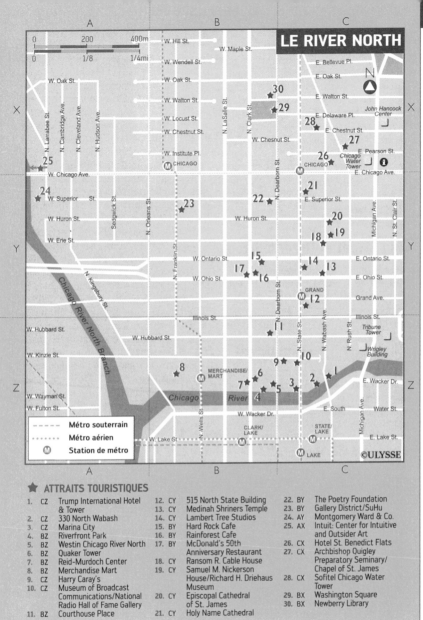

LE RIVER NORTH

©ULYSSE

★ ATTRAITS TOURISTIQUES

1.	CZ	Trump International Hotel & Tower	12.	CY	515 North State Building	22.	BY	The Poetry Foundation
2.	CZ	330 North Wabash	13.	CY	Medinah Shriners Temple	23.	BY	Gallery District/SuHu

1. CZ Trump International Hotel & Tower
2. CZ 330 North Wabash
3. CZ Marina City
4. BZ Riverfront Park
5. BZ Westin Chicago River North
6. BZ Quaker Tower
7. BZ Reid-Murdoch Center
8. BZ Merchandise Mart
9. CZ Harry Caray's
10. CZ Museum of Broadcast Communications/National Radio Hall of Fame Gallery
11. BZ Courthouse Place

12. CY 515 North State Building
13. CY Medinah Shriners Temple
14. CY Lambert Tree Studios
15. BY Hard Rock Cafe
16. BY Rainforest Cafe
17. BY McDonald's 50th Anniversary Restaurant
18. CY Ransom R. Cable House
19. CY Samuel M. Nickerson House/Richard H. Driehaus Museum
20. CY Episcopal Cathedral of St. James
21. CY Holy Name Cathedral

22. BY The Poetry Foundation
23. BY Gallery District/SuHu
24. AY Montgomery Ward & Co.
25. AX Intuit: Center for Intuitive and Outsider Art
26. CX Hotel St. Benedict Flats
27. CX Archbishop Quigley Preparatory Seminary/Chapel of St. James
28. CX Sofitel Chicago Water Tower
29. BX Washington Square
30. BX Newberry Library

en fut le concepteur en 1892. Une rénovation importante, en 1986, redonna à cette ancienne cour d'assises son lustre d'antan.

Continuez vers le nord et tournez à droite dans Grand Street. Vous serez alors conquis par l'étonnant **515 North State Building** ★ de l'architecte japonais Kenzo Tange. Plus que toute autre chose, c'est le toit en angle de ce gratte-ciel datant de 1990 qui surprend par son audacieuse forme évoquant celle d'une lame de rasoir, et le «trou» haut de quatre étages qu'on y a percé. L'édifice abrite le siège social de l'American Medical Association (AMA).

Prenez ensuite à gauche Wabash Avenue pour atteindre l'exotique **Medinah Shriners Temple** *(600 N. Wabash Ave.)*, avec ses formes tout droit sorties d'Arabie. Ce temple fut élevé en 1913 par les Shriners. S'y trouve aujourd'hui un magasin Bloomingdale's. À l'arrière, les **Lambert Tree Studios** *(601-623 N. State St.)* se sont installés dans un bâtiment bas nettement plus discret. Au-dessus d'une rangée de boutiques, des studios conçus à l'intention des artistes étrangers ayant œuvré à l'élaboration de la *World's Columbian Exposition* avaient été aménagés dès 1894. On souhaitait ainsi les retenir à Chicago en leur assurant logement et lieu de travail à bon prix.

Ohio Street et Ontario Street

Les rues Ohio et Ontario regorgent d'attractions en tous genres. Ce pôle d'amusement comprend entre autres le **Harley Davidson Store** et un restaurant **Big Bowl**, tous deux dans Ohio Street. À l'angle nord-est des rues Rush et Ohio, on note également la présence d'un cinéma multisalles **Loews Theatres**.

Une rue au nord, vous atteindrez la grouillante Ontario Street, devenue une sorte de Disneyland de la vie nocturne avec ses discothèques et restaurants thématiques (voir p. 140). Au coin de Dearborn Street, vous apercevrez un beau bâtiment abritant la boîte de nuit **Excalibur** *(632 N. Dearborn St.; voir p. 271)*. Henry Ives Cobb dessina ce bel édifice néoroman en 1892 pour la Chicago Historical Society, aujourd'hui installée au **Lincoln Park** (voir p. 152).

Plus loin dans la rue Ontario, vous ne manquerez pas de repérer les établissements populaires que sont le **Hard Rock Cafe** et le **Rainforest Cafe**.

De l'autre côté de la rue, le **McDonald's 50th Anniversary Restaurant** *(24h sur 24; 600 N. Clark St.)* a été complètement remodelé. En fait, on a démoli l'ancien temple kitsch qui faisait office de véritable musée de la culture pop américaine, pour le remplacer par un établissement futuriste spectaculaire mais sans charme particulier. Heureusement, quelques pièces qui ornaient l'ancien restaurant ont été conservées dans une espèce de vitrine située dans le stationnement: statue grandeur nature des Beatles, Corvette rouge décapotable, souvenirs d'Elvis...

Au nord d'Ontario Street

Le quadrilatère délimité par l'avenue Wabash et les rues Erie, Rush et Huron présente un bel ensemble d'édifices élevés dans le dernier quart du XIXe siècle. On y remarque par exemple quelques magnifiques demeures victoriennes qui rappellent la belle époque où une partie de l'élite de Chicago vivait dans le quartier. Parmi celles-ci, mentionnons la **Ransom R. Cable House** *(25 E. Erie St.)*, qui date de 1886, et la **Samuel M. Nickerson House** *(40 E. Erie St.)*, construite en 1883, qui abrite depuis 2008 le **Richard H. Driehaus Museum** ★ *(prix d'entrée général 20$, avec visite guidée 25$; mar-sam 10h à 17h, dim 12h à 17h, lun fermé; visites guidées mar-sam à 11h et 14h, dim à 13h30 et 15h; 312-482-8933, www.driehausmuseum. org)*. Une restauration complète de ce splendide manoir a été réalisée entre 2003 et 2008 afin de le transformer en un musée où est mise en valeur la collection personnelle d'arts décoratifs datant de la fin du XIXe et du début du XXe siècles (vitraux et lampes dessinés par Louis Comfort Tiffany, meubles, tapisseries, chandeliers, sculptures) de Richard H. Driehaus, un riche gestionnaire de fonds originaire de Chicago.

Puis, il ne faut pas manquer de visiter la splendide **Episcopal Cathedral of St. James** ★ *(angle Huron St. et Wabash Ave.)*. Elle fut érigée en 1857 par Edward J. Burling, mais dut être reconstruite en 1875, après le Grand Incendie. C'est alors qu'elle prit l'allure victorienne quelque peu excentrique qu'on lui connaît aujourd'hui, tout en conservant son clocher gothique original. Son intérieur coloré, décoré au pochoir en 1888 par Edward Neville Stent, vaut à lui seul le détour.

Une autre église mérite un coup d'œil dans le secteur: la **Holy Name Cathedral** ★ *(735 N. State St.)*. Il s'agit de la cathédrale de l'archidiocèse catholique de Chicago. L'église actuelle, construite en 1874, remplace une première église gothique datant de 1846 qui fut victime du Grand Incendie. Le pape Jean-Paul II y célébra la messe lors de sa visite officielle en 1979.

Empruntez ensuite la rue Superior vers l'ouest afin de découvrir, à l'angle de la rue Dearborn, la toute nouvelle demeure de **The

Poetry Foundation *(entrée libre; lun-ven 11h à 16h, sam-dim fermé; 61 W. Superior St., 312-787-7070, www.poetryfoundation. org).* C'est grâce à un fonds de 200 millions de dollars créé par Ruth Lilly, arrière-petite-fille d'un magnat de l'industrie pharmaceutique, qu'a pu être construit le bâtiment flambant neuf qui abrite depuis juin 2011 cet organisme littéraire voué à la promotion de la poésie, notamment éditeur du légendaire magazine *Poetry* fondé par Harriet Monroe en 1912 (voir p. 69). Dessiné par l'architecte chicagoen John Ronan, cet édifice certifié LEED Argent regroupe sous un même toit une bibliothèque de 30 000 ouvrages de poésie à consulter sur place provenant de la collection de la Newberry Library, une galerie d'exposition, une salle de 125 places conçue pour la tenue de séances de lecture, ainsi que les bureaux de la fondation et de son magazine.

Les amateurs d'art contemporain pourront alors choisir de poursuivre leur route vers l'ouest afin de visiter les nombreuses galeries d'art du **Gallery District** ★, délimité par les rues Wells, Orleans, Huron et Superior. Ce secteur, aussi appelé **SuHu** (du nom des rues Superior et Huron) en réponse au fameux SoHo de New York, a vu se constituer au cours des dernières années une impressionnante concentration de galeries aménagées dans d'anciens entrepôts et usines. Le quartier est aussi habité aujourd'hui par une population de jeunes professionnels et artistes ayant transformé de vieilles manufactures en lofts.

Plus loin à l'ouest, au bout de Superior Street, vous remarquerez les anciens entrepôts de la **Montgomery Ward & Co.**, dont la partie la plus ancienne (1908) est l'œuvre de Richard E. Schmidt, l'un des maîtres de la construction d'immeubles en béton armé. Cet immense bâtiment a été reconverti en immeuble résidentiel au début des années 2000.

Vous pouvez aussi pousser votre exploration à l'ouest de la Chicago River, jusqu'à l'intersection des avenues Chicago, Ogden et Milwaukee, où se trouve l'étonnant **Intuit: Center for Intuitive and Outsider Art** *(5$; mar-mer et ven-sam 11h à 17h, jeu 11h à 19h30, dim-lun fermé; 756 N. Milwaukee Ave., 312-243-9088, www.art.org).* Ce musée hors de l'ordinaire créé en 1991 est voué à la promotion d'œuvres d'artistes amateurs ou autodidactes libres de toute influence académique, de tout mouvement culturel et de tout courant artistique officiels, un concept proche de celui de l'art brut tel que défini par Jean Dubuffet dans les années 1940.

De retour sur l'avenue Wabash, vous verrez l'**Hotel St. Benedict Flats** *(42-50 E. Chicago Ave. et 801 N. Wabash Ave.),* un immeuble résidentiel datant de 1882 dont la façade est «déguisée» en belles maisons en rangée de style Second Empire.

Ne manquez pas ensuite d'aller faire un tour du côté de l'**Archbishop Quigley Preparatory Seminary** *(831 N. Rush St.),* à l'intersection des rues Rush et Pearson. Arborant un style gothique flamboyant, ce séminaire consacré à l'éducation de futurs prêtres fut terminé en 1918, selon les plans de l'architecte new-yorkais Gustav Steinbeck. La portion sud-ouest du bâtiment abrite l'extraordinaire **Chapel of St. James** ★, dont vous pouvez visiter l'intérieur. Celui-ci, monumental, abrite une impressionnante collection de vitraux réalisés par Robert T. Giles. La Sainte-Chapelle de Paris, élevée au milieu du XIIIᵉ siècle, aurait servi de modèle au concepteur de la Chapel of St. James, Zachary T. Davis.

Envie...

... de rêver un peu? Que vous soyez amateur de voitures de luxe ou pas, attardez-vous quelques instants devant les vitrines des concessionnaires **Bentley Gold Coast** et **Lamborghini Gold Coast**, à l'angle nord-ouest de l'intersection des rues Rush et Pearson. Coup de foudre assuré!

Un peu à l'ouest, votre regard ne manquera pas d'être attiré par le splendide hôtel **Sofitel Chicago Water Tower** ★★ *(20 E. Chestnut St.; voir p. 198),* érigé en 2002 selon les plans de l'architecte Jean-Paul Viguier. À sa base en ellipse, dans laquelle se concentrent les espaces publics (hall, réception, restaurant, bar, salles de conférences), s'ajoute une tour de 32 étages qui prend la forme d'un prisme aux lignes irrégulières. L'ensemble présente ainsi une allure distinctive que l'on reconnaît déjà de loin.

Poursuivez votre route vers le nord, puis tournez à gauche dans Delaware Place. Vous vous dirigerez alors tout droit vers le **Washington Square** ★, le plus ancien parc de la ville (1842).

La **Newberry Library** ★★ *(entrée libre; mar-ven 9h à 17h, sam 9h à 13h, dim-lun fermé; 60 W. Walton St., 312-943-9090, www. newberry.org)* borde le Washington Square au nord. Sa façade, qui avait été littéralement noircie par le temps, a été entièrement nettoyée au cours des dernières années et rend à nouveau justice au magnifique édifice élaboré par Henry Ives Cobb entre 1890 et 1893. Celui-ci s'inspira des travaux de Henry H. Richardson pour concevoir ce bâtiment néoroman. Une nouvelle aile de 10 étages fut construite à l'arrière en 1983, ajoutant quelque 8 000 m² à la bibliothèque originelle. Des expositions temporaires, dévoilant chaque fois quelques-uns des trésors gardés dans cette institution privée, sont organisées tout au long de l'année.

Streeterville et Navy Pier ★

▲ *p. 200* 🍴 *p. 240* 🎭 *p. 272* 🛏 *p. 285*

⏱ *quatre heures*

À ne pas manquer

> Museum of Contemporary Art p. 144
> Navy Pier p. 145

> Smith Museum of Stained Glass Windows p. 146
> NBC Tower p. 147

Les bonnes adresses

Restaurants
> Puck's at the MCA p. 240

> Les Nomades p. 241

Sorties
> Whiskey Sky p. 272

Achats
> The Museum of Contemporary Art Store p. 293
> River East Art Center p. 294

> Build-A-Bear Workshop p. 294
> Chicago Children's Museum Store p. 294

Le quartier de Streeterville est situé à l'est de Michigan Avenue et au nord de la Chicago River, et il s'étend jusqu'au lac Michigan. Son nom provient de George Wellington Streeter, un original qui s'installa ici à la fin du XIXe

siècle et qui gagna ce territoire sur le lac en invitant les entrepreneurs en construction à venir y déverser leurs déchets... Streeter déclara ce secteur indépendant de la ville de Chicago, situation de fait qui perdura jusqu'en 1918.

Ce secteur a beaucoup en commun avec le River North : nombreux hôtels, restaurants, lieux touristiques et institutions culturelles (Museum of Contemporary Art, Shakespeare Theater); proximité des boutiques du Magnificent Mile; concentration d'immeubles résidentiels de construction souvent récente; présence d'une importante population universitaire (campus de la Northwestern University). On y sent donc une énergie et une effervescence proche de celles de River North, avec en prime un accès unique au lac grâce à l'immense jetée reconvertie en complexe de divertissement qu'est le Navy Pier.

Nous vous proposons d'entreprendre votre visite par Oak Street, derrière le Drake Hotel, qui fait partie d'un bel ensemble historique. Vous suivrez ensuite Lake Shore Drive, en faisant des détours occasionnels vers l'ouest pour admirer quelques sites d'intérêt, puis visiterez le complexe récréo-touristique de Navy Pier et le North Pier (River East Art Center), et enfin flânerez le long de la Chicago River.

À l'est du **Drake Hotel** (voir p. 194), le long d'Oak Street, s'alignent plusieurs immeubles construits entre 1912 et 1929. Ils forment un groupe remarquable appelé l'**East Lake Shore Drive Historic District** ★ *(179 E. à 229 E. Lake Shore Dr.)*.

Lake Shore Drive bifurque ensuite vers le sud. Bientôt, vous apercevrez l'immeuble des **Esplanade Apartments** *(900-910 N. Lake Shore Dr.)*, élevé entre 1953 et 1956 selon les plans de Mies van der Rohe. Ce bâtiment n'était en fait qu'une réplique du célèbre complexe résidentiel du **860-880 North Lake Shore Drive** ★★, qui se trouve juste un peu plus loin et que d'aucuns considèrent comme un des chefs-d'œuvre du maître. Érigées entre 1949 et 1951, ces deux tours révolutionnèrent l'architecture moderne. Pour la première fois, Mies van der Rohe allait jusqu'au bout de ses idées quant à la conception du gratte-ciel :

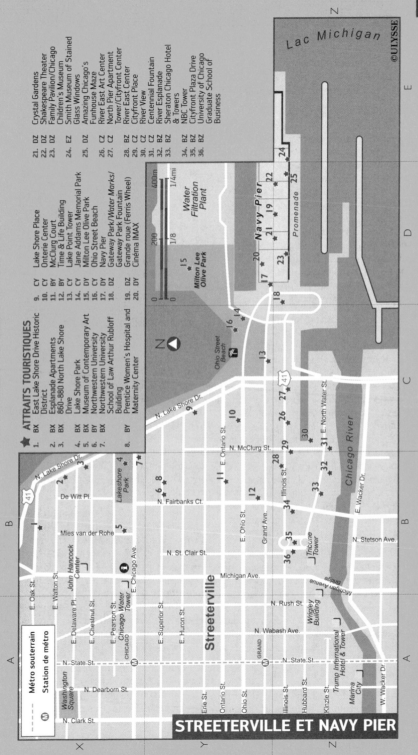

STREETERVILLE ET NAVY PIER

structure d'acier, murs-rideaux de verre, absence d'ornementation. C'est donc avec la construction de ce complexe que Mies van der Rohe «inventa» la tour de verre et d'acier (il travaillait en fait sur ce concept depuis près de 30 ans) et lança le style international.

Tournez à droite dans Pearson Street, puis à gauche dans Mies van der Rohe Way. Ainsi, vous longerez d'abord le **Lake Shore Park**, puis rejoindrez le grand escalier du **Museum of Contemporary Art** ★ ★ *(12$; mar 10h à 20h, mer-dim 10h à 17h, lun fermé; 220 E. Chicago Ave., 312-280-2660, www.mcachicago.org)*. Installé ici depuis l'été 1996, le Museum of Contemporary Art s'intéresse à l'art de 1945 à nos jours. Cet édifice d'aluminium aux lignes quelque peu austères a été conçu par l'architecte berlinois Josef Paul Kleihues. Il renferme le plus grand espace consacré à l'art contemporain aux États-Unis (22 000 m²).

Des salles d'exposition, un amphithéâtre de 300 places, des salles de classe, une boutique-librairie et un restaurant sont répartis sur les quatre étages baignés de lumière naturelle que compte le musée. À l'étage supérieur (niveau 4) sont exposées des œuvres faisant partie de la collection du musée (Alexander Calder, Andy Warhol, Cindy Sherman, René Magritte, Bruce Nauman, Max Ernst, etc.). Prenez note cependant que des pièces de cette collection sont souvent prêtées à d'autres musées des États-Unis et d'ailleurs dans le monde. Par conséquent, il convient de consulter le site Internet de l'institution pour savoir quelles seront les œuvres en montre au moment de votre visite.

À l'arrière, on a aménagé un charmant jardin de sculptures. On y accède par le restaurant situé à l'étage (niveau 2), dont les larges baies vitrées offrent une vue intéressante avec le lac Michigan à l'horizon. Les salles des niveaux 2 et 3 sont pour leur part consacrées à la tenue d'expositions temporaires, alors qu'on retrouve au rez-de-chaussée (niveau 1) les salles de classe, l'amphithéâtre et la fort jolie boutique du musée.

En retournant vers Lake Shore Drive par Chicago Avenue, vous longerez quelques bâtiments appartenant au campus de la **Northwestern University**, bordé par Chicago

Avenue, Huron Street, Lake Shore Drive et St. Clair Street. S'y trouvent les facultés de droit, d'administration et de médecine. La plupart des édifices du campus affichent une allure néogothique, sauf certains ajouts modernes, comme le **Northwestern University School of Law Arthur Rubloff Building** *(375 E. Chicago Ave.)* ou l'ancien **Prentice Women's Hospital and Maternity Center** ★ *(333 E. Superior St.)*, actuellement vacant. Le design audacieux de ce dernier (1975) mérite d'ailleurs qu'on s'y attarde quelque peu. Ainsi, sur une base plutôt sage de cinq étages, semble s'être posé un vaisseau spatial de béton composé de quatre cylindres percés d'ouvertures ovales.

Envie...

... de prendre le frais au sommet d'un édifice? Rendez-vous au **C-View Lounge** (voir p. 269), situé au 29e étage de l'hôtel MileNorth Chicago. Vous pourrez y siroter un verre sur sa splendide terrasse tout en appréciant la jolie vue sur les environs.

À l'angle de Lake Shore Drive et de Huron Street s'élève gracieusement **Lake Shore Place** ★ *(680 N. Lake Shore Dr.)*. Originellement construit en 1924 pour abriter les salles d'exposition de fabricants de meubles, cet édifice fut converti en immeuble d'appartements et de bureaux en 1984. Il abrite entre autres aujourd'hui le siège social du magazine *Playboy*. Vous remarquerez la fière allure que lui confèrent ses formes gothiques, surtout dans la tour centrale de 30 étages.

Tournez à droite dans Ontario Street. Vous arriverez ainsi à la hauteur de l'**Onterie Center** *(446-448 E. Ontario St.)*, conçu entre 1979 et 1986 par l'architecte Bruce Graham et l'ingénieur Fazlur R. Khan, le même duo ayant participé à l'érection du **John Hancock Center** (voir p. 135) et de la **Willis Tower** (voir p. 100). D'ailleurs, les grands *X* dessinés sur chaque façade par des fenêtres aveugles ne sont pas sans rappeler le Hancock Center.

Plus loin, rue Ontario, tout juste avant d'atteindre Fairbanks Court, vous apercevrez le **McClurg Court** *(333 E. Ontario St.)*, un immeuble d'appartements élevé en 1971. Remarquez ses belles tours aux coins arrondis.

Tournez à gauche dans Fairbanks Street, puis continuez jusqu'à Ohio Street, où vous verrez le **Time & Life Building** *(541 N. Fairbanks St.)*, une tour que Harry Weese dessina en 1968 d'une manière proche de celle de Mies van der Rohe. Son ascenseur à deux niveaux, s'arrêtant à deux étages en même temps, constituait, au moment de sa construction, une innovation technique importante.

Revenez vers l'ouest par Grand Avenue. Droit devant, vous ne pourrez manquer l'élégante mais isolée **Lake Point Tower** ★ *(505 N. Lake Shore Dr.)*. Ses concepteurs se seraient inspirés d'un projet élaboré, mais jamais réalisé, par Mies van der Rohe entre 1919 et 1921! La Lake Point Tower a été terminée en 1968 selon les plans de Schipporeit & Heinrich, d'anciens élèves et employés du maître. Elle fut en fait la première construction à murs de verre convexes à voir le jour. Vous remarquerez aussi, sur votre gauche, le **Jane Addams Memorial Park**, ainsi que le beau **Milton Lee Olive Park**, qui maquille habilement les équipements municipaux de traitement des eaux. L'agréable **Ohio Street Beach** est aussi accessible à cette hauteur.

Vous poursuivrez ensuite votre route jusqu'au centre de divertissement que constitue **Navy Pier** ★★ *(mai à août dim-jeu 10h à 22h, ven-sam 10h à 24h; sept et oct dim-jeu 10h à 20h, ven-sam 10h à 22h; nov à mars lun-jeu 10h à 20h, ven-sam 10h à 22h, dim 10h à 19h; avr et mai dim-jeu 10h à 20h, ven-sam 10h à 22h; présentation de feux d'artifice en été tous les mercredi et samedi soirs; 600 E. Grand Ave., 312-595-*

5282, www.navypier.com), que vous atteindrez après avoir traversé un impressionnant jardin de sculptures, le **Gateway Park** ★. La pièce maîtresse de ce regroupement s'intitule ***Water Marks*** ★ et est composée d'un sentier sinueux dessinant le parcours suivi par le canal Illinois-Michigan. Cette œuvre d'art public fut d'ailleurs installée en 1998 pour célébrer le 150ᵉ anniversaire de ce canal qui relie le lac Michigan aux rivières Chicago et Illinois, et qui, lors de sa construction, permit de compléter le réseau de voies navigables reliant les Grands Lacs au golfe du Mexique. Le sentier est parsemé de quatre grands bancs de parc recouverts de mosaïques racontant l'histoire du canal et de la ville. Également à signaler, la monumentale **Gateway Park Fountain** ★ de granit noir attire en été d'innombrables familles qui viennent se rafraîchir et s'amuser à la faveur de ses divers jets d'eau.

On prévoyait à l'origine l'aménagement de cinq jetées municipales de 900 m de long, mais le Navy Pier fut la seule jamais construite (1916). Entre 1918 et 1930, le Navy Pier connut son âge d'or alors qu'il servait d'embarcadère de passagers (niveau supérieur) et de marchandises (étage inférieur). Le déclin du transport maritime au profit du transport routier entraîna la conversion du site en base de la Marine américaine au cours de la Seconde Guerre mondiale. Puis, entre 1946 et 1965, le site fut utilisé par l'Université de l'Illinois. En 1976, les bâtiments situés à l'est, entre autres le dôme abritant la salle de bal, furent restaurés, ce qui permit la tenue d'événements culturels.

Un Navy Pier redessiné pour son centenaire

James Corner Field Operations, bureau new-yorkais d'architectes auquel on doit le fameux High Line Park de la *Big Apple*, a remporté en mars 2012 le concours visant à choisir la firme qui pilotera le réaménagement de Navy Pier.

Parmi les éléments inclus dans les plans initiaux, mentionnons l'ajout d'une vaste piscine dans la portion sud-ouest, des Crystal Gardens repensés, un renouvellement de la section où se trouve la grande roue, ainsi qu'un espace à la fois plus design et plus accueillant à l'extrémité est de la jetée.

On espère que les travaux de rénovation seront terminés pour 2016, année qui marquera le centenaire de Navy Pier.

Attraits touristiques - Streeterville et Navy Pier

Finalement, à la fin des années 1980, un vaste plan de réaménagement fut adopté afin de transformer l'ensemble du site en centre culturel et récréatif, ainsi qu'en une sorte d'extension du centre des congrès de McCormick Place.

Le complexe comprend entre autres, outre sa grande salle de bal, une galerie marchande (voir p. 290), un amphithéâtre de 1 500 places, une jolie promenade extérieure, un carrousel et une **grande roue** géante (45 m de haut) de 40 cabines rappelant que c'est à Chicago que George W.G. Ferris inventa ce type de manège (Ferris Wheel en anglais) pour la *World's Columbian Exposition*. Il y a aussi un **cinéma IMAX** (voir p. 290) et une station de radio (WBEZ 91,5 FM). Les **Crystal Gardens** sont, quant à eux, une sorte de jardin botanique intérieur dans lequel croissent plantes tropicales et arbres exotiques.

À l'automne 1999, le **Shakespeare Theater** ★ *(312-595-5600, www.chicagoshakes.com)* s'est ajouté aux installations de Navy Pier. Ce magnifique théâtre de 525 places, voué exclusivement au répertoire shakespearien, permet d'apprécier de très près le jeu des comédiens grâce à une habile disposition des sièges autour de la scène.

Envie...

... d'une bonne glace? Faites une pause chez **Häagen-Dazs** (voir p. 240), qui en propose une riche sélection à son comptoir de Navy Pier.

Navy Pier abrite de plus, dans son **Family Pavilion**, le **Chicago Children's Museum** ★ *(12$, entrée libre jeu 17h à 20h; dim-mer et ven-sam 10h à 17h, jeu 10h à 20h; 312-527-1000, www.chicagochildrensmuseum.org)*. Ce musée inusité et original invite les enfants de 15 ans et moins à participer à des ateliers, à construire ponts et édifices au moyen de jeux de construction, à découvrir leur arbre généalogique, etc. Des expositions interactives les sensibilisent aux questions environnementales et les initient au monde des arts. Le tout s'inscrit dans une mise en scène vivante et colorée, conçue dans le but de stimuler la curiosité et la créativité des enfants.

D'autres attractions encore se sont greffées à ce vaste complexe récréotouristique au cours des dernières années. Il y a par exemple le **Smith Museum of Stained Glass Windows** ★ *(entrée libre; horaire aligné sur celui de Navy Pier)*, qui présente une impressionnante collection de vitraux créés à Chicago et dans ses environs de 1870 à nos jours. Des œuvres d'artistes comme les architectes Frank Lloyd Wright et Louis H. Sullivan, et comme le designer Louis Comfort Tiffany, peuvent ainsi être admirées de près.

Il y a aussi l'**Amazing Chicago's Funhouse Maze** *(10$ à 15$; été dim-jeu 10h à 22h, ven-sam 10h à 24h, printemps et automne dim-jeu 10h à 20h, ven-sam 10h à 22h, hiver lun-jeu 10h à 20h, ven-sam 10h à 22h, dim 10h à 19h; 312-595-5375, www.amazingchicago.com)*, une sorte de labyrinthe géant qui réserve toutes sortes de surprises aux participants.

Revenez ensuite vers l'ouest par Illinois Street, qui vous conduira jusqu'à l'ancien North Pier Festival Market, devenu en 2006 le **River East Art Center** *(435 E. Illinois St., 312-321-1001, www.rivereastartcenter.com)*. Au début des années 1990, on avait transformé en mail cet ancien centre d'exposition de marchandises diverses portant jadis le nom de Pugh Terminal (1905). L'expérience se solda par un échec, et l'endroit s'est longtemps cherché une nouvelle vocation. Aujourd'hui, l'édifice abrite un regroupement d'élégantes galeries d'art, des ateliers et quelques boutiques.

Cela dit, des bureaux, aménagés aux niveaux supérieurs, ainsi qu'un immeuble résidentiel de 61 étages, la **North Pier Apartment Tower** *(474 N. Lake Shore Dr.)*, font partie du complexe qui s'inscrit lui-même dans l'ambitieux projet du **Cityfront Center**, un vaste plan d'aménagement élaboré en 1985 pour le secteur bordé par la Chicago River au sud, Lake Shore Drive à l'est, Grand Avenue au nord et Michigan Avenue à l'ouest. Orienté de manière à tirer profit de la présence de la rivière, ce plan semble plus prometteur et mieux adapté à l'échelle humaine que celui ébauché par Mies van der Rohe pour le secteur du New East Side, situé juste en face, au sud de la Chicago River. Le North

Pier (devenu le River East Art Center) fut une des premières constructions à voir le jour à la suite de l'adoption de ce plan.

Au coin de rue suivant, vous apercevrez le **River East Center** *(350 E. Illinois St.)*, un vaste complexe comprenant l'hôtel Embassy Suites, les salles de cinéma d'AMC Theatres et une grande tour résidentielle de 58 étages, volontairement désaxée par rapport à la base de l'ensemble.

Tournez à gauche dans McClurg Court. Vous longerez ainsi **Cityfront Place** *(400, 440 et 480 N. McClurg Court)*, un complexe résidentiel construit en 1991, qui comprend une tour de 30 étages et deux immeubles en comptant 12 chacun.

Plus loin sur la gauche s'étend le complexe de **River View**, qui comprend plusieurs maisons de ville, en plus d'une tour d'habitation de 27 étages élégamment coiffée d'une couronne postmoderne. Une autre section du complexe, aux abords de la rivière, comporte une belle tour de verre de 32 étages, dont l'un des angles est arrondi.

Au bout de McClurg Court, au bord de la Chicago River, vous rejoindrez la **Centennial Fountain** ★. Elle fut élevée en 1989 afin de marquer le centenaire du Metropolitan Water Reclamation District, cet organisme chargé d'assurer l'approvisionnement et la qualité de l'eau potable à Chicago. En été, aux heures, un spectaculaire jet est propulsé en arc au-dessus de la rivière.

La **River Esplanade** ★ permet ensuite de déambuler le long de la rivière et de profiter de belles vues sur le Loop. Vous passerez ainsi au pied du **Sheraton Chicago Hotel & Towers** *(301 E. North Water St.; voir p. 200)*, qui se dresse tel un phare géant sur ce magnifique site depuis 1992. Derrière, à l'intersection de Columbus Drive et d'Illinois Street, une place originale met en vedette la «sculpture interactive» *Floor Clock II* de Vito Acconci. Il s'agit, comme son titre le suggère, d'un cadran géant posé à plat sur le sol. Ses chiffres servent aussi de bancs publics.

Puis, c'est la superbe silhouette de la **NBC Tower** ★★ *(454 N. Columbus Dr.)* qui attirera votre regard. Cette remarquable

construction postmoderne qui rend un émouvant hommage au style Art déco fut terminée en 1989. Sa composition admirablement équilibrée, ses lignes verticales judicieusement employées et la pointe couronnée d'une antenne qu'elle dessine gracieusement à son sommet en font l'une des plus belles réussites de la fin du XXe siècle à Chicago.

Finalement, de l'autre côté du gazonné **Cityfront Plaza Drive**, l'**University of Chicago Graduate School of Business** *(450 N. Cityfront Plaza Dr.)* a emménagé en 1994 dans un agréable édifice de verre de six étages.

La Gold Coast ★★

▲ *p. 201* 🍴 *p. 241* 🛍 *p. 273* 🏨 *p. 285*

🕐 *une heure*

À ne pas manquer
> Astor Street p. 148   House p. 148
> Charnley-Persky

Les bonnes adresses

Restaurants
> The 3rd Coast Cafe p. 241   > Carmine's p. 243
> Bistrot Zinc p. 242   > Le Colonial p. 243
>   > Gibsons p. 243

Sorties
> The Backroom p. 273

Achats
> Flight 001 p. 291

La Gold Coast est un quartier situé grosso modo entre Oak Street au sud, le Lincoln Park au nord, le lac Michigan à l'est et le gigantesque complexe immobilier de Sandburg Village à l'ouest. S'y trouvent de splendides demeures et manoirs construits à la fin du XIXe siècle, alors que l'élite de Chicago entreprit de s'installer dans les parages. Le XXe siècle vit ensuite apparaître de luxueux immeubles résidentiels sur la Gold Coast, et ce, souvent au sacrifice de belles maisons victoriennes. En 1977 toutefois, tout le secteur compris entre Oak Street, North Street, Dearborn Parkway et Lake Shore Drive a été classé arrondissement historique.

Nous sommes donc ici dans l'un des beaux quartiers de Chicago. Arpenter ses avenues bordées de belles maisons est en soi un bonheur pour les yeux. Mais ces rues aussi tranquilles que splendides ne sont jamais bien loin d'artères plus animées ni de leurs restaurants branchés (Rush Street), de leurs grouillantes boîtes de nuit (Division Street) et de leurs boutiques chics (Oak Street). Et qui dit quartier élégant dit aussi hôtel de luxe, adage qu'incarne ici de spectaculaire façon le légendaire Ambassador East Hotel, devenu en 2012 le PUBLIC Chicago (voir p. 201).

Au sud de ce beau quartier, il fait bon se promener sur **Bellevue Place** ★, une jolie avenue bordée d'arbres où il est possible d'admirer de belles maisons comme la **Bryan Lathrop House** *(120 E. Bellevue Pl.)*, aussi appelée **Forthnightly of Chicago**, une impressionnante résidence de style néo-georgien, et la **Lot P. Smith House** *(32 E. Bellevue Pl.)*, construite par Burnham & Root en 1887.

La rue voisine, **Cedar Street**, présente également quelques beaux exemples de manoirs gothiques *(20 E. Cedar St.)* et néoromans *(60 E. Cedar St.)*. Vous y remarquerez aussi la très jolie maison du 79 East Cedar Street, faite de pierre brun-rouge et protégée par une élégante clôture en fer forgé. Elle fut construite en 1891. Prenez le temps de lever les yeux afin d'observer les étonnants aigles sculptés situés à l'étage, juste au-dessus des *bow windows*.

Ne manquez pas ensuite d'arpenter la magnifique **Astor Street** ★ ★. Vous y remarquerez entre autres les **Renaissance Condominiums** *(1210 N. Astor St.)*, dessinés par Holabird & Roche en 1897 et alliant les principes de l'«école de Chicago» aux formes propres à l'ère victorienne. Plusieurs autres demeures retiennent l'attention dans cette paisible rue, véritable havre de paix, pourtant pas si loin de l'animation de Rush Street. C'est par exemple le cas des bâtiments Art déco du **1260 N. Astor Street** et du **1301 N. Astor Street**, ou encore des **James L. Houghteling Houses** *(1308-1312 N. Astor St.)*, une belle rangée de maisons datant de 1887.

Remarquez aussi l'**Astor Court** *(1355 N. Astor St.)*, un beau manoir georgien doté d'une porte cochère conduisant à un petit jardin avec fontaine. Plus loin, vous noterez

l'habile composition de la **Charnley-Persky House** ★ ★ *(1365 N. Astor St., 312-573-1365, www.sah.org)*, conçue par Frank Lloyd Wright alors qu'il était encore à l'emploi d'Adler & Sullivan en 1892. On y reconnaît déjà des éléments qui feront la renommée de Wright : faible élévation, lignes horizontales, utilisation de la brique. Des visites guidées de la maison sont organisées par la **Society of Architectural Historians** *(visite gratuite mer à 12h, 10$ sam à 10h pour une visite plus approfondie)*.

Une autre construction Art déco se trouve entre les rues Schiller et Burton : l'**Edward P. Russell House** ★ *(1444 N. Astor St.)*. Elle fut érigée selon les plans de Holabird & Root en 1929. Au **1500 North Astor Street**, les architectes McKim, Mead & White élevèrent en 1893 une sorte d'exubérant palace au vocabulaire classique pour le compte de l'éditeur du *Chicago Tribune*, Joseph Medill.

À l'intersection d'Astor Street et de North Avenue, un bel espace vert entoure la **Residence of the Roman Catholic Archbishop of Chicago** ★ *(1555 N. State Pkwy.)*, l'archevêché catholique de la ville. Cette résidence, la plus ancienne de la Gold Coast (1880), présente des formes relevant du style Queen Anne et compte pas moins de 19 cheminées.

Si le cœur vous en dit, vous pouvez faire un petit détour en tournant à droite dans North Avenue. Il est alors possible d'atteindre à pied l'**International Museum of Surgical Science** *(15$, mar entrée libre; mar-ven 10h à 16h, sam-dim 10h à 17h, lun fermé; 1524 N. Lake Shore Dr., 312-642-6502, www.imss.org)*. Il s'agit d'un étonnant musée racontant l'histoire mondiale de la chirurgie et de la médecine.

Le long de State Parkway, on remarque aussi quelques belles résidences, de même que d'élégants immeubles résidentiels comme le **1550 North State Parkway**, construit dans le style Beaux-Arts en 1912 par Benjamin Marshall. Parmi les belles maisons de cette artère figurent l'**Albert F. Madlener House** ★ *(4 W. Burton Pl.)*, dessinée par l'architecte de la Prairie School, Hugh Garden, et abritant aujourd'hui la Graham Foundation for Advanced Studies in the Fine Arts, ainsi que le **1340 North State Parkway**, mieux

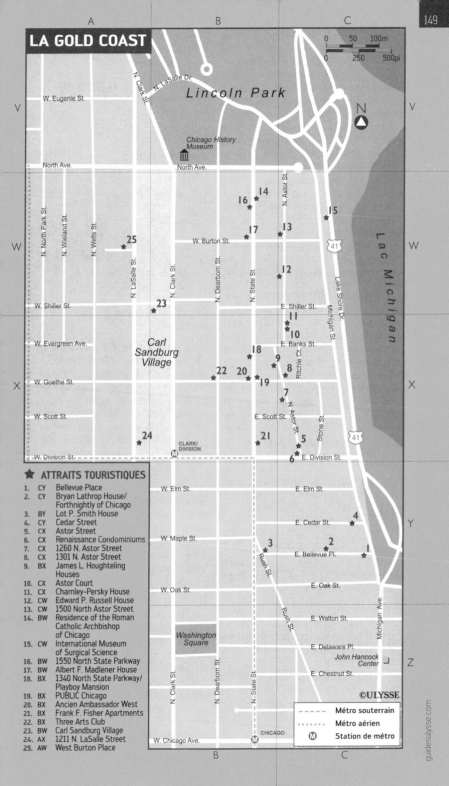

LA GOLD COAST

Lincoln Park

Chicago History Museum

North Ave.

W. Eugenie St.

W. Burton St.

W. Shiller St.

Carl Sandburg Village

W. Evergreen Ave.

W. Goethe St.

W. Scott St.

W. Division St.

Lac Michigan

CLARK/ DIVISION

W. Elm St.
E. Elm St.

E. Cedar St.

W. Maple St.

E. Bellevue Pl.

Rush St.

W. Oak St.
E. Oak St.

E. Walton St.

Washington Square

E. Delaware Pl.

John Hancock Center

E. Chestnut St.

N. Clark St.

N. Dearborn St.

N. State St.

CHICAGO

W. Chicago Ave.

©ULYSSE

★ ATTRAITS TOURISTIQUES

1. CY Bellevue Place
2. CY Bryan Lathrop House/ Forthnightly of Chicago
3. BY Lot P. Smith House
4. CY Cedar Street
5. CX Astor Street
6. CX Renaissance Condominiums
7. CX 1260 N. Astor Street
8. CX 1301 N. Astor Street
9. BX James L. Houghteling Houses
10. CX Astor Court
11. CX Charnley-Persky House
12. CW Edward P. Russell House
13. CW 1500 North Astor Street
14. BW Residence of the Roman Catholic Archbishop of Chicago
15. CW International Museum of Surgical Science
16. BW 1550 North State Parkway
17. BW Albert F. Madlener House
18. BX 1340 North State Parkway/ Playboy Mansion
19. BX PUBLIC Chicago
20. BX Ancien Ambassador West
21. BX Frank F. Fisher Apartments
22. BX Three Arts Club
23. BW Carl Sandburg Village
24. AX 1211 N. LaSalle Street
25. AW West Burton Place

Métro souterrain
Métro aérien
Ⓜ Station de métro

guidesulysse.com

connu sous le nom de **Playboy Mansion** parce qu'il fut la propriété, dans les années 1960 et 1970, de Hugh Hefner, le fondateur du célèbre magazine érotique. Puis, au coin de Goethe Street, se dressent l'ex-Ambassador East, devenu le luxueux hôtel **PUBLIC Chicago** *(1301 N. State Pkwy.; voir p. 201)* et, en face, l'ancien **Ambassador West** *(1300 N. State Pkwy.)*, aujourd'hui reconverti en un immeuble résidentiel. Près de Division Street, les **Frank F. Fisher Apartments** ★ *(1207 N. State Pkwy.)* sont répartis dans un immeuble moderne tout à fait surprenant. Ils furent construits en 1937 par Andrew N. Rebori. Sur Dearborn Parkway, le **Three Arts Club** ★ *(1300 N. Dearborn St.)*, de Holabird & Roche, est à signaler. Cet édifice de brique, généreusement ornementé et entouré d'un jardin, assurait le logement à des étudiantes.

Il convient aussi de mentionner l'impressionnante présence du **Carl Sandburg Village**, qui s'étend sur les rues Clark et LaSalle entre Division Street et North Avenue. Ce vaste complexe résidentiel comprenant plusieurs tours vit graduellement le jour entre 1960 et 1975, remplaçant un quartier entier alors composé de logements délabrés. Finalement, au **1211 N. LaSalle Street** ★, s'élève un immeuble résidentiel dont les murs extérieurs ont servi de toiles au muraliste américain de renom Richard Haas. Ainsi, sur la façade est, Haas a réalisé un décor en trompe-l'œil pour «ajouter» des fenêtres dans ce qu'il a appelé son *Homage to the Chicago School* (1980). Du côté sud, il a transformé un mur aveugle en œuvre d'art en reproduisant des détails architecturaux de bâtiments dessinés par Louis H. Sullivan, dont le Transportation Building qu'il avait élaboré pour la *World's Columbian Exposition*, superposés à la silhouette du **Chicago Board of Trade** (voir p. 114).

On peut terminer ce circuit en remontant vers le nord par LaSalle Street, afin de jeter un œil sur la **West Burton Place** ★ *(impasse située entre Schiller St. et North Ave., accessible par LaSalle St.)*. En 1927, un groupe d'artistes vint s'installer sur ce bout de rue alors appelé «Carl Street». Parmi eux, Sol Kogen et Edgar Miller entreprirent de rénover à leur manière certaines des demeures victoriennes alors pratiquement en état de décomposition qu'on y retrouvait. On peut encore aujourd'hui admirer le fruit de leurs efforts.

L'Old Town Triangle ★

🔊 *p. 273* 📷 *p. 285*

🕐 *une heure*

À ne pas manquer
> Lincoln Park West p. 152 > St. Michael's Church p. 152

Les bonnes adresses
Sorties
> The Second City p. 260 > Old Town Ale House p. 274

L'Old Town, comme son nom l'indique, est considérée comme le quartier historique de Chicago. Elle est délimitée grosso modo par North Avenue au sud, le Lincoln Park à l'est, Armitage Avenue au nord et Cleveland Avenue à l'ouest.

Traditionnellement, ce quartier fut habité par des ouvriers travaillant dans les manufactures établies aux abords de la Chicago River, tout juste à l'ouest. De nos jours, on va se balader dans ce quartier pour y faire un voyage dans le temps, mais aussi pour rigoler dans l'un de ses légendaires *comedy clubs* (The Second City, Zanie's) ou déguster une bière dans l'une de ses sympathiques microbrasseries (Old Town Ale House).

Au milieu du XIXᵉ siècle, ce sont les immigrants allemands qui s'étaient les premiers installés dans le secteur. Après le Grand Incendie de 1871, qui rasa complètement le quartier, ils eurent tôt fait de reconstruire leurs maisons et leurs commerces, alors surtout situés sur German Broadway, aujourd'hui devenu North Avenue.

Le secteur déclina rapidement à mesure que les Allemands déménagèrent vers le nord. Dans les années 1920, il n'était plus composé que de maisons délabrées dans lesquelles s'entassaient des familles pauvres, l'antithèse de son riche voisin du sud-est, la Gold Coast. À la fin des années 1960, de nombreux hippies élurent domicile dans l'Old Town, attirés par les loyers peu élevés, et firent de Wells Street le centre de la contre-culture de Chicago. Au cours de la décennie suivante, un mouvement de revitalisation prit naissance. De nouvelles

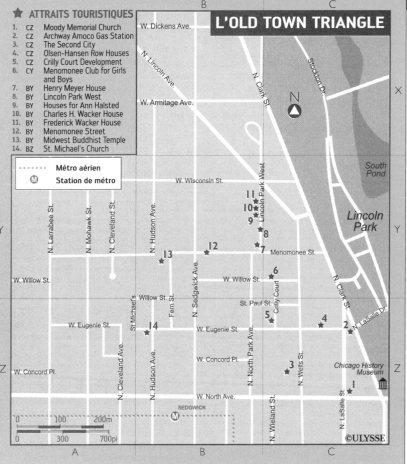

L'OLD TOWN TRIANGLE

ATTRAITS TOURISTIQUES

1.	CZ	Moody Memorial Church
2.	CZ	Archway Amoco Gas Station
3.	CZ	The Second City
4.	CZ	Olsen-Hansen Row Houses
5.	CZ	Crilly Court Development
6.	CY	Menomonee Club for Girls and Boys
7.	BY	Henry Meyer House
8.	BY	Lincoln Park West
9.	BY	Houses for Ann Halsted
10.	BY	Charles H. Wacker House
11.	BY	Frederick Wacker House
12.	BY	Menomonee Street
13.	BY	Midwest Buddhist Temple
14.	BZ	St. Michael's Church

Métro aérien
Ⓜ Station de métro

©ULYSSE

---

constructions pour jeunes ménages virent alors le jour à côté de vieilles maisons que l'on s'efforçait de rénover.

Nous vous proposons de commencer votre visite des étroites rues de l'Old Town Triangle au **Chicago History Museum** (voir p. 154).

Au départ, vous longerez North Avenue jusqu'à Wells Street. Au passage, vous ne manquerez pas de remarquer la **Moody Memorial Church** (1609 N. LaSalle St.), construite en 1925 dans un style byzantin s'inspirant de l'Hagia Sophia d'Istanbul, ainsi que, derrière elle, l'**Archway Amoco Gas Station** (angle Clark St. et LaSalle St.), aujourd'hui une station-service BP, dont l'allure futuriste fut imaginée en 1971 par George W. Terp.

Dans Wells Street, tout juste au nord de North Avenue, vous repérerez le célèbre cabaret comique **The Second City** (1616 N. Wells St.; voir p. 260).

Envie...

... de rigoler? Vous êtes au bon endroit! Deux des plus célèbres *comedy clubs* des États-Unis, où furent découverts des comédiens comme John Belushi, Bill Murray, Dan Ackroyd, John Candy, Jerry Seinfeld, Tim Allen, Drew Carey et Michael Myers, se trouvent dans le quartier : Zanie's (voir p. 260) et The Second City (voir p. 260).

Tournez à droite dans Wells Street et rendez-vous à Eugenie Street. Les élégantes **Olsen-Hansen Row Houses** ★ (164-172 W. Eugenie St.), datant de 1886, présentent un exubérant style Queen Anne aux formes et aux couleurs variées. Ces 5 maisons sont les seules survivantes d'une rangée qui en comptait 12 à l'origine.

Tournez à gauche dans Eugenie Street, où vous remarquerez, sur votre gauche, une série de **cottages de bois** *(215 W. à 219 W. et 225 W. Eugenie St.)* typiques du Chicago du XIXe siècle. Ils furent construits selon la technique du *balloon frame*, inventée à Chicago en 1833 (voir p. 57), juste après le Grand Incendie et juste avant que l'ordonnance interdisant les bâtiments de bois ne soit étendue jusqu'à ce secteur en 1874. Vous pouvez ensuite prendre à droite North Crilly Court, de chaque côté duquel fut élaboré le **Crilly Court Development** ★ entre 1885 et 1895. Vous y apercevrez de belles maisons Queen Anne en rangée, du côté ouest, et quatre immeubles résidentiels, du côté est, portant le prénom des enfants (Erminie, Edgar, Isabelle et Olive) du promoteur du projet, Daniel F. Crilly.

Rejoignez ensuite North Park Avenue en tournant à gauche dans St. Paul Avenue. Dirigez-vous alors vers le nord, et vous arriverez bientôt à la hauteur du **Menomonee Club for Girls and Boys** *(244 W. Willow St.),* dont la façade donnant sur Willow Street est beaucoup plus intéressante que celle de North Park Avenue.

Au bout de North Park Avenue, vous noterez la présence de la jolie **Henry Meyer House** *(1802 N. Lincoln Park West)*, une maison de ferme construite au milieu des années 1870.

Puis, tout au long de **Lincoln Park West** ★, vous découvrirez de belles maisons bâties pour des membres de l'élite du quartier dans le dernier quart du XIXe siècle. Parmi celles-ci figurent les **Houses for Ann Halsted** *(1826-1834 N. Lincoln Park West)*, de Dankmar Adler et Louis H. Sullivan, la **Charles H. Wacker House** *(1836 N. Lincoln Park West)* et la **Frederick Wacker House** *(1838 N. Lincoln Park West)*, qui date de 1874.

Revenez ensuite sur vos pas afin d'explorer la fascinante **Menomonee Street** ★. Vous y verrez entre autres une série de **cottages** *(325 W. à 345 W. Menomonee St.)* construits peu après le Grand Incendie dans un style

proche des anciennes maisons du voisinage qui furent ravagées par les flammes en 1871.

Plus loin, le **Midwest Buddhist Temple** *(435 W. Menomonee St.)* propose un cadre totalement différent, comme hors du temps... Érigé en 1971 par Hideaki Arao, ce temple posé sur un joli parc arbore des formes rappelant une pagode japonaise.

Dirigez-vous ensuite vers le sud par St. Michael's Court jusqu'à Eugenie Street pour atteindre, juste sur votre droite, la **St. Michael's Church** ★ *(447 W. Eugenie St.)*, qui donne sur une sympathique petite place. C'est la communauté catholique allemande du milieu du XIXe siècle qui fonda la paroisse de St. Michael en 1852. L'église actuelle est la troisième à avoir été érigée ici. Elle fut reconstruite en moins d'un an sur les restes de la seconde après le Grand Incendie de 1871. Le clocher fut quant à lui ajouté en 1888, et la statue ornant la façade et montrant un saint Michel vainqueur de Lucifer ne fut placée qu'en 1913. L'intérieur, doté d'une décoration d'inspiration bavaroise, mérite un coup d'œil.

Le Lincoln Park ★★

👄 *p. 244* 🍴 *p. 285*

🕐 *une journée*

À ne pas manquer

> Chicago History Museum p. 154
> North Avenue Beach p. 155
> Lincoln Park Zoo
> Peggy Notebaert Nature Museum p. 156

Les bonnes adresses

Restaurants
> North Pond p. 244

Le Lincoln Park est cette longue bande verte qui s'allonge sur une dizaine de kilomètres en bordure du lac Michigan entre North Avenue au sud et Ardmore Street au nord. Ce parc, le plus grand de Chicago, fut aménagé entre 1865 et 1880. Alors que l'autre grand parc de Chicago, le Grant Park, tient de la manière française avec ses allées bien droites dessinant des espaces symétriques, le Lincoln Park emprunte davantage à la manière anglaise avec ses plans d'eau, ses

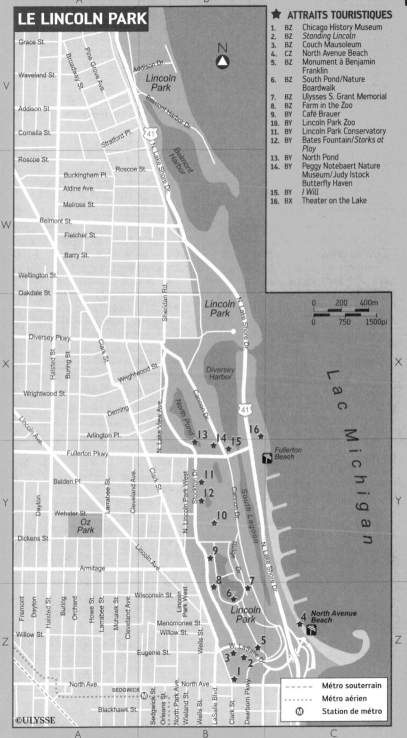

LE LINCOLN PARK

★ **ATTRAITS TOURISTIQUES**

1. BZ Chicago History Museum
2. BZ *Standing Lincoln*
3. BZ Couch Mausoleum
4. CZ North Avenue Beach
5. BZ Monument à Benjamin Franklin
6. BZ South Pond/Nature Boardwalk
7. BZ Ulysses S. Grant Memorial
8. BZ Farm in the Zoo
9. BY Café Brauer
10. BY Lincoln Park Zoo
11. BY Lincoln Park Conservatory
12. BY Bates Fountain/*Storks at Play*
13. BY North Pond
14. BY Peggy Notebaert Nature Museum/Judy Istock Butterfly Haven
15. BY *I Will*
16. BX Theater on the Lake

Métro souterrain
Métro aérien
Ⓜ Station de métro

©ULYSSE

guidesulysse.com

sentiers sinueux et son respect de la configuration naturelle du site.

Ce splendide parc urbain est l'un des lieux de détente favoris des Chicagoens. Les familles viennent ici pour observer les animaux du jardin zoologique, les sportifs pour courir ou jouer au volley-ball, les amoureux pour s'étendre sur la pelouse ou se balader en canot sur un des plans d'eau, les personnes âgées pour lire à l'ombre d'un grand arbre ou promener leurs chiens. De plus, deux musées de grande qualité se trouvent dans les limites du Lincoln Park : le Chicago History Museum et le Peggy Notebaert Nature Museum.

La partie méridionale du parc abritait autrefois le cimetière municipal. En 1864, on décida de déplacer le cimetière, mais ce déménagement ne fut réellement achevé qu'en 1871. Entre-temps, le site fut nommé Lincoln Park en 1865, peu de temps après l'assassinat du président américain, et le jardin zoologique fut créé la même année après que le Central Park de New York eut fait don de deux couples de cygnes à la Ville de Chicago.

Nous vous proposons ici une balade dans ce magnifique espace vert débutant par une visite du musée de la Chicago Historical Society, situé à l'extrémité sud-ouest du parc.

Le **Chicago History Museum** ★★ *(14$; lun-sam 9h30 à 16h30, dim 12h à 17h; 1601 N. Clark St., 312-642-4600, www. chicagohistory.org)* est la plus ancienne institution culturelle de Chicago, d'abord connue sous le nom de Chicago Historical Society. Il fut fondé en 1856, puis logea dans un premier bâtiment situé à l'angle des rues Dearborn et Ontario entre 1868 et 1871. Un second édifice, qui abrite aujourd'hui la boîte de nuit **Excalibur** (voir p. 271), fut construit sur ce même site après le Grand Incendie. Le bâtiment actuel fut quant à lui inauguré en 1932, puis agrandi considérablement en 1988. La façade du côté parc, créée dès 1932, emprunte au style Federal. Elle donne sur une jolie place qui cache des installations souterraines d'entreposage. Depuis la rue Clark, c'est le bâtiment annexe de la fin des années 1980 que l'on peut voir. Conçu par la firme Holabird & Root, il intègre ce qui est devenu l'entrée principale du musée. Une

nouvelle rénovation des salles d'exposition a été menée au cours des années 2005 et 2006 en vue des célébrations qui ont marqué le 150e anniversaire de l'institution. Plus de 75% de la surface d'exposition a ainsi été réaménagée.

La visite débute au rez-de-chaussée, où se trouve la **Costume and Textile Gallery**, réservée à des expositions temporaires alimentées par l'imposante collection de vêtements et tissus anciens du musée. À l'arrière complètement, l'exposition permanente **Lincoln Treasures** présente de nombreux souvenirs du président Abraham Lincoln, dont le lit sur lequel il vécut ses derniers moments.

D'autres salles du rez-de-chaussée méritent le détour, comme celle qui abrite l'exposition **Imagining Chicago** ★, laquelle met en valeur une remarquable collection de dioramas. Ces reconstitutions miniatures réalisées il y a plus de 75 ans évoquent de façon fort réaliste divers épisodes de l'histoire de la ville : le Grand Incendie, la *World's Columbian Exposition* et autres. Il y a aussi la **Konen Family Children's Gallery**, qui propose une exposition interactive à l'intention des plus jeunes.

À l'étage supérieur, l'exposition **Chicago: Crossroads of America** ★★ constitue la pièce maîtresse du musée. On y retrouve notamment la première locomotive utilisée à Chicago, avant même que la ville ne devienne le point de rencontre de toutes les lignes ferroviaires du pays, de même qu'un des wagons du tout premier train aérien de Chicago, datant de l'époque de la *World's Columbian Exposition* de 1893, dont on peut visiter l'intérieur. Tout autour, la vaste collection de photographies, de tableaux, de sculptures et de manuscrits de l'institution est mise à contribution pour raconter l'évolution de la ville en s'attardant aux étapes marquantes de son développement.

Derrière le musée, une splendide allée fleurie mène au **Standing Lincoln** ★, une remarquable statue élevée à la mémoire du président par le sculpteur Augustus Saint-Gaudens, celui-là même qui a réalisé **The Seated Lincoln** (voir p. 121) du Grant Park. Elle fut placée en 1887 sur une base monumentale conçue par McKim, Mead & White.

Plus loin, un peu au nord du Chicago History Museum, vous remarquerez le **Couch Mausoleum**, la seule tombe n'ayant pu être déplacée après que l'ancien cimetière municipal eut cédé sa place au Lincoln Park, la famille du défunt refusant catégoriquement toute proposition de déménagement...

Un tunnel permet ensuite de passer sous LaSalle Drive. Il vous sera alors possible de vous diriger vers l'est, puis de franchir une passerelle enjambant Lake Shore Drive afin de rejoindre la **North Avenue Beach**. Vous y remarquerez entre autres une *beach house* aux formes rappelant les grands paquebots. Construit en 1999, ce bâtiment remplaça l'ancienne North Avenue Beach House de 1939 tout en s'en inspirant largement.

Envie...

... de jouer une partie de volley-ball? À la North Avenue Beach (voir ci-dessus), de nombreux filets sont tendus pour vous inviter à la pratique du volley-ball de plage.

De l'autre côté de LaSalle Drive, vous découvrirez aussi un **monument à Benjamin Franklin**, devant lequel s'étend une belle allée bordée d'arbres conduisant au **South Pond**, le premier des trois étangs situés à l'intérieur des limites du parc. Les environs du South Pond ont été l'objet en 2010 d'un réaménagement d'envergure piloté par le bureau de l'architecte Jeanne Gang, à qui l'on doit l'**Aqua Tower** (voir p. 116) du New East Side. Ainsi, une agréable promenade en planches, le **Nature Boardwalk** ★, encercle maintenant le plan d'eau. Vous y remarquerez des stations d'information sur les oiseaux qui fréquentent les lieux (canards, oies, hérons, hiboux et autres) et sur la flore. Un étonnant pavillon, sorte d'arche qui évoque vaguement la carapace d'une tortue, constitué de pièces de bois lamellé et cintré formant des alvéoles recouvertes de feuilles de fibre de verre bombées, a également été ajouté à l'ensemble.

En faisant le tour du plan d'eau par le côté est, vous pourrez admirer de près le spectaculaire **Ulysses S. Grant Memorial** ★, élevé en 1891 en l'honneur de cet autre président des États-Unis. Pourquoi retrouve-t-on ce monument dans le Lincoln Park plutôt que dans le Grant Park? Voilà un mystère qui demeure sans réponse à ce jour...

Un petit pont permet de traverser de l'autre côté du South Pond tout en offrant une extraordinaire vue vers le sud, avec les gratte-ciel du centre-ville en arrière-plan. De ce côté de l'étang, vous apercevrez sur votre gauche la **Farm in the Zoo** ★ *(tlj 10h à 17h)*, une véritable ferme invitant les enfants à se familiariser avec la vie rurale, et sur votre droite le **Café Brauer** ★ *(2021 N. Stockton Dr.)*. Ce dernier, construit en 1908, fut rénové à grands frais en 1989. Il s'agit d'une brillante application de la Prairie School dans un cadre public. Le concepteur du Café Brauer fut d'ailleurs Dwight H. Perkins, l'une des figures dominantes de la Prairie School.

Tout juste au nord s'étend ensuite le **Lincoln Park Zoo** ★★ *(entrée libre; avr, mai, sept et oct tlj 10h à 17h, juin à août lun-ven 10h à 17h, sam-dim 10h à 18h30, nov à mars tlj 10h à 16h30; 312-742-2000, www.lpzoo.com)*, un jardin zoologique fort populaire dont l'accessibilité (situation près du centre-ville, accès gratuit, etc.) n'est pas la moindre des qualités. Il est composé de plusieurs bâtiments élevés dans les années 1910 et 1920 qui sont autant de demeures pour les quelque 1 000 animaux vivant ici. Ces bâtiments anciens au charme certain, de même que de plus récentes constructions qui ont poussé au fil des ans sans pour autant nuire à l'unité d'ensemble, font en sorte que le jardin zoologique puisse demeurer ouvert toute l'année. Les animaux peuvent ainsi, la plupart du temps, évoluer aussi bien dans des enclos extérieurs attenants aux bâtiments que dans leurs quartiers intérieurs, au gré des saisons.

Parmi les bâtiments les plus anciens figurent la **Lion House**, dessinée en 1912 par Dwight Perkins, la **Reptile House** (1923), la **Primate House** (1927) et la **McCormick Bird House**, qui, quant à elle, fut construite en 1900 selon les plans de Jarvis Hunt. Ne manquez pas également de visiter l'édifice moderne qui abrite le **Regenstein Center for African Apes**, afin d'y observer les grands gorilles et les habiles chimpanzés.

La partie sud du jardin zoologique comprend le **Waterfowl Lagoon**, le second étang

Attraits touristiques – Les quartiers de Lincoln Park, Lakeview et Wrigleyville

du Lincoln Park. Il fut créé en 1865, soit dès la fondation du zoo. À l'extrême nord, la **Zoo Rookery**, aménagée autour d'un petit lac, est l'endroit idéal pour observer paisiblement les oiseaux migrateurs qui ne manquent pas d'y faire halte.

La sortie nord-ouest du zoo mène au **Lincoln Park Conservatory** ★ *(entrée libre; tlj 9h à 17h; 2391 N. Stockton Dr., 312-742-7736)*, une sorte de «palais de verre» dont les impressionnantes serres furent conçues en 1891 par Joseph Lyman Silsbee, qui s'inspira d'ailleurs du Crystal Palace de Londres. À l'intérieur, des aires accessibles au public présentent diverses expositions botaniques. Devant le Lincoln Park Conservatory s'étend un beau jardin à la française au centre duquel s'élève la **Bates Fountain**, aussi connue sous le nom de *Storks at Play*, réalisée en 1887 par Augustus Saint-Gaudens et Frederick William MacMonnies.

De l'autre côté de Fullerton Parkway, vous apercevrez le **North Pond**, troisième et dernier étang du Lincoln Park. À l'intersection nord-ouest de Fullerton Parkway et de Cannon Drive, le **Peggy Notebaert Nature Museum** ★ *(9$; lun-ven 9h à 17h, sam-dim 10h à 17h; 2430 N. Cannon Dr., 773-755-5100, www.naturemuseum.org)* a ouvert ses portes à l'automne 1999. Il s'agissait alors du premier musée à être construit dans un des grands parcs de Chicago en quelque 60 ans. Parrainé par la Chicago Academy of Sciences, il propose des expositions qui abordent des thèmes divers reliés à l'environnement ainsi qu'au monde animal et végétal. La section la plus appréciée de l'institution est sans conteste le **Judy Istock Butterfly Haven** ★, où virevoltent des milliers de papillons colorés provenant du Midwest américain, mais aussi d'Amérique du Sud, d'Asie et d'Afrique.

Puis, à l'est de Cannon Drive, la sculpture moderne *I Will*, signée Ellsworth Kelly, rend hommage aux Chicagoens qui ont reconstruit la ville après le Grand Incendie et dont «I will» (Je le ferai) était un des leitmotivs. À l'est, tout au bout de Fullerton Parkway, vous verrez le **Theater on the Lake** (voir p. 264).

Les quartiers de Lincoln Park, Lakeview et Wrigleyville ★

▲ *p. 201* 🛌 *p. 244* 🍴 *p. 274* 🛍 *p. 285*

🕐 *une demi-journée*

À ne pas manquer
> Wrigley Field p. 158 > Graceland Cemetery p. 158

Les bonnes adresses
Restaurants
> Ann Sather p. 244 > Alinea p. 245

Sorties
> Kingston Mines p. 275 > John Barleycorn Memorial Pub p. 276
> B.L.U.E.S. p. 275 > The Cubby Bear p. 276

La présente section vous propose un survol des quartiers s'étendant au nord d'Armitage Avenue.

Le quartier de **Lincoln Park** s'étend tout d'abord à l'ouest du parc portant le même nom, entre Armitage Avenue et Diversey Parkway. On y trouve de belles maisons (le long de Fullerton Parkway par exemple), des rues bordées de boutiques ou encore de boîtes de nuit (Halsted Street et Lincoln Avenue notamment), de même que le campus de la **DePaul University** ★ *(bordé par Clifton Ave. à l'ouest, Halsted St. à l'est, Webster Ave. au sud et Fullerton Ave. au nord)*. C'est le St. Vincent's College, fondé en 1898, qui devint la DePaul University en 1907. Le campus se répartit en deux portions égales, situées à l'ouest et à l'est de la voie aérienne du métro.

Le **Biograph Theater** *(2433 N. Lincoln Ave.)*, une ancienne salle de cinéma, constitue une sorte de «lieu historique» puisque c'est à sa sortie que fut abattu par les agents du FBI le gangster John Dillinger, le 22 juillet 1934. Dillinger était alors considéré comme «l'ennemi public numéro un». En 2004, la troupe du Victory Gardens Theater s'est portée acquéreur de l'ex-palace de cinéma et l'a reconverti en une salle de théâtre.

On note également dans le quartier la présence de l'**Oz Park**, ainsi nommé en 1976 en l'honneur de L. Frank Baum, créateur du *Magicien d'Oz* et natif de Chicago (voir p. 64).

LES QUARTIERS DE LINCOLN PARK, LAKEVIEW ET WRIGLEYVILLE

★ ATTRAITS TOURISTIQUES

1. BZ DePaul University
2. BY Biograph Theater
3. BZ Oz Park
4. CY Elks National Veterans Memorial
5. AW Wrigley Field
6. AV Graceland Cemetery
7. AV Swedish-American Museum Center

V

Graceland Cemetery 6

7

Irving Park Rd.

SHERIDAN

Buena Ave.

Sheridan Dr.

Broadway St.

Byron St.

Lincoln Park

Grace St.

W

Waveland Ave.

Wrigleyville 5

Wilton Ave.

Fremont St.

Halsted St.

Broadway St.

ADDISON

Addison St.

Eddy St.

W. Brompton

Cornelia Ave.

Stratford Pl.

Belmont Harbor Dr.

Comelia Ave.

Newport St.

Ave.

Cornelia Ave.

Belmont Harbor

Lakeview

Hawthorne Pl.

Lakewood Ave.

School St.

Seminary Ave.

Kenmore Ave.

Clark St.

Roscoe St.

Buckingham Pl.

Aldine Ave.

Melrose St.

Roscoe

Aldine Ave.

X

Belmont Ave.

Racine Ave.

Sheffield Ave.

BELMONT

Broadway St.

X

Barry Ave.

Nelson

Wellington Ave.

WELLINGTON

Barry Ave.

Halsted St.

Wellington Ave.

Sheridan Rd.

N. Lake

Oakdale Ave.

George St.

Wolfram St.

DIVERSEY

Surf St.

Shore

Diversey Pkwy.

Y

Schubert Ave.

Drummond Pl.

Hampden Ct.

Lehmann Ct.

4

Diversey Harbor

Y

Wrightwood Ave.

Burling St.

Orchard St.

Clark St.

Stockton

North Pond

Cannon Dr.

Lincoln Park

Lincoln Park West

Shore Dr.

Altgeld St.

Lincoln Ave.

2

Montana St.

Arlington Pl.

Peggy Notebaert Nature Museum

Fullerton Pkwy.

Racine Ave.

Clifton Ave.

Seminary Ave.

Kenmore Ave.

FULLERTON

1

Fullerton Pkwy.

Larrabee St.

Halsted St.

Fullerton Beach

Belden Pl.

Lincoln Park

Z

DePaul University

Webster Ave.

Bissell St.

Fremont St.

Dayton St.

Halsted St.

3

Oz Park

Dickens Ave.

Lincoln Park Zoo

Z

ARMITAGE

Armitage Ave.

Lac Michigan

N

0 350 700m
0 1/4 1/2mi

©ULYSSE

┈┈┈ Métro aérien
Ⓜ Station de métro

guidesulysse.com

L'**Elks National Veterans Memorial** ★ *(entrée libre; avr à nov lun-ven 9h à 17h, sam-dim 10h à 17h, le reste de l'année fermé sam-dim; 2750 N. Lakeview Ave., 773-755-4876, www.elks.org)* doit aussi être signalé dans les environs. Ce monument, élevé en 1926 à la mémoire des membres de cette fraternité morts au combat lors de la Première Guerre mondiale et de conflits subséquents, est en effet fort impressionnant. Il s'agit d'un vaste bâtiment circulaire entouré de colonnes et surmonté d'un dôme. L'intérieur mérite une petite visite afin d'en admirer les nombreuses peintures murales.

Au-delà de Diversey Parkway, le quartier de **Lakeview** prend la relève jusqu'à Irving Park Road. C'est là que se trouve le quartier gay de Chicago, **Boystown**, que l'on peut grossièrement situé dans le secteur délimité par Belmont Avenue au sud, Addison Street au nord, Halsted Street à l'ouest et Broadway Street à l'est.

Le quartier de Lakeview englobe aussi le secteur baptisé **Wrigleyville**, situé aux environs du stade de baseball **Wrigley Field** ★ *(1060 W. Addison St., www.cubs.com)*. Assister à un match des Cubs au Wrigley Field (voir p. 281), l'un des plus vieux stades des ligues majeures de baseball, est une expérience extraordinaire, une espèce de voyage dans le temps vous ramenant plus de 60 ans en arrière. Les clôtures du champ extérieur couvertes de vignes, son tableau indicateur actionné manuellement, le vent qui transforme de petits ballons en coups de circuit et l'exubérance débridée des fans, rendent ce stade complètement irrésistible. Il fut construit en 1914, et ce n'est qu'en 1988 que furent installés des projecteurs permettant la présentation de matchs en soirée.

Envie...

... de côtoyer les fans des Cubs? Arrêtez prendre une bière au bar Cubby Bear (voir p. 276), juste en face de l'entrée principale du Wrigley Field, avant et, pourquoi pas, après un match. Ambiance garantie!

Plus au nord s'étend le magnifique **Graceland Cemetery** ★★ *(tlj 8h à 16h30; bordé par Irving Park Rd., Montrose Ave., Clark St. et Seminary Ave., 773-525-1105, www.gracelandcemetery.org)*. Une promenade dans ses belles allées vous permettra de vous détendre quelque peu hors du temps. Vous pourrez aussi essayer de repérer les tombes de Chicagoens célèbres, comme Marshall Field, Daniel Burnham, George Pullman et Potter Palmer. Pour ce faire, procurez-vous le plan du cimetière à l'entrée.

Plus loin au nord-ouest, le **Swedish-American Museum Center** *(4$; lun-ven 10h à 16h, sam-dim 11h à 16h; 5211 N. Clark St., 773-728-8111, www.samac.org)* rend compte de la présence de descendants suédois en terre américaine.

Hyde Park et le South Side ★★★

▲ *p. 203*   🍴 *p. 245*   🌙 *p. 278*   🏨 *p. 285*

🕐 *une journée*

À ne pas manquer

- Jackson Park p. 159
- Museum of Science and Industry p. 159
- University of Chicago p. 162
- Oriental Institute Museum p. 162
- Robie House p. 162
- DuSable Museum of African-American History p. 163
- Illinois Institute of Technology p. 164

Les bonnes adresses

Restaurants
- Nana p. 245
- La Petite Folie p. 246

Sorties
- Jimmy's Woodlawn Tap p. 278
- Checkerboard Lounge p. 278

La ville de Hyde Park a été fondée en 1852 par Paul Cornell et fut annexée à Chicago dès 1889. Le quartier de Hyde Park ainsi créé est situé dans la partie méridionale de Chicago. Il est habité par une population multiethnique appartenant à la classe moyenne, ce qui en fait un secteur sûr que l'on peut visiter sans aucune crainte.

Le circuit que nous vous proposons ici nécessite l'utilisation d'une voiture. Il vous permettra de flâner dans le merveilleux Jackson Park, site de la *World's Columbian Exposition*, de visiter le Museum of Science and Industry, d'arpenter la Midway Plaisance, cette avenue arborée qui longe les magnifiques bâtiments de l'University of Chicago, de découvrir le DuSable Museum et le Washington Park, avant de revenir vers le nord en vous arrêtant le temps de découvrir quelques sites d'intérêt du South Side.

On peut aussi se rendre dans cette partie de la ville à l'aide des transports en commun. Les bus 6 et 10, par exemple, vous conduiront du centre-ville jusqu'aux environs du Jackson Park et du Museum of Science and Industry. Il est aussi possible d'utiliser le train de banlieue (Metra), dont la station 55th/56th/57th Street de l'Electric Line se trouve quelques rues à l'ouest du Museum of Science and Industry et à distance de marche des principaux bâtiments de l'University of Chicago.

Le **Jackson Park** ★★ *(bordé par 67th St. au sud, 56th St. au nord, le lac Michigan à l'est et Stony Island Ave. à l'ouest)* a été créé en 1871 par Frederick Law Olmsted et Calvert Vaux. En 1890, Frederick Law Olmsted, créateur du Central Park de New York et du parc du Mont-Royal de Montréal, fut appelé à élaborer le réaménagement du Jackson Park en vue de la tenue de la *World's Columbian Exposition* de 1893. Il imagina alors un cadre enchanteur composé de plans d'eau (bassins, lagons, canaux) sur lequel Daniel Burnham posa sa célèbre *White City*. Une fois la foire terminée, le parc fut à nouveau remodelé par la firme Olmsted, Olmsted & Eliot, si bien qu'il ne reste plus aujourd'hui que quelques vestiges témoignant de l'exposition universelle de 1893. Parmi ceux-ci, il y a l'**Osaka Garden** ★, ce splendide jardin japonais aménagé sur la **Wooded Island**, ainsi que la sculpture *The Republic*, de Daniel Chester French.

Un autre vestige de la *World's Columbian Exposition* est l'ancien Palace of Fine Arts, devenu le **Museum of Science and Industry** ★★★ *(18$ pour le musée seulement, 26$ pour le musée et le cinéma Omnimax; tlj 9h30 à 16h; angle 57th St. et Lake Shore Dr., 773-684-1414, www. msichicago.org)*, qui s'allonge avec élégance au bord du **Columbian Basin** ★, lui-même conçu après l'exposition en 1895. Charles B. Atwood, de la firme de Daniel H. Burnham, élabora les plans de ce monumental bâtiment. Avec son grand dôme et sa longue colonnade ionique comprenant 276 colonnes, l'ancien Palace of Fine Arts

donne une bonne idée de ce à quoi ressemblait la *White City* néoclassique imaginée par Burnham pour l'exposition universelle.

Au cours de l'exposition, on présenta dans cet édifice des œuvres d'art provenant des quatre coins du monde. Par la suite, il abrita le **Field Museum** (voir p. 124) jusqu'en 1921, année au cours de laquelle celui-ci emménagea dans ses nouveaux locaux du Grant Park. Il fallut alors attendre jusqu'au début des années 1930 avant que l'on ne s'intéresse de nouveau à ce bâtiment. Le président de Sears, Roebuck & Co., Julius Rosenwald, fit alors un don de cinq millions de dollars afin qu'une restauration soit entreprise et qu'un nouveau musée consacré à l'avancement technologique soit créé.

Le Museum of Science and Industry, l'une des attractions les plus populaires de Chicago, propose une série d'expositions explorant les différentes facettes du monde des sciences. On y pénètre par l'arrière où est située l'entrée nord du bâtiment. Les guichets se trouvent au niveau inférieur, dans l'Entry Hall.

Immédiatement au-dessus, le *Lower Level 1* propose des expositions diverses (voitures anciennes, architecture et autres), en plus de donner accès à une section du musée construite sur mesure afin d'abriter un authentique **sous-marin allemand U–505** ★★★. Capturé au cours de la Seconde Guerre mondiale, le sous-marin est ici présenté dans une mise en scène spectaculaire. Dans les premières salles, on explique d'abord l'opération qui a mené à la capture du vaisseau. Puis les visiteurs accèdent enfin à la salle où se trouve l'immense sous-marin dont il est possible de visiter l'intérieur moyennant un supplément *(adultes 8$, enfants 6$)*. Dans la dernière partie, on raconte comment le sous-marin a été transporté jusqu'à Chicago, puis comment on l'a installé en 2004 dans la salle actuelle, dont la partie supérieure, incluant le toit, n'a été achevée qu'une fois le vaisseau déposé à l'intérieur.

Également accessible à ce niveau du musée, le **Henry Crown Space Center** ★★ comprend diverses capsules spatiales, une reproduction d'un module lunaire ainsi qu'un cinéma Omnimax.

À l'étage suivant, baptisé le *Main Level 2*, la **Transportation Gallery** ★★ attire à coup sûr l'attention avec ses locomotives, ses camions et ses avions, parmi lesquels figurent un véritable Boeing 727 (!). Une grande maquette du Loop et du West Loop est aussi à signaler dans cette portion du musée. Elle montre les divers réseaux de transport (métro aérien, voies ferrées) qui desservent la ville et qui permettent de la relier à la Côte Ouest, jusqu'à Seattle, également reproduite en maquette. Non loin de là, **The Coal Mine** ★ *(supplément adultes 8$, enfants 6$)* reproduit les galeries d'une mine de charbon.

D'autres expositions encore sont proposées au niveau supérieur (*Balcony Level 3*), dont celle intitulée *You! The Experience*, qui explore de manière interactive les liens entre le corps, le cerveau et l'esprit humain.

Quant à l'exposition permanente *Science Storms*, inaugurée au printemps 2010, elle s'étend sur deux étages (*Main Level 2* et *Balcony Level 3*). On y rend compte de façon interactive de l'avancement des sciences dans la compréhension de phénomènes naturels divers tels que les tornades, la foudre, les tsunamis et les avalanches.

Au nord-est du musée, au bout de 55th Street, un tunnel permet de traverser Lake Shore Drive et d'atteindre le **Promontory Point** ★. Il s'agit en fait de l'extrême sud du Burnham Park, cette longue bande verte qui relie les parcs Grant et Jackson, aménagée en bordure du lac Michigan en 1937 par Alfred Caldwell. La vue qu'on y a sur les gratte-ciel du centre-ville, sur le lac et sur le Jackson Park est saisissante. Vous y remar-

querez aussi la **Field House**, un bâtiment de pierre surmonté d'une tour lui donnant l'allure d'un phare.

Après avoir découvert le fameux site de la *World's Columbian Exposition* et son extraordinaire musée, empruntez la **Midway Plaisance** ★★, une grande promenade bordée d'arbres et comportant une belle et large bande médiane gazonnée; elle relie majestueusement le Jackson Park au Washington Park. C'est ici que la première grande roue fut installée, avec plusieurs autres manèges, lors de l'exposition de 1893. Frederick Law Olmsted avait ensuite imaginé de transformer la bande médiane de la Midway Plaisance en un canal joignant les plans d'eau des deux parcs, projet qui ne fut jamais réalisé. Au lieu de cela, l'avenue est devenue une voie de prestige entre deux beaux parcs urbains et joue un rôle important dans la mise en évidence des bâtiments néogothiques de l'University of Chicago qui la bordent au nord.

Deux sculptures monumentales dominent les extrémités de la Midway Plaisance. Ainsi, à l'est, on aperçoit d'abord une statue de **St. Wenceslaus**, réalisée par Albin Polasek. Puis, tout au bout, à l'entrée du Washington Park, a été installé en 1922 le chef-d'œuvre de Lorado Taft, la **Fountain of Time** ★★. Cette extravagante allégorie sur le thème du temps met en scène une foule prenant l'allure d'une vague qui passe son chemin. Elle fut inspirée à Taft par quelques vers d'un poème de Henry Austin Dobson : *Time goes, you say? Ah no! Alas, Time stays, we go...* (Le temps passe, dites-vous? Et non! Hélas, le temps reste, c'est nous qui

★ **ATTRAITS TOURISTIQUES**

1.	CZ	Jackson Park
2.	CY	Osaka Garden/Wooded Island/The Republic
3.	CY	Museum of Science and Industry
4.	CY	Columbian Basin
5.	CY	Promontory Point
6.	CY	Field House
7.	BY	Midway Plaisance
8.	BY	Statue de St. Wenceslaus/ Fountain of Time
9.	AZ	William Rainey Harper Memorial Library
10.	AZ	Rockefeller Memorial Chapel
11.	AZ	Oriental Institute Museum
12.	BZ	Robie House
13.	AZ	Tower Group
14.	AZ	Cobb Gate
15.	AZ	Nuclear Energy
16.	AZ	Smart Museum of Art
17.	AZ	Gerald Ratner Athletics Center
18.	AZ	Cobb Lecture Hall
19.	AZ	Joseph Bond Chapel
20.	BX	Washington Park
21.	BY	DuSable Museum of African-American History
22.	BX	Monument à George Washington
23.	BV	Illinois Institute of Technology
24.	BV	S.R. Crown Hall
25.	BV	McCormick Tribune Campus Center
26.	BV	State Street Village
27.	BV	Glessner House
28.	BV	Clarke House
29.	BV	National Veterans Art Museum
30.	BV	Chess Records Studios/ Willie Dixon's Blues Heaven Foundation
31.	BV	Chinatown
32.	AV	Comiskey Park/US Cellular Field
33.	CY	Hyde Park Historical Society
34.	BY	Oak Woods Cemetery
35.	CZ	South Shore Cultural Center
36.	AW	Union Stockyards Gate

HYDE PARK ET LE SOUTH SIDE

0   0.5   1km
0   1/4   1/2mi

26th St **29,31**★
27,28,30★

Illinois Institute
of Technology **23**★

25★
24★ **26**★

SOX
35th **35th
BRONZEVILLE-IIT**

32★

South Side

36★
Exchange
Ave.

INDIANA

Burnham
Park

Oakwood Blvd.

L a c   M i c h i g a n

22★

20★
Washington
Park

21★ **Voir University of Chicago**
University
of Chicago

Hyde Park

33★

Midway Plaisance **6**★
5★

3★
4★
8★

2★

34★ **1**★

Jackson
Park

University of Chicago

17★ **16**★
15★
13★
14★ **12**★
18★ **11**★
19★ **9**★ **10**★

Washington
Park

Midway Plaisance

35★

©ULYSSE

guidesulysse.com

passons…). Il fallut 14 ans pour terminer ce monument d'acier et de béton qui fait 33 m de long. Taft avait aussi dessiné la *Fountain of Creation*, qui devait s'élever là où l'on retrouve aujourd'hui la statue de St. Wenceslaus. Cette seconde œuvre, qui aurait magistralement fait écho à sa *Fountain of Time*, ne fut jamais réalisée.

Une balade sur le campus de la prestigieuse **University of Chicago** ★ ★ ★, qui s'étend au nord de la Midway Plaisance, à peu près à mi-chemin entre le Jackson Park et le Washington Park, s'avère tout à fait incontournable. L'université fut fondée en 1890 par l'American Baptist Educational Society et le magnat du pétrole John D. Rockefeller, puis construite sur des terrains offerts par Marshall Field.

Ce sont d'abord les majestueuses façades néogothiques donnant sur la Midway Plaisance qui vous séduiront. Il s'agit des bâtiments les plus anciens du campus, que dessina Henry Ives Cobb entre 1891 et 1900. Ils forment six quadrilatères, chacun entourant un jardin central. Trois de ceux-ci se trouvent au sud, aux abords de la Midway Plaisance, et trois autres au nord. Un parc central qui s'étend entre les avenues University et Ellis sépare les deux concentrations de bâtiments. Autour de ce noyau se sont ajoutés au fil des ans de nombreux autres édifices universitaires, plusieurs arborant aussi le style néogothique.

La plus imposante des constructions, que l'on aperçoit depuis la Midway Plaisance, avec ses deux massives tours carrées, est la **William Rainey Harper Memorial Library** ★ *(1116 E. 59th St.)*. Elle fut terminée en 1912.

À l'est d'University Avenue se trouve un autre bâtiment qui attire le regard à coup sûr. Il s'agit de la **Rockefeller Memorial Chapel** ★ *(5850 S. Woodlawn Ave., 773-702-2100)*, élevée entre 1925 et 1928. Sa belle tour gothique domine les environs du haut de ses 62 m. À l'intérieur, il est étonnant de découvrir, dans le transept est, une statue de l'architecte de la chapelle, Bertram Grosvenor Goodhue, tenant son œuvre entre ses mains. Des concerts et récitals y sont régulièrement présentés.

Derrière l'église se trouve l'**Oriental Institute Museum** ★ ★ *(entrée libre; mar et jeu-sam 10h à 18h, mer 10h à 20h30, dim 12h à 18h, lun fermé; 1155 E. 58th St., 773-702-9520, http://oi.uchicago.edu)*, installé dans un bel édifice Art déco datant de 1931, entièrement rénové ces dernières années. Ce musée remarquable se consacre à l'art et à l'histoire du Proche-Orient. Il renferme d'innombrables trésors recueillis lors de fouilles archéologiques dans des pays comme l'Égypte, l'Iran, l'Irak, Israël, le Soudan, la Syrie et la Turquie. Parmi ceux-là figurent quelques pièces monumentales qui valent à elles seules la visite: portions d'un **temple assyrien** mis au jour en Irak, **statue du roi Toutankhamon** haute de 5 m et **momies d'Égypte**, splendides **sculptures perses** découvertes en Iran.

Envie...

… d'une bière? Le Jimmy's Woodlawn Tap (voir p. 278) est l'un des refuges favoris des étudiants de l'University of Chicago.

En prenant à gauche 58th Street, vous pénétrerez dans la cour centrale séparant les quadrilatères originels du campus universitaire. En choisissant plutôt de vous diriger vers l'est, vous apercevrez bientôt l'un des chefs-d'œuvre de Frank Lloyd Wright, la **Robie House** ★ ★ *(15$; visites guidées jeu-lun 11h à 14h; 5757 S. Woodlawn Ave., 312-994-4000, www.wrightplus.org)*. Le grand architecte effectua les plans de cette demeure entre 1906 et 1909 pour le compte de Frederick C. Robie, un fabricant de vélos et de motocyclettes. Il s'agit là d'une *Prairie House* (voir p. 168) construite de la plus parfaite façon que l'on puisse imaginer. Vous apprécierez tout particulièrement la composition horizontale de l'ensemble, typique de la Prairie School, renforcée par l'utilisation de briques longues et minces. Le somptueux intérieur, illuminé au moyen de hautes fenêtres et d'élégantes lampes en forme de globes, compte peu de cloisons. Wright dessina aussi toutes les pièces du mobilier et en fit lui-même la décoration.

De retour sur University Avenue, poursuivez votre visite vers le nord. À la hauteur de 57th Street, vous verrez sur votre gauche le **Tower Group** ★, un remarquable ensemble d'édifices (1903) marquant l'angle nord-est du campus originel. On y retrouve la Mitchell Tower, le Hutchison Hall (un ancien réfectoire), le Reynold's Club (un cercle universitaire) et le Leon Mandel Assembly Hall (un amphithéâtre).

Tournez à gauche dans 57th Street. Vous ne pourrez manquer les extravagantes gargouilles de la monumentale **Cobb Gate** ★, qui marque l'entrée conduisant à la cour centrale du campus originel. Ce portail fut élaboré en 1900 par Henry Ives Cobb, qui en fit don à l'université.

En remontant vers le nord par Ellis Avenue, vous pourrez admirer l'impressionnante sculpture de Henry Moore intitulée *Nuclear Energy*. Réalisée en 1967, elle rend hommage au scientifique **Enrico Fermi** (voir p. 66) et à son équipe, qui conçurent ici en 1942 le premier réacteur nucléaire permettant de provoquer la première réaction nucléaire en chaîne contrôlée. Cet exploit historique mena à la production de la première bombe atomique en 1945.

Tournez à droite dans 56th Street afin d'atteindre le **Smart Museum of Art** ★ *(entrée libre; mar-mer et ven-dim 10h à 17h, jeu 10h à 20h, lun fermé; 5550 S. Greenwood Ave., 773-702-0200, www.smartmuseum. uchicago.edu).* Ce petit musée, dont l'ouverture remonte à 1974, se targue de posséder quelque 10 000 objets couvrant 3 000 ans d'histoire. En termes d'œuvres exposées, cela se traduit la plupart du temps en un résultat pour le moins hétéroclite où peuvent cohabiter le mobilier de salle à manger original dessiné par Frank Lloyd Wright pour la **Robie House** (voir p. 162), des installations multimédias contemporaines et des objets très anciens révélés par des fouilles archéologiques menées en Corée.

À l'angle d'Ellis Avenue et de 56th Street, en face du Smart Museum, vous remarquerez le surprenant **Gerald Ratner Athletics Center** ★. Ce bâtiment postmoderne fut achevé en 2003 selon les plans de Cesar Pelli. On le reconnaît sans peine à ses grands tubes obliques au sommet desquels sont fixés les câbles d'acier qui supportent le toit au-dessus des salles multifonctionnelles de ce complexe sportif, propriété de l'University of Chicago.

Revenez ensuite vers la Midway Plaisance par Ellis Avenue. Entre 58th Street et 59th Street, vous remarquerez tout particulièrement le **Cobb Lecture Hall** ★ *(5811-5827 S. Ellis Ave.),* le premier bâtiment de l'université à avoir vu le jour, en 1892, selon les plans de Henry Ives Cobb. Contrairement à ce que l'on pourrait croire, il est nommé ainsi en l'honneur de Silas B. Cobb, l'un des donateurs ayant permis la création de l'université, et non afin d'assurer le souvenir de son architecte.

Non loin de là, la **Joseph Bond Chapel** ★ est également à signaler, notamment pour son intérieur intimiste garni de sculptures en bois et de beaux vitraux. Elle fut érigée en 1926 selon les plans de Coolidge & Hodgdon.

Revenez ensuite sur la Midway Plaisance et poursuivez votre route vers l'ouest, en direction du **Washington Park** ★. Frederick Law Olmsted et Calvert Vaux en dessinèrent les plans en 1871. Alors que la moitié nord du parc a conservé son allure de pré originelle, la section sud s'est vu ajouter un agréable plan d'eau qu'un canal, suivant le tracé de l'actuelle Midway Plaisance, devait relier à l'un des étangs du Jackson Park.

Situé à l'intérieur même des limites du Washington Park, le **DuSable Museum of African-American History** ★ *(10$, dim entrée libre; mar-sam 10h à 17h, dim 12h à 17h, lun fermé; 740 E. 56th Pl., 773-947-0600, www.dusablemuseum.org)* vaut bien un arrêt. Comprenant une salle de théâtre et des aires d'exposition, le musée propose une vitrine sur l'art et l'histoire de la communauté afro-américaine. Ainsi, des expositions rendent hommage à certains héros noirs, tel le boxeur Joe Louis ou l'ex-maire de Chicago Harold Washington. D'autres évoquent l'époque de l'esclavage ou la lutte des années 1960 pour les droits civiques. D'autres encore présentent les œuvres d'artistes afro-américains.

Vous quitterez ensuite le parc en direction nord par Martin Luther King Jr. Drive. Vous apercevrez en sortant du parc un grand **monument à George Washington**, signé Daniel Chester French et Edward Clark Potter. Vous remonterez ainsi vers le centre-ville et pourrez choisir de vous arrêter pour

Attraits touristiques - Hyde Park et le South Side

faire la découverte de certains sites du South Side.

Un arrêt à l'**Illinois Institute of Technology** ★ *(bordé à l'ouest par Dan Ryan Expressway, à l'est par Michigan Ave., au sud par 35th St. et au nord par 30th St.)* est par exemple tout indiqué. Ludwig Mies van der Rohe en fut le concepteur, et sa construction s'échelonna entre 1939 et 1958. L'acier, la brique et le verre prédominent dans les bâtiments de ce campus, la philosophie ayant présidé à sa conception se situant à des années-lumière de celle suivie lors de l'élaboration des édifices de l'University of Chicago. Il s'agissait du premier mandat confié à Mies van der Rohe aux États-Unis. Il avait déjà accédé au poste de directeur de l'institut en 1937. Le bâtiment le plus intéressant du campus original est sans conteste le **S.R. Crown Hall** ★ *(3360 S. State St.)*, teminé en 1956 selon les plans du maître. Il s'agit d'un édifice de verre donnant l'impression d'être transparent et dont la structure d'acier est apparente.

En 1996, le petit-fils de Mies van der Rohe, Dirk Lohan, réalisa un nouveau plan directeur prévoyant la restauration des bâtiments originaux du campus et l'ajout de nouveaux. C'est ainsi que vit le jour en 2003 le **McCormick Tribune Campus Center** ★ *(3201 S. State St.)*, dessiné par l'architecte néerlandais Rem Koolhaas. Cet immeuble remarquable est surmonté d'un spectaculaire tube acoustique d'acier de 160 m de long, dans lequel s'engouffre le métro aérien lorsqu'il passe au-dessus du bâtiment. Le maître du postmodernisme Helmut Jahn s'est aussi impliqué dans le cadre de ce nouveau plan en signant le **State Street Village**, une résidence étudiante longiligne de verre et d'acier également inaugurée en 2003. À noter que des **tours guidés** *(10$; lun-ven à 10h, sam-dim à 10h30; 312-567-7146, www.mies.iit.edu)* du campus sont proposés au départ du McCormick Tribune Campus Center.

Puis, une seconde halte est à considérer, au **Prairie Avenue Historic District** ★ *(délimité par Cullerton St. au sud, 18th St. au nord, Indiana Ave. à l'ouest et S. Calumet Ave. à l'est)*. Entre 1870 et 1900, de nombreux marchands et chevaliers de l'industrie s'étaient établis dans ce secteur du South Side. Parmi ceux-ci, il y avait Marshall Field, George Pullman et John Glessner, pour n'en nommer que quelques-uns. Le quartier connut un important déclin au début du XXe siècle, et plusieurs de ses belles demeures tombèrent sous le pic des démolisseurs. Quelques-unes ont pourtant survécu, comme l'exceptionnelle **Glessner House** ★★ *(1800 S. Prairie Ave., 312-326-1480, www.glessnerhouse.org)*, œuvre du grand architecte Henry Hobson Richardson. Cette maison construite en 1887 est le seul bâtiment de Chicago conçu par Richardson à avoir survécu jusqu'à nos jours. La Chicago Architecture Foundation est aujourd'hui propriétaire de ce joyau qui a bien failli être démoli dans les années 1960. Une autre magnifique maison de cette glorieuse époque mérite aussi un coup d'œil: la **Clarke House** *(1827 S. Indiana Ave., www.clarkehousemuseum.org)*. Construite en 1836, cette demeure est le plus vieux bâtiment de Chicago. Sa colonnade ionique supportant un fronton triangulaire au-dessus de l'entrée principale lui donne des allures de temple grec. Des visites guidées de ces deux maisons sont organisées régulièrement *(10$ pour chacune ou 15$ pour les deux; mer-dim à 12h et 14h; 312-326-1480)*.

C'est aussi dans ce quartier historique que se trouve le **National Veterans Art Museum** *(10$; mar-mer et ven-sam 10h à 17h, jeu 10h à 19h, dim-lun fermé; 1801 S. Indiana Ave., 312-326-0270, www.nvam.org)*. Ce musée présente les œuvres de quelque 125 artistes qui ont servi les États-Unis lors de différents conflits, principalement pendant la guerre du Vietnam. Une collection d'armes nord-vietnamiennes y est aussi mise en valeur.

Autres attraits du South Side

Chess Records Studios *(2120 S. Michigan Ave., 312-808-1286)*. C'est à cette adresse, rendue célèbre par une chanson des Rolling Stones, que la plupart des bluesmen de Chicago vinrent graver leur musique sur disque. Chess Records joua ainsi un rôle majeur dans la diffusion du *Chicago blues*, l'ancêtre du rock. L'endroit abrite aujourd'hui la **Willie Dixon's Blues Heaven Foundation** *(www.bluesheaven.com)*, nommée en l'honneur du fameux musicien et compositeur qui œuvra pendant des années au sein de Chess Records. La fondation gère d'imposantes archives sur le thème du blues, incluant une vaste collection de photographies. Il est possible de prendre part à des visites guidées des anciens studios d'enregistrement et de répétition *(10$; lun-ven 11h à 16h, sam 12h à 14h)*.

Chinatown *(aux environs de l'intersection de Cermak St. et de Wentworth Ave.)*. Le Chinatown de Chicago vit le jour en 1912. On y trouve aujourd'hui des boutiques en tout genre et, comme il se doit, de nombreux restaurants de cuisine chinoise.

Comiskey Park *(333 W. 35th St., 312-674-1000)*. Il s'agit du stade où évoluent depuis 1991 les White Sox de Chicago de la Ligue américaine de baseball. On l'a rebaptisé **US Cellular Field** il y a quelques années.

Hyde Park Historical Society *(sam-dim 14h à 16h; 5529 S. Lake Park Ave., 773-493-1893, www.hydeparkhistory.org)*. Cette ancienne gare datant de 1893 fut rénovée en 1981 afin d'accueillir la société historique du quartier.

Oak Woods Cemetery *(délimité par 71st St. au sud, 67th St. au nord, Cottage Grove à l'ouest et Woodlawn Ave. à l'est; 773-288-3800)*. Ce cimetière fut créé en 1853. Y reposent entre autres Harold Washington, premier maire noir de Chicago, et l'athlète Jesse Owens, héros américain aux Jeux olympiques de Berlin en 1936.

South Shore Cultural Center *(7059 S. Shore Dr., 773-256-0149)*. Il s'agit de l'ancien luxueux South Shore Country Club, élaboré en 1916 par Marshall & Fox. Il appartient aujourd'hui au Chicago Park District, qui y organise divers événements culturels.

Union Stockyards Gate *(850 W. Exchange Ave.)*. Ce portail marquait autrefois l'entrée des célèbres parcs à bestiaux de Chicago.

Wicker Park et Bucktown ★

▲ *p. 203*   🍴 *p. 246*   🌙 *p. 278*   🛏 *p. 285*

🕐 *une heure*

À ne pas manquer
> Holy Trinity Russian Orthodox Cathedral p. 166

Les bonnes adresses

Restaurants
> Milk and Honey Café p. 246
> Le Bouchon p. 247

Sorties
> Map Room p. 279
> Empty Bottle p. 279
> Double Door p. 279

Les quartiers de Wicker Park et de Bucktown se trouvent au nord-ouest de la ville, là où se rencontrent les avenues North, Damen et Milwaukee. Vous entendrez la plupart du temps parler de Wicker Park et de Bucktown ensemble, si bien qu'ils forment aujourd'hui un seul et même quartier que l'on peut rejoindre aisément par la ligne bleue du métro aérien. Outre les artères précédemment mentionnées, Division Street, au sud, est une autre des rues animées du secteur. En fait, le charme du quartier réside essentiellement dans ses nombreuses boutiques et, surtout, dans ses restaurants, cafés-terrasses et bars, dont plusieurs ont pignon sur Division Street. Ainsi, ce secteur assez tranquille au grand jour devient autrement plus animé en soirée.

Le bâtiment le plus volumineux des environs est la **Northwest Tower** *(1608 N. Milwaukee Ave.)*, une construction en angle réalisée en 1929, qui comprend une tour imposante, du moins si on la compare aux immeubles environnants. Elle constitue d'ailleurs le principal point de repère du quartier.

Le **Wicker Park** en lui-même, soit le parc qui a donné son nom au quartier, forme un triangle délimité par Damen Avenue, Wicker Park Avenue et Schiller Street. On y remarque notamment une fontaine reconstituée en 2002 à l'aide du moule de l'original, qui datait de 1880. Un peu au sud se trouve la **maison de Nelson Algren** *(1958 W. Evergreen Ave.)*, demeure victorienne où vécut le célèbre romancier (voir p. 64).

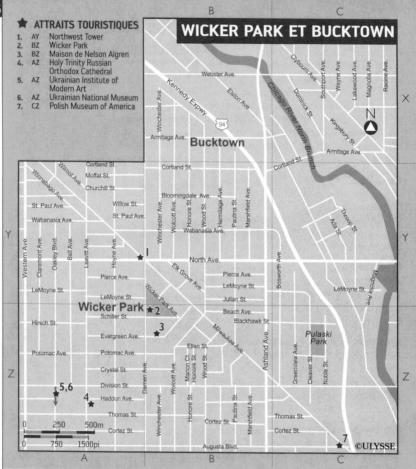

★ **ATTRAITS TOURISTIQUES**

1. AY Northwest Tower
2. BZ Wicker Park
3. BZ Maison de Nelson Algren
4. AZ Holy Trinity Russian Orthodox Cathedral
5. AZ Ukrainian Institute of Modern Art
6. AZ Ukrainian National Museum
7. CZ Polish Museum of America

WICKER PARK ET BUCKTOWN

©ULYSSE

Un peu plus au sud-ouest se cache la fort jolie **Holy Trinity Russian Orthodox Cathedral ★** *(visites guidées sam à partir de 10h; 1121 N. Leavitt St., 773-486-6064, www. holytrinitycathedral.net)*, construite entre 1899 et 1903 par Louis H. Sullivan. Bien que l'ensemble soit très classique dans sa forme, Sullivan a trouvé le moyen de laisser sa signature ici et là, notamment dans la feuille de métal ouvragé que l'on aperçoit au-dessus de la porte d'entrée, qui rappelle les fenêtres décoratives de son fameux magasin **Carson Pirie Scott** de State Street (voir p. 108).

Un peu plus au sud encore, quelques institutions témoignent de la présence passée d'une importante communauté ukrainienne dans le quartier. L'**Ukrainian Institute of Modern Art** *(mer-dim 12h à 16h; 2320 W. Chicago Ave., 773-227-5522, www.* *uima-chicago.org)* abrite par exemple une importante collection d'œuvres abstraites (peintures et sculptures) réalisées dans les années 1950 à 1970 par des artistes ukrainiens ou de descendance ukrainienne, alors que l'**Ukrainian National Museum** *(entrée libre; jeu-dim 11h à 16h; 2249 W. Superior St., 312-421-8020, www. ukrainiannationalmuseum.org)* évoque l'histoire de l'Ukraine à l'aide d'objets des plus variés tels qu'outils agricoles, instruments de musique et trophées.

Le **Polish Museum of America** *(7$; ven-mer 11h à 16h; jeu fermé; 984 N. Milwaukee Ave., 773-384-3352, www.polishmuseumofamerica. org)* rend quant à lui hommage à la communauté polonaise de Chicago, qui, avec son million de descendants, est la plus importante en dehors de Varsovie.

OAK PARK

0   200   400m
0   1/8   1/4mi

★ **ATTRAITS TOURISTIQUES**

1.	AZ	Oak Park Visitors Center
2.	AY	Forest Avenue
3.	AY	Frank W. Thomas House
4.	BY	Mrs. Thomas H. Gale House
5.	AY	Arthur Heurtley House
6.	AY	Nathan G. Moore House
7.	BY	Frank Lloyd Wright Home and Studio
8.	BY	Ernest Hemingway Birthplace
9.	BY	Ernest Hemingway Museum
10.	BZ	Unity Temple
11.	AZ	Pleasant Home/Mills Park

······· Métro aérien
Ⓜ Station de métro

©ULYSSE

Oak Park ★★★

🍽 *p. 247*   🛏 *p. 285*

🕐 *trois heures*

À ne pas manquer

‣ Forest Avenue p. 168
‣ Frank Lloyd Wright Home and Studio p. 168
‣ Ernest Hemingway Birthplace p. 168
‣ Unity Temple p. 168

Les bonnes adresses

Restaurants
‣ Sén Sushi Bar p. 247   ‣ Winberie's p. 247

La banlieue ouest d'Oak Park est connue à travers le monde pour avoir été le creuset où Frank Lloyd Wright a créé la ***Prairie House*** (voir p. 59, 168), de laquelle est née l'architecture résidentielle américaine moderne.

Wright s'y installa en 1889 et développa ce style unique au cours des deux décennies suivantes, construisant dans le secteur une impressionnante série de maisons aux lignes horizontales typiques de sa manière. Il est aussi à noter qu'une autre légende américaine, Ernest Hemingway, est née ici en 1899.

Oak Park est situé à une quinzaine de kilomètres à l'ouest du Loop. En voiture, il faut emprunter l'Eisenhower Expressway (I-290) jusqu'à Harlem Avenue (sortie 21B, sur la droite), que l'on suit jusqu'à Lake Street, qu'il faut prendre à droite. Le quartier est aussi desservi par le métro (ligne verte, station Oak Park).

Le meilleur endroit où commencer la visite d'Oak Park est l'**Oak Park Visitors Center**

Attraits touristiques - Oak Park

guidesulysse.com

(tlj 10h à 17h; 1010 Lake St., 708-524-7800, www.visitoakpark.com). On y trouve plans et brochures aidant à planifier sa visite du secteur, ainsi qu'une petite boutique de souvenirs.

En allant vers le nord, par **Forest Avenue ★★**, vous vous dirigerez vers la maison où Frank Lloyd Wright vécut au cours de la période où il développa la *Prairie House*. Chemin faisant, vous apercevrez d'ailleurs quelques beaux exemples de ce style architectural. Ainsi, vous croiserez bientôt la **Frank W. Thomas House ★** *(210 N. Forest Ave.)*, construite par Wright en 1901. Plusieurs considèrent cette demeure aux murs de stuc comme la première véritable *Prairie House*.

Plus loin, sur la droite, une impasse mène à la splendide **Mrs. Thomas H. Gale House ★** *(6 Elizabeth Court)*, que Wright dessina en 1909, peu de temps avant de quitter les environs. On peut déjà y voir des lignes que l'on retrouvera dans sa fameuse Fallingwater House, qu'il réalisera en Pennsylvanie entre 1935 et 1939.

Puis, de retour sur Forest Avenue, vous remarquerez l'**Arthur Heurtley House ★** *(318 N. Forest Ave.)*, datant de 1902 et rappelant quelque peu l'allure de la **Robie House** (1909; voir p. 162). De l'autre côté de la rue, vous verrez enfin la **Nathan G. Moore House ★** *(333 N. Forest Ave.)*, bien différente des autres œuvres de Wright dans le secteur. Il s'agit en fait d'un bâtiment Tudor qu'il réalisa en 1895, puis qu'il reconstruisit en 1923 à la suite d'un incendie.

À l'angle de Chicago Avenue, vous découvrirez le **Frank Lloyd Wright Home and Studio ★★** *(15$; visites guidées tlj 11h à 16h; 951 Chicago Ave., 312-994-4000, www.wrightplus.org)*. Il s'agit de la demeure du grand architecte, là même où il habita et créa la *Prairie House* entre 1889 et 1909. Wright construisit sa maison sur une période de près de 10 ans, débutant en 1889, dès l'âge de 22 ans. Devenue monument national, la maison est aujourd'hui le siège social du Frank Lloyd Wright Preservation Trust.

Prenez ensuite Chicago Avenue en direction est, puis tournez à droite dans Oak Park Avenue. Vous atteindrez ainsi le lieu de naissance de l'autre grand personnage

d'Oak Park, soit l'**Ernest Hemingway Birthplace** *(10$; dim-ven 13h à 17h, sam 10h à 17h; 339 N. Oak Park Ave., 708-445-3071, www.ehfop.org)*. C'est en effet dans cette demeure victorienne qu'a vu le jour en 1899 le fameux Prix Nobel de littérature (1954). Le droit d'entrée inclut la visite non loin de là, de l'autre côté de la rue, de l'**Ernest Hemingway Museum** *(dim-ven 13h à 17h, sam 10h à 17h; 200 N. Oak Park Ave., 708-524-5383)*. Le musée permet d'en apprendre un peu plus sur la vie et l'œuvre du célèbre romancier américain.

Envie...

... d'une bonne bouffe? Le restaurant Winberie's (voir p. 247), situé sur Oak Park Avenue, propose bonne chère, service souriant, décor charmant et prix abordables.

Poursuivez jusqu'à Lake Street, puis tournez à droite. Il ne faut alors surtout pas manquer de visiter le chef-d'œuvre de Frank Lloyd Wright: l'**Unity Temple ★★★** *(10$; lun-ven 10h30 à 16h30, sam 10h à 14h, dim 13h à 16h; 875 Lake St., 708-383-8873, www.utrf.org)* datant de 1906: deux «blocs de béton» reliés par un passage bas abritant l'église, d'un côté, et le presbytère, de l'autre. Mais c'est l'intérieur qu'il faut voir à tout prix. Wright en conçut les moindres éléments, assurant ainsi à l'ensemble une unité d'une rare perfection.

Vous pouvez terminer votre visite d'Oak Park en vous rendant à la **Pleasant Home ★** *(10$; visites guidées jeu-dim à 12h30, 13h30 et 14h30; 217 S. Home Ave., 708-383-2654, www.pleasanthome.org)*, une somptueuse demeure, œuvre de George Washington Maher, un autre pionnier de la Prairie School. Cette maison datant de 1899 est aujourd'hui propriété du Village of Oak Park. Elle est entourée d'un joli parc: le **Mills Park**.

Le West Side ★

⏱ *trois heures*

À ne pas manquer

Les bonnes adresses

Restaurants
- Blackbird p. 249
- Girl & the Goat p. 248
- Moto p. 249
- The Publican p. 249

Achats
- Les galeries du West Loop Gate Art District p. 288

Le West Side n'est pas une zone où les visiteurs sont naturellement portés à aller se balader. Pourtant, certains attraits du secteur méritent le détour.

Ainsi, le **West Loop Gate** *(www.westloop. org)*, qui s'articule grosso modo autour de l'intersection des rues Randolph et Halsted, est un quartier en pleine effervescence. Par exemple, de nombreux anciens bâtiments industriels ont été reconvertis en galeries d'art. Ce que l'on appelle maintenant le **West Loop Gate Art District** en compte ainsi une quarantaine. Pendant ce temps, plusieurs restaurants branchés poussent le long de Randolph Street.

Cette combinaison à la mode de galeries et de restaurants justifie donc la visite du West Side. Si vous décidez d'en profiter pour pousser plus loin votre découverte des environs, voici quelques-uns des autres attraits du secteur.

C'est le singulier immeuble d'habitation **Skybridge** *(1 N. Halsted St.)* qui domine les environs. Il fut achevé en 2003 selon les plans de l'architecte Ralph Johnson, à qui l'on doit aussi les **Boeing Corporate Headquarters** (voir p. 104). Il est composé de deux tours postmodernes de 39 étages reliées par des passages vitrés.

Harpo Studios *(1058 W. Washington Blvd., www.oprah.com)*. Il s'agit des célèbres studios où était produit l'*Oprah Winfrey Show*. L'animatrice et productrice afro-américaine de l'émission qui portait son nom avait acquis cet ancien immeuble industriel en 1988 pour le transformer en studios modernes de télé et de cinéma. À partir de ce moment, entre 15 et 20 millions de téléspectateurs regardèrent l'émission quotidiennement, contribuant à faire d'Oprah Winfrey l'une des personnes les plus riches et les plus influentes du *show-business* américain. À la surprise générale, la célèbre animatrice

mit toutefois fin à son émission culte en 2011, alors que son contrat avec CBS arriva à son terme. Elle lança alors l'Oprah Winfrey Network, une chaîne câblée devenue une nouvelle composante de l'empire médiatique dirigée par la milliardaire.

United Center *(1901 W. Madison St., 312-455-4500, www.unitedcenter.com)*. C'est la demeure des Bulls (basket-ball) et des Blackhawks (hockey sur glace) (voir p. 281). Un monument élevé à la gloire de la superstar du basket-ball Michael Jordan se trouve près de l'entrée principale.

University of Illinois at Chicago - East Campus *(bordé par les rues Taylor, Harrison, Morgan et Halsted)*. Construit entre 1965 et 1967 par la firme Skidmore, Owings & Merrill, ce campus représentait alors l'«université de demain». La construction de ses froids bâtiments de béton à l'architecture brutaliste fut toutefois fort controversée.

Situé sur le campus de l'University of Illinois, le **Jane Addams Hull-House Museum** *(entrée libre; mar-ven 10h à 16h, dim 12h à 16h, lun et sam fermé; 800 S. Halsted St., 312-413-5353, www.hullhousemuseum.org)* rend hommage à l'une des pionnières des services sociaux à Chicago. Jane Addams, avec l'aide d'Ellen Gates Starr, fonda son centre d'œuvres sociales en 1889 afin d'aider de diverses façons la communauté multiethnique défavorisée de ce secteur de la ville, qui se composait notamment alors d'immigrants italiens, irlandais, grecs, allemands, russes et polonais. À une certaine époque, le centre comptait une douzaine de bâtiments où étaient offerts des services sociaux, culturels et éducatifs. Tous sauf deux furent démolis dans les années 1960 pour faire place à l'université: la maison victorienne datant de 1856, d'abord propriété de Charles J. Hull et dans laquelle habita Jane Addams de 1889 jusqu'à sa mort, en 1935, et le Dining Hall voisin, que l'on peut tous deux visiter aujourd'hui. Jane Addams devint en outre une importante militante pacifiste à l'échelle mondiale, ce qui lui valut le prix Nobel de la paix en 1931.

Un peu plus à l'ouest, le **National Italian American Sports Hall of Fame** *(entrée libre; tlj 12h à 16h; 1431 W. Taylor St., 312-226-5566, www.niashf.org)* propose de faire

Attraits touristiques - Le West Side

LE WEST SIDE

Eckhart Park

94

CHICAGO

Chicago Ave.

Chicago Ave.

0   400   800m
0   1000   2000pi

N

Kennedy Expwy.

GRAND

Chicago River North Branch

Chicago Ave.

Wood St.

Paulina St.

Ashland Ave.

Huron St.

Erie St.

Ohio St.

Ogden Ave.

Grand Ave.

Grand Ave.

Hubbart St.

Hubbart St.

Kinzie St.

Kinzie St.

Racine Ave.

May St.

Aberdeen St.

Carpenter St.

94

Fulton St.

CLINTON

Fulton St.

MORGAN

ASHLAND

W

Wood St.

Paulina St.

Ashland Ave.

Union Park

Ada St.

Elizabeth St.

Randolph St.

Washington Blvd.

★ 2

Morgan St.

Sangamon St.

Peoria St.

Green St.

Halsted St.

l

Des Plaines St.

Jefferson St.

Clinton St.

Canal St.

W

Madison St.

Monroe St.

Skinner Park

Monroe St.

★ 3

Ogden Ave.

Adams St.

Adams St.

Jackson Blvd.

Laflin St.

Loomis St.

Jackson Blvd.

ILLINOIS MEDICAL DISTRICT

Van Buren St.

290

Dwight D. Eisenhower Expwy.

RACINE

Van Buren St.

UIC-HALSTED

290

CLINTON

Kennedy Expwy.

X

Harrison St.

Harrison St.

X

Polk St.

POLK

Arrigo Park

Sheridan Park

★ 4

★ 5

94

Des Plaines St.

Taylor St.

★ 6

Taylor St.

Racine Ave.

Roosevelt Rd.

Roosevelt Rd.

Morgan St.

Halsted St.

Kennedy Expwy.

Jefferson St.

Clinton St.

Canal St.

Y

Wood St.

Paulina St.

Ashland Ave.

Loomis St.

Throop St.

Fosco Park

14th St.

Addams Park

15th St.

16th St.

16th St.

©ULYSSE

Y

18th

18th St.

19th St.

Loomis St.

Throop St.

21st St.

May St.

Carpenter St.

Morgan St.

Harrison Park

★ 7

Z

Cullerton St.

Cermak Rd.

--- Métro souterrain

···· Métro aérien

Ⓜ Station de métro

★ **ATTRAITS TOURISTIQUES**

1.	CW	Skybridge
2.	BW	Harpo Studios
3.	AW	United Center
4.	CX	University of Illinois at Chicago - East Campus
5.	CX	Jane Addams Hull-House Museum
6.	BY	National Italian American Sports Hall of Fame
7.	AZ	National Museum of Mexican Art

guidesulysse.com

A   B   C

revivre les exploits d'athlètes italo-américains tels que Joe DiMaggio (baseball), Dan Marino (football américain), Phil et Tony Esposito (hockey sur glace), Jake LaMotta et Rocky Marciano (boxe), Jennifer Capriati (tennis), Michael Andretti (course automobile) et de nombreux autres.

Le **National Museum of Mexican Art** *(entrée libre; mar-dim 10h à 17h, lun fermé; 1852 W. 19th St., 312-738-1503, www. nationalmuseumofmexicanart.org)*, anciennement connu sous le nom de Mexican Fine Arts Museum, est le plus important musée du genre aux États-Unis. Il est situé dans le Harrison Park, au cœur du quartier de **Pilsen**, qui, avec son voisin **Little Village**, abrite une populeuse communauté d'origine mexicaine, la plus importante du pays après celle de Los Angeles.

La riche collection du musée comprend aussi bien des pièces attribuables aux civilisations anciennes du Mexique, comme cette immense tête monolithique en pierre typique de la manière des Olmèques, que des œuvres d'artistes reconnus du XXᵉ siècle, tels Frida Kahlo et Diego Rivera.

Envie...

... de visiter une galerie d'art à ciel ouvert? Parcourez les rues de Pilsen et de Little Village afin de repérer les nombreuses murales extérieures du secteur, autant d'exemples bien visibles de traditions mexicaines transplantées ici.

Ailleurs à Chicago et dans les environs

Pullman Historic District ★

Le quartier de Pullman, créé en 1881 par le magnat de l'industrie ferroviaire George Pullman, est un exemple remarquable de «ville» industrielle. Pullman embaucha alors l'architecte Solon Spencer Beman et le paysagiste Nathan F. Barrett. Ils dessinèrent les plans d'une nouvelle usine et, tout autour, tracèrent les rues le long desquelles devaient bientôt s'aligner de coquettes maisons de style Queen Anne louées aux employés de Pullman... par Pullman.

On accède à ce quartier du Far South Side, situé à quelque 20 km au sud du Loop, par la sortie 66A de l'autoroute I-94. On peut aussi s'y rendre par le Metra (train de banlieue), en descendant à la station 111th Street.

Commencez votre visite de ce secteur historique à l'**Historic Pullman Foundation Visitor Center** *(5$; mar-dim 11h à 15h, lun fermé; 11141 S. Cottage Grove Ave., 773-785-8901, www.pullmanil.org)*.

L'**Hotel Florence ★** *(actuellement fermé pour cause de rénovation)*, érigé en 1881 par Beman, est sans contredit l'édifice le plus impressionnant du quartier. Nommé ainsi en l'honneur de l'une des filles de George Pullman, cet hôtel aux extravagantes lignes Queen Anne comptait à l'origine une cinquantaine de chambres. L'Historic Pullman Foundation s'en porta acquéreur en 1975, pour ensuite la revendre à l'État de l'Illinois en 1991.

Brookfield Zoo ★★

C'est en 1934 que le **Brookfield Zoo** *(15$; tlj 10h à 17h; 3300 Golf Rd., Brookfield, 708-688-8000, www.brookfieldzoo.org)* ouvrit ses portes en banlieue ouest de Chicago. Il se trouve à environ 25 km du Loop. Empruntez l'autoroute I-290 vers l'ouest jusqu'à la sortie 1st Avenue. Le secteur est aussi desservi par le Metra (train de banlieue), station Hollywood.

Près de 3 000 animaux habitent ce magnifique jardin zoologique où l'on a reproduit pour eux divers écosystèmes à l'extérieur comme à l'intérieur. Les animaux évoluent librement dans de vastes lieux n'ayant rien à voir avec les cages traditionnelles.

Parmi les attractions à ne pas manquer figurent les fort populaires **Seven Seas ★★**, où l'on a recréé l'habitat marin du Pacific Northwest. Des spectacles de dauphins sont aussi à l'affiche. Le **Fragile Kingdom ★★**, l'une des plus récentes attractions du zoo, reproduit le biotope d'un désert d'Afrique et d'une forêt asiatique. De plus, il ne faut surtout pas manquer le **Tropic World ★★★**. Dans cette attraction intérieure, on a méticuleusement recréé des forêts tropicales humides d'Amérique du Sud, d'Asie et d'Afrique.

Northwestern University ★

⛺ *p. 203*   ⚫ *p. 250*   🏠 *p. 285*

La route 41, qui quitte Chicago vers le nord, devient ensuite Sheridan Road, une agréable route permettant d'explorer une série de villes et villages aux abords du lac Michigan. Entre autres, elle conduit à **Evanston**, où se trouve la **Northwestern University** *(bordée par Sheridan Rd. à l'ouest, le lac Michigan à l'est, Clark St. au sud et Lincoln St. au nord)*, puis jusqu'au Chicago Botanic Garden en passant par la Baha'i House of Worship.

La prestigieuse Northwestern University fut fondée en 1850, bien avant la naissance de la ville d'Evanston. Celle-ci se développa en fait dans la foulée de l'aménagement du campus universitaire. Son nom lui vient d'ailleurs de l'un des fondateurs de l'université : John Evans. À noter que la ligne pourpre du métro aérien permet de se rendre facilement à Evanston. La station Davis est située au centre-ville d'Evanston, là où se trouvent plusieurs boutiques, cafés et restaurants. De là, le campus de la Northwestern University n'est qu'à quelques minutes de marche.

Il est fort agréable de se promener dans les vertes et sinueuses allées du campus. On y voit entre autres quelques beaux jardins, notamment le **Shakespeare Garden**, aménagé en 1915.

Envie...

... d'un journal et d'un café? Le **Globe Café and Bar** (voir p. 250) est fait sur mesure pour vous.

Les bâtiments du campus ont poussé les uns après les autres au fil des ans sans véritable plan d'ensemble. Le plus vieil édifice encore debout aujourd'hui est l'**University Hall** (1869), d'allure gothique.

Parmi les autres bâtiments d'intérêt figurent l'imposante **Deering Library**, construite en 1932 selon les plans de James Gamble Rogers, et l'étonnant **Lindheimer Astronomical Observatory** ★, composé de deux tours surmontées de dômes et élevé en 1966 par Skidmore, Owings & Merrill.

Parmi les autres points d'intérêt d'Evanston, mentionnons le **Grosse Point Lighhouse** *(6$; visite du phare en été seulement; 2601 Sheridan Rd., 847-328-6961, www.grossepointlighthouse.net)*, un beau phare classé monument historique national, et le **Mitchell Museum of the American Indian** *(5$; mar-mer 10h à 17h, jeu 10h à 20h, ven-sam 10h à 17h, dim 12h à 16h, lun fermé; 3001 Central St., 847-475-1030, www.mitchellmuseum.org)*, consacré aux arts et aux traditions des Amérindiens.

Baha'i House of Worship ★ ★

Vous ne pourrez manquer l'impressionnant lieu de pèlerinage que constitue la **Baha'i House of Worship** *(100 Linden Ave., Wilmette, 847-853-2300, www.bahaitemple.org)*. Visible depuis Sheridan Road, elle est vraiment imposante avec son délicat dôme blanc qui culmine à 57 m. Ce temple remarquable, qui présente neuf faces dotées d'une entrée et d'une fine ornementation rappelant la manière de Louis H. Sullivan, fut dessiné par l'architecte québécois Louis Bourgeois en 1909. La construction ne débuta toutefois qu'en 1920 et s'échelonna jusqu'en 1953. Le temple est entouré d'un agréable parc doté de beaux jardins.

Chicago Botanic Garden ★ ★

Le **Chicago Botanic Garden** *(entrée libre; tlj 8h au coucher du soleil; 1000 Lake Cook Rd., Glencoe, 847-835-5440, www.chicagobotanic.org)* se trouve dans la petite municipalité de Glencoe, à quelque 25 km au nord de Chicago. On peut s'y rendre rapidement par l'autoroute I-94, ou encore on peut opter pour une balade le long du lac Michigan par la route 41 puis prendre Sheridan Road.

Ce magnifique jardin botanique a été fondé en 1965. On y dénombre aujourd'hui 7 000 variétés de plantes. Une promenade effectuée à bord d'un train baladeur permet de se faire une idée générale de l'organisation des lieux. Le **jardin de roses** et le **jardin japonais** sont particulièrement réussis.

Dans le **Model Railroad Garden**, un train électrique miniature parcourt de beaux jardins en franchissant des ponts et en contournant des reproductions de monuments américains. À noter qu'il faut débourser un prix d'entrée pour accéder à cette section du jardin botanique *(adultes 6$, enfants 4$; mai à oct)*.

Six Flags Great America ★

Les amateurs de sensations fortes en auront pour leur argent au parc d'attractions **Six Flags Great America** *(62$ sur place, 42$ sur le site Internet; mai à sept à partir de 10h; angle autoroute I-94 et route 13/Grand Ave., 847-249-4636, www.sixflags.com)*. Le parc est situé à **Gurnee**, à une heure de route au nord de Chicago. Au départ du centre-ville, suivez l'autoroute I-94 en direction de l'aéroport O'Hare. Assurez-vous ensuite de prendre la direction nord vers Gurnee. Des panneaux vous indiqueront la sortie à emprunter et la route à suivre pour rejoindre l'entrée du parc. Évitez le plus possible de vous y rendre durant la fin de semaine, alors que le site est souvent bondé et que l'attente moyenne pour chaque manège dépasse une heure. Notez que, dans les bureaux d'information touristique ou les hôtels, des dépliants contenant des coupons-rabais applicables sur le droit d'entrée sont souvent distribués.

On retrouve plus d'une soixantaine de manèges, incluant une bonne douzaine de *roller coasters* (montagnes russes), dans ce parc thématique qui a ouvert ses portes en 1976. Le site est de plus animé par la présence des personnages de dessins animés Bugs Bunny et sa bande des **Looney Tunes**.

Six Flags Great America est subdivisé en plusieurs territoires ou *lands*: la **Carousel Plaza ★**, dominée par un gigantesque carrousel de deux étages; le **Hometown Square**, où se trouve la gare du petit train dont le trajet permet de s'offrir une vue d'ensemble du parc; le **County Fair ★**, où s'élèvent les *roller coasters* American Eagle; le **Yukon Territory**, l'endroit tout désigné pour rencontrer Bugs Bunny et ses amis; le **Yankee Harbor ★**, avec son fameux Batman The Ride; l'**Orleans Place**, avec son Superman Ultimate Flight et son **Dark**

Knight Coaster; et le **Southwest Territory**, qui met en vedette Viper, d'impressionnantes montagnes russes en bois.

Les maniaques de *roller coasters* se feront un devoir d'essayer l'**American Eagle ★**, qui compte parmi les plus longues montagnes russes en bois du monde, dit-on. Ce manège fut inauguré en 1981. **Viper**, qui a vu le jour en 1995, présente d'autres montagnes russes en bois à la silhouette imposante. Mais c'est **Batman The Ride ★ ★**, inspiré des célèbres films de Warner Brothers, qui vaut pratiquement le droit d'entrée à lui seul. Dans une mise en scène post-apocalyptique, vous montez à bord d'un train suspendu (et non posé sur des voies), et vous vous retrouvez les pieds dans le vide... Comme on peut se l'imaginer, le train en question file à une vitesse démentielle, dessinant boucle par-dessus boucle. Époustouflant! Cœurs sensibles s'abstenir...

En 2001, un manège à sensations fortes de type *roller coasters* a été ajouté: **Vertical Velocity**, dont le point fort est la montée vertigineuse d'une tour en vrille de 55 m de haut. En 2003, les *roller coasters* **Superman Ultimate Flight** ont commencé à entraîner dans une course folle leurs courageux passagers qui adoptent pour l'occasion la position de vol du super-héros. Quant au **Dark Knight Coaster**, un parcours de montagnes russes en pleine obscurité inspiré des aventures cinématographiques du justicier masqué Batman et du sinistre Joker, il entraîne depuis 2008 ses passagers dans les recoins les plus lugubres de Gotham City.

Le parc aquatique **Hurricane Harbor**, avec glissades d'eau, piscines à vagues et autres attractions du genre, a quant à lui été inauguré sur le site même du parc principal en 2005.

Plein air

· ·

guidesulysse.com

Les Chicagoens sont choyés! Où ailleurs dans le monde peut-on, depuis le cœur même d'un centre-ville de l'envergure de celui de la Ville des Vents, traverser une rue et se retrouver sur une superbe plage de sable que vient doucement caresser une eau étonnamment limpide? Se faire dorer au soleil sur une telle plage, au pied, littéralement, d'un édifice qui se classe parmi les plus hauts du monde (le John Hancock Center) constitue une expérience pour le moins inusitée.

C'est que ceux qui ont retroussé leurs manches pour reconstruire cette ville au lendemain du Grand Incendie de 1871 ont su voir loin. Ils se sont d'abord assurés de garder propres les eaux du lac Michigan, du moins près de la ville, en usant d'un subterfuge fumant : inverser le courant de la Chicago River pour qu'elle ne coule plus vers le lac, mais plutôt vers le Mississippi!

Puis ils ont concocté un plan d'urbanisme avant-gardiste prévoyant l'aménagement d'une ville majestueuse entourée de forêts, traversée de larges boulevards bordés d'arbres, pourvue de grands parcs et dotée d'un accès public jalousement préservé aux abords du lac Michigan.

Aujourd'hui, les Chicagoens, et ceux qui viennent visiter leur ville, profitent de l'héritage laissé par ces visionnaires, celui d'une mégalopole trépidante mais en même temps fort agréable. Chicago jouit de 24 km de plages (34 plages en tout) où l'on peut s'adonner à la baignade, de 29 km de pistes cyclables sur les rives du lac Michigan et de pas moins de 550 parcs.

Parcs

Ce qui frappe le plus l'imagination des visiteurs à Chicago, c'est cette longue série de grands parcs qui longent les abords du lac Michigan, directement issus du plan d'aménagement de Daniel Burnham de 1909 : le Lincoln Park, le Grant Park, le Millennium Park, le Burnham Park et le Jackson Park. À ceux-là, il faut en ajouter quelques autres comme, par exemple, le Washington Park.

Pour tout renseignement sur les parcs de la ville, les activités que l'on peut y pratiquer et les événements qui y ont cours, adressez-vous au **Chicago Park District** *(312-742-7529, www.chicagoparkdistrict.com)*.

Lincoln Park

Le Lincoln Park s'étend gracieusement le long du lac Michigan entre North Avenue, au sud, et Ardmore Street, au nord, soit sur une dizaine de kilomètres. Avec ses étangs, ses petites collines et ses sentiers qui serpentent irrégulièrement, le Lincoln Park reprend à son compte la façon anglaise du début du XXe siècle d'aménager les parcs urbains. Orné de nombreux monuments, habité par les animaux d'un jardin zoologique, équipé de musées, d'une marina, de plages et d'un terrain de golf, le Lincoln Park est le plus grand parc de la ville. Il fait d'ailleurs l'objet d'un circuit entier dans le présent guide (voir p. 152).

Ainsi, à l'intérieur des limites du parc, on peut visiter gratuitement le **Lincoln Park Zoo** (voir p. 155). Le **Chicago History Museum** (voir p. 154), le plus ancien musée de Chicago, loge quant à lui dans le coin sud-ouest du parc, à l'angle de North Avenue et de Clark Street.

Mentionnons aussi le **Peggy Notebaert Nature Museum** (voir p. 156), à la hauteur de Fullerton Parkway, qui aborde divers thèmes permettant la découverte et la compréhension de l'écosystème du Midwest américain.

Pour ceux qui préfèrent la baignade, il y a la **North Avenue Beach**, à l'extrême sud du parc. La partie nord du Lincoln Park compte, quant à elle, la **Montrose-Wilson Beach**, la **Foster Avenue Beach** et la **Kathy Osterman Beach** (autrefois la Hollywood-Ardmore Beach).

Les amateurs de golf choisiront, pour leur part, de se diriger vers l'ancien Waveland Avenue Golf Course, aujourd'hui devenu le **Sydney R. Marovitz Golf Course**; les ornithologues, vers le **Bird Sanctuary** d'**Addison Drive**; et les marins d'eau douce, vers le **Chicago Yacht Club**, à la hauteur de Belmont Street. Finalement, le **Lincoln Park**

Conservatory (voir p. 156), construit en 1891, abrite une magnifique collection horticole.

Notez aussi qu'il est possible de louer un pédalo ou un canot pour se promener sur l'un des jolis étangs du parc. Les environs d'un de ces étangs, le South Pond, ont pour leur part fait en 2010 l'objet d'un joli projet de réaménagement piloté par la firme d'architectes de Jeanne Gang, incluant la conception du Nature Boardwalk, qui diffuse des renseignements sur la flore et les oiseaux qui fréquentent les lieux.

Grant Park et Burnham Park

Le **Grant Park** donne un visage plus humain au quartier des affaires du Loop. Littéralement coincé entre les gratte-ciel et le lac Michigan, ce vaste espace vert permet à ce coin bétonné de la ville de respirer. Nous consacrons un circuit entier à ce parc (voir p. 116) dessiné à la française par Daniel Burnham, avec ses allées bien droites, ses majestueuses perspectives et ses places ornées de fontaines ou de monuments.

La proximité du Grant Park avec le centre-ville le désigne tout naturellement à devenir le lieu de rencontre privilégié des Chicagoens, mission qu'il accomplit avec zèle lors de manifestations populaires comme les festivals de gastronomie, de blues, de jazz, de musique latine, de gospel, etc. Ces manifestations s'organisent habituellement autour du **Petrillo Music Shell**, une splendide scène extérieure.

Le Grant Park abrite aussi l'**Art Institute of Chicago** (voir p. 118), l'un des plus importants musées d'art du globe. Par ailleurs, une entrée monumentale récemment restaurée donne accès au parc par le Congress Parkway et conduit tout droit à l'éblouissante **Buckingham Fountain**, elle aussi rénovée au cours des dernières années et maintenant équipée d'un système d'éclairage permettant, en soirée, d'admirer des jeux d'eau et de lumière colorés.

Plus au sud, le Grant Park devient officiellement le **Burnham Park**. C'est là que se trouve, sur un site fabuleux rebaptisé le **Museum Campus**, la trilogie environnementale que forment le **Field Museum** (voir p. 124), un musée d'histoire naturelle, le

John G. Shedd Aquarium (voir p. 125) et l'**Adler Planetarium** (voir p. 128).

À partir du planétarium, une étroite pointe de terre baptisée **Northerly Island** s'étire vers le sud. Il s'agissait à l'origine d'une île entièrement construite par l'homme, sur laquelle eut lieu l'exposition universelle *Century of Progress*, en 1933-1934. Après la foire, on entreprit d'y aménager, en 1948, le **Merrill C. Meigs Field**, une piste d'atterrissage et d'envol pour petits avions. La Ville ferma toutefois l'aéroport en 2003 afin de reconvertir l'île en un parc public. On y construisit alors le **Charter One Pavilion**, un amphithéâtre extérieur comptant 7 500 places assises où sont présentés des spectacles de musique populaire durant la belle saison.

Entre la Northerly Island et la terre ferme, là où s'élève le **Soldier Field** (le stade de football des Bears de Chicago), un bassin sert de stationnement aux petites embarcations; c'est le **Burnham Park Yacht Harbour**. Le Grant Park compte d'ailleurs un autre port de plaisance à la hauteur de Monroe Drive: le **Chicago Harbour**.

Encore plus au sud, le centre de congrès de **McCormick Place** ne semble jamais vouloir s'arrêter de grandir. Puis le Burnham Park devient une étroite bande verte qui s'allonge jusqu'au Jackson Park.

Millennium Park

Le Millennium Park, qui vient prolonger le Grant Park vers le nord, a été aménagé au cours des dernières années dans le cadre d'un ambitieux et très réussi projet visant à recouvrir les peu esthétiques voies ferrées qui défiguraient jusque-là les environs.

Parmi les nombreux équipements que compte le Millennium Park, mentionnons sa grande patinoire extérieure, la **McCormick Tribune Plaza and Ice Rink** (voir p. 122), divers jardins et places agrémentés de fontaines et de sculptures monumentales, et le **McDonald's Cycle Center** (voir p. 181), qui abrite un stationnement intérieur pour vélos (330 places) et propose divers services comme la réparation et la location de bicyclettes.

La partie est du Millennium Park est par ailleurs dominée par le spectaculaire **Jay Pritzker Pavilion** (voir p. 122), un amphithéâtre à ciel ouvert, œuvre du célèbre architecte américain d'origine canadienne Frank Gehry. Les rubans d'acier géants qui coiffent le dessus de la scène extérieure constituent en quelque sorte la signature du maître. C'est ici que sont présentés les concerts estivaux du Grant Park Orchestra and Chorus. Derrière se trouve le **Harris Theater for Music and Dance** (voir p. 124), une salle de 1 500 places sur la scène de laquelle se produisent divers orchestres et troupes de danse de Chicago et d'ailleurs.

Northerly Island

La Northerly Island est en fait une presqu'île tout en longueur qui s'étire au sud de l'Adler Planetarium. Occupé jusqu'en 2003 par l'aéroport privé du Merrill C. Meigs Field, le site a alors été reconverti en parc public par la Ville, qui l'a ramené à l'état naturel. La Northerly Island représente aujourd'hui un territoire de qualité et relativement facile d'accès pour l'observation des oiseaux et de la flore.

On trouve aussi sur les lieux le Charter One Pavilion, un amphithéâtre extérieur qui compte 7 500 places assises où sont présentés des spectacles de musique populaire en été.

Jackson Park et Washington Park

C'est dans le **Jackson Park** que l'on a déposé cet autre joyau de la muséologie de Chicago qu'est le **Museum of Science and Industry** (voir p. 159). Celui-ci se mire dans un agréable bassin, oubliant bien loin derrière lui les bruits et les gratte-ciel de la ville. C'est sur ce site que se tint, en 1893, la *World's Columbian Exposition*, la première des deux expositions universelles organisées à Chicago. L'édifice devenu le Museum of Science and Industry est l'un des vestiges de cette grande foire internationale.

Ce parc superbe, composé de plusieurs lagunes enjambées ici et là par de courts ponts, a été dessiné par le prestigieux architecte paysagiste Frederick Law Olmsted, à qui l'on doit aussi le Central Park de New York et le parc du Mont-Royal de Montréal. L'un de ces ponts permet d'accéder à la **Wooded Island**, là où a été aménagé un étonnant jardin japonais, l'**Osaka Garden**, à l'époque de la *World's Columbian Exposition*.

Quelques plages font également partie de ce havre de paix, soit la **57th Street Beach** et la **Jackson Park Beach**.

Une magnifique promenade verte bordée d'arbres, la **Midway Plaisance**, relie élégamment le Jackson Park au Washington Park en passant devant les majestueux édifices néogothiques de l'University of Chicago. Tous ces éléments forment un ensemble absolument remarquable qu'il ne faut rater sous aucun prétexte, même si situé en dehors du centre, dans le South Side.

Quant au **Washington Park**, il s'agit du lieu de rendez-vous dominical privilégié des familles afro-américaines de Chicago, qui viennent y pique-niquer et s'y détendre en grand nombre. Il abrite d'ailleurs le **DuSable Museum** (voir p. 163), dédié à l'art afro-américain.

Plages

À l'intérieur des limites de la ville de Chicago, on compte 34 plages qui s'étendent sur quelque 24 km. Elles sont, pour la plupart, sûres et bien entretenues, et la baignade s'y avère presque toujours bonne, même si l'eau est plutôt froide (respectez toutefois scrupuleusement les avis d'interdiction de baignade en certains endroits). La limpidité des eaux du lac Michigan, du moins près des rives, a de quoi surprendre les plus sceptiques.

Nous vous présentons ici quelques-unes de ces plages, celles qui sont les plus facilement accessibles. Elles sont officiellement ouvertes, c'est-à-dire que la baignade est surveillée, tous les jours entre 9h et 21h30 depuis le Memorial Day (dernier lundi de mai) jusqu'à la fête du Travail (premier lundi de septembre).

Pour tout renseignement sur les plages de Chicago, communiquez avec le **Chicago Park District** *(312-742-7529, www. chicagoparkdistrict.com)*.

Oak Street Beach

Sise sur la Gold Coast, au pied de l'élégante Oak Street et à un jet de pierre du John Hancock Center, du Drake Hotel et des boutiques du Magnificent Mile, l'Oak Street Beach mérite sans doute le titre de plus chic plage de Chicago. C'est aussi la plus aisément accessible depuis le centre-ville, des passages souterrains, situés au bout des rues Oak et Division, permettant d'éviter la dense circulation de Lake Shore Drive et de l'atteindre en toute sécurité.

Services : toilettes; surveillants de baignade; casse-croûte; piste cyclable.

North Avenue Beach

Plus longue et plus animée que la précédente, la North Avenue Beach attire de nombreux amateurs de volley-ball de plage. Plusieurs filets sont en effet tendus pour quiconque désire s'adonner à ce sport en pleine progression aux États-Unis. Un étonnant bâtiment dont les lignes rappellent celles d'un navire abrite toilettes et restaurants. D'un kitsch tout à fait délicieux, il fut construit en 1999 en remplacement de l'ancienne North Avenue Beach House de 1939, dont il s'inspire largement. Il y a aussi un véritable club de gymnastique sur la plage même, avec poids, haltères et appareils d'exercices. On accède à la plage par le Lincoln Park grâce à une passerelle qui enjambe Lake Shore Drive. Finalement, mentionnons que la North Avenue Beach est reconnue comme le meilleur site d'observation lors de l'annuel **Chicago Air & Water Show**, un festival aérien et nautique qui se tient au cours du mois d'août.

Services : toilettes; surveillants de baignade; restaurants; filets de volley-ball; centre d'exercices; piste cyclable; location de vélos et de patins à roues alignées.

Foster Avenue Beach

Les familles constituent le plus gros de la clientèle de cette plage située tout au nord du Lincoln Park, avec son sable blanc et sa pelouse, idéale pour les pique-niques dominicaux.

Services : toilettes; surveillants de baignade; stationnement; location de vélos; piste cyclable; piste pour patins à roulettes.

Kathy Osterman Beach

La communauté gay a adopté cette plage, autrefois connue sous le nom de Hollywood-Ardmore Beach, qui borne le Lincoln Park du côté nord.

Services : toilettes; surveillants de baignade; casse-croûte; filets de volley-ball.

Ohio Street Beach

L'Ohio Street Beach, une autre plage facilement accessible depuis le centre-ville, se cache dans le Milton Lee Olive Park, un petit parc servant à camoufler les équipements de filtration de l'eau situés tout juste au nord de Navy Pier.

Services : toilettes; surveillants de baignade.

Autres plages à signaler

Parmi les autres plages, mentionnons celles du **Jackson Park**, soit la **57th Street Beach**, la **Jackson Park Beach**, la **63rd Street Beach** et la **South Shore Country Club Beach**, cette dernière se trouvant à la hauteur de 71st Street.

Il y a aussi la **31st Street Beach** et, dans le **Lincoln Park**, la **Montrose-Wilson Beach**, où l'on peut louer des planches à voile.

Activités de plein air

› Golf

La région de Chicago regorge de superbes terrains de golf.

Les **Chicago Park District Golf Courses** *(19-26; 312-245-0909, www.cpdgolf.com)*, six terrains publics, sont pour leur part administrés par Billy Casper Golf pour le compte de la municipalité. Parmi ceux-ci, il y a le terrain du **Jackson Park** *(angle Lake Shore Dr. et 63rd St., 773-667-0524)*, le seul golf de 18 trous de ce groupe. Les autres, tous des terrains de neuf trous, sont les suivants : le **Marquette Golf Course** *(6700 S. Kedzie Ave., 312-747-2761)*, le **South Shore Golf Course** *(angle 71st St. et South Shore Dr., 773-256-0986)*, le **Robert A. Black Golf Course** *(2045 W. Pratt Blvd., 312-742-7931)*, le **Columbus Park Golf Course** *(5701 W. Jackson Blvd., 312-746-5573)* et le **Sydney R. Marovitz Golf Course** *(3600 Lake Shore Dr., 312-742-7930)*, anciennement connu sous le nom de Waveland Golf Course.

Dans le South Side, le **Harborside International Golf Center** *(lun-jeu 82$, ven-dim 95$; 11001 S. Doty Ave. E., 312-782-7837, www.harborsideinternational.com)* propose deux golfs de 18 trous (normale 72).

Pour sa part, le **Cog Hill Golf and Country Club** *(lun-ven 37-57, sam-dim 45-57;*

12294 Archer Ave., Lemont, 866-264-4455, www.coghillgolf.com) est le terrain sur lequel les professionnels de la PGA se sont affrontés de 2009 à 2011 dans le cadre du BMW Championship. On y compte quatre golfs de 18 trous.

Si vous avez de la difficulté à trouver une heure de départ qui vous convient, contactez **EZ Links Tee Times Network** (312-913-6900 ou 888-885-4657, www.ezlinks.com), une sorte de centrale de réservations représentant une trentaine de terrains de golf dans la région métropolitaine de Chicago et plusieurs autres ailleurs aux États-Unis.

› Jogging

Le **Lincoln Park** et la **rive du lac Michigan** constituent encore une fois les sites privilégiés des amateurs de course à pied. Pour votre sécurité, il est toutefois déconseillé de courir au sud de McCormick Place.

Pour les coureurs à la recherche de défi, il y a le **Bank of America Chicago Marathon** (www.chicagomarathon.com), en octobre, une compétition annuelle ouverte à la participation populaire. Chaque année, plus de 45 000 personnes prennent le départ.

› Navigation de plaisance

Les différentes marinas de Chicago offrent quelque 5 000 espaces d'accostage pour les bateaux de plaisance.

Voici la liste des ports de plaisance gérés par **Chicago Park District Harbors** (312-742-8520, www.chicagoharbors.info) où il est possible d'amarrer votre embarcation: **Montrose Harbor** (312-742-7527); **Belmont Harbor** (312-742-7673); **Diversey Harbor** (312-742-7762); **DuSable Harbor** (312-742-3577); **Monroe Harbor** (312-742-7643); **Burnham Harbor** (312-747-7009); **59th Street Harbor** (312-747-7019); **Jackson Park Outer Harbor** (773-288-1065); **Jackson Park Inner Harbor** (773-288-7106).

Il est possible de louer des voiliers de différents types en s'adressant à l'organisation **Chicago Sailing Club** (mai à oct; 3161 N. Elston St., 773-871-7245, www.chicagosailing. com). Les embarcations sont amarrées au Belmont Harbor. Deux options sont proposées: le bateau seulement, pour ceux qui ont les qualifications pour piloter, ou le bateau avec skipper, pour les autres. Chicago Sailing propose aussi des cours de navigation.

› Observation des oiseaux

Plusieurs sites d'intérêt pour l'observation des oiseaux sont facilement accessibles à Chicago. C'est notamment le cas au **Lincoln Park**, qui abrite deux importants sites d'observation. L'un de ceux-ci est le **Montrose Point Bird Sanctuary** (4400 Montrose Ave., aux abords du lac Michigan), également connu sous le nom de **Magic Hedge**. Ce site se trouve sur une voie de migration des oiseaux et est fréquenté par quelque 300 espèces au printemps et en automne.

Le **Jackson Park**, qui abrite aussi un refuge d'oiseaux dans la **Wooded Island**, et la **Northerly Island** constituent également des lieux privilégiés pour les ornithologues amateurs.

› Patin à glace

Les hivers sont froids à Chicago, ce qui rend possible l'aménagement de patinoires extérieures dans la plupart des parcs de la ville. Pour tous renseignements, communiquez avec le **Chicago Park District** (312-742-7529, www.chicagoparkdistrict.com).

On peut entre autres patiner au grand air à la **McCormick Tribune Plaza and Ice Rink** (55 N. Michigan Ave., 312-742-5222), la très belle patinoire du **Millennium Park**. L'entrée est libre, et il est possible de louer des patins (comptez 10$).

Un autre lieu mythique accueille les patineurs: le Wrigley Field. Ainsi, depuis 2009, **The Rink at Wrigley** (www.rinkatwrigley. com) prend la forme d'une patinoire extérieure aménagée dans le terrain de stationnement du stade des Cubs (à l'angle des rues Addison et Clark).

› Patin à roues alignées

Les roller skaters qui songeraient à s'aventurer dans les rues de Chicago devraient, pour leur sécurité, y penser à deux fois… Choisissez plutôt de pratiquer votre activité favorite sur le **Lakefront Trail**. Le **Lincoln Park**, avec ses sentiers sinueux et vallonnés, constitue également un endroit agréable à explorer en patins.

Bike Chicago (10$/h, 35$/jour; 312-729-1000, www.bikechicago.com) loue des patins à roues alignées dans certains de ses centres de location de vélos : **Navy Pier** *(600 E. Grand Ave.)*, **North Avenue Beach** *(1603 N. Lake Shore Dr.)*, **Foster Beach** *(5200 N. Lake Shore Dr.)* et **Millennium Park** *(239 E. Randolph St.)*.

Londo Mondo Inline Skate Rentals & Sales *(7$/h, 20$/jour; lun-ven 10h à 19h, sam-dim 10h à 18h; 1100 N. Dearborn St., 877-404-1593, www.londomondo.com)* est une autre adresse où l'on peut louer ou acheter des patins à roues alignées et les accessoires pour protéger poignets, coudes et genoux.

> ## Pêche

Peuplé de diverses variétés de truites, de saumons et de perches, le **lac Michigan**, sans être le paradis des pêcheurs, possède les atouts nécessaires pour rendre fort agréable une journée de pêche sur ses eaux.

Pour une excursion de pêche sur le lac, vous pouvez faire appel aux services de **Captain Al's Charter Boat Fleet** *(Burnham Harbor, 312-565-0104, www.captainalscharters.com)*.

> ## Randonnée pédestre

Le **Morton Arboretum** *(intersection route 53 et autoroute I-88, Lisle, 630-968-0074, www.mortonarb.org)*, situé à 40 km à l'ouest du centre-ville, constitue une destination de premier plan pour les marcheurs. Près de 40 km de pistes serpentent à travers cette forêt de quelque 600 ha. On y a recensé 3 600 essences différentes.

Le **Forest Preserve District of Cook County** *(www.fpdcc.com)* administre tout un réseau d'aires naturelles protégées qui ceinturent la ville de Chicago. Environ 130 km de sentiers de randonnée sillonnent ces sites naturels.

> ## Ski de fond

On peut pratiquer le ski de fond dans le **Grant Park** durant l'hiver, des pistes de faible dénivellation y étant aménagées.

Pour ceux qui veulent faire des excursions en terrain moins urbain, le **Camp Sagawau** *(12545 W. 111th St., Lemont, 630-257-2045)*, géré par le **Forest Preserve District of Cook County** *(www.fpdcc.com)* et situé à environ 30 km au sud-ouest du Loop, rend accessibles plusieurs pistes. On peut louer de l'équipement sur place.

> ## Tennis

On trouve plus de 600 courts de tennis extérieurs dans les divers parcs de la ville. C'est le cas par exemple dans le Lincoln Park, le Jackson Park et le Washington Park.

> ## Vélo

Sous l'impulsion de Richard M. Daley, maire de la ville de 1989 à 2011 et ardent défenseur du vélo, la Ville de Chicago a adopté un ambitieux projet urbanistique devant porter à plus de 800 km le réseau de voies cyclables de la ville d'ici 2015. Outre la création de nouvelles voies, le plan prévoit l'instauration d'une signalisation particulière, l'installation de nombreux supports de stationnement pour vélos et une plus grande accessibilité pour les vélos dans les transports en commun. Il est possible de consulter le *Bike 2015 Plan* sur Internet *(www.chicagobikes.org)*. On peut aussi sur ce site commander une carte du réseau actuel de voies cyclables ou en télécharger une version numérique.

Une première addition aux infrastructures de la ville destinées aux cyclistes a vu le jour il y a quelques années déjà dans la portion nord-est du prestigieux Millennium Park : le **McDonald's Cycle Center** *(printemps et automne lun-ven 6h30 à 19h, sam-dim 10h à 18h; été lun-ven 6h30 à 20h, sam-dim 8h à 20h; hiver lun-ven 6h30 à 18h30, sam-dim fermé; 239 E. Randolph St., 888-245-3929, www.chicagobikestation.com)*. Il abrite un stationnement intérieur gratuit pour vélos (330 places) et propose divers services comme la réparation et la location de bicyclettes. On y trouve même des douches pour les travailleurs des tours du Loop qui veulent arriver au bureau frais et dispos après avoir pédalé pendant quelques kilomètres.

Pour l'heure toutefois, nous ne saurions recommander le vélo comme moyen de transport dans les rues du centre-ville qu'aux plus téméraires. La dense circulation et l'effet qu'elle peut avoir sur l'agressivité des automobilistes transforment souvent les rues en une véritable jungle ouvertement hostile aux cyclistes, aux *roller skaters* et même, parfois, aux simples piétons… Les plans de la Ville visent à corriger la situation en déployant un réseau de voies protégées dans les rues mêmes de Chicago. Ainsi, les choses pourraient changer rapidement si des initiatives comme l'aménagement en 2012 de la voie protégée de Dearborn Street dans le Loop se multiplient au cours des prochaines années.

En attendant, il y a toujours le **Lakefront Trail**, cette exceptionnelle piste cyclable qui serpente à travers le chapelet de parcs qui longe le lac Michigan. Cette route protégée s'étire sur une trentaine de kilomètres, entre 71st Street au sud et Hollywood Avenue au nord.

Pour louer une bicyclette, on peut s'adresser à **Bike Chicago** *(à partir de 10$/h, 30$/demi-journée ou 35$/jour, 312-729-1000, www.bikechicago.com)*. Cette entreprise gère plusieurs centres de location le long du lac Michigan : **Navy Pier** *(600 E. Grand Ave.)*, **Foster Beach** *(5200 N. Lake Shore Dr.)*, **Millennium Park** *(239 E. Randolph St.)*, **Riverwalk** *(angle Wacker Dr. et Wabash Ave.)* et **53rd Street Bike Center** *(1558 E. 53rd St.)*.

Par ailleurs, Bike Chicago organise des tours guidés à vélo d'une durée de deux à trois heures. Plusieurs départs chaque jour en été au Millennium Park, à Navy Pier et à la North Avenue Beach. Comptez 39$ pour les adultes et 25$ pour les enfants, incluant la location de vélos pour la durée de la visite.

Des visites guidées à vélo sont aussi organisées par **Bobby's Bike Hike** *(465 N. McClurg Court, 312-915-0995, www.bobbysbikehike.com)*. Ces promenades permettent de découvrir les principaux monuments du centre-ville. Comptez 35$ pour les adultes et 20$ pour les enfants, incluant la location d'un vélo pour la durée de la visite.

Vous pouvez aussi vous tourner vers le système de vélo en libre-service qui, selon les informations disponibles au moment de mettre sous presse, devait être mis en place en 2013. On prévoit ainsi déployer un réseau de 300 stations et de 3 000 vélos dans les rues de Chicago. Il en coûterait 75$ pour un abonnement annuel, ou 7$ pour un abonnement quotidien.

Notez finalement qu'il est possible de monter à bord du métro avec son vélo en tout temps sauf en semaine aux heures de pointe, soit le matin entre 7h et 9h et l'après-midi entre 16h et 18h. Les bus sont pour leur part munis, à l'avant, d'un support pouvant accueillir deux vélos.

Quelques idées de parcours à vélo

Le Millennium Park et le Navy Pier

Cette balade facile permet de découvrir les fabuleux monuments du Millennium Park (*Cloud Gate*, *Crown Fountain*, Jay Pritzker Pavilion), puis de longer le lac Michigan avant de bifurquer vers l'est et les attractions familiales du Navy Pier et ses environs (Ohio Street Beach, Gateway Park, Chicago Children's Museum).

Le Lakeshore Trail jusqu'au Lincoln Park

L'extraordinaire voie cyclable qui longe le lac Michigan, le Lakeshore Trail, compte parmi les attractions majeures de la ville. Il est par exemple très agréable de l'emprunter vers le nord en direction du splendide Lincoln Park, de son jardin zoologique et de ses divers plans d'eau. Au passage, des arrêts sont possibles à l'Oak Street Beach, au pied du John Hancock Center, ou à la North Avenue Beach.

La Gold Coast et l'Old Town Triangle

Les rues de ces quartiers, aisément accessibles depuis le Lincoln Park, s'avèrent nettement plus accueillantes pour les cyclistes que celles du quartier des affaires du Loop. Plus tranquilles, elles sont en outre souvent bordées d'arbres et de jolies demeures.

Le Grant Park et le Museum Campus

Le Lakeshore Trail permet aussi d'accéder au Grant Park et à sa monumentale Buckingham Fountain, aux musées du Museum Campus (Field Museum, John G. Shed Aquarium, Adler Planetarium) et au parc de la Northerly Island, le tout dans un environnement protégé de la circulation automobile, avec en prime des vues spectaculaires sur les gratte-ciel du centre-ville.

Hébergement

Le présent chapitre propose une vaste sélection d'hôtels, par secteurs de la ville et par ordre de prix, des moins chers aux plus chers. Les prix mentionnés sont en vigueur durant la haute saison (été); donc, si vous allez à Chicago pendant une autre période, nous vous conseillons de vous informer des rabais consentis. Ces prix s'appliquent à des chambres pour deux personnes. Les hôtels pour petit budget *($; moins de 100$ par nuitée)* sont généralement propres, satisfaisants, mais modestes. Ce que les établissements de prix moyen *($$; 100$ à 149$)* offrent en fait de luxe varie selon leur emplacement, mais leurs chambres sont généralement plus grandes. Les hôtels de catégorie moyenne-élevée *($$$; 150$ à 299$)* possèdent des chambres spacieuses, et leur hall s'avère agréable; s'y retrouvent la plupart du temps restaurants, bar et boutiques. En dernier lieu, les hôtels de grand luxe *($$$$; 300$ et plus)*, réservés à ceux pour qui le budget importe peu, sont les meilleurs de la ville. Il est à noter qu'une taxe de **16,4%** s'ajoute au prix des chambres d'hôtel à Chicago.

Mentionnons par ailleurs qu'il est souvent possible d'obtenir des rabais pour les séjours de fin de semaine. En effet, les gens d'affaires constituent le gros de la clientèle de nombreux hôtels à Chicago. Comme leur nombre diminue généralement une fois venue la fin de semaine, des remises (parfois jusqu'à 40%!) ou des forfaits week-end sont souvent proposés au grand public. N'hésitez pas à vous enquérir de l'existence de ce genre de promotion au moment de faire votre réservation.

L'industrie hôtelière a connu un essor impressionnant à Chicago depuis la fin des années 1990. Les hôtels ont poussé un peu partout en ville, comme en témoignent la trentaine de nouveaux établissements qui ont vu le jour depuis 1999. Cette frénésie a aussi gagné les hôtels existants, dont plusieurs ont entrepris d'importants travaux de rénovation pendant la même période. La récession de la fin des années 2000 est toutefois venue ralentir de manière très sensible cet élan, plusieurs projets annoncés de nouveaux hôtels ayant été abandonnés ou reportés. Quoi qu'il en soit, il y aurait aujourd'hui quelque 30 000 chambres dans le centre des affaires et, au total, plus de 100 000 dans la région métropolitaine de Chicago.

Au centre-ville, on peut diviser géographiquement le parc hôtelier en deux: les hôtels situés dans le Loop, soit le quartier des affaires, et ceux établis de l'autre côté de la rivière, dans ce que l'on appelle le River North, un quartier davantage axé sur les achats, les bons restaurants et la vie nocturne. Les gens d'affaires choisissent souvent de loger dans le Loop ou ses abords. Il faut toutefois se rappeler qu'une fois les heures de bureau terminées, le secteur se vide et qu'en certains endroits il peut même devenir hasardeux de se promener à pied. Au nord de la rivière, par contre, les soirées sont animées et les rues demeurent plus sûres.

La formule des *bed and breakfasts* (gîtes touristiques) est aussi représentée à Chicago. Il s'agit généralement de chambres aménagées à même la demeure du propriétaire. Il faut habituellement y séjourner pour au moins deux nuitées. Comptez entre 95$ et 200$ par nuitée. Pour information et réservation, visitez le site Internet de **Bed & Breakfast Chicago** *(www.chicago-bed-breakfast.com)*, une association sans but lucratif comptant une vingtaine d'établissements.

Ceux qui souhaitent plutôt s'installer dans un appartement, comme à la maison, peuvent faire appel à **At Home Inn Chicago** *(312-640-1050 ou 888-375-7084, www.athomeinnchicago.com)*, qui propose toute une gamme de studios et d'appartements situés un peu partout en ville, et qu'il est possible de louer à court, moyen ou long terme.

Ceux qui doivent s'installer à Chicago pour une période de 30 jours ou plus peuvent faire appel aux services du **Habitat Corporate Suites Network** *(866-333-9264, www.habitatcsn.*

Les favoris d'Ulysse

> **Pour les gens d'affaires**
Fairmont Chicago, Millennium
Park p. 191
InterContinental Hotel p. 194
Park Hyatt Chicago p. 195
Renaissance Chicago Downtown
Hotel p. 190

> **Pour les amateurs d'histoire**
Hard Rock Hotel Chicago p. 190
Hotel Burnham p. 188
JW Marriott Chicago p. 189
Renaissance Blackstone Chicago
Hotel p. 189
The Belden-Stratford Hotel p. 202
The Drake Hotel p. 194

> **Pour les amateurs
d'architecture moderne**
Sofitel Chicago Water Tower p. 198
Waldorf Astoria Chicago p. 199

> **Pour les amateurs de luxe**
Four Seasons Hotel
Chicago p. 194
Ritz-Carlton Chicago p. 195
The Peninsula Chicago p. 196
Trump International Hotel and
Tower p. 199

> **Pour la chaleur de l'accueil**
Gold Coast Guest House p. 201
The Whitehall Hotel p. 192

> **Pour les meilleures aubaines**
Red Roof Inn p. 192
Willows Hotel p. 202

> **Pour la beauté de leur hall**
Fairmont Chicago, Millennium
Park p. 191
Hotel Allegro p. 188
Westin Chicago River
North p. 200

> **Pour les amateurs de spas**
The Peninsula Chicago p. 196
Trump International Hotel
and Tower p. 199
Waldorf Astoria Chicago p. 199

> **Pour le plus beau décor
contemporain**
Dana Hotel and Spa p. 197
Hotel Allegro p. 188
Hotel Felix Chicago p. 198
Hotel Indigo p. 201
Radisson Blu Aqua Hotel
Chicago p. 191
Sofitel Chicago Water
Tower p. 198
The James Chicago p. 198

> **Pour la vie nocturne**
Hotel Indigo p. 201

> **Pour le charme
et la tranquillité**
Willows Hotel p. 202

> **Pour les plus belles vues**
Fairmont Chicago, Millennium
Park p. 191
Park Hyatt Chicago p. 195
Sheraton Chicago Hotel
& Towers p. 200
Swissôtel Chicago p. 191
Trump International Hotel
and Tower p. 199
W Chicago Lakeshore p. 200

> **Pour les romantiques**
The Tremont Hotel p. 192
The Whitehall Hotel p. 192

> **Pour la plus belle piscine**
InterContinental Hotel p. 194

> **Pour les familles**
Avenue Crowne Plaza Hotel
and Suites Chicago
Downtown p. 192
Embassy Suites Hotel p. 197
Homewood Suites p. 197

> **Pour ceux qui veulent
garder la forme**
The Buckingham Athletic Club
and Hotel p. 188

Hébergement - Introduction

com), un réseau constitué de quelque 460 appartements meublés situés dans plusieurs tours d'habitation du centre-ville et de la banlieue.

Par ailleurs, divers sites Internet proposent de mettre directement en contact les voyageurs avec des résidents de Chicago qui louent une chambre ou un appartement complet, moyennant des frais de service retenus sur le coût de chaque location. Cette option permet de faire de bonnes économies sur le coût de l'hébergement, mais il importe évidemment de demeurer vigilant, notamment en vérifiant les commentaires laissés par d'autres locateurs. Parmi les sites qui offrent ce service, **Airbnb** *(www.airbnb.com)*, **Homeaway** *(www.homeaway.com)* et **Roomorama** *(www.roomorama.com)* ont tous bonne réputation et proposent de nombreux appartements à Chicago.

D'autres sites Internet permettent de dénicher des réductions appréciables quand vient le temps de réserver une chambre d'hôtel. Comme d'habitude, le mot d'ordre demeure toutefois de comparer ce que chacun a à proposer. Parmi ces sites, mentionnons **Hotwire** *(www.hotwire.com)* et **Priceline** *(www.priceline.com)*, qui fonctionnent tous deux selon un modèle similaire : vous identifiez un quartier et un type d'établissement et le site vous indique les aubaines disponibles. Notez toutefois que, dans les deux cas, vous ne connaîtrez le nom de l'établissement qu'une fois la réservation complétée, ce qui ne plaira pas nécessairement à tous. Le site **Yapta** *(www.yapta.com)* affiche aussi des prix qui peuvent s'avérer intéressants, tout en identifiant les établissements avant que vous ne fassiez la réservation. Le site **Hotrooms** *(www.hotrooms.com)* se concentre pour sa part spécifiquement sur Chicago et ses environs. Quant au site **Hostelworld** *(www.french.hostelworld.com)*, il s'adresse tout particulièrement aux voyageurs à petit budget (auberges de jeunesse, *guesthouses*, appartements, hôtels).

Finalement, un peu à l'extérieur de la ville, l'abondance de motels le long des autoroutes (aux abords des aéroports notamment) permet aux voyageurs de trouver des chambres au charme inexistant, mais à des prix abordables. Les visiteurs qui disposent d'une voiture pourront choisir de s'y installer afin de profiter d'intéressantes économies.

> Prix et symboles

L'échelle utilisée donne des indications de prix pour une chambre standard pour deux personnes, avant taxe, en vigueur durant la haute saison.

$	moins de 100$
$$	de 100$ à 149$
$$$	de 150$ à 300$
$$$$	plus de 300$

Les tarifs d'hébergement sont parfois inférieurs aux prix mentionnés dans le guide, particulièrement si vous y séjournez en basse saison. En outre, plusieurs hôtels et auberges offrent des rabais substantiels aux professionnels (par l'entremise de leur association) ou aux membres de clubs automobiles (CAA). Donc, n'hésitez pas à demander au personnel des établissements hôteliers si vous pouvez bénéficier de quelque rabais que ce soit.

Il est à noter que, sauf indication contraire, tous les établissements hôteliers inscrits dans ce guide offrent des chambres avec salle de bain privée.

> Le label Ulysse

Le label Ulysse est attribué à nos établissements favoris (hôtels et restaurants). Bien que chacun des établissements inscrits dans ce guide s'y retrouve en raison de ses qualités ou particularités, en plus de son rapport qualité/prix, de temps en temps un établissement se distingue parmi d'autres. Ainsi il mérite qu'on lui attribue le label Ulysse. Celui-ci peut se retrouver dans n'importe lesquelles des catégories d'établissements: supérieure, moyenne-élevée, petit budget. Quoi qu'il en soit, dans chacun de ces établissements, vous en aurez pour votre argent. Repérez-les en premier!

Le Loop et le South Loop

Voir carte p. 206.

Les établissements présentés ici ne sont situés que rarement à l'intérieur même du Loop, cette boucle que fait le métro aérien dans le quartier des affaires de Chicago. Nous avons donc ajouté à cette section des hôtels se trouvant tout juste au sud du Loop, de même que toute une série de lieux d'hébergement s'alignant sur Michigan Avenue, face au Grant Park. Pour la plupart, ces hôtels s'avéreront pratiques pour les voyageurs d'affaires ayant à traiter avec des entreprises installées dans le Loop et pour les congressistes désirant loger non loin du centre de congrès de McCormick Place. Il faut toutefois se rappeler que, dans ce secteur, la vie nocturne est plutôt limitée.

Hostelling International Chicago $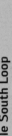
24 E. Congress Pkwy., 312-360-0300, www.hichicago.org
Compte tenu de son emplacement avantageux, l'Hostelling International Chicago est une bonne aubaine. On y trouve des dortoirs pour 6 à 10 personnes. Il y a de plus des salles communes de télévision, de jeux et d'exercices. Accès Internet sans fil dans les pièces communes.

Travelodge Hotel Downtown $-$$
65 E. Harrison St., 312-427-8000, www.travelodgehoteldowntown.com
Cet établissement constitue l'une des rares options économiques en matière d'hébergement dans le Loop. On y trouve des chambres correctes, sans charme particulier toutefois, percées de petites fenêtres et décorées à la manière de chambres de motel.

Best Western Grant Park Hotel $$-$$$
1100 S. Michigan Ave., 312-922-2900 ou 866-516-3164, www.bwgrantparkhotel.com
Totalement dépourvu de charme, le Best Western Grant Park Hotel n'en demeure pas moins pratique de par sa situation près du centre de congrès, de même qu'avantageux économiquement parlant. Les 157 chambres sont simples, petites, mais propres. L'hôtel dispose d'une piscine extérieure.

Central Loop Hotel $$-$$$
111 W. Adams St., 312-601-3525 ou 866-744-2333, www.centralloophotel.com
Cet hôtel conviendra parfaitement à ceux qui cherchent à limiter leurs dépenses d'hébergement, quitte à se contenter d'une chambre de dimensions restreintes avec une télé… de dimensions restreintes. On y trouve 108 chambres impeccables, bien que modestes, dont les prix sont imbattables dans le secteur.

Congress Plaza Hotel $$-$$$
520 S. Michigan Ave., 312-427-3800, www.congressplazahotel.com
Le Congress Plaza Hotel, qui date de 1893, a connu de bien meilleurs jours. Même le hall, avec son long corridor menant au restaurant et à quelques boutiques défraîchies, a mal vieilli. C'est d'autant plus désolant que le Congress a une histoire glorieuse, plusieurs congrès politiques s'y étant tenus par le passé. L'établissement a toutefois l'avantage de proposer des chambres correctes à bon prix et en plein centre-ville, du moins en ce qui a trait à celles de la façade, une vue remarquable sur l'entrée principale du Grant Park et sa belle perspective vers la Buckingham Fountain.

Essex Inn $$-$$$
800 S. Michigan Ave., 312-939-2800 ou 800-621-6909, www.essexinn.com
L'Essex Inn est un établissement d'environ 250 chambres sans prétention qui propose un hébergement simple à prix raisonnable. Ainsi, la décoration des chambres serait exempte de toute fantaisie si ce n'était des belles grandes fenêtres qui s'étendent sur toute la largeur et toute la hauteur de chacune d'entre elles. La piscine et le centre de conditionnement physique, tous deux protégés par une agréable verrière, se trouvent au quatrième et dernier étage d'un bâtiment attenant à l'édifice principal. Cette section de l'hôtel donne de plus accès à une petite terrasse qui surplombe Michigan Avenue et offre une belle vue sur le Grant Park, en face.

Comfort Suites Michigan Avenue/Loop $$$
320 N. Michigan Ave., 312-384-1208, www.comfortsuiteschicago.com
Cet établissement propose une solution de rechange intéressante aux chambres d'hôtel traditionnelles avec ses 117 studios

et suites de une ou deux chambres, tous pourvus d'une cuisine complète ou d'un coin repas avec four à micro-ondes et réfrigérateur. Certaines suites sont même équipées d'une laveuse et d'une sécheuse. Très bonne localisation, à une rue de la Chicago River et à proximité du Theatre District et du Millennium Park. Excellent rapport qualité/prix.

La Quinta Inn & Suites Chicago Downtown $$$ ☞

1 S. Franklin St., 312-558-1020 ou 800-753-3757, www.lq.com

Situé non loin de la Willis Tower (ex-Sears Tower), La Quinta Inn & Suites Chicago Downtown est établi dans un bâtiment tout neuf construit en 2009. Ses quelque 240 chambres, lumineuses et pimpantes, arborent une décoration moderne des plus épurées. Certaines d'entre elles sont équipées d'un réfrigérateur et d'un four à micro-ondes.

Hampton Majestic Chicago Theatre District $$$ ☞

22 W. Monroe St., 312-332-5052, www.hamptonmajestic.com

Installé dans le même bâtiment historique que le Bank of America Theatre, le Hampton Majestic Chicago Theatre District compte 135 chambres assez jolies, avec même un petit côté romantique. Voilà une option relativement économique si l'on tient compte de son excellente localisation à proximité des théâtres, des boutiques et des restaurants du Loop. À noter que le petit déjeuner est servi chaque matin dans le hall, mais que l'établissement ne dispose pas de restaurant.

The Buckingham Athletic Club and Hotel $$$ ☞

440 S. LaSalle St., 312-663-8910, www.bac-chicago.com

Cet établissement est d'abord et avant tout un centre d'entraînement haut de gamme. Mais on y a adjoint ce que l'on a baptisé l'Executive Hotel, qui compte 21 chambres et suites de luxe. Bien que les membres du club athlétique aient droit à des tarifs préférentiels, les non-membres sont également les bienvenus à l'hôtel. Le service de repas aux chambres est assuré par le très réputé restaurant **Everest** (voir p. 223), qui se trouve au sommet du même édifice, et ce, même si le Buckingham Athletic Club dispose de son propre restaurant, The Club Room. L'un des secrets les mieux gardés du Loop.

Hotel 71 $$$

71 E. Wacker Dr., 312-346-7100, www.hotel71.com

Modernisme et élégance sont au rendez-vous à l'Hotel 71, admirablement bien situé, face à la Chicago River et tout près à la fois du quartier des affaires et du Magnificent Mile. Chambres spacieuses et confortables équipées d'un minibar.

Hotel Allegro $$$

171 W. Randolph St., 312-236-0123 ou 800-643-1500, www.allegrochicago.com

Autrefois connu sous le nom de Bismarck Hotel, cet établissement arbore aujourd'hui un audacieux décor postmoderne. Déjà le hall annonce la couleur avec ses fauteuils colorés, les peintures abstraites qui ornent ses murs et son beau piano noir. Quant aux 483 chambres de l'hôtel, elles s'avèrent joyeuses et lumineuses. Le vin est servi gracieusement aux clients tous les après-midi entre 17h et 18h.

Hotel Burnham $$$

1 W. Washington St., 312-782-1111 ou 866-690-1986, www.burnhamhotel.com

Cet hôtel-boutique luxueux et intime de 122 chambres est installé dans l'historique Reliance Building, brillant représentant de l'«école de Chicago» élevé dans les années 1890. La décoration classique rend hommage à l'époque où fut construit l'édifice. Celle des chambres, quelque peu chargée, où dominent les teintes or et bleu ainsi que les meubles d'acajou, en déconcertera plusieurs. Les larges baies vitrées laissent toutefois entrer beaucoup de lumière et procurent des vues intéressantes sur le Loop. Le vin est servi gracieusement aux clients en fin d'après-midi dans le hall. Au rez-de-chaussée, le joli **Atwood Café** (voir p. 221), aux accents Art déco, mérite un coup d'œil.

Hotel Monaco $$$

225 N. Wabash Ave., 312-960-8500 ou 866-610-0081, www.monaco-chicago.com

Cet établissement d'une douzaine d'étages adopte un style à l'européenne, ce que les Américains désignent par le vocable de *boutique hotel*. Ainsi, le hall aux dimensions modestes, humaines, s'avère fort agréable et accueillant, tout en arborant une délicieuse touche de raffinement. Ces mêmes épithètes s'appliquent aux chambres, au nombre de 192, décorées avec goût de beaux meubles anciens ainsi que de moquettes et tentures aux teintes bien choisies. En soirée, le vin est servi à la clientèle dans le hall, près du feu de foyer. Excellente situation, à deux pas de la Chicago River et du quartier des affaires, le Loop.

JW Marriott Chicago $$$
151 W. Adams St., 312-660-8200 ou 888-717-8850, www.jwmarriottchicago.com
Hôtel de 581 chambres et 29 suites inauguré en 2011 dans une ancienne banque dessinée par Daniel Burnham qu'on a restaurée au coût de 400 millions de dollars. Il faut voir ses magnifiques escaliers en colimaçon menant au restaurant **The Florentine** (voir p. 224) depuis le hall, où se trouve un très joli *lounge*, chic et aéré. Chambres confortables et élégantes. Situé non loin de la Willis Tower.

Renaissance Blackstone Chicago Hotel $$$
636 S. Michigan Ave., 312-447-0955 ou 800-468-3571, www.theblackstonehotel.com
Après que l'établissement eut fermé ses portes en vue d'être reconverti en immeuble résidentiel de prestige, les plans changèrent, et l'on décida finalement de rendre à l'hôtel Blackstone sa vocation d'origine. Quelque 112 millions de dollars plus tard, revoici donc le Blackstone, avec tout le charme d'antan de son splendide édifice revigoré. Ainsi, les 332 chambres, relativement grandes, allient d'heureuses manières l'ancien (ornementation, photographies d'archives) et le moderne (couleurs joyeuses, salles de bain bien équipées). Ne manquez surtout pas de jeter un œil au vibrant restaurant de tapas de l'hôtel, le **Mercat a la Planxa** (voir p. 224).

River Hotel $$$
75 E. Wacker Dr., 888-977-4837, www.chicagoriverhotel.com
Installé depuis 2009 dans une partie de l'élégant immeuble historique du **75 E. Wacker Drive** (voir p. 105), le River Hotel propose des chambres régulières, d'autres équipées d'une cuisinette et même des appartements pour long séjour (30 jours et plus).

The Silversmith Hotel & Suites $$$
10 S. Wabash Ave., 312-372-7696 ou 800-979-0084, www.silversmithchicagohotel.com
Heureuse initiative que l'aménagement du Silversmith Hotel & Suites à l'intérieur d'un bel immeuble historique centenaire à la façade de briques brunes, situé au cœur du Loop. Ne vous laissez pas impressionner par le fait que l'hôtel donne directement sur la voie du métro aérien… On a fort bien réussi à isoler les 143 chambres du vacarme extérieur. Chambres agréables quoique de dimensions variables.

W Chicago City Center $$$
172 W. Adams St., 312-332-1200, www.starwoodhotels.com
L'historique Midland Hotel, dont la construction remonte à 1929, a fait l'objet d'une cure de rajeunissement pour devenir il y a quelques années le branché W Chicago City Center. Avec ses colonnes, ses arches et ses balustrades, son spectaculaire hall, rebaptisé *The Living Room*, a ainsi retrouvé une nouvelle vigueur. Le bar doté d'une décoration moderne de bon goût, est quant à lui rapidement devenu un lieu de rencontre fort prisé. Malheureusement, les chambres, au nombre de 390, en décevront plusieurs à cause de leurs dimensions modestes. Par contre, elles sont bien équipées et proposent des lits très confortables.

Wyndham Blake Chicago $$$
500 S. Dearborn St., 312-986-1234, www.hotelblake.com
Dans le quartier historique de Printer's Row, on a transformé il y a quelques années une ancienne imprimerie et le Morton Building (1896) en un hôtel. Très design, cet établissement propose quelque 150 chambres chaleureuses et de bonnes dimensions, percées de grandes fenêtres panoramiques qui laissent agréablement entrer la lumière naturelle.

Hilton Chicago $$$-$$$$
720 S. Michigan Ave., 312-922-4400 ou 800-445-8667, www.chicagohilton.com
Le hall de marbre gris et blanc du Hilton Chicago est si immense que l'on croirait déambuler dans une gare! D'ailleurs, tout dans cet hôtel semble posséder des dimensions cyclopéennes. Ainsi, c'est au Hilton Chicago que se trouvent le plus grand centre de conditionnement physique des hôtels

de la ville, de même que la plus grande salle de bal. Quant à ses 1 544 chambres, elles s'avèrent toutes richement décorées, et plusieurs comptent deux salles de bain. Finalement, pour occuper vos soirées, mentionnons la présence de trois restaurants et de l'étonnant **Kitty O'Shea's** (voir p. 268).

The Palmer House Hilton *$$$-$$$$*
17 E. Monroe St., 312-726-7500 ou 800-445-8667, www.chicagohilton.com

The Palmer House Hilton, ce gigantesque palace de 1 639 chambres ouvert en 1871 puis reconstruit après le Grand Incendie, constitue une sorte d'institution à Chicago. Son hall monumental mérite un détour, avec son haut plafond couvert de fresques, ses majestueuses colonnes, son grand escalier et ses nombreuses plantes vertes. Les chambres sont quant à elles beaucoup moins grandioses, bien que claires et agréables. Leurs dimensions varient beaucoup de l'une à l'autre. À noter qu'une rénovation majeure de 150 millions de dollars a ici été réalisée en 2008.

theWit – A Doubletree Hotel *$$$-$$$$*
201 N. State St., 312-467-0200, www.thewithotel.com

Cet hôtel a inauguré au printemps 2009 son nouveau bâtiment de 27 étages à l'intersection des rues State et Lake, au cœur du Theatre District. On le reconnaît aisément grâce à la bande translucide jaune qui zigzague sur presque toute la hauteur de sa façade. Il abrite 298 chambres résolument modernes avec gadgets électroniques à la clé : téléviseur haute définition, téléphone à écran tactile, station iPod/MP3. Certaines s'avèrent toutefois quelque peu menues. Le hall vitré, avec vue sur le métro aérien, vaut le coup d'œil, de même que le bar **ROOF** (voir p. 268), situé au 27ᵉ étage, qui donne accès à une terrasse et est même équipé… d'un toit rétractable.

Hard Rock Hotel Chicago *$$$$*
230 N. Michigan Ave., 312-345-1000, www.hardrockhotelchicago.com

Chicago possède depuis 2004 son Hard Rock Hotel, installé dans l'historique **Carbide & Carbon Building** (voir p. 94), une remarquable tour Art déco qui a alors été complètement restaurée. Contrairement à ce qu'on pourrait penser à priori, le hall s'avère très sobre, presque trop sage. Le cuir noir y domine, faisant le lien entre le thème

rock et une certaine élégance que l'on a souhaité donner à l'établissement. Quant aux chambres, lumineuses et modernes, elles sont toutes munies d'un téléviseur à écran plat, de lecteurs CD et DVD, et de l'accès gratuit à Internet haute vitesse.

Renaissance Chicago Downtown Hotel *$$$$*
1 W. Wacker Dr., 312-372-7200 ou 800-468-3571, www.renaissancechicagodowntown.com

L'immense hall de cet hôtel séduira les plus difficiles avec ses sols de marbre, ses élégants lustres modernes et ses nombreux fauteuils. Sur votre gauche, en entrant, vous gagnerez le bar en vous engageant entre une jolie fontaine, *The Renaissance Fountain*, et un escalier monumental menant à l'étage. Pianistes et trios de jazz s'y produisent chaque soir. Les 553 chambres, garnies d'élégants meubles d'acajou et de boiseries foncées, sont tout aussi confortables. On note également dans cet excellent hôtel une salle d'exercices bien équipée, avec sauna et piscine intérieure (5h30 à 22h).

Le New East Side

Voir carte p. 207.

Ce que l'on nomme le New East Side correspond au secteur situé au sud de la Chicago River et à l'est de Michigan Avenue. Formé de hautes tours de construction récente, ce quartier s'avère plutôt froid et ne possède pas de caractère distinct. La vie nocturne, outre dans les bars d'hôtel, est inexistante. Toutefois, bien que l'on puisse s'y sentir quelque peu isolé de la ville, il n'en est rien puisque le Magnificent Mile se trouve en réalité tout près.

Hyatt Regency Chicago *$$$-$$$$*
151 E. Wacker Dr., 312-565-1234, www.chicagohyatt.com

Avec ses 2 019 chambres, le Hyatt Regency Chicago est le plus grand hôtel de la ville. Il s'agit en fait de deux hôtels en un, reliés l'un à l'autre par une passerelle-restaurant. Un impressionnant atrium, au centre duquel trône une grandiose fontaine, fait office de hall, au va-et-vient incessant. Sur la mezzanine, vous remarquerez sans mal le bar garni de «kilomètres» de tablettes remplies de bouteilles et flacons en tout genre. Les chambres, toutes réaménagées dans le cadre d'une rénovation de 90 millions de dollars terminée en 2012, sont quant à elles réparties dans deux tours de 36 étages. Six restaurants et bars sont à la disposition des clients à l'intérieur de cette véritable ville dans la ville où plus d'un a trouvé le moyen de se perdre... Le Hyatt Regency fait face à la Chicago River.

Radisson Blu Aqua Hotel Chicago $$$-$$$$
221 N. Columbus Dr., 312-565-5258 ou
800-333-3333, www.radissonbluchicago.com
Ce remarquable nouveau venu inauguré fin 2011 occupe une partie de la spectaculaire **Aqua Tower** (voir p. 116). Il abrite 334 chambres et suites design, dont plusieurs arborent un plancher de bois franc. Dans le hall, on remarque un confortable *lounge* doré, ainsi que l'entrée du splendide Filini, avec son bar résolument branché au rez-de-chaussée et sa salle à manger tout aussi étonnante à l'étage. L'établissement compte en outre une piscine intérieure et une autre qui s'étend à l'extérieur, au cœur d'un agréable jardin.

Fairmont Chicago, Millennium Park $$$$
200 N. Columbus Dr., 312-565-8000 ou
866-540-4408, www.fairmont.com
Parmi les hôtels du New East Side, celui qui a la plus fière allure est sans conteste le Fairmont Chicago, Millennium Park. Cette belle tour de granit rose de 45 étages érigée en 1987 comporte tout d'abord l'un des plus beaux halls de la ville, organisé autour d'une élégante place octogonale servant de bar. Sur la gauche, un court corridor donne accès au bar Aria et à l'excellent restaurant éponyme (voir p. 224). Plusieurs des 687 chambres et suites de l'établissement jouissent d'une très belle vue sur le lac Michigan. Toutes s'avèrent vastes et habillées de couleurs douces et de meubles avec dessus en marbre. Le placard et un coin pour se vêtir sont séparés de la chambre par une cloison. Une rénovation de 50 millions de dollars a été effectuée en 2008, ce qui a permis de rafraîchir toutes les chambres, en plus d'ajouter un spa et un bar à vin.

Swissôtel Chicago $$$$
323 E. Wacker Dr., 312-565-0565 ou 888-737-9477,
www.swissotel-chicago.com
La belle et haute tour triangulaire de verre et de béton du Swissôtel Chicago a été érigée en 1988. Bien placée dans le New East Side, elle permet à la majorité des chambres d'offrir une splendide vue, soit sur la rivière, le lac ou la ville. Ces dernières, au nombre de 632, ont été rénovées en 2008 et s'avèrent spacieuses et lumineuses. Le hall, flambant neuf après une rénovation complète de 10 millions de dollars, est pour sa part des plus invitants.

Le Grant Park

Voir carte p. 208.

Hyatt Regency McCormick Place $$$$
2233 S. Martin Luther King Dr., 312-567-1234,
www.hyattregencymccormickplace.com
Le Hyatt Regency McCormick Place a été inauguré il y a quelques années à un jet de pierre de l'entrée principale du hall sud du centre des congrès de Chicago. Conséquemment, l'endroit fut pensé sur mesure pour les gens d'affaires. Vous remarquerez tout d'abord l'architecture soignée de la tour de 33 étages qui abrite l'établissement. Sa silhouette postmoderne est habilement coiffée d'un toit suspendu, et spectaculairement éclairée une fois la nuit tombée. L'intérieur présente un agréable décor contemporain, et les 800 chambres sont de taille moyenne. Elles sont toutefois dotées d'une salle de bain aux dimensions réduites. Prenez note que l'endroit, situé à l'écart des attraits de Chicago, s'avère peu pratique si vous souhaitez passer beaucoup de temps au centre-ville et que vous n'avez pas de voiture.

Le Magnificent Mile

Voir carte p. 209.

Nous avons classé dans la présente section les établissements ayant pignon sur le Magnificent Mile, soit sur Michigan Avenue, à partir de la Chicago River jusqu'à Oak Street. Nous y incluons également des adresses d'hôtels situés tout près de Michigan Avenue (une rue à l'est ou à l'ouest).

Red Roof Inn $$

162 E. Ontario St., 312-787-3580 ou 800-733-7663,
www.redroof.com

La meilleure affaire au cœur du centre-ville de Chicago, c'est le Red Roof Inn qui la propose. Il s'agit d'un hôtel de taille moyenne (191 chambres) offrant un service minimal et disposant de chambres propres, bien que petites et sans charme particulier. Mais, pour le petit prix à payer, quel emplacement! En effet, l'hôtel s'élève pratiquement sur le Magnificent Mile, non loin des boîtes de nuit et des restaurants thématiques d'Ontario Street. Que demander de plus?

Four Points by Sheraton Chicago Downtown Magnificent Mile $$$

630 N. Rush St., 312-981-6600,
www.fourpointschicago.com

Voici un établissement récent qui propose des chambres douillettes et lumineuses, toutes munies d'un four à micro-ondes et d'une cafetière. Quelques-unes d'entre elles donnent en outre sur un balcon. Mentionnons aussi par ailleurs que c'est dans un bel atrium que loge l'agréable piscine de l'hôtel.

MileNorth Chicago $$$

166 E. Superior St., 312-787-6000,
www.milenorthhotel.com

Dès l'entrée, l'ex-Affinia, devenu le MileNorth en 2012, présente une signature moderne avec son hall aéré à la décoration minimaliste dont l'élément le plus frappant est un grand miroir légèrement incliné tout au fond. Quant aux 215 chambres de l'établissement, elles sont réparties sur 29 étages. Elles proposent toutes un chaleureux décor contemporain dominé par les teintes de beige, d'ocre et d'argent. Des photographies argentiques de scènes de Chicago, de grands miroirs et un téléviseur à écran plat y attirent également l'attention, alors que la salle de bain s'avère bien équipée bien que de dimensions modestes. À noter qu'à partir du huitième étage toutes les chambres ont un palier de trois marches à l'entrée, ce qui leur donne une allure d'appartement privé. L'hôtel se trouvant directement dans l'axe de St. Clair Street, la vue vers le sud est complètement dégagée, si bien que les chambres de la façade avant sont plus intéressantes mais aussi plus onéreuses que les autres. Agréable terrasse sur le toit, adjacente au **C-View Lounge** (voir p. 269).

The Tremont Hotel $$$

100 E. Chestnut St., 312-751-1900,
www.tremontchicago.com

Le Tremont Hotel fut construit en 1923, puis rénové à la fin des années 1970. On y a récemment complété une nouvelle restauration visant à en faire, espérait-on, le plus chic des petits hôtels (129 chambres) de Chicago. Certaines chambres sont dotées d'un foyer. Toutes sont baignées de lumière naturelle et habillées de couleurs joyeuses. L'établissement propose en outre une douzaine de studios avec cuisine équipée, situés dans un bâtiment annexe. Au rez-de-chaussée, vous remarquerez la présence du populaire **Mike Ditka's Restaurant** (voir p. 228).

The Whitehall Hotel $$$

105 E. Delaware Pl., 312-944-6300 ou 866-753-4081,
www.thewhitehallhotel.com

Ce bel hôtel-boutique aux dimensions humaines (221 chambres) est installé dans ce qui fut à l'origine, en 1928, un prestigieux immeuble résidentiel. Le hall offre une sorte de voyage dans le temps grâce à sa remarquable décoration évoquant le XVIIIe siècle. De nombreux fauteuils, canapés et causeuses permettent de se reposer confortablement dans de petits salons, pratiquement indépendants les uns des autres, que la configuration irrégulière de la pièce crée naturellement. Au fond, on note la présence d'un petit bar intime et, sur la gauche, l'accès au restaurant **Fornetto Mei** (voir p. 228). Dans les corridors, les murs sont ornés de petits luminaires marquant l'entrée de chaque chambre. Ravissantes, les chambres présentent un mobilier d'acajou et un décor de la même époque que le hall. Quant au personnel du Whitehall, il mérite une note parfaite tant pour son efficacité que pour la gentillesse dont il fait preuve.

Avenue Crowne Plaza Hotel and Suites Chicago Downtown $$$-$$$$

160 E. Huron St., 312-787-2900,
www.avenuehotelchicago.com

Un hall moderne aux dimensions modestes vous accueille à l'Avenue Crowne Plaza Hotel and Suites Chicago Downtown. S'y trouve notamment une piscine sur le toit, à laquelle on a adjoint le Sky Lounge, qui, bizarrement, n'accueille la clientèle que pour le petit déjeuner. L'établissement compte 200 chambres de dimensions très restreintes et 150 studios ou suites d'une chambre à coucher. Certaines unités portent sur des thématiques particulières : les Tech Rooms pour les maniaques d'électronique, qui comprennent ordinateur iMac, imprimante couleur et accès rapide à Internet, les Kid-Friendly Rooms pour les familles, avec jeux vidéo Wii et décor exubérant, et les Pet Friendly Rooms pour ceux qui voyagent avec Fido ou Félix. Le restaurant **Elephant & Castle** (voir p. 227) occupe le rez-de-chaussée et joue le rôle de salle à manger de l'hôtel.

Chicago Marriott Downtown Magnificent Mile $$$-$$$$

540 N. Michigan Ave., 312-836-0100 ou 800-228-9290, www.chicagomarriottdowntown.com
Le hall du Chicago Marriott Downtown Magnificent Mile, autrefois grandiloquent et impersonnel, arbore aujourd'hui une allure rajeunie par l'utilisation de couleurs joyeuses et vivantes et par la présence d'un bar circulaire des plus invitants. L'établissement est tout particulièrement réputé pour son centre de conditionnement physique, équipé d'une piscine, d'un sauna et d'une salle d'exercices. L'hôtel a subi dans les dernières années une importante rénovation au cours de laquelle, entre autres travaux, sa façade, jadis considérée comme l'une des plus laides de la ville, a été complètement transformée.

Hyatt Chicago Magnificent Mile $$$-$$$$

633 N. St. Clair St., 312-787-1234, www.chicagomagnificentmile.hyatt.com
Cette jolie tour de verre, dont le splendide hall de marbre s'élève sur deux niveaux, arbore depuis juin 2012 la bannière Hyatt en remplacement de celle de Wyndham. Le nouvel acquéreur a lancé au cours des mois qui ont suivi des travaux de rénovation de 25 millions de dollars, même si l'hôtel de 417 chambres ne montrait que peu de signes de vieillissement et jouissait toujours d'un raffinement certain. Les chambres, décorées avec simplicité et bon goût, présentent les mêmes généreuses dimensions à l'intérieur de la catégorie à laquelle elles appartiennent (simple, double, suite, etc.); aucune mauvaise surprise possible! Les *king corner rooms*, aux angles de chaque étage, sont particulièrement étonnantes avec leur forme triangulaire et leur immense baie vitrée. Le

Hyatt Chicago Magnificent Mile met aussi à la disposition de tous ses clients un petit centre d'exercices et une piscine intérieure.

Hilton Chicago/Magnificent Mile Suites $$$-$$$$

198 E. Delaware Pl., 312-664-1100, www.hilton.com
La majorité des 345 appartements que compte cet établissement disposent de deux pièces de modeste taille, chacune équipée de son propre téléviseur. Fait à noter, on a aménagé un centre d'exercices au sommet de l'hôtel, soit au 30ᵉ étage. Minibar dans chaque chambre.

Millennium Knickerbocker Hotel $$$-$$$$

163 E. Walton Pl., 312-751-8100, www.millenniumhotels.com
Le Millennium Knickerbocker Hotel, voisin du vénérable **Drake Hotel** (voir p. 194), est sans doute moins chic que ce dernier, mais son hall, bien que de dimensions restreintes, s'avère plus clair, davantage joyeux. Une rénovation récente (2008) a de plus rajeuni cet hôtel de 305 chambres, dont la construction remonte à 1927. Les chambres, au décor demeuré un tantinet vieillot, sont pour leur part de dimensions modestes, avec des salles de bain vraiment petites. À noter que des musiciens animent en soirée le Martini Bar, situé dans le hall.

Raffaello Hotel $$$-$$$$

201 E. Delaware Pl., 312-943-5000 ou ou 800-898-7198, www.chicagoraffaello.com
C'est à l'automne 2006 que le Raffaello Hotel a succédé au Raphael Hotel, un établissement au charme certain mais qui avait connu de meilleurs jours. Le Raffaello s'élève donc aujourd'hui à l'ombre du John Hancock Building dans ce qui fut un dortoir pour étudiantes dans les années 1920. Il compte 175 chambres et suites entièrement rénovées et complètement rajeunies. Au chapitre des espaces publics, on compte notamment une bibliothèque, au dernier étage, et le **Drumbar** (voir p. 269), un bar-terrasse sur le toit inauguré en 2012.

The Allerton Hotel Chicago $$$-$$$$

701 N. Michigan Ave., 312-440-1500 ou 877-701-8111, www.theallertonhotel.com
Le vénérable Allerton Hotel a subi une cure de rajeunissement complète en 2008. Ses 443 chambres, toujours aussi lumineuses,

présentent désormais une allure rafraîchie par une décoration moderne agrémentée de touches Art déco, qui joue habilement avec les tons de jaune, de blanc et de bleu. Elles s'avèrent toutefois de dimensions modestes, tout comme les salles de bain, d'ailleurs. Très bien situé au cœur du Magnificent Mile.

The Drake Hotel $$$-$$$$
140 E. Walton Pl., 312-787-2200 ou 800-553-7253, www.thedrakehotel.com

Datant de 1920, l'historique Drake Hotel demeure le plus vénérable de tout Chicago, surtout après avoir fait l'objet d'une récente restauration de plusieurs millions de dollars qui lui a redonné sa superbe d'antan. Il figure d'ailleurs depuis 1981 au registre des sites historiques américains. Cela dit, d'aucuns trouveront son hall, réparti sur trois paliers, quelque peu triste malgré sa richesse évidente : tapis rouges, boiseries, grands lustres, salons aménagés autour d'une belle fontaine classique. C'est là qu'est servi le *High Tea* tous les après-midi, au délicieux son de la harpe. Il s'agit pratiquement d'un véritable repas auquel de nombreux habitués sont abonnés. Les 535 chambres sont de bonnes dimensions et, pour la plupart, confortables et richement décorées.

The Inn of Chicago $$$-$$$$
162 E. Ohio St., 312-787-3100, www.innofchicago.com

Anciennement connu sous le nom de Best Western Inn of Chicago, cet hôtel construit en 1927 a subi d'importants travaux de rénovation qui se sont terminés au printemps 2007. Nettement plus chic dans sa nouvelle incarnation, l'établissement arbore dorénavant un hall au décor contemporain branché où l'on remarque tout particulièrement les fauteuils à motifs zébrés. Plus sages, les 357 chambres s'avèrent néanmoins fort jolies et confortables. Terrasse sur le toit. Très bien situé, à un jet de pierre du Magnificent Mile.

Residence Inn Chicago Downtown/ Magnificent Mile $$$$ ✿
201 E. Walton St., 312-943-9800 ou 866-596-7890, www.marriott.com

Cet hôtel propose 221 appartements avec cuisine entièrement équipée. Les salles de séjour de ces appartements sont particulièrement agréables et spacieuses. L'établissement se trouve tout juste au nord de la Water Tower Place, non loin de l'Oak Street Beach.

Conrad Chicago $$$$
521 Rush St., 312-645-1500, www.conradchicago.com

Le Conrad Chicago (anciennement Le Méridien) n'est pas facile à repérer depuis le Magnificent Mile. C'est qu'il se cache au-dessus du mail commercial The Shops at North Bridge et qu'en fait son entrée principale donne sur Rush Street. Cet hôtel de catégorie supérieure a changé d'administration en 2006. Le hall, avec son splendide décor contemporain, vous séduira d'emblée. L'établissement compte 278 chambres et 33 suites au décor plus sobre mais tout aussi élégant, où dominent les teintes de miel et de bourgogne. Chacune des chambres est baignée de lumière naturelle que laissent pénétrer de grandes fenêtres.

Courtyard Chicago Downtown/ Magnificent Mile $$$$
165 E. Ontario St., 312-573-0800, www.courtyardchicago.com

Cet établissement compte 300 chambres simples et de dimensions restreintes, mais confortables et agrémentées de quelques sympathiques touches Art déco (lampes, mobilier). La piscine intérieure et la grande salle d'exercices s'avèrent quant à elles fort attrayantes puisque baignées de lumière grâce à une large baie vitrée.

Four Seasons Hotel Chicago $$$$
120 E. Delaware Pl., 312-280-8800, www.fourseasons.com

C'est près d'un feu de foyer et d'une magnifique fontaine de marbre importée d'Italie que le thé est servi, en fin d'après-midi, dans le hall du Four Seasons Hotel Chicago. Cet hôtel de grand standing, l'un des plus luxueux de la ville, compte 343 chambres au délicieux décor où dominent les tons pastel, qui exsudent le raffinement et le bon goût. Il occupe les étages 30 à 46 de l'immeuble qui abrite également le prestigieux magasin Bloomingdale's.

InterContinental Hotel $$$$
505 N. Michigan Ave., 312-944-4100 ou 800-628-2112, www.icchicagohotel.com

Si l'InterContinental Hotel semble posséder deux personnalités, ce n'est pas par hasard. Il s'agit en fait de deux établissements mitoyens que l'on a jumelés : le vieil hôtel Continental, à l'origine le Medinah Athletic Club (1929), au sud, avec son hall aux dimensions réduites mais richement orné, et l'ancien hôtel Forum, au nord, avec son grand hall moderne devenu aujourd'hui le principal lieu d'accueil de l'hôtel. Ce hall a d'ailleurs été entièrement restauré il y a quelques années et prend la forme d'une vaste rotonde à laquelle une entrée monumentale donne accès. Situé au pied du Magnificent Mile, à quelques pas seulement de la Chicago River, ce grand établissement de luxe compte 790 chambres et suites. Pendant votre séjour, une visite de la piscine intérieure est un *must* absolu. Superbement décorée à la mode des années 1940, avec sa «Fontaine de Neptune» en terre cuite, elle vaut pratiquement à elle seule le prix à débourser pour une chambre! On raconte que le nageur olympique Johnny Weismuller, devenu plus tard le héros de cinéma Tarzan, s'y entraînait à l'époque. Les chambres, spacieuses, surprennent par la finesse de leur décoration, avec leurs beaux meubles de bois foncé, leurs lampes sculpturales, leur moquette récente et leur papier peint doré. L'InterContinental dispose de plus d'un bon restaurant, le Michael Jordan's Steak House (voir p. 230), et d'un fort agréable bar à vin baptisé **Eno** (voir p. 269).

Omni Chicago Hotel $$$$
676 N. Michigan Ave., 312-944-6664 ou 888-444-6664, www.omnihotels.com
Ne vous laissez pas effrayer par l'entrée peu accueillante, au rez-de-chaussée, de l'Omni Chicago Hotel. En effet, elle n'a rien à voir avec l'élégance, voire la splendeur de ses 347 suites d'affaires de deux pièces chacune. C'est que cet hôtel n'occupe en fait que les étages 5 à 25 d'un édifice qui en compte 40. Il est tout désigné pour les gens d'affaires. Ainsi, les suites sont toutes équipées d'un grand bureau et d'un accès rapide à Internet sans fil. Le **676 Restaurant & Bar** (voir p. 227), qui surplombe le Magnificent Mile, est pour sa part à signaler.

Park Hyatt Chicago $$$$
800 N. Michigan Ave., 312-335-1234, www.parkhyattchicago.hyatt.com
En apercevant l'immense tour qui abrite le Park Hyatt Chicago, on a le sentiment que l'on aura affaire à l'un de ces hôtels gigantesques et impersonnels. Il n'en est rien toutefois, puisque l'établissement ne compte que 202 chambres de grande élégance et n'occupe que quelques-uns des 67 étages que compte cet immeuble postmoderne donnant sur le Water Tower Square. Il s'agit donc plutôt d'un hôtel-boutique qui se veut le vaisseau amiral de la bannière Park Hyatt, la plus chic des chaînes chapeautées par la multinationale basée à Chicago. Attention : prenez note que l'entrée donnant sur le square est celle des appartements privés; pour accéder à l'hôtel, il faut plutôt se présenter du côté de Chicago Street. Les splendides chambres au décor contemporain sont munies de téléviseurs à écran plat, dont un se trouve dans la salle de bain. Certaines ont une paroi coulissante qui permet d'ouvrir la salle de bain sur la chambre. Quelques-unes, les plus chères, ont même un balcon donnant sur la Water Tower Place. Cet hôtel de charme compte de plus une petite salle d'exercices bien équipée et une agréable piscine intérieure. Et il ne faut surtout pas manquer la splendide vue sur la Water Tower que permet la grande verrière inclinée du restaurant **NoMI Kitchen** (voir p. 230), situé au septième étage. Fabuleux!

Ritz-Carlton Chicago $$$$
160 E. Pearson St., 312-266-1000, www.fourseasons.com
Il faut gravir 12 étages (n'ayez crainte, il y a un ascenseur...) pour atteindre la réception de l'ultrachic Ritz-Carlton Chicago. Celui-ci semble d'ailleurs mettre tout en œuvre pour se faire oublier, caché dans l'ombre de la massive Water Tower Place, aux boutiques de laquelle il donne d'autre part directement accès. Mais cette impression s'envole bien vite à la vue de tout le luxe dont se pare son intérieur. Ainsi, une magnifique fontaine trône au centre de l'étage de la réception, autour de laquelle se trouvent restaurants et bars décorés d'une orgie de riches lustres, tableaux, tentures et tapis. L'élégance du hall se propage aussi jusque dans les 435 chambres, avec leurs beaux meubles d'acajou et leurs murs recouverts de papiers peints à jolis motifs floraux. Pour plusieurs,

il s'agit toujours du meilleur hôtel de la ville, un classique!

The Peninsula Chicago $$$$
108 E. Superior St., 312-337-2888, www.peninsula.com

Le Peninsula est un hôtel de grand standing dont l'ouverture remonte à 2001. Ses 340 chambres et suites occupent les niveaux supérieurs de l'édifice où logent les boutiques Polo Ralph Lauren, Victoria's Secret, Tiffany & Company et Banana Republic, non loin de la Water Tower. Près de la réception, l'immense restaurant au haut plafond, The Lobby, annonce la grandeur de l'établissement. On peut y manger à toute heure du jour ou simplement y prendre un verre, alors que des musiciens égaient souvent l'atmosphère. Les chambres, très luxueuses, présentent une décoration classique agrémentée d'éléments asiatiques rappelant les origines de la mini-chaîne (une dizaine d'établissements dans le monde) à laquelle appartient l'hôtel, et dont le siège est à Hong Kong. L'établissement possède en outre un spectaculaire et très complet spa, aménagé sur deux niveaux au sommet de l'hôtel. Ce centre de remise en forme inclut une vaste salle d'entraînement, un sauna et une splendide piscine de 25 m. On peut de plus s'y faire dorloter: massages, manucure, pédicure… L'ensemble donne aussi accès à une jolie terrasse.

Westin Michigan Avenue Chicago $$$$
909 N. Michigan Ave., 312-943-7200, www.starwoodhotels.com/westin

Le Westin Michigan Avenue Chicago abrite un hall longiligne agrémenté d'un café, d'un bar et d'un restaurant. Aux deux extrémités, de grands escaliers conduisent à la mezzanine. L'hôtel a récemment fait l'objet d'une rénovation complète. Chacune des 751 chambres, toutes confortables et de bonnes dimensions, est équipée d'un minibar. Certaines (*Westin's Guest Offices*) ont des caractéristiques qui plairont aux gens d'affaires: bureau avec fauteuil ergonomique, imprimante laser, télécopieur, photocopieur, etc.

Le River North

Voir carte p. 210.

Vous trouverez ici des adresses d'établissements situés dans la partie nord du centre-ville, soit au nord de la Chicago River, et à l'ouest du Magnificent Mile (voir section précédente).

Howard Johnson Inn Downtown Chicago $$
720 N. LaSalle St., 312-664-8100 ou 800-221-5801, www.hojo.com

Le Howard Johnson Inn est en fait un motel à l'ancienne. Le bâtiment de deux étages ceinture comme il se doit le stationnement, gratuit pour les clients, une denrée rare au centre-ville de Chicago. L'établissement est bien tenu, à défaut d'avoir un réel charme, et les chambres sont propres. Cafetière dans chaque chambre.

Ohio House Motel $$
600 N. LaSalle St., 312-943-6000 ou 866-601-6446, www.ohiohousemotel.com

L'Ohio House Motel est un véritable motel perdu au centre-ville, avec stationnement (gratuit!) devant ses 50 chambres… Il est économique et bien situé, mais il ne faut pas regarder à la qualité de l'accueil ou à la décoration (inexistante!).

Best Western Plus River North Hotel $$-$$$
125 W. Ohio St., 312-467-0800 ou 800-727-0800, www.bestwestern.com

Le Best Western Plus River North Hotel propose, comme la plupart des autres établissements de cette chaîne internationale, des chambres spacieuses et confortables (150 dans ce cas-ci). Contrairement toutefois à celles de ses nombreux «frères bestwesterniens», elles sont de plus auréolées d'un charme certain. Très propre malgré un aspect extérieur pour le moins terne. Stationnement gratuit.

Courtyard Chicago Downtown/River North $$-$$$
30 E. Hubbard St., 312-329-2500, www.courtyard.com

Dès votre arrivée, vous serez ici littéralement escorté jusqu'à la réception. Au rez-de-chaussée, vous noterez la présence d'un café et d'un restaurant sans prétention, idéal pour le petit déjeuner. Ouvert en 1992, cet hôtel propose 334 chambres de bonnes dimensions garnies de meubles de bois foncé. Situation intéressante dans un secteur où poussent les bons restaurants, non loin du Magnificent Mile, d'Ontario Street, etc.

Amalfi Hotel Chicago $$$ ☕
20 W. Kinzie St., 312-395-9000,
www.amalfihotelchicago.com

L'Amalfi s'impose par son allure à la fois jeune et chaleureuse que l'on perçoit dès le hall, habillé de couleurs gaies. L'enregistrement se fait ici de manière personnalisée à un bureau individuel plutôt qu'à un grand comptoir. Quant aux 215 chambres que compte l'établissement, elles présentent toutes un look moderne que viennent réchauffer de jolies couleurs. Elles s'avèrent confortables et agréablement baignées de lumière naturelle. On y trouve de plus, entre autres gadgets, des lecteurs CD et DVD. À noter qu'il n'y a pas de restaurant dans l'hôtel, et ce, même si le petit déjeuner est servi sur chaque étage au petit matin. Il y en a toutefois plusieurs dans les environs, dont le célèbre **Harry Caray's** (voir p. 231), tout près, duquel relève d'ailleurs le service aux chambres de l'Amalfi Hotel. Cocktails et hors-d'œuvre italiens sont offerts gracieusement aux résidents de l'hôtel chaque soir au Ravello Lounge.

Embassy Suites Hotel $$$ ☕
600 N. State St., 312-943-3800,
www.embassysuiteschicago.com

À l'Embassy Suites Hotel, on dénombre quelque 367 appartements disponibles pour courts ou longs séjours. Chacun comprend deux pièces, soit une chambre et un séjour comprenant un divan-lit. Le hall, qui s'étend derrière une jolie fontaine, prend la forme d'un gigantesque atrium sur lequel donnent les 11 étages de l'établissement. Minibar, four à micro-ondes et cafetière dans chacune des suites.

Homewood Suites $$$ ☕
40 E. Grand Ave., 312-644-2222,
www.homewoodsuiteschicago.com

Les Homewood Suites comptent 233 suites de deux pièces chacune, comprenant une chambre ainsi qu'un séjour doublé d'une cuisine entièrement équipée. Chaque appartement, sobrement décoré et meublé, est en outre muni d'un four à micro-ondes et de deux téléviseurs. Une piscine avec belle vue sur les gratte-ciel des environs et un

centre de conditionnement physique complètent les installations. Le prix inclut le petit déjeuner buffet matinal et un dîner léger (sandwichs avec bière et vin) du lundi au jeudi soir. Personnel particulièrement avenant. Un bon choix pour ceux qui voyagent en famille.

Hotel Cass – A Holiday Inn Express $$$ ☕
640 N. Wabash Ave., 312-787-4030 ou 800-799-4030,
www.hotelcass.com

Autrefois l'une des meilleures aubaines en ville, l'Hotel Cass a été repris il y a quelques années par la chaîne Holiday Inn Express, qui y a mené une importante rénovation. Ainsi, le hall est désormais plus chic, alors que les 175 chambres ont rajeuni et les prix... augmenté.

Dana Hotel and Spa $$$
660 N. State St., 312-202-6000 ou 888-301-3262,
www.danahotelandspa.com

Cet hôtel-boutique a été inauguré en 2008. Il propose un décor design qui joue sur les textures et les matières brutes : bois nu, pierres, et même plafonds et colonnes en béton. Ses 216 chambres modernes sont munies, entre autres équipements électroniques, d'écrans plats grand format et de lecteurs MP3. Mais ce sont leurs grandes fenêtres panoramiques, qui vont du plancher jusqu'au plafond, qui attirent le plus l'attention. Le Vertigo Sky Lounge, le bar de l'hôtel perché au 26e étage, mérite une visite à la fois pour son décor moderne, la vue qu'on y a sur la ville et la faune branchée qui l'a adopté.

Hilton Garden Inn Chicago Downtown/ Magnificent Mile $$$
10 E. Grand Ave., 312-595-0000,
www.hiltongardenchicago.com

Les quelque 350 chambres du Hilton Garden Inn sont aménagées sur une dizaine d'étages d'un immeuble qui en compte 23. Le hall s'avère agréable avec ses teintes jeunes et joyeuses. Malheureusement, bien qu'elles aient de bonnes dimensions, les chambres s'avèrent des plus sobres. Leur décoration est en effet plutôt minimaliste, mais elles demeurent néanmoins confortables. Les gens d'affaires apprécieront la table de travail et le fauteuil ergonomique qu'on y trouve, de même que l'accès gratuit à Internet haute vitesse.

Holiday Inn Chicago Mart Plaza $$$
350 W. Mart Center Dr., 312-836-5000 ou 877-660-8550, www.martplaza.com

Le Holiday Inn Chicago Mart Plaza est situé dans un secteur peu intéressant du centre-ville. Par conséquent, il conviendra presque exclusivement aux voyageurs ayant des affaires à mener au Merchandise Mart, tout près. La réception se trouve au 15ᵉ étage, les niveaux inférieurs logeant les bureaux du *Chicago Sun-Times*. Elle prend la forme d'un vaste atrium autour duquel se trouvent les 521 chambres. Choisissez une chambre donnant sur la face sud: vous goûterez au spectacle de la Chicago River, qui dessine un *Y* à cette hauteur et qui se reflète sur la silhouette courbée du 333 Wacker Drive Building, juste en face. Les chambres sont quant à elles assez grandes. Elles sont garnies de meubles pâles un peu quelconques, mais la moquette et les fauteuils bleus les rendent néanmoins agréables.

Hotel Felix Chicago $$$
111 W. Huron St., 312-447-3440 ou 877-848-4040, www.hotelfelixchicago.com

Inauguré au printemps 2009, cet hôtel-boutique se veut environnementalement responsable (douches écoénergétiques, carpettes faites de matières recyclées, stationnement gratuit offert aux clients conduisant une voiture hybride), ce qui lui a valu de devenir le premier établissement hôtelier de la ville à obtenir une accréditation LEED Argent. Bien qu'il intègre la façade d'un bâtiment datant des années 1920, le Felix a un cachet résolument moderne. Son décor pourrait en fait même paraître un peu froid aux yeux de certains, avec ses gris, ses blancs et ses bleus. Les 225 chambres, tout comme la salle d'exercices, d'ailleurs, s'avèrent un peu exiguës, mais design et high-tech (accès à Internet haute vitesse, télévision haute définition).

The James Chicago $$$
55 E. Ontario St., 312-337-1000 ou 888-526-3778, www.jameshotel.com

Inauguré au printemps 2006, The James a succédé à l'ancien Lennox Suites. Se trouvent dans cette nouvelle incarnation quelque 300 chambres au design moderne et très épuré. Chacune est équipée d'innombrables gadgets à la fine pointe de la technologie: téléviseur à écran plat, accès à Internet sans fil, chaîne stéréo avec prise iPod/MP3. L'établissement compte aussi un splendide spa.

Hampton Inn & Suites Chicago Downtown $$$-$$$$
33 W. Illinois St., 312-832-0330, www.hamptoninn.com

Le Hampton Inn & Suites abrite un joli hall orné de boiseries foncées, un peu à la manière de Frank Lloyd Wright. L'établissement propose des chambres régulières, des suites de deux pièces et des studios (230 unités au total). Ces derniers comprennent une cuisinette entièrement équipée.

Hotel Palomar Chicago $$$-$$$$
505 N. State St., 312-755-9703 ou 877-731-0505, www.hotelpalomar-chicago.com

Cet hôtel-boutique de grand luxe de 261 chambres a la particularité de mettre l'art de l'avant, tant dans ses aires communes que dans ses chambres mêmes. Au 17ᵉ étage se trouvent une piscine intérieure, un centre de conditionnement physique et une terrasse extérieure adjacente. Vin servi gracieusement en soirée. Animaux de compagnie acceptés. Le restaurant **Sable Kitchen & Bar** (voir p. 233) est également à signaler.

Hotel Sax Chicago $$$-$$$$
333 N. Dearborn St., 312-245-0333 ou 877-569-3742, www.hotelsaxchicago.com

En 2007, le Sax Chicago a pris la place du House of Blues Hotel au pied de la tour ouest du complexe de Marina City. Une importante rénovation a alors complètement transformé l'établissement. Chacune des 353 chambres de l'hôtel présente un élégant décor. À noter qu'il faut payer un supplément pour avoir accès au Crunch Fitness Center, qui fait ici office de centre de conditionnement physique. Excellente localisation à deux pas de très bons restaurants (Bin 36, Smith & Wollensky et autres) et du fameux **House of Blues** (voir p. 270). Qui plus est, l'hôtel abrite sa propre boîte de nuit: le **Crimson Lounge** (voir p. 270).

Sofitel Chicago Water Tower $$$-$$$$
20 E. Chestnut St., 312-324-4000, www.sofitel-chicago-watertower.com

L'érection de cet hôtel en 2002 a créé une sorte d'événement grâce à la qualité remarquable de son architecture, signée Jean-Paul

Viguier, et de son design intérieur, œuvre de Pierre-Yves Rochon. Le hall, subtilement éclairé en soirée, donne une bonne idée de ce que réserve l'établissement : bon goût, modernisme et raffinement. Sur la gauche, le Café des Architectes se veut un hommage à la grande tradition de la ville en matière d'architecture. À droite du hall, Le Bar est rapidement devenu un lieu de rencontre apprécié. L'hôtel compte 415 chambres baignées de lumière naturelle. Chacune présente une décoration remarquable dominée par le bois blond et les teintes beiges et rousses. Des œuvres d'art (peintures, photographies) ainsi que des plantes et des fleurs ajoutent de la chaleur à l'ensemble. On sent qu'une attention a été portée aux moindres détails dans la conception du décor. Ainsi, on remarque que certaines lampes reprennent la forme singulière de l'immeuble. La plus grande partie du mobilier a été conçue expressément pour l'hôtel, sauf quelques éléments tels que les fauteuils Barcelone des suites, créés en son temps par Mies van der Rohe. Les salles de bain, sans être immenses, sont bien conçues et ont du chic avec leur plancher de marbre et leurs baignoire et douche séparées. Le lit est quant à lui habillé de moelleuses couettes dont on a du mal à s'extirper le matin venu. Les gens d'affaires trouveront un grand bureau dans chaque chambre et un accès à Internet haute vitesse.

The Talbott Hotel $$$$
20 E. Delaware Pl., 312-944-4970 ou 800-825-2688, www.talbotthotel.com

Le Talbott Hotel, un ancien immeuble résidentiel datant de 1927, compte aujourd'hui 149 chambres et suites à quelques pas du Magnificent Mile. Son petit hall, très chaleureux, est orné de boiseries. Sur la gauche, un salon avec foyer reçoit les clients, entre autres pour le petit déjeuner. Sur la droite se trouve un autre salon confortable, lui aussi agrémenté d'un foyer. Puis, un petit bar se cache tout au fond. Les chambres sont pour leur part réparties sur les 16 étages de l'immeuble. Elles s'avèrent jolies, bien qu'un tantinet austères avec leurs têtes de lit et leurs meubles foncés. À noter qu'il n'y a pas de salle d'exercices dans l'hôtel même, mais que les clients de l'établissement ont droit à un accès gratuit à l'**Equinox Fitness Club** *(900 N. Michigan Ave.)*, avec piscine et spa.

Trump International Hotel and Tower $$$$
401 N. Wabash Ave., 312-588-8000 ou 877-458-7867, www.trumpchicagohotel.com

La flamboyante tour argentée élevée en 2009 aux abords de la Chicago River par le non moins flamboyant Donald Trump domine désormais le paysage de cette portion de la ville. Haut de 409 m, ce qui en fait le deuxième gratte-ciel le plus élevé de Chicago, le Trump International Hotel and Tower abrite à la fois un établissement hôtelier de prestige et de nombreux appartements privés luxueux. Le hall d'entrée est d'ailleurs séparé en deux : sur la droite se trouve l'accès à la partie résidentielle du complexe, et sur la gauche celui de l'hôtel, qui compte 339 chambres et suites de une, deux ou trois chambres à coucher avec cuisine complète. Toutes les unités sont sobres mais lumineuses grâce à leurs immenses fenêtres qui s'étendent du plancher au plafond. Parmi celles-ci, on dénote une cinquantaine de *spa rooms*, soit des chambres attenantes à l'impressionnant spa de l'établissement. Il ne faut pas manquer d'aller faire un tour au restaurant **Sixteen** (voir p. 234), situé au 16ᵉ étage, quitte à n'y prendre qu'un verre au bar attenant. La vue depuis le restaurant, ou mieux encore depuis sa terrasse, est simplement magique. Celle-ci permet entre autres un coup d'œil exceptionnel sur le Wrigley Building, tout proche. On a également une très belle vue panoramique de la ville depuis le centre de conditionnement physique.

Waldorf Astoria Chicago $$$$
11 E. Walton St., 312-646-1300 ou 800-925-3673, www.waldorfastoria.com

Connu depuis son ouverture en 2009 sous le nom d'Elysian Hotel, cet établissement a adopté la prestigieuse bannière Waldorf Astoria en février 2012. Le hall blanc, orné de grandes statues, annonce le luxe de ses spacieuses chambres, dont certaines même équipées d'un foyer ou prolongées d'un balcon. Dessiné par l'architecte Lucien Lagrange, l'immeuble abrite 188 chambres d'hôtel et 52 appartements privés. L'établissement compte aussi deux restaurants et un élégant spa.

Westin Chicago River North $$$$
320 N. Dearborn St., 312-744-1900 ou
800-937-8461, www.westinchicago.com

À n'en pas douter, c'est le Westin Chicago River North, anciennement l'hôtel Nikko Chicago qui appartenait à des intérêts japonais, qui présente le plus beau hall en ville. Le mobilier, les revêtements de sol, les murs recouverts de panneaux de bois exotique et divers autres éléments décoratifs y marient la subtilité et le raffinement asiatiques à l'audace du modernisme d'avant-garde. Puis, grâce à de grandes verrières, le hall s'ouvre sur un splendide jardin japonais avec rocailles et sur la Chicago River. Magnifique! La même finesse marque d'ailleurs la décoration des quelque 400 chambres de l'établissement.

Streeterville et Navy Pier

Voir carte p. 211.

Fairfield Inn & Suites Chicago Downtown $$$ 🍴
216 E. Ontario St., 312-787-3777,
www.fairfieldsuiteschicago.com

Le Fairfield Inn & Suites Chicago Downtown, dont l'ouverture remonte à 2001, arbore une jolie façade de briques avec rangées d'oriels (*bay windows*). Derrière celle-ci se cache toutefois un hall moderne aux lignes fluides et quelque peu froides. Les 185 chambres et suites de l'établissement sont réparties sur 15 étages. Elles sont toutes de bonnes dimensions et bien équipées.

DoubleTree by Hilton Hotel Chicago Magnificent Mile $$$
300 E. Ohio St., 312-787-6100,
www.doubletreemagmile.com

Autrefois connu sous le nom de Chicago City Center Hotel & Sports Center, le DoubleTree by Hilton Hotel Chicago Magnificent Mile propose, depuis sa rénovation complète réalisée en 2009, des chambres pimpantes joliment habillées de bourgogne et de noir. Plusieurs offrent de belles vues sur les gratte-ciel de la ville. Le hall a aussi été complètement retapé et modernisé. On y remarque entre autres un attrayant bar, bien en vue. À noter que la piscine de l'hôtel est située à l'extérieur, au cinquième étage.

Sheraton Chicago Hotel & Towers $$$
301 E. North Water St., 312-464-1000 ou
877-242-2558, www.sheratonchicago.com

Le Sheraton Chicago Hotel & Towers s'élève gracieusement tel un phare, à la fois au bord de la Chicago River, sur sa rive nord, et non loin du lac Michigan. Compte tenu de son site spectaculaire et de son niveau de confort, et toute chose étant relative, on peut dire que les moins chères de ses 1 200 chambres représentent une sorte d'aubaine. L'établissement compte pas moins de quatre restaurants et bars. Les chambres, grandes et confortables, sont garnies de jolis meubles de bois auxquels s'harmonisent habilement les tentures, moquettes et couvre-pieds aux teintes de terre du plus bel effet.

W Chicago Lakeshore $$$
644 N. Lake Shore Dr., 312-943-9200,
www.whotels.com

C'est en 2001 que l'ex-Days Inn Lakeshore Drive est devenu le chic W Chicago Lakeshore. L'immeuble a alors fait l'objet d'une rénovation complète afin que se matérialise cette transformation. Le résultat est remarquable, et le W est maintenant considéré comme l'un des hôtels en vogue de la Ville des Vents. Ses quelque 520 chambres sont magnifiques avec leur décor moderne agrémenté de lambris et de meubles de bois foncé. Demandez-en une donnant sur l'est (pour quelques dollars de plus…) afin de jouir de la belle vue sur le lac Michigan et sur Navy Pier. Le bar Whiskey Sky, situé au sommet de l'hôtel, permet aussi de contempler le panorama.

Embassy Suites Chicago Downtown Lakefront $$$-$$$$ 🍴
511 N. Columbus Dr., 312-836-5900 ou
888-903-8884, www.chicagoembassy.com

Faisant partie d'un vaste complexe inauguré en 2001 et comprenant une tour résidentielle, des salles de cinéma (AMC Theatres) et divers commerces, les Embassy Suites comptent 456 appartements très confortables. Chacun se compose d'une chambre, d'un séjour avec divan-lit et d'une cuisinette équipée d'un réfrigérateur, d'un four à micro-ondes et d'une cafetière. En 2008, une rénovation des lieux a permis de rafraîchir les suites, en plus d'améliorer le centre de conditionnement physique. À noter que le petit déjeuner, le matin, ainsi qu'une petite réception, en début de soirée, sont offerts gracieusement aux occupants dans le hall, au cinquième étage, qui prend la forme d'un vaste atrium sur lequel donne chacun des appartements des niveaux supérieurs.

La Gold Coast

Voir carte p. 212.

Gold Coast Guest House $$-$$$ ☞
113 W. Elm St., 312-337-0361, www.bbchicago.com

La Gold Coast Guest House est en fait un sympathique *bed and breakfast* (gîte touristique) de quatre chambres, aménagé dans une jolie maison victorienne mitoyenne construite en 1873. Chacune des chambres, décorées sobrement mais avec goût, possède sa propre salle de bain. À l'arrière, une large baie vitrée haute de deux étages permet de jeter un coup d'œil sur le très beau jardin. Une adresse à retenir pour la chaleur de l'accueil et la localisation avantageuse non loin des restaurants et boîtes de nuit du secteur de Rush Street. La propriétaire des lieux ne manque d'ailleurs pas une occasion de faire profiter à ses clients de rabais et avantages de toutes sortes dans les restos, boutiques et attractions des environs. Possibilité de location à moyen ou long terme dans un immeuble d'appartements situé tout près.

Hotel Indigo $$$-$$$$
1244 N. Dearborn Pkwy., 312-787-4980 ou 866-521-6950, www.goldcoastchicagohotel.com

Anciennement connu sous le nom de Claridge Hotel, cet établissement jouit d'une localisation exceptionnelle, près à la fois de la vie nocturne du secteur de Rush Street et des boutiques de Michigan Avenue. Mais bien qu'il soit situé à deux pas des boîtes de nuit et des restaurants à la mode, l'Hotel Indigo s'élève dans un beau quartier résidentiel, sur un tronçon tranquille et bordé d'arbres de Dearborn Parkway. Dès votre entrée dans le hall, vous serez frappé par la fraîcheur de la décoration, gaie et originale. Sur les étages, d'étroits corridors conduisent aux 165 chambres de dimensions modestes, entièrement rénovées et redécorées dans le même esprit. Ainsi, des couleurs vives et éclatantes où domine bien sûr le bleu, des planchers de bois, des meubles blancs et des accessoires au design original, comme la cafetière, les rendent rien de moins qu'irrésistibles.

PUBLIC Chicago $$$$
1301 N. State Pkwy., 312-787-3700 ou 888-506-3471, www.publichotels.com

Après une rénovation d'envergure terminée en 2011, le vénérable et légendaire Ambassador East est devenu le PUBLIC Chicago. L'établissement présente aujourd'hui un décor moderne et relativement épuré si l'on le compare au classicisme qui avait cours en ces lieux auparavant. Ses 285 chambres de luxe arborent une allure contemporaine où dominent le blanc, le crème et les couleurs terre. Au rez-de-chaussée, il y a bien un restaurant dénommé **The Pump Room** (voir p. 242) comme jadis, mais, bien qu'intéressant, il n'a plus de son ancêtre que le nom tellement on lui a donné un look résolument contemporain.

Les quartiers de Lincoln Park, Lakeview et Wrigleyville

Voir carte p. 213.

Chicago Getaway Hostel $ ☞
616 W. Arlington Pl., 773-929-5380, www.getawayhostel.com

À quelques minutes à pied du Lincoln Park, vous trouverez l'auberge de jeunesse nommée Chicago Getaway Hostel. Ouverte toute l'année, elle propose des chambres privées et semi-privées, de même que des dortoirs équipés d'au plus 7 lits (126 lits au total).

Days Inn Lincoln Park North $$ ☞
644 W. Diversey Pkwy., 773-525-7010, www.lpndaysinn.com

Cet hôtel situé à quelques rues du Lincoln Park compte environ 130 chambres réparties dans un immeuble de quatre étages construit en 1918. Bien que sans artifice, ses chambres s'avèrent toutefois propres et à prix abordables. À noter qu'il n'y a pas de salle d'exercices dans l'hôtel même, mais que les clients ont accès gratuitement au Bally's Health Club, un centre d'entraînement complet situé tout près, qui comprend entre autres installations une piscine et un sauna.

Best Western Plus Hawthorne Terrace $$$ ✆

3434 N. Broadway, 773-244-3434 ou 888-860-3400, www.hawthorneterrace.com

Le Best Western Plus Hawthorne Terrace est un hôtel de charme de moins de 60 chambres, arborant une jolie façade de briques percée de fenêtres à carreaux et à volets. Le hall, décoré à l'ancienne, présente une allure chaleureuse. Les chambres se révèlent quant à elles un peu exiguës. Elles sont toutefois élégantes et ont un cachet indéniable. La plupart sont équipées d'un four à micro-ondes et d'un réfrigérateur. Les amateurs de baseball noteront que l'hôtel se trouve non loin du vénérable Wrigley Field, demeure des Cubs de Chicago.

City Suites Hotel $$$ ✆

933 W. Belmont Ave., 888-673-5886, www.chicagocitysuites.com

L'emplacement du City Suites Hotel, dans la vivante rue Belmont, tout juste à côté du train surélevé, en fait un lieu tout indiqué pour ceux qui aiment l'action et que le bruit n'impressionne guère. Ses 45 chambres aux accents Art déco sont toutefois confortables et vastes, alors que ses tarifs s'avèrent difficiles à concurrencer. Ouvert dans les années 1920, cet établissement était, dans le bon vieux temps, connu pour recevoir de nombreux gangsters, époque bien sûr révolue. Cet hôtel fait partie du même groupe que le Willows Hotel et le Majestic Hotel.

Majestic Hotel $$$ ✆

528 W. Brompton Pl., 855-778-2710, www.majestic-chicago.com

Les mêmes propriétaires que le City Suites Hotel et le Willows Hotel, qui semblent détenir l'exclusivité en matière d'hébergement dans le secteur, gèrent également le Majestic Hotel. Celui-ci, avec son foyer dans le hall et ses 52 chambres intimes et douillettes, est le plus romantique du groupe. Établi non loin du lac Michigan, le Majestic présente en fait un style qui rappelle celui d'une petite auberge anglaise à la Dickens.

Willows Hotel $$$ ✆

555 W. Surf St., 888-779-1904, www.willowshotelchicago.com

Situé à l'écart, dans une jolie rue bordée d'arbres, le Willows Hotel, anciennement connu sous le nom de Surf Hotel, représente une agréable option. Avec ses 55 chambres claires, gentiment meublées et décorées, le Willows possède un charme certain. Déjà, le hall séduit grâce à son grand foyer, à ses peintures et rideaux d'époque et à ses colonnes. Bien qu'il soit éloigné du centre-ville, le Willows Hotel présente tout de même l'avantage de ne se trouver qu'à quelques minutes du Lincoln Park, de la vie nocturne de Halsted Street et du Wrigley Field. À noter que cet hôtel appartient au même groupe que le City Suites Hotel et le Majestic Hotel, décrits précédemment.

Hotel Lincoln $$$

1816 N. Clark St., 312-254-4700, www.jdvhotels.com

L'Hotel Lincoln a ouvert ses portes en mars 2012 dans un immeuble historique de 12 étages faisant face au Lincoln Park. Il s'agit en fait de la renaissance d'un ancien établissement où, dit-on, le dramaturge David Mamet avait ses habitudes. Il abrite 184 chambres habillées de couleurs joyeuses. Dans son petit hall, on remarque le sympathique Elaine's Coffee Shop.

The Belden-Stratford Hotel $$$

2300 N. Lincoln Park West, 773-281-2900 ou 877-647-8105, www.beldenstratford.com

Le Belden-Stratford est niché dans un splendide bâtiment historique érigé en 1922, face au Lincoln Park. Dès votre entrée dans le hall, vous serez séduit par sa riche décoration d'époque, son escalier monumental, son grand lustre et la fresque en trompe-l'œil qui orne son plafond. S'y trouvent une soixantaine d'appartements avec cuisine équipée, pour courts ou longs séjours. Ces unités, garnies de meubles anciens, vont du studio à l'appartement de deux chambres à coucher. Le fait que l'excellent restaurant **Mon Ami Gabi** (voir p. 245) se retrouve dans le même immeuble est à noter. De plus, l'établissement est situé à deux pas du **Lincoln Park Zoo** (voir p. 155).

Hyde Park et le South Side

Voir carte p. 214.

International House of Chicago $-$$
1414 E. 59th St., 773-753-2270,
http://ihouse.uchicago.edu

Partie intégrante du splendide campus de l'University of Chicago, dans Hyde Park, l'International House of Chicago offre un cadre tout à fait magnifique. Cette remarquable résidence, ouverte aux voyageurs toute l'année, compte pas moins de 508 chambres privées. Pas d'hébergement en dortoir dans cette résidence étudiante qui a été complètement restaurée au cours des dernières années.

Wicker Park et Bucktown

Voir carte p. 215.

House of Two Urns Bed and Breakfast
$$-$$$ 🐾 *pour les chambres*
$$$-$$$$ *pour les appartements*
1239 N. Greenview Ave., 773-235-1408,
www.twourns.us

Situé dans le grouillant secteur de Wicker Park, ce *bed and breakfast* propose quatre chambres de dimensions variables et quelques appartements répartis dans deux maisons qui se font face. Il est à noter que les occupants des chambres doivent, la plupart du temps, partager la salle de bain avec ceux d'une autre chambre. Quant aux appartements complets, ils comptent trois ou quatre chambres à coucher *(250$ à 550$ par nuitée)*. Petite terrasse sur le toit.

Ray's Bucktown B&B Chicago $$-$$$ 🐾
2144 N. Leavitt, 773-384-3245 ou 800-355-2324,
www.raysbucktownbandb.com

Ce *bed and breakfast* propose 11 chambres aménagées dans une grande maison au toit pentu et son annexe. Elles possèdent pour la plupart des dimensions modestes, mais elles sont toutes équipées d'une salle de bain privée. Le petit déjeuner servi ici s'avère fort copieux. Fait inusité pour ce type d'établissement, s'y trouve un sauna. Stationnement gratuit.

Wicker Park Inn $$-$$$ 🐾
1329 N. Wicker Park Ave., 773-645-9827,
www.wickerparkinn.com

Ce *bed and breakfast* est installé dans une jolie maison de ville en brique de deux étages dont la construction remonte à 1890. On y loue cinq petites chambres avec salle de bain privée, plancher de bois franc, téléphone direct et accès à Internet. Deux appartements situés dans un autre immeuble sont également proposés. Séjour minimal de deux nuitées en semaine et de trois en week-end.

Le West Side

Voir carte p. 216.

Holiday Inn Hotel & Suites Chicago Downtown
$$$-$$$$
506 W. Harrison St., 877-660-8550,
www.holidayinn.com

Situé pas très loin à l'ouest du Loop, le Holiday Inn Hotel & Suites Chicago Downtown représente une excellente solution de rechange aux coûteux établissements avec localisation plus centrale. Il renferme 118 chambres simples, mais grandes et confortables, sans compter les 27 suites comprenant une chambre et un séjour-cuisinette, avec réfrigérateur et four à micro-ondes. Il y a de plus un centre d'entraînement, un restaurant et une agréable piscine extérieure sur le toit offrant une belle vue sur la Willis Tower.

Ailleurs à Chicago et dans les environs

Northwestern University

Hilton Orrington/Evanston $$$
1710 Orrington Ave., Evanston, 847-866-8700 ou
888-677-4648, www.hotelorrington.com

Le Hilton Orrington constitue l'établissement de prestige de la ville d'Evanston, où se trouve le campus de la renommée Northwestern University. Au rez-de-chaussée se trouvent un café ainsi qu'un bar rempli de confortables fauteuils. Les chambres, malgré leur petite salle de bain, sont agréables grâce aux couleurs joyeuses de leur décoration qui inclut de grands miroirs aux formes extravagantes. Chacune est équipée d'un grand bureau, d'un minibar et d'une cafetière.

Les environs de l'aéroport O'Hare

Chicago Marriott O'Hare $$-$$$
8535 W. Higgins Rd., 773-693-4444, www.marriott.com

Deux tours de béton forment le Chicago Marriott O'Hare. Cet hôtel confortable de plus de 600 chambres a la particularité d'abriter plusieurs restaurants. Il y a aussi une piscine, originale car à moitié intérieure et à moitié extérieure. Navette pour l'aéroport.

Hilton Chicago O'Hare Airport $$-$$$
O'Hare International Airport, 773-686-8000, www.hilton.com

Le Hilton Chicago O'Hare Airport est le seul hôtel situé sur les terrains mêmes de l'aéroport. Ses 858 chambres sont relativement petites mais confortables et, plus important que tout, totalement insonorisées; vous n'avez donc rien à craindre de la dense circulation aérienne des environs immédiats de l'hôtel.

Hilton Rosemont/Chicago O'Hare $$$
5550 North River Rd., Rosemont, 847-678-4488, www3.hilton.com

Plusieurs considèrent le Hilton Rosemont/ Chicago O'Hare comme le meilleur hôtel des environs de l'aéroport. Son atmosphère à la française (l'établissement affichait jusqu'en 2009 la bannière de Sofitel) et son étonnante quiétude contribuent sûrement à lui conférer ce statut. Chaque chambre, lumineuse et agrémentée de fleurs, est équipée d'un minibar, d'un séchoir à cheveux, d'une planche et d'un fer à repasser.

Cartes

hébergement ▲ *restaurants* 🍴 *sorties* ♪

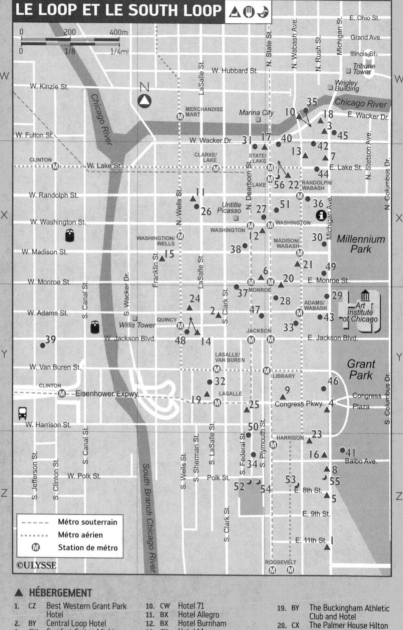

LE LOOP ET LE SOUTH LOOP

▲ HÉBERGEMENT

1.	CZ	Best Western Grant Park Hotel
2.	BY	Central Loop Hotel
3.	CW	Comfort Suites Michigan Avenue/Loop
4.	CY	Congress Plaza Hotel
5.	CZ	Essex Inn
6.	BX	Hampton Majestic Chicago Theatre District
7.	CX	Hard Rock Hotel Chicago
8.	CZ	Hilton Chicago
9.	CY	Hostelling International Chicago
10.	CW	Hotel 71
11.	BX	Hotel Allegro
12.	BX	Hotel Burnham
13.	CX	Hotel Monaco
14.	BY	JW Marriott Chicago
15.	BX	La Quinta Inn & Suites Chicago Downtown
16.	CZ	Renaissance Blackstone Chicago Hotel
17.	CX	Renaissance Chicago Downtown Hotel
18.	CW	River Hotel
19.	BY	The Buckingham Athletic Club and Hotel
20.	CX	The Palmer House Hilton
21.	CX	The Silversmith Hotel & Suites
22.	CX	theWit – A Doubletree Hotel
23.	CZ	Travelodge Hotel Downtown
24.	BY	W Chicago City Center
25.	BY	Wyndham Blake Chicago

©ULYSSE

Métro souterrain
Métro aérien
Ⓜ Station de métro

Le Loop et le South Loop *(suite)*

● RESTAURANTS

26.	BX	312 Chicago
27.	BX	Atwood Café
28.	CY	Beef and Brandy
29.	CY	Bennigan's
30.	CX	Caffè Baci
31.	BX	Catch Thirty-Five
32.	BY	Everest
33.	CY	Exchequer Restaurant & Pub
34.	BZ	Hackney's
35.	CW	Hoyt's Chicago
36.	CX	Intelligentsia Millennium Park Coffeebar
37.	BY	Italian Village/Vivere/The Village/La Cantina
38.	BX	La Trattoria No. 10
39.	AY	Lou Mitchell's

40.	CW	McCormick & Schmick's
41.	CZ	Mercat a la Planxa
42.	CX	Morton's, The Steakhouse
43.	CY	Russian Tea Time
44.	CX	South Water Kitchen
45.	CW	Sweetwater Tavern and Grille
46.	CY	The Artist's Café
47.	BY	The Berghoff
48.	BY	The Florentine
49.	CX	The Gage
50.	BZ	Trattoria Caterina
51.	CX	Walnut Room

☽ SORTIES

52.	BZ	Bar Louie
53.	CZ	Buddy Guy's Legends
54.	BZ	Jazz Showcase

55.	CZ	Kitty O'Shea's
56.	CX	ROOF on theWit

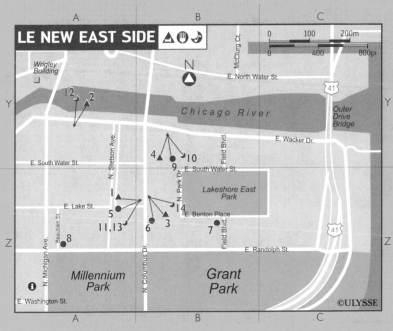

▲ HÉBERGEMENT

1.	AZ	Fairmont Chicago, Millennium Park
2.	AY	Hyatt Regency Chicago
3.	BZ	Radisson Blu Aqua Hotel Chicago
4.	BY	Swissôtel Chicago

● RESTAURANTS

5.	AZ	Aria
6.	BZ	Filini Bar and Restaurant
7.	BZ	III Forks
8.	AZ	Tavern at the Park
9.	BY	The Palm

☽ SORTIES

10.	BY	Amuse
11.	AZ	Aria
12.	AY	Big Bar
13.	AZ	Eno Wine Room
14.	BZ	Filini Bar and Restaurant

Cartes hébergement, restaurants et sorties - Le New East Side

LE GRANT PARK

A V

LAKE

RANDOLPH/
WABASH

Randolph St.

WASHINGTON

Millennium
Park

Madison St. • 2
MADISON/
WABASH

MONROE

Monroe St. 3

ADAMS/ Art Institute
WABASH of Chicago

Adams St.

JACKSON

Jackson Blvd.

Van Buren St.

LIBRARY

Congress Pkwy.

Buckingham
Fountain

Harrison St.

HARRISON

Balbo Ave.

Park

11th St.

ROOSEVELT

Roosevelt Rd.

John G. Shedd
Aquarium

Adler Planetarium
& Astronomy
Museum

14th St.

Field
Museum

Solidarity Dr.

Northerly
Island
Park

12th Street
Beach

McFetridge

Charter
One Pavilion

16th St.

New Soldier
Field

Northerly
Island

Waldon Dr.

18th St.

Grant

20th St.

Burnham Park Yacht Harbor

Cermak Rd.

McCormick Place
Convention Center

23rd St.

24th St.
24th Pl.
25th St.

0   350   700m

0   750 1500pi

26th St.

----- Métro souterrain

········ Métro aérien

Ⓜ   Station de métro

28th St.

1

Dunbar
Park

29th St.

▲ HÉBERGEMENT

30th St.

Burnham
Park

1. BZ Hyatt Regency McCormick
        Place

31st Street
Beach

● RESTAURANTS

31st St.

2. AV Park Grill
3. AV Terzo Piano

©ULYSSE

A **B**

Lac Michigan

guidesulysse.com

▲ HÉBERGEMENT

1. AX — Avenue Crowne Plaza Hotel and Suites Chicago Downtown
2. AY — Chicago Marriott Downtown Magnificent Mile
3. AY — Conrad Chicago
4. BX — Courtyard Chicago Downtown/Magnificent Mile
5. AX — Four Points by Sheraton Chicago Downtown Magnificent Mile
6. AW — Four Seasons Hotel Chicago
7. BW — Hilton Chicago/Magnificent Mile Suites
8. BX — Hyatt Chicago Magnificent Mile
9. BY — InterContinental Hotel
10. BX — MileNorth Chicago
11. BW — Millennium Knickerbocker Hotel
12. AX — Omni Chicago Hotel
13. AW — Park Hyatt Chicago
14. BW — Raffaello Hotel
15. BX — Red Roof Inn
16. BW — Residence Inn Chicago Downtown/Magnificent Mile
17. BW — Ritz-Carlton Chicago
18. AX — The Allerton Hotel Chicago
19. BV — The Drake Hotel
20. BY — The Inn of Chicago
21. AX — The Peninsula Chicago
22. AX — The Tremont Hotel
23. AW — The Whitehall Hotel
24. AW — Westin Michigan Avenue Chicago

● RESTAURANTS

25. AX — 676 Restaurant & Bar
26. AW — American Girl Café
27. AY — Bandera
28. AW — Bar Toma
29. AY — Café Nordstrom
30. BX — Caliterra
31. BX — Coco Pazzo Cafe
32. BW — Deca Restaurant and Bar
33. BX — Elephant and Castle
34. AW — Foodlife/Mity Nice Grill
35. AW — Fornetto Mei
36. AW — Ghirardelli Chocolate Shop & Soda Fountain
37. BX — Gino's East
38. AW — Grand Lux Cafe
39. AX — Lawry's
40. AY — Michael Jordan's Steak House
41. AW — Mike Ditka's Restaurant
42. AW — NoMI Kitchen
43. AW — Pierrot Gourmet
44. AW — RL Restaurant
45. AV — Spiaggia/Café Spiaggia
46. AY — The Billy Goat Tavern
47. AV — The Cape Cod Room
48. BX — The Capital Grille
49. AW — The Cheesecake Factory
50. AY — The Purple Pig
51. BW — The Saloon
52. AW — The Signature Room
53. BX — Tru

☽ SORTIES

54. BV — Coq d'Or
55. BX — C-View Lounge
56. BW — Drumbar
57. BY — Eno
58. AW — Signature Lounge
59. AY — The Billy Goat Tavern

LE MAGNIFICENT MILE

Métro souterrain

Ⓜ Station de métro

©ULYSSE

LE RIVER NORTH

Métro souterrain
Métro aérien
Station de métro

0   200   400m
0   1/8   1/4mi

Washington Square

John Hancock Center

Chicago Water Tower

Tribune Tower

Wrigley Building

Trump International Hotel & Tower

Merchandise Mart

Chicago River

CLARK/LAKE

STATE/LAKE

LAKE

©ULYSSE

Cartes hébergement, restaurants et sorties – Le River North

▲ HÉBERGEMENT

1.	CZ	Amalfi Hotel Chicago
2.	BY	Best Western Plus River North Hotel
3.	CZ	Courtyard Chicago Downtown/River North
4.	CY	Dana Hotel and Spa
5.	CY	Embassy Suites Hotel
6.	CZ	Hampton Inn & Suites Chicago Downtown
7.	CY	Hilton Garden Inn Chicago Downtown/Magnificent Mile
8.	BZ	Holiday Inn Chicago Mart Plaza
9.	CY	Homewood Suites
10.	CY	Hotel Cass – A Holiday Inn Express
11.	BY	Hotel Felix Chicago
12.	CY	Hotel Palomar Chicago
13.	CY	Hotel Sax Chicago
14.	BY	Howard Johnson Inn Downtown Chicago
15.	BY	Ohio House Motel
16.	CX	Sofitel Chicago Water Tower
17.	CY	The James Chicago
18.	CX	The Talbott Hotel
19.	CZ	Trump International Hotel and Tower
20.	CX	Waldorf Astoria Chicago
21.	BZ	Westin Chicago River North

● RESTAURANTS

22.	BZ	Bin 36
23.	CX	Bistronomic
24.	CY	Brazzaz
25.	CX	Café des Architectes
26.	BY	Café Iberico
27.	CX	Café Tempo
28.	BY	Carson's
29.	BY	Chicago Chop House
30.	BZ	Coco Pazzo
31.	BY	Cyrano's Bistrot
32.	CY	David Burke's Primehouse
33.	CY	Devon
34.	CZ	Dick's Last Resort
35.	BY	Ed Debevic's
36.	BY	Fogo de Chão
37.	BZ	Frontera Grill/Topolobampo
38.	BY	Gene & Georgetti
39.	BY	Gino's East
40.	CY	Giordano's
41.	BY	Graham Elliot
42.	CY	Grahamwich
43.	BY	GT Fish and Oyster
44.	CY	Hard Rock Cafe
45.	CZ	Harry Caray's
46.	BZ	Havana
47.	CZ	House of Blues
48.	BY	India House
49.	BY	Japonais
50.	AX	Keefer's
51.	BX	Kiki's Bistro
52.	CX	McCormick & Schmick's
53.	BY	McDonald's 50th Anniversary Restaurant
54.	BX	mk
55.	BY	Nacional 27
56.	BY	Naha
57.	CY	Osteria Via Stato
58.	CY	Pizzeria Due
59.	CY	Pizzeria Uno
60.	BY	Portillo's Hot Dogs/ Barnelli's Pasta Bowl
61.	BY	Rainforest Cafe
62.	CY	Rock Bottom/RB Grille
63.	BZ	Rockit Bar & Grill
64.	CY	Rosebud on Rush
65.	CY	Sable Kitchen & Bar
66.	AY	Scoozi!
67.	CY	Shaw's Crab House
68.	CZ	Sixteen
69.	CZ	Smith & Wollensky
70.	BY	Tavernita
71.	CY	The Big Bowl Cafe
72.	BZ	Xoco

☾ SORTIES

73.	CZ	10pin Bowling Lounge
74.	CZ	Andy's
75.	CZ	Bin 36
76.	BY	Blue Chicago
77.	BY	Clark Street Ale House
78.	BZ	Crimson Lounge
79.	CZ	Dick's Last Resort
80.	BY	Excalibur
81.	BZ	Hana Lounge
82.	BY	Hard Rock Cafe
83.	CZ	Harry Caray's
84.	BZ	House of Blues
85.	CX	Le Bar
86.	BZ	Moe's Cantina River North
87.	CY	Pops for Champagne
88.	CY	Redhead Piano Bar
89.	CY	Rock Bottom
90.	BZ	Rockit Bar and Grill
91.	CZ	Sixteen
92.	CZ	The Baton Show Lounge
93.	BY	The Kerryman
94.	BY	Underground Wonder Bar
95.	CY	Vertigo Sky Lounge

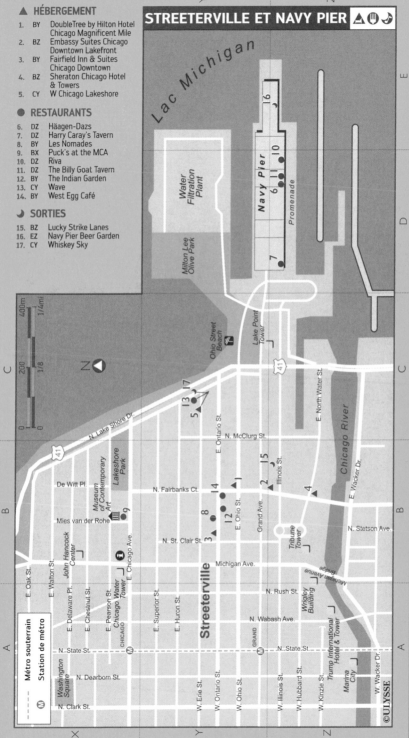

STREETERVILLE ET NAVY PIER

▲ HÉBERGEMENT

1.	BY	DoubleTree by Hilton Hotel Chicago Magnificent Mile
2.	BZ	Embassy Suites Chicago Downtown Lakefront
3.	BY	Fairfield Inn & Suites Chicago Downtown
4.	BZ	Sheraton Chicago Hotel & Towers
5.	CY	W Chicago Lakeshore

● RESTAURANTS

6.	DZ	Häagen-Dazs
7.	DZ	Harry Caray's Tavern
8.	BY	Les Nomades
9.	BX	Puck's at the MCA
10.	DZ	Riva
11.	DZ	The Billy Goat Tavern
12.	BY	The Indian Garden
13.	CY	Wave
14.	BY	West Egg Café

♩ SORTIES

15.	BZ	Lucky Strike Lanes
16.	EZ	Navy Pier Beer Garden
17.	CY	Whiskey Sky

Cartes hébergement, restaurants et sorties - Streeterville et Navy Pier

Cartes hébergement, restaurants et sorties - La Gold Coast

LA GOLD COAST

W. Willow St.
N. Clark St.
N. LaSalle Dr.
Lincoln Park
W. Eugenie St.

Métro souterrain
Métro aérien
Ⓜ Station de métro

Chicago History Museum

North Ave.
North Ave.

N. North Park St.
N. Wieland St.
N. Wells St.
N. LaSalle St.
N. Clark St.
N. Dearborn St.
N. State St.
N. Astor St.

W. Burton St.

US 41

W. Shiller St.
E. Shiller St.
Michigan St.
Lake Shore Dr.

Lac Michigan

W. Evergreen Ave.
E. Banks St.

Carl Sandburg Village

W. Goethe St.
Ritchie Ct.

W. Scott St.
E. Scott St.
N. Astor St.
Stone St.

W. Division St.
CLARK/ DIVISION
E. Division St.

US 41

W. Elm St.
E. Elm St.

E. Cedar St.

W. Maple St.
N. Clark St.
N. Dearborn St.
E. Bellevue Pl.

W. Oak St.
Rush St.
E. Oak St.

©ULYSSE

▲ HÉBERGEMENT

1.	BY	Gold Coast Guest House
2.	BX	Hotel Indigo
3.	BX	PUBLIC Chicago

● RESTAURANTS

4.	BY	Bistrot Zinc
5.	BY	Carmine's
6.	BY	Corner Bakery
7.	BY	Dublin's Bar & Grill
8.	BY	Gibsons
9.	AV	Goose Island Brewery
10.	BY	Hugo's Frog Bar & Fish House
11.	CZ	Le Colonial
12.	BY	Lou Malnati's
13.	BY	Morton's, The Steakhouse
14.	AW	O'Brien's
15.	AW	Salpicón!
16.	BY	Table Fifty-Two
17.	BY	Tavern on Rush
18.	BX	The 3rd Coast Cafe
19.	BY	The Big Bowl Cafe
20.	CY	The Original Pancake House
21.	BX	The Pump Room
22.	AX	Topo Gigio

☽ SORTIES

23.	BY	Bootleggers
24.	BX	Butch McGuire's
25.	BY	Cedar Hotel
26.	BX	Dublin's Bar & Grill
27.	BY	Funk
28.	AV	Goose Island Brewery
29.	CY	Jilly's/Jilly's Too!
30.	BX	Mother's Too
31.	AW	O' Brien's
32.	AW	Old Town Ale House
33.	BX	P.J. Clarke's
34.	CY	The Backroom
35.	BY	The Leg Room
36.	BY	The Lodge
37.	BX	The Original Mother's
38.	BX	The Pump Room Bar
39.	AV	Weeds

LES QUARTIERS DE LINCOLN PARK, LAKEVIEW ET WRIGLEYVILLE

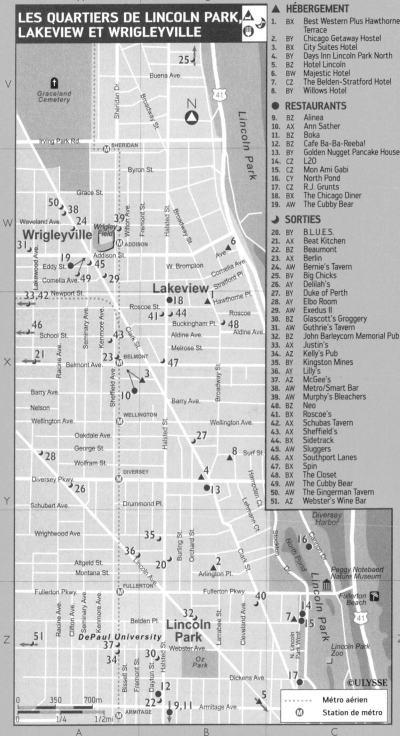

▲ HÉBERGEMENT

1.	BX	Best Western Plus Hawthorne Terrace
2.	BY	Chicago Getaway Hostel
3.	BX	City Suites Hotel
4.	BY	Days Inn Lincoln Park North
5.	BZ	Hotel Lincoln
6.	BW	Majestic Hotel
7.	CZ	The Belden-Stratford Hotel
8.	BY	Willows Hotel

● RESTAURANTS

9.	BZ	Alinea
10.	BZ	Ann Sather
11.	BZ	Boka
12.	BZ	Cafe Ba-Ba-Reeba!
13.	BY	Golden Nugget Pancake House
14.	CZ	L2O
15.	CZ	Mon Ami Gabi
16.	CY	North Pond
17.	CZ	R.J. Grunts
18.	BX	The Chicago Diner
19.	AW	The Cubby Bear

♪ SORTIES

20.	BY	B.L.U.E.S.
21.	AX	Beat Kitchen
22.	BZ	Beaumont
23.	AX	Berlin
24.	AW	Bernie's Tavern
25.	BV	Big Chicks
26.	AY	Delilah's
27.	BY	Duke of Perth
28.	AY	Elbo Room
29.	AW	Exedus II
30.	BZ	Glascott's Groggery
31.	AW	Guthrie's Tavern
32.	BZ	John Barleycorn Memorial Pub
33.	AX	Justin's
34.	AZ	Kelly's Pub
35.	BY	Kingston Mines
36.	AY	Lilly's
37.	AZ	McGee's
38.	AW	Metro/Smart Bar
39.	AW	Murphy's Bleachers
40.	BZ	Neo
41.	BX	Roscoe's
42.	BX	Schubas Tavern
43.	AX	Sheffield's
44.	BX	Sidetrack
45.	AW	Sluggers
46.	AX	Southport Lanes
47.	BX	Spin
48.	BX	The Closet
49.	AW	The Cubby Bear
50.	AW	The Gingerman Tavern
51.	AZ	Webster's Wine Bar

©ULYSSE

·········	Métro aérien
Ⓜ	Station de métro

Cartes hébergement, restaurants et sorties – ... Lincoln Park, Lakeview et Wrigleyville

HYDE PARK ET LE SOUTH SIDE

▲ HÉBERGEMENT
1. BY International House of Chicago

● RESTAURANTS
2. AV Bacardi at the Park
3. CZ Edwardo's
4. CY La Petite Folie
5. AV Nana
6. CZ Noodles etc. on Campus

☾ SORTIES
7. CX Checkerboard Lounge
8. CZ Jimmy's Woodlawn Tap
9. AV Schaller's Pump
10. AV Skylark

South Side

Lac Michigan

Burnham Park

Washington Park

Hyde Park

Voir University of Chicago

DuSable Museum of African-American History

University of Chicago

Midway Plaisance

Promontory Point

Museum of Science and Industry

Jackson Park

KING DRIVE

COTTAGE GROVE

Oak Woods Cemetery

©ULYSSE

University of Chicago

Robie House

Midway Plaisance

0 0.5 1km
0 1/4 1/2mi

guidesulysse.com

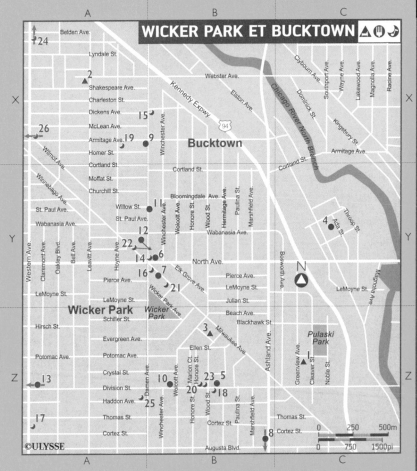

©ULYSSE

▲ HÉBERGEMENT

1.	CZ	House of Two Urns Bed and Breakfast
2.	AX	Ray's Bucktown B&B Chicago
3.	BZ	Wicker Park Inn

● RESTAURANTS

4.	CY	Ada Street
5.	BZ	Alliance Bakery
6.	BY	Cafe Absinthe
7.	BY	Francesca's Forno
8.	BZ	Green Zebra
9.	AX	Le Bouchon
10.	BZ	Milk and Honey Café
11.	BY	Mindy's HotChocolate Restaurant and Dessert Bar
12.	AY	Northside Bar & Grill
13.	AZ	The Flying Saucer

☽ SORTIES

14.	BY	6 Corners Sports Bar
15.	BX	Danny's Tavern
16.	BY	Double Door
17.	AZ	Empty Bottle
18.	BZ	Gold Star
19.	AX	Map Room
20.	AX	Moonshine
21.	BY	Nick's Beer Garden
22.	AY	Northside Bar & Grill
23.	BZ	Phyllis' Musical Inn
24.	AX	Quencher's
25.	AZ	Rainbo Club
26.	AX	Rosa's Lounge

Cartes hébergement, restaurants et sorties - Oak Park - West Side

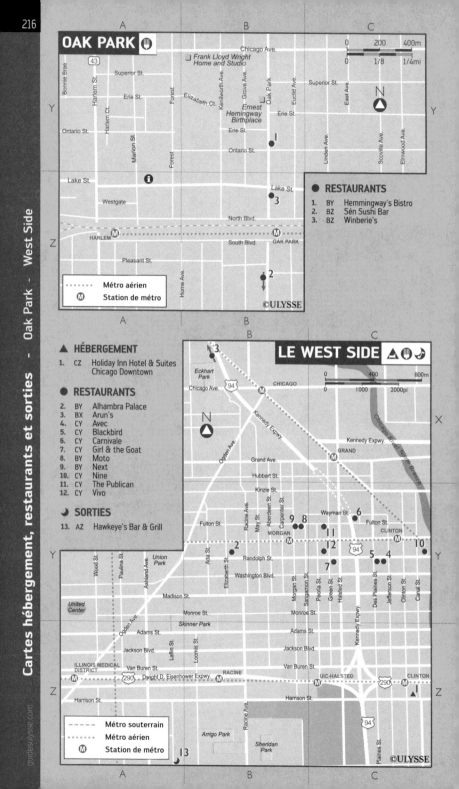

OAK PARK

Frank Lloyd Wright Home and Studio

Ernest Hemingway Birthplace

RESTAURANTS
1. BY Hemmingway's Bistro
2. BZ Sén Sushi Bar
3. BZ Winberie's

Métro aérien
Ⓜ Station de métro

©ULYSSE

▲ HÉBERGEMENT
1. CZ Holiday Inn Hotel & Suites Chicago Downtown

● RESTAURANTS
2. BY Alhambra Palace
3. BX Arun's
4. CY Avec
5. CY Blackbird
6. CY Carnivale
7. CY Girl & the Goat
8. BY Moto
9. BY Next
10. CY Nine
11. CY The Publican
12. CY Vivo

♪ SORTIES
13. AZ Hawkeye's Bar & Grill

LE WEST SIDE

Eckhart Park

Métro souterrain
Métro aérien
Ⓜ Station de métro

©ULYSSE

Restaurants

C hicago compte entre 6 000 et 7 000 restaurants! Bien sûr, tous ne sont pas dignes de mention, mais il est clair que la Ville des Vents possède sa part d'excellentes tables, dont certaines figurent parmi les meilleures aux États-Unis. Le présent chapitre décrit des établissements de chaque quartier de Chicago par ordre de prix, des moins chers aux plus chers.

Dans les moins chers *($)*, l'addition s'élève à moins de 15$ (les prix font référence à un repas complet sans boisson pour une personne, avant la taxe de 10,75% et le service); l'ambiance y est informelle, le service s'avère rapide, et ils sont fréquentés par les gens du coin. La catégorie moyenne *($$)* se situe entre 15$ et 25$; l'ambiance y est déjà plus détendue, le menu plus varié et le rythme plus lent. La catégorie supérieure *($$$)* oscille entre 26$ et 40$; la cuisine y est simple ou recherchée, mais le décor se veut plus agréable et le service plus personnalisé. Puis, il y a les restaurants dits gastronomiques *($$$$)*, où les prix s'élèvent à plus de 40$; ces établissements sont souvent pour les gourmets, la cuisine y devient un art, et le service se révèle toujours impeccable.

Entre autres renseignements pratiques, nous indiquons dans les pages qui suivent l'horaire de chacun des établissements sélectionnés. Il est cependant à noter que la plupart des restaurants, surtout les adresses haut de gamme, font des pauses entre les repas, soit, grosso modo, entre 10h et 11h30 le matin et entre 14h et 17h l'après-midi.

Nous avons également préparé une série d'index thématiques permettant de retrouver plus facilement le genre d'établissement que vous recherchez (voir en fin de chapitre). Une première liste est ainsi classée par types de cuisine. Puis, vous trouverez des listes de restaurants disposant d'une terrasse, d'établissements où l'on peut regarder des matchs tout en mangeant, d'autres qui proposent un brunch le dimanche et finalement de restaurants où la cuisine reste ouverte jusque tard dans la soirée. Mentionnons de plus que vous retrouverez, dans l'index général apparaissant à la fin du livre, tous les restaurants décrits dans ce guide.

$	moins de 15$
$$	de 15$ à 25$
$$$	de 26$ à 40$
$$$$	plus de 40$

Il est par ailleurs intéressant de noter que, chaque année en juillet, le Grant Park est le site d'une grande manifestation populaire organisée par les restaurateurs de la ville. Il s'agit du festival gastronomique **Taste of Chicago** *(www.tasteofchicago.us)*, une façon originale et fort agréable de constater les exceptionnelles diversité et qualité des cuisines représentées à Chicago.

➤ Taxe
À noter que la taxe sur les repas au restaurant à Chicago est de **10,75%**.

➤ Pourboire
On calcule habituellement environ **15%** (avant taxe) pour le service; celui-ci n'est pas, comme en France, inclus dans l'addition, et le client doit le calculer lui-même et le remettre à la serveuse ou au serveur; service et pourboire sont une seule et même chose en Amérique du Nord.

➤ Le label Ulysse
Le pictogramme du label Ulysse est attribué à nos établissements favoris (hôtels et restaurants). Pour plus de détails, voir p. 186.

➤ Les restaurants selon vos goûts
Pour choisir un restaurant selon sa spécialité, consultez l'index à la page 251.

Les favoris d'Ulysse

Restaurants - Introduction

Le Loop et le South Loop

Voir carte p. 206.

The Artist's Café $

tlj matin, midi et soir; 412 S. Michigan Ave., 312-939-7855, www.artists-cafe.com

Installé depuis 1961 dans le Fine Arts Building, cet établissement sans prétention semble être figé dans le temps. Ainsi, c'est dans un décor théâtral quelque peu décati que vous ferez ici une halte, le temps d'engouffrer un club sandwich, un hamburger ou un steak pour pas cher. Terrasse en saison. À noter que seuls les paiements en comptant ou par carte American Express sont acceptés.

Beef and Brandy $

lun-mar 7h à 21h, mer-sam 7h à 22h, dim 7h à 19h; 127 S. State St., 312-372-3451, www.beefbrandy.net

Beef and Brandy est un *deli* traditionnel où il est possible de s'offrir ce qui se rapproche le plus d'un savoureux *smoked meat* (sandwich à la viande fumée), soit un *corned beef sandwich*. Aussi au menu, clubs sandwichs, hamburgers et steaks. Au sous-sol, le décor s'avère très semblable, sauf qu'il y a un bar, des écrans pour regarder les matchs et une petite piste de danse.

Caffè Baci $

lun-ven 6h30 à 18h, sam 8h à 17h, dim 8h à 16h; 20 N. Michigan Ave., 312-214-2224, www.caffebaci.com

Voilà un fort joli café italien situé tout juste en face du Millennium Park. Dès que vous pénétrerez dans sa grande salle au beau plancher de bois franc, vous serez charmé par la déco moderne, où domine le blanc; le

Baci est un endroit aéré où l'on respire... Au petit déjeuner, plusieurs omelettes originales sont proposées, alors qu'un beau choix de salades et de sandwichs à l'italienne est à signaler le reste de la journée.

Intelligentsia Millennium Park Coffeebar $

lun-jeu 6h30 à 20h, ven 6h30 à 21h, sam 7h à 21h, dim 7h à 19h; 53 E. Randolph St., 312-920-9332, www.intelligentsiacoffee.com

Ce café ne paie peut-être pas de mine avec son décor postindustriel un peu froid, mais on y sert de si bons espressos, cappuccinos et autres *latte* qu'il est devenu l'un des favoris des environs. Sandwichs, salades et viennoiseries y sont aussi proposés.

Lou Mitchell's $

lun-sam 5h30 à 15h, dim 7h à 15h; 565 W. Jackson Blvd., 312-939-3111, www.loumitchellsrestaurant.com

Il vous faut un petit déjeuner costaud pour commencer la journée? Courez au Lou Mitchell's, une sorte d'institution à Chicago depuis 1923, un *diner* classique qui se spécialise dans la préparation de copieux repas du matin. Omelettes géantes, gaufres et crêpes surdimensionnées. Attention : seuls les paiements en argent comptant sont acceptés.

312 Chicago $$

dim 8h à 21h, lun 7h à 14h, mar-ven 7h à 21h, sam 8h à 22h mais fermé le midi; 136 N. LaSalle St., 312-696-2420, www.312chicago.com

À deux pas de l'hôtel Allegro, le 312 Chicago propose une cuisine italienne classique (pâtes) dans un décor tout aussi classique (meubles de bois foncé, grand bar à l'entrée). Cet établissement installé sur deux étages propose en fait un menu de très bon rapport qualité/prix. Brunch servi le dimanche.

Atwood Café $$
lun-jeu 7h à 21h30, ven-sam 7h à 22h, dim 8h à 21h30; Hotel Burnham, 1 W. Washington St., 312-368-1900, www.atwoodcafe.com

Le joli café Atwood, aux accents Art déco, a emménagé au rez-de-chaussée de l'**Hotel Burnham** (voir p. 188). On y propose une cuisine américaine sans prétention et on y sert le thé en après-midi, ce qui ravira les amateurs de magasinage qui fréquentent State Street. Un brunch est proposé les samedi et dimanche.

Bennigan's $$
150 S. Michigan Ave., 312-427-0570, www.bennigans.com

Pour un menu très varié à prix avantageux, on peut toujours compter sur Bennigan's, maillon d'une chaîne de restaurants prenant pour modèle les pubs irlandais. Située tout près de l'Art Institute, cette succursale comporte un long bar et une grande verrière qui donne sur la rue.

The Berghoff $$
lun-jeu 11h à 21h, sam 11h30 à 21h, dim fermé; 17 W. Adams St., 312-427-3170, www.berghoff.com

Fondé en 1898 par Herman Joseph Berghoff, le Berghoff n'est rien de moins qu'une institution de Chicago. Au début, il ne s'agissait que d'une sorte de comptoir où l'on offrait un sandwich gratuit à quiconque commandait une bière Berghoff, brassée sur place. Aujourd'hui, quelque 115 ans après son ouverture, un vent de renouveau souffle sur l'établissement. Un menu plus élaboré qu'auparavant rend ce restaurant allemand encore plus attrayant, et le midi, les foules formées de travailleurs œuvrant dans les tours de bureaux du Loop et de visiteurs de l'Art Institute, tout près, continuent à affluer. Malgré l'étendue des lieux, les meubles et les murs de bois foncé, de même que les beaux vitraux, contribuent à créer une atmosphère chaleureuse. De nombreuses photographies d'époque provenant de la Chicago Historical Society, notamment de l'exposition universelle de 1893, au cours de laquelle Herman Berghoff présenta pour la première fois sa bière au public américain, ornent par ailleurs les murs. Au menu, vous remarquerez les assiettes de viande fumée et de saumon au déjeuner, ainsi que, au dîner,

le poulet schnitzel, les filets de porc rôtis et les côtes levées…

Exchequer Restaurant & Pub $$
lun-jeu 11h à 23h, ven-sam 11h à 24h, dim 12h à 21h; 226 S. Wabash Ave., 312-939-5633, www.exchequerpub.com

L'Exchequer se veut un chaleureux pub anglais dans lequel se trouvent plusieurs écrans pour suivre les matchs télédiffusés. Mais heureusement, il y a aussi quelques salles additionnelles plus calmes. Partout sur les murs, on remarque des affiches d'anciens films, des photographies de vedettes du sport et du spectacle, et des pages frontispices de journaux relatant des événements qui ont marqué l'histoire. Au menu, rien de trop compliqué : *fish and chips*, clubs sandwichs, salades, pizzas, hamburgers, côtes levées.

Hackney's $$
dim-jeu 10h30 à 23h, ven-sam 10h30 à 1h; 733 S. Dearborn St., 312-461-1116, www.hackneys.net

Anciennement connu sous le nom de Moonraker, ce restaurant de Printer's Row, maintenant devenu Hackney's, est l'endroit tout indiqué pour s'arrêter le temps d'un savoureux hamburger. Bon choix de bières. Terrasse en saison.

Trattoria Caterina $$ ♀
lun-jeu et sam 11h à 20h30, ven 11h à 21h30, dim fermé; 616 S. Dearborn St., 312-939-7606, www.chicagotrattoriacaterina.com

Ce petit resto de quartier sans prétention de Printer's Row, dans le South Loop, présente un décor sans fioritures, si ce n'est quelques affiches et photographies d'Italie éparpillées ici et là. Mais il propose un bon choix de pâtes, dont plusieurs aux fruits de mer, ainsi que plusieurs plats de veau. Retenez toutefois qu'on n'y sert pas d'alcool, mais que vous pouvez apporter votre bouteille de vin. Heureusement, il y a un *wine store* tout près, de l'autre côté de la rue. Service sans cérémonie.

South Water Kitchen $$-$$$
lun-ven 6h30 à 22h, sam 7h à 22h, dim 7h à 21h; Hotel Monaco, 225 N. Wabash Ave., 312-236-9300, www.southwaterkitchen.com

Le restaurant de l'**Hotel Monaco** (voir p. 188) n'a rien de prétentieux. Dans une salle à manger chaleureuse sans être luxueuse, vous dégusterez les classiques de la cuisine américaine (*meatloaf*, dinde rôtie, macaronis au fromage). Les familles avec enfants sont ici particulièrement bien reçues, chose peu répandue dans le Loop.

Catch Thirty-Five $$$
lun-jeu 11h30 à 21h30, ven 11h30 à 22h, sam 17h à 22h, dim 16h à 21h; 35 W. Wacker Dr., entre Dearborn et State, 312-346-3500, www.catch35.com

Pour un repas de fruits de mer dans un décor spectaculaire, c'est au Catch Thirty-Five qu'il faut aller. Dès l'entrée, surmontée d'un grand lustre «moléculaire», on sait que beaucoup d'efforts ont été ici déployés pour impressionner la galerie. Les banquettes et fauteuils de cuir beige et une grande fresque évoquant une scène de la rue viennent confirmer cette première impression. La cuisine, d'influence asiatique, n'est toutefois pas en reste et sait surprendre elle aussi par des plats comme le thon avec gelée sichuanaise ou la queue de langouste australienne sauce hunane.

The Gage $$$
dim 10h à 22h, lun 11h à 22h, mar-ven 11h à 2h, sam 10h à 24h; 24 S. Michigan Ave., 312-372-4243, www.thegagechicago.com

Cette sorte de pub irlandais de luxe, ou *gastropub* comme ses gérants aiment qu'on le désigne, a été aménagé au rez-de-chaussée de l'historique Gage Building, en face du Millennium Park. On retrouve en fait à l'avant les caractéristiques propres à un pub traditionnel : long bar avec tabourets, petites tables carrées, atmosphère décontractée et, au menu, *fish and chips* et autres classiques du genre que l'on accompagne volontiers d'une bonne Guinness. Mais la grande salle à manger, à l'arrière, propose quant à elle un menu plus ambitieux sur lequel on remarque des plats comme le prometteur lapin braisé ou l'intrigante selle d'élan rôtie. Portions généreuses. Bon choix de bières et de whiskeys irlandais… comme il se doit.

Hoyt's Chicago $$$
tlj 6h30 à 23h; Hotel 71, 71 E. Wacker Dr., 312-346-9870, www.hoytschicago.com

Ce restaurant situé au rez-de-chaussée de l'**Hotel 71** (voir p. 188) se veut une version moderne de la traditionnelle taverne américaine. On y sert donc les classiques du *comfort food* à l'américaine (hamburgers à la viande de bœuf ou de veau, côtes levées, préparations de dinde ou de poulet) et y offre une bonne sélection de bières. La salle intérieure, littéralement inondée de lumière

naturelle, présente un décor contemporain dépouillé mais accueillant. Durant la belle saison, la terrasse qui s'étend devant l'établissement s'avère quant à elle des plus agréables.

Italian Village $$$
71 W. Monroe St., 312-322-7005, www.italianvillage-chicago.com

En face de la Chase Tower, l'Italian Village abrite en fait trois restaurants italiens de genres différents sous un même toit. Il y a d'abord **Vivere** *(lun-jeu 11h30 à 22h, ven 11h30 à 23h, sam 17h à 23h, dim fermé)*, le plus moderne du groupe, tant par sa cuisine contemporaine, inspirée des gastronomies régionales italiennes, que par son décor.

Ensuite, il y a le doyen **The Village** *(lun-jeu 11h à 24h, ven-sam 11h à 1h, dim 12h à 24h)*, qui a ouvert ses portes en 1927. C'est dans une ambiance plus conservatrice qu'on déguste ici les spécialités traditionnelles de l'Italie du Nord.

Finalement, au sous-sol, **La Cantina** *(lun 11h30 à 14h30, mar-ven 11h30 à 22h, sam 17h à 23h, dim fermé)* propose ses fruits de mer apprêtés à l'italienne.

McCormick & Schmick's $$$
lun-jeu 11h30 à 22h, ven 11h30 à 23h, sam 16h à 23h, dim 16h à 21h; 1 E. Wacker Dr., 312-923-7226, www.mccormickandschmicks.com

Bien connu à Chicago pour son restaurant de Chestnut Street (voir p. 238), McCormick & Schmick's, une chaîne originaire de l'Oregon, a maintenant pignon sur rue dans le Loop, en face de la Chicago River et à deux pas du Theatre District. Il propose le même menu élaboré de poissons et de fruits de mer. En saison, préférez la terrasse à la quelque peu caverneuse salle à manger. On y jouit de la fabuleuse mise en scène composée par le Wrigley Building, la Tribune Tower et les édifices voisins, qui s'illuminent progressivement à mesure que se déroule le dîner.

Russian Tea Time $$$
dim-lun 11h à 21h, mar-jeu 11h à 22h, ven-sam 11h à 23h; 77 E. Adams St., 312-360-0000, www.russianteatime.com

Le chic Russian Tea Time semble être un beau bijou blotti au milieu du Loop, son écrin. Sa magnifique mise en scène rappelle certains passages du *Docteur Zhivago*, ceux

La poutine à Chicago

La poutine, mets québécois à base de frites, de fromage en grains et de sauce brune, connaît une étonnante popularité à Chicago, où les chefs de restos branchés s'évertuent à en faire l'un des plats *in* de l'heure. Par exemple, au *gastropub* **The Gage** (voir p. 222), qui aurait été le premier à l'inscrire à son menu vers la fin de la décennie, on l'agrémente de viande de gibier (élan, sanglier).

En 2013, certains restaurateurs de la ville se sont même regroupés pour dévoiler au public leur version du célèbre mets dans le cadre du Poutine Fest *(http://poutinefest.com)*. Parmi les participants, mentionnons la plus récente table du chef Paul Kahan, **The Publican** (voir p. 249).

tournés dans des décors reproduisant les beaux salons de la vieille Russie. Vodka et caviar vont bien dans ce cadre, mais le chef concocte aussi toute une gamme d'autres spécialités : *kabob* d'esturgeon, bœuf Strogonoff. L'établissement attire tout particulièrement les amateurs d'opéra et de beaux-arts (le Symphony Center et l'Art Institute sont tout près). Une belle réussite que ce restaurant qui a ouvert ses portes en 1993.

Sweetwater Tavern and Grille *$$$*
lun-mar et jeu-ven 11h à 2h, mer 11h à 1h, sam 10h à 2h, dim 10h à 22h; 225 N. Michigan Ave., 312-698-7111, www.sweetwatertavernandgrille.com

Le Sweetwater Tavern and Grille occupe depuis 2009 les locaux de l'ancienne succursale de Bennigan's situés non loin de la Chicago River. Dans sa nouvelle incarnation, l'établissement arbore aujourd'hui un décor beaucoup plus contemporain que l'on peut déjà apprécier de l'extérieur grâce à ses grandes vitrines. À la fois un bar et un restaurant, le Sweetwater offre une atmosphère festive, avec ses nombreux écrans plats pour suivre les matchs et son choix de quelque 70 bières pression. Peu de surprise au menu : sandwichs, salades, ailes de poulet, côtelettes d'agneau et compagnie.

La Trattoria No. 10 *$$$*
lun-jeu 11h30 à 21h, ven 11h30 à 22h, sam 17h à 22h, dim fermé; 10 N. Dearborn St., 312-984-1718, www.trattoriaten.com

La Trattoria No. 10 constitue l'une des adresses favorites des travailleurs du Loop amateurs de mets italiens contemporains. Les raviolis, spécialité de la maison, les médaillons de veau et les fruits de mer sont particulièrement appréciés. Buffet servi du mardi au vendredi entre 17h et 19h30.

Walnut Room *$$$*
dim-lun 11h à 15h, mar-sam 10h30 à 20h; Macy's, 111 N. State St., 312-781-3125

Inauguré en 1907, l'incontournable Walnut Room est installé au septième étage du grand magasin **Macy's** (voir p. 288) de State Street, autrefois le célébrissime Marshall Field. Décor classique, voire quelque peu suranné, serveurs en smoking, cuisine traditionnelle, voilà une sorte de voyage dans le temps qui peut s'avérer fort séduisant, pour peu qu'on accepte de jouer le jeu. Un bon tuyau : selon l'avis des habitués, la *chicken pot pie* (sorte de vol-au-vent au poulet ou de bouchées à la reine) est à ne pas manquer.

Everest *$$$$*
mar-jeu 17h30 à 21h, ven 17h30 à 21h30, sam 17h à 22h, dim-lun fermé; One Financial Place, 440 S. LaSalle St., 312-663-8920, www.everestrestaurant.com

À l'Everest, vous êtes convié à une véritable expédition jusqu'aux plus hauts sommets de l'art gastronomique. Vous vivrez cette expérience mémorable dans une intime et romantique salle juchée au 40e étage du Chicago Stock Exchange, où le décor, déjà fort élégant, se voit encore rehaussé par les vues spectaculaires que permettent de grandes fenêtres. Après une terrine de faisan ou un consommé de champignons et de canard, vous poursuivrez votre ascension avec un filet de bar ou un risotto préparé à la mode alsacienne. Puis, la carte des desserts saura vous conduire jusqu'au zénith. Menu dégustation (environ 90$) et menu «avant théâtre» à trois services (environ 50$). Grande sélection de vins, dont un nombre impressionnant proviennent d'Alsace, pays d'origine du chef Jean Joho. Service impeccable. Maintes fois honoré des plus prestigieuses récompenses, l'Everest est une des grandes tables de la ville et même des États-Unis entiers. Tenue de ville requise.

The Florentine $$$$
dim-jeu 6h30 à 22h, ven-sam 6h30 à 23h; JW Marriott Chicago, 151 W. Adams St., 312-660-8866
Le restaurant du **JW Marriott** (voir p. 189), cet hôtel récemment installé entre les murs d'une ancienne banque dessinée par Daniel Burnham, propose pâtes fraîches, pizzas et autres classiques de la cuisine italienne dans une ambiance détendue. On remarque tout d'abord le grand bar circulaire autour duquel s'organise une première salle. Puis, dans la salle à manger principale, ce sont les nombreux tableaux, les confortables banquettes incurvées en cuir et le beau plancher de bois qui attirent l'attention. Brunch les samedi et dimanche.

Mercat a la Planxa $$$$
dim-jeu 7h à 22h, ven-sam 7h à 23h; The Renaissance Blackstone Chicago Hotel, 638 S. Michigan Ave., 312-765-0524, www.mercatchicago.com
L'hôtel **The Blackstone** (voir p. 189), un classique de Chicago, a subi au cours des dernières années une spectaculaire cure de rajeunissement dont l'une des manifestations les plus éclatantes est l'ouverture de son vibrant restaurant de cuisine catalane. Il se dégage de ce splendide établissement une énergie et une chaleur hors du commun. Son décor, dont le foisonnement de couleurs évoque joliment Barcelone, vous séduira à coup sûr. Côté culinaire, les amateurs de tapas y trouveront bien entendu leur bonheur, de même que ceux qui préfèrent paella, poissons ou grillades. Petite terrasse en saison.

Morton's, The Steakhouse $$$$
lun-ven 11h30 à 23h, sam 17h à 23h, dim 17h à 22h; 65 E. Wacker Pl., 312-201-0410, www.mortons.com
La grilladerie Morton's du quartier de Rush Street (voir p. 244) est l'un des établissements les plus appréciés des amateurs de steaks à Chicago. Un second restaurant membre de cette chaîne, qui en compte une trentaine à travers les États-Unis, a donc ouvert ses portes il y a quelques années dans le Loop, tout juste entre l'Hotel Monaco et le Hard Rock Hotel. La recette qui a fait le succès des autres établissements a été conservée intact, ce qui ravira les amateurs

du genre : filets de bœuf bien juteux, succulentes surlonges de New York, quelques spécialités de fruits de mer et un élégant décor rappelant celui d'un club privé où domine le bois foncé.

Le New East Side

Voir carte p. 207.

Tavern at the Park $$-$$$
lun-jeu 11h à 22h, ven 11h à 22h30, sam 12h à 22h30, dim fermé; 130 E. Randolph St., 312-552-0070, www.tavernatthepark.com
La Tavern at the Park propose un décor tout simple qu'animent les nombreuses affiches et photos anciennes de Chicago qui couvrent ses murs. Mais elle présente l'immense avantage d'offrir de belles vues sur le Millennium Park, auquel elle fait face du côté nord, grâce à ses larges baies vitrées, dont on profite autant depuis le bar du rez-de-chaussée que de la salle à manger située à l'étage. Au menu s'alignent à prix raisonnables les classiques du *comfort food* à l'américaine : côte de bœuf braisée, côtelettes de porc, *chicken pot pie* (vol-au-vent au poulet), *cheeseburgers*… En saison, une terrasse s'allonge devant l'établissement.

Aria $$$
lun-jeu 11h30 à 22h, ven 11h30 à 22h30, sam 6h à 22h30, dim 6h à 22h; Fairmont Chicago, Millennium Park, 200 N. Columbus Dr., 312-444-9494, www.ariachicago.com
Aria, le restaurant de l'hôtel Fairmont, est en tout point remarquable, que ce soit du côté de son bar à sushis animé ou de son élégante salle à manger principale. Cette dernière, au décor moderne et chaleureux tout à la fois, prend la forme d'un espace semi-circulaire plutôt étonnant. Quant à la cuisine concoctée ici, elle s'avère franchement inclassable. Elle s'inspire des arômes et des saveurs de différents pays d'Asie, comme la Thaïlande, la Chine, la Corée et le Japon, mais aussi de France et des États-Unis. Ainsi, bisque de champignons sauvages, *chow mein* au canard rôti et au homard de Hong Kong, saumon à l'orange, filet mignon et steak frites cohabitent sur le menu éclectique de l'établissement. Et surtout, gardez vous un peu de place pour la succulente crème brûlée. Service très attentionné.

Filini Bar and Restaurant $$$

dim-jeu 6h30 à 22h, ven-sam 6h30 à 23h; Radisson Blu Aqua Hotel Chicago, 221 N. Columbus Dr., 312-477-0234, www.filinichicago.com

Le restaurant du **Radisson Blu Aqua Hotel Chicago** (voir p. 191), situé au pied de l'intrigante Aqua Tower, propose un menu de spécialités italiennes assez élaboré, dans une élégante mise en scène design et sensuelle des plus recherchées. La sélection de fromages, de bruschettas, de risottos et de pâtes comblera les plus exigeants, tout comme la liste de vins italiens. On peut aussi choisir de manger au bar, un niveau plus bas, dont le décor est encore plus audacieux.

III Forks $$$$

dim-jeu 17h à 23h, ven-sam 17h à 24h; 333 E. Benton Pl., 312-938-4303, www.3forks.com

Inaugurée en face du Lakeshore East Park à l'automne 2011, cette grilladerie aux allures résolument modernes constitue un bel ajout dans un secteur somme toute peu choyé côté restos. Sa vaste salle centrale est baignée de lumière naturelle que laisse pénétrer un mur de verre donnant sur le parc. Quant à la terrasse, aménagée sur le toit, elle dispose de sections chauffées à l'aide de foyers extérieurs. Les diverses coupes de bœuf occupent comme il se doit une place primordiale sur un menu un peu court, aux côtés de quelques propositions de poissons et fruits de mer. Serveurs en smoking.

The Palm $$$$

lun-ven 11h30 à 22h30, sam-dim 12h à 22h30; Swissôtel Chicago, 323 E. Wacker Dr., 312-616-1000, www.thepalm.com

La grilladerie The Palm, située à l'intérieur des murs du Swissôtel, rassemble tous les éléments qui font le succès de ce type d'établissement: martinis, steaks, homards savoureux et allure de club privé. En prime, d'amusantes caricatures de vedettes locales couvrent les murs.

Le Grant Park

Voir carte p. 208.

Park Grill $$$

lun-jeu 11h à 21h30, ven-sam 11h à 22h30, dim 10h à 21h30; 11 N. Michigan Ave., 312-521-7275, www.parkgrillchicago.com

Situé en plein cœur du Millennium Park, ce restaurant comporte de larges baies vitrées qui donnent sur une agréable terrasse au cours de la belle saison, ou sur la populaire patinoire du parc en hiver. On y sert une cuisine américaine typique comprenant steaks, fruits de mer, sandwichs et hamburgers. Le menu du soir s'avère cependant nettement plus relevé.

Terzo Piano $$$

lun-mer et ven-dim 11h à 15h, jeu 11h à 20h; Modern Wing de l'Art Institute, 159 E. Monroe St., 312-443-8650, www.terzopianochicago.com

L'inauguration de la **Modern Wing** (voir p. 119) de l'Art Institute, dessinée par l'architecte italien Renzo Piano, a été suivie de peu par celle de son restaurant Terzo Piano, branché comme il se devait avec son décor tout en blanc. C'est au réputé chef du **Spiaggia** (voir p. 231), Tony Mantuano, qu'on a confié la direction de la cuisine de ce restaurant de spécialités italiennes concoctées à partir d'ingrédients frais et bios. Choix impressionnant de fromages artisanaux. Spectaculaire terrasse sur le toit de la Modern Wing. Le restaurant est accessible à tous, sans nécessité de débourser le prix d'entrée au musée. Ouvert pour le repas du soir le jeudi seulement.

Le Magnificent Mile

Voir carte p. 209.

The Billy Goat Tavern $

lun-ven 7h à 2h, sam 10h à 3h, dim 11h à 2h; 430 N. Michigan Ave., 312-222-1525, www.billygoattavern.com

On ne va sûrement pas à la Billy Goat Tavern pour le raffinement de sa cuisine ou l'élégance de son décor. Situé dans un recoin sombre, sous Michigan Avenue, cet étonnant établissement qui sert des hamburgers bien graisseux a malgré tout réussi à acquérir une réputation qui dépasse largement les limites de la ville. Pourquoi? Eh bien, il y a tout d'abord la légende selon laquelle le premier propriétaire de l'établissement, William *Billy Goat* Sianis, qui avait l'habitude d'amener son bouc (*goat*) aux matchs des Cubs, aurait jeté un sort à la pauvre équipe de baseball lorsqu'on lui signifia de mettre fin à cette habitude. Résultat: les Cubs n'ont jamais plus gagné la Série mondiale depuis (c'était en 1945). Il y a aussi le fait que la Billy Goat Tavern est devenue une sorte de «repaire» pour les journalistes attachés à la fois au *Chicago Sun-Times* et au *Chicago Tribune*, ce qui a contribué à sa surprenante notoriété. Finalement, les fameux sketchs de John Belushi et de Dan Akroyd dans le cadre de l'émission *Saturday Night Live* ont fini par immortaliser l'endroit... On peut aussi choisir de ne s'y arrêter que le temps d'une bonne bière (voir p. 268). Aucune carte de crédit acceptée.

Café Nordstrom $

lun-sam 10h à 19h, dim 11h à 17h; The Shops at North Bridge, 55 E. Grand Ave., 312-464-1515

Située au quatrième étage du grand magasin Nordstrom, cette cafétéria *upscale* propose de très bonnes salades préparées à la commande, ainsi qu'un bon choix de pizzas, de soupes et de sandwichs froids et chauds. On prend les plats froids directement avec son plateau; les plats chauds sont apportés par des serveurs à la table. Service étonnamment attentionné pour un établissement de ce type. Ambiance feutrée assez relaxante. Une belle trouvaille pour un lunch santé après un avant-midi de lèche-vitrine.

Foodlife $

lun-jeu 8h à 20h, ven-sam 8h à 20h30, dim 8h à 19h; Water Tower Place, 835 N. Michigan Ave., 312-335-3663, www.foodlifechicago.com

À la mezzanine de la Water Tower Place, le Foodlife réinvente à proprement parler le concept de la restauration rapide. Dans un joyeux aménagement rappelant celui d'un marché sont disséminés les comptoirs de cuisines chinoise et mexicaine, ainsi que ceux proposant poulet rôti, hamburgers, pizzas et sandwichs. Perdu au milieu de ce délicieux fouillis se trouve aussi un restaurant avec service aux tables: le **Mity Nice Grill** (*$$; lun-jeu 11h30 à 21h, ven-sam 11h30 à 21h30, dim 12h à 20h; Water Tower Place, 835 N. Michigan Ave., 312-335-4745*). On y sert les mêmes plats qu'aux comptoirs du Foodlife, avec en plus toute une liste de grillades.

Ghirardelli Chocolate Shop & Soda Fountain $

lun-jeu 10h à 22h30, ven-sam 10h à 23h30, dim 10h à 22h; 830 N. Michigan Ave., 312-337-9330, www.ghirardelli.com

Pour le dessert, il est bien difficile de résister au Ghirardelli Chocolate Shop & Soda Fountain. Ce célèbre chocolatier de San Francisco se double ici d'un sympathique café où l'on peut s'offrir une glace, un chocolat chaud ou une des extraordinaires coupes glacées (*sundaes*) devenues la spécialité de la maison. À titre d'exemples,

mentionnons le Ghirardelli's World Famous Hot Fudge Sundae, dans lequel deux boules de crème glacée sont enrobées d'une sauce au caramel et garnies de noix et de cerises, et le gargantuesque Earthquake Sundae, un mélange de huit parfums différents de glace (pour quatre personnes et plus), garni de morceaux de bananes, de crème fouettée, de noix et de cerises. Miam-miam! À noter que l'entrée se trouve dans Pearson Street.

American Girl Café $$

tlj 9h30 à 19h30; Water Tower Place, 835 N. Michigan Ave., 877-247-5223

Maintenant installée sur deux niveaux dans le mail Water Tower Place, la célèbre boutique de poupées **American Girl Place** (voir p. 294) a pris de l'expansion. On y retrouve entre autres une sorte de «mail dans le mail» à l'étage, au bout duquel se trouve l'American Girl Café, où peuvent tranquillement papoter entre filles maman, fillette et... sa nouvelle poupée. De petits fauteuils permettant d'asseoir les poupées bien confortablement sont en effet disponibles dans ce café hors du commun. Idéal pour le lunch, le thé ou un anniversaire d'enfant.

The Cheesecake Factory $$

lun-jeu 11h à 23h30, ven 11h à 0h30, sam 10h30 à 0h30, dim 10h à 23h; John Hancock Center, 875 N. Michigan Ave., 312-337-1101, www.thecheesecakefactory.com

Le Cheesecake Factory est un de ces restaurants thématiques et ouvertement touristiques où se pressent les foules. On le retrouve au pied du John Hancock Center, ce qui n'est rien pour diminuer son affluence. En entrant, un long bar suggère de longs moments d'attente... On note aussi la présence d'un comptoir de pâtisseries dans cette portion du restaurant, où l'on peut acheter un morceau de l'une des 34 variétés de gâteaux au fromage de la maison. Comme dans les autres établissements du genre, la décoration s'avère excentrique et surchargée, des formes orangées évoquant l'intérieur... d'un gâteau au fromage! Au menu: hamburgers, côtes levées, poulet grillé et pizzas.

Coco Pazzo Cafe $$

lun-jeu 11h30 à 22h30, ven-sam 11h30 à 23h, dim 11h30 à 22h; 636 N. St. Clair St., 312-664-2777, www.cocopazzochicago.com

L'ambiance chaleureuse du Coco Pazzo Cafe, avec ses fenêtres à carreaux, ses tables carrées nappées de blanc et sa longue fresque couvrant la partie supérieure des murs, séduit à coup sûr. Pâtes et autres spécialités italiennes, comme les escalopes de veau et le saumon *alla Genovese,* figurent au menu, qui, mine de rien, sait surprendre. Service empressé et rapide. Terrasse en saison. Il s'agit du très sympathique petit frère du **Coco Pazzo** (voir p. 232) de River North, au menu plus élaboré.

Elephant and Castle $$

dim-jeu 6h30 à 23h, ven-sam 6h30 à 24h; Avenue Crowne Plaza Hotel and Suites Chicago Downtown, 160 E. Huron St., 312-440-1180, www. elephantcastle.com

L'Elephant and Castle, qui appartient à une chaîne de *British pubs,* occupe le rez-de-chaussée de l'**Avenue Crowne Plaza Hotel and Suites Chicago Downtown** (voir p. 192). On y sert, dans une ambiance festive et décontractée, des classiques de la cuisine anglaise tels que rôti de bœuf, hachis Parmentier, *fish and chips* et pain de viande à la bière, repas que l'on peut arroser avec l'une ou l'autre des 21 bières pression proposées. À noter que l'on trouve deux autres succursales dans le Loop, au 111 W. Adams Street et au 185 N. Wabash Avenue.

Gino's East $$

lun-jeu 11h à 21h, ven-sam 11h à 24h, dim 12h à 21h; 162 E. Superior St., 312-266-3337, www.ginoseast.com

Fondé en 1966 dans Superior Street, Gino's East a dû déménager ses pénates en 2000 dans l'ancien Planet Hollywood de Wells Street (voir p. 235). Mais ne voilà-t-il pas que le célébrissime restaurant spécialisé dans la confection de succulentes *deep-dish pizzas* a rouvert ses portes il y a quelques années à son adresse originale, près de l'hôtel **MileNorth Chicago** (voir p. 192), tout en conservant son autre établissement. Idéal pour les repas en famille.

Pierrot Gourmet $$

lun-jeu 7h à 21h, ven-sam 7h à 22h, dim 7h à 17h; Peninsula Hotel, 108 E. Superior St., 312-573-6749

À la fois café et bar à vin, le Pierrot Gourmet s'avère des plus chaleureux grâce à l'omniprésence du bois blond dans sa salle intérieure et à sa jolie terrasse en saison. Soupes, salades, sandwichs, quiches et tartes flambées s'alignent au menu, ainsi que quelques plats plus consistants (bœuf bourguignon, poulet rôti, cassoulet). Bon choix aussi pour le petit déjeuner, au menu fort varié.

Bar Toma $$-$$$

lun-jeu 11h30 à 22h, ven-sam 11h30 à 23h, dim 11h30 à 21h; 110 E. Pearson St., 312-266-3110, www.bartomachicago.com

Les proprios du Bistro 110 ont décidé en 2011 d'en changer le concept après 24 ans pour favoriser une formule plus simple susceptible de rejoindre une plus vaste clientèle. Ainsi est né le Bar Toma, un resto-bar où pizzas et tapas à l'italienne s'alignent au menu. Comme à l'époque du Bistro 110, il y a une première salle assez intime à l'avant avec de grandes fenêtres de type «portes de garage» qui s'ouvrent en saison pour créer une quasi-terrasse, et sur la droite, le côté bar, bruyant et animé. Quant à l'ancienne grande salle à l'arrière, elle a été bizarrement réaménagée, avec le four à pizza installé en plein centre. On trouve aussi sur les lieux un bar à gelati et à espresso, qui fera la joie des amateurs de glaces et de cafés corsés. Bon choix de fromages, de bières et de vins italiens.

676 Restaurant & Bar $$$

dim-jeu 6h30 à 22h, ven-sam 6h30 à 23h; Omni Chicago Hotel, 676 N. Michigan Ave., 312-944-6664, www.676restaurant.com

Grâce à ses larges baies vitrées, le restaurant de l'**Omni Chicago Hotel** (voir p. 195) offre à ses clients une vue plongeante sur le Magnificent Mile. On y remarque aussi au plafond une belle fresque reproduisant le ciel, vestige de l'époque du Cielo qui occupait jadis les lieux. Le menu affiche quant à lui diverses spécialités américaines (bœuf de l'Illinois braisé, côtelettes d'agneau, saumon du lac Huron). En saison, un menu plus léger est proposé à la terrasse qui s'allonge sur le trottoir d'Huron Street depuis Michigan Avenue.

Bandera $$$

lun-jeu 11h30 à 22h, ven-sam 11h30 à 23h, dim 12h à 22h; 535 N. Michigan Ave., 312-644-3524, www.hillstone.com

Il faut lever les yeux pour trouver le Bandera, niché à l'étage d'un des innombrables édifices commerciaux du Magnificent Mile. En entrant, on se retrouve pratiquement dans la cuisine et son atmosphère surchauffée. Voilà un restaurant difficile à catégoriser avec les cactus de son décor qui évoquent le sud-ouest des États-Unis et son menu où se côtoient spécialités louisianaises (jambalaya) et poissons apprêtés à la manière de Seattle. D'autres spécialités américaines sont servies, comme les côtes levées et le poulet rôti. Comme entrée, le gaspacho cadien, garni de crevettes géantes, a de quoi surprendre. Service courtois et rapide, un peu expéditif même.

Caliterra $$$
lun-jeu 6h30 à 22h, ven-sam 6h30 à 22h30, dim 17h à 22h; Hyatt Chicago Magnificent Mile, 633 N. St. Clair St., 312-274-4444

Caché derrière la réception du **Hyatt Chicago Magnificent Mile** (voir p. 193), le Caliterra est constitué de deux salles: dans une première, on trouve un agréable bar, puis, dans une seconde, une vaste salle à manger. Un grand piano noir marque la frontière entre les deux. Le restaurant fait l'angle des rues St. Clair et Ontario, ce que révèlent les larges baies vitrées qui s'étendent sur deux côtés. De plus, il y a le cellier, aménagé dans une pièce distincte où l'on peut aussi s'attabler. Le décor est simple et joli, à l'image même de l'hôtel. Au menu figure une cuisine italienne raffinée, avec une touche californienne qui favorise l'apport d'un soin particulier à la présentation des plats. Parmi les spécialités de la maison, mentionnons les huîtres servies froides dans un chutney à la tomate, les roulades aux crevettes à la mode de Santa Barbara, les poitrines de caille avec bruschetta et le saumon poêlé servi avec risotto aux herbes, champignons, céleri et safran. Bon choix de vins italiens et californiens.

Deca Restaurant and Bar $$$
dim-jeu 6h30 à 22h30, ven-sam 6h30 à 23h; Ritz-Carlton, 12ᵉ étage, 160 E. Pearson St., 312-573-5160, www.decarestaurant.com

Le chic Ritz-Carlton a ouvert ce restaurant aux allures Art déco en 2010 avec l'intention avouée d'attirer en ces vénérables murs une clientèle légèrement plus jeune. Grâce à son cadre à la fois élégant et détendu, à ses immenses fenêtres qui laissent la lumière naturelle envahir les lieux et à sa fraîche cuisine du marché, on peut aujourd'hui dire «mission accomplie». Au menu figurent les classiques réinventés des brasseries à l'européenne: tartare, steak frites sauce béarnaise, soupe à l'oignon, moules frites, saumon grillé, sole meunière. Et il faut se garder de la place pour le Deca-dent Cake, l'irrésistible gâteau au chocolat, signature de la maison. Brunch le dimanche de 10h30 à 14h30. C'est également ici qu'est servi le traditionnel *Afternoon Tea* entre 14h30 *(sam-dim 15h)* et 16h30.

Fornetto Mei $$$
tlj 7h à 22h; The Whitehall Hotel, 107 E. Delaware Pl., 312-573-6301

Le Fornetto Mei est l'agréable restaurant italien du **Whitehall Hotel** (voir p. 192). Le menu est composé de plats typiques de la cuisine italienne, mais tous élaborés avec une touche asiatique, comme si l'on avait voulu rendre hommage à l'explorateur Marco Polo et aux influences qu'il ramena jadis d'Orient. Des trois salles que compte ce restaurant, la plus sympathique est sans doute celle située à l'avant, qui donne sur un joli atrium et où les convives s'installent près du bar et du four à bois.

Grand Lux Cafe $$$
lun-jeu 11h à 23h30, ven 11h à 0h30, sam 9h à 0h30, dim 9h à 23h30; 600 N. Michigan Ave. (entrée dans Ontario St.), 312-276-2500, www.grandluxcafe.com

Le Grand Lux Cafe se trouve à l'étage d'un immeuble qui comporte une splendide rotonde à l'angle de Michigan Avenue et d'Ontario Street. Le décor de sa vaste et superbe salle s'inspire de l'Art nouveau et des grands cafés d'Europe. Le menu s'avère des plus éclectiques: sandwichs, hamburgers, pâtes, grillades, filet mignon, gigantesque gâteau au chocolat. Brunch très couru le dimanche.

Mike Ditka's Restaurant $$$
lun-jeu 11h à 22h, ven-sam 11h à 23h, dim 10h à 22h; The Tremont Hotel, 100 E. Chestnut St., 312-587-8989, www.ditkasrestaurants.com

Mike Ditka, l'ancien entraîneur des Bears de Chicago, équipe de football gagnante du Super Bowl en 1986, possède son propre restaurant dans la Ville des Vents. Il ne faut pas chercher le raffinement ici, comme le souligne subtilement le nom donné à certains plats: essayez par exemple le *Kick-Ass Paddle Steak*... C'est d'une cuisine bien costaude et riche en cholestérol qu'il faut avoir envie pour apprécier l'endroit (côtelettes de porc, steaks, assiette géante de fruits de mer).

The Purple Pig $$$
dim-jeu 11h30 à 24h, ven-sam 11h30 à 2h; 500 N. Michigan Ave., 312-464-1744, www.thepurplepigchicago.com

Inauguré en 2010, ce resto d'inspiration méditerranéenne s'est retrouvé sur la liste des «meilleures nouvelles tables» de nombreux médias américains spécialisés. Auréolé de ce succès précoce, l'établissement est demeuré depuis l'une des destinations culi-

229

Les acteurs de la gastronomie actuelle de Chicago

Avec ses fameux Union Stockyards, Chicago a longtemps été la ville de l'abattage de bestiaux, ce qui a valu à ses habitants une réputation d'amateurs de steak servi avec des patates. Les temps ont bien changé toutefois puisque, aujourd'hui, la Ville des Vents est considérée comme l'un des terreaux les plus fertiles pour l'élaboration de la nouvelle cuisine américaine, comme l'une des villes les plus dynamiques des États-Unis en matière de gastronomie.

Ce virage est notamment dû à l'émergence de chefs dont la réputation a bien vite dépassé les limites de la ville. Le plus connu d'entre eux, et aux yeux de plusieurs celui qui a lancé le mouvement, est **Charlie Trotter**, chef-propriétaire du célèbre restaurant éponyme fondé en 1987 dans le quartier de Lincoln Park, qui a toutefois, à la surprise générale, fermé ses portes en 2012.

Quelques chefs de grand talent ont aussi contribué, à cette époque, à mettre à l'avant-scène la fine cuisine française, qui a elle-même grandement inspiré ceux qui ont inventé la cuisine dite «américaine contemporaine». **Jean Joho**, de l'**Everest** (voir p. 223), ainsi que **Roland et Mary Beth Liccioni**, à l'origine du restaurant **Les Nomades** (voir p. 241), comptent parmi ceux-ci. Quant à **Rick Bayless**, il s'est plutôt tourné vers les cuisines régionales mexicaines avec ses très appréciés **Frontera Grill** et **Topolobampo** (voir p. 233), ainsi que son tout récent **Xoco** (voir p. 232).

Au cours des dernières années, plusieurs jeunes chefs ont fait leurs premières armes aux côtés de ces pionniers avant de voler de leurs propres ailes. Parmi ceux-ci, mentionnons **Paul Kahan** (**Blackbird**, voir p. 249; **avec**, voir p. 248; **The Publican**, voir p. 249), **Shawn McClain** (**Green Zebra**, voir p. 247), **Gale Gand** et **Rick Tramonto** (à l'origine de la création de **Tru**, voir p. 231).

Puis, avec des chefs avant-gardistes comme **Homaro Cantu** (**Moto**, voir p. 249), **Grant Achatz** (**Alinea**, voir p. 245; **Next**, voir p. 249) et **Graham Elliott Bowles** (à l'origine du **Avenues**, fermé en 2012, et maintenant propriétaire du **Graham Elliot**, voir p. 238, et du **Grahamwich**, voir p. 235), c'est d'une cuisine américaine progressive qu'on parle maintenant, au nom de laquelle toutes les expérimentations et les audaces sont permises.

naires en vogue de Chicago. Avec un nom pareil, on aura compris que le porc tient une place importante, bien que non exclusive, sur le menu. Oreilles de porc frites, pâté de foie de porc et queue de porc braisée ne constituent que quelques exemples parmi les nombreux plats proposés en petites portions, ce qui permet d'en essayer plusieurs et de se les partager entre convives. Signalons la présence d'un immense bar, avec un choix impressionnant de vins et de bières. Notez qu'il n'est pas possible de réserver, si bien que, certains soirs, l'attente peut s'avérer assez longue compte tenu de la grande popularité des lieux.

RL Restaurant $$$
dim-jeu 11h à 22h, ven-sam 11h à 23h; Polo Ralph Lauren, 115 E. Chicago Ave., 312-475-1100, www.rlrestaurant.com

Situé dans le même édifice que la chic boutique **Polo - Ralph Lauren** (voir p. 298), le RL Restaurant constitue la première incursion du célèbre styliste dans le monde de la restauration. Dans une salle à manger empreinte de classicisme est servie une cuisine américaine où les steaks occupent la première place sur le menu.

The Saloon $$$
dim-jeu 11h30 à 22h, ven-sam 11h30 à 23h; 200 E. Chestnut St., 312-280-5454, www.saloonsteakhouse.com

The Saloon est une de ces *steakhouses* (grilladeries) de qualité, nombreuses à Chicago.

Outre les steaks en tout genre qui, comme il se doit, garnissent le menu, il y a aussi des plats de dinde, de poulet, de canard et de poisson. Le chaleureux décor de l'établissement est empreint de classicisme avec son mobilier de bois foncé et ses fauteuils de cuir.

The Cape Cod Room $$$$
tlj 17h30 à 22h; The Drake Hotel, 140 E. Walton Pl., 312-787-2200

À l'intérieur de l'historique **Drake Hotel** (voir p. 194) se cache un restaurant tout aussi légendaire, The Cape Cod Room. Son ouverture remonte à 1933, et c'est depuis ce moment que l'établissement est réputé pour ses fruits de mer. Le décor, tout en favorisant un haut niveau de confort, reprend des éléments propres au monde des marins de la Nouvelle-Angleterre, ce qui lui confère une touche un peu rétro. Pour le palais, queues de homard, filet de sole meunière, crabe et bouillabaisse rivalisent sur le menu. Belle carte des vins. Tenue de ville requise.

The Capital Grille $$$$
lun-jeu 11h30 à 22h, ven 11h30 à 23h, sam 17h à 23h, dim 17h à 22h; 633 N. St. Clair St., 312-337-9400, www.thecapitalgrille.com

À l'angle des rues St. Clair et Ontario, dans la tour de verre qui abrite le **Hyatt Chicago Magnificent Mile** (voir p. 193), se cache une grilladerie à la new-yorkaise: The Capital Grille. De grands lustres Art déco accrochés à de hauts plafonds, des peintures anciennes aux murs et un long bar sur la gauche confèrent au restaurant une allure de club privé. De petits salons semi-privés sont disponibles pour ceux qui recherchent plus d'intimité. Il est à noter que les steaks, délicieux, sont servis seuls; tous les mets d'accompagnement doivent être choisis séparément à la carte. Excellente carte des vins.

Lawry's $$$$
lun-jeu 17h à 22h, ven-sam 17h à 23h, dim 16h à 21h; 100 E. Ontario St., 312-787-5000, www.lawrysonline.com

Pour les carnivores amateurs de steaks bien juteux, Lawry's est une sorte d'institution à Chicago. Aménagé dans le cadre feutré d'une maison ancienne qui lui donne l'aspect d'un club privé, l'établissement compte plusieurs salles à manger distinctes. Prenez toutefois le temps de siroter un martini au superbe bar avant de vous attabler. Vous contemplerez alors les boiseries, le grand lustre et l'escalier monumental qui contourne le bar. Une fois que vous

serez attablé, confortablement installé dans un fauteuil à haut dossier, on procédera à la coupe de votre steak devant vos yeux, pour qu'il soit à votre goût. Notez que les légumes doivent être commandés séparément à la carte.

Michael Jordan's Steak House $$$$
lun-jeu 11h à 22h, ven-sam 11h à 23h, dim 11h à 21h; InterContinental Hotel, 505 N. Michigan Ave., 312-321-8823, www.mjshchicago.com

Le légendaire Michael Jordan est de retour à Chicago avec ce restaurant qui a remplacé à l'automne 2011 l'ancien Zest de l'**InterContinental Hotel** (voir p. 194). Comme son prédécesseur, l'établissement occupe deux niveaux: au rez-de-chaussée se trouve la portion bar et, à l'étage, s'étend la très grande salle à manger principale. Il s'agit d'une autre de ces grilladeries qui pullulent dans la Ville des Vents, au menu de laquelle s'alignent diverses coupes de bœuf, de même que quelques plats de saumon, de homard et de poulet. Sur la carte des desserts, le gâteau composé de 23 couches de chocolat (23 était le numéro de dossard de la superstar du basket) attire à coup sûr l'attention.

NoMI Kitchen $$$$
lun-jeu 6h30 à 22h, ven 6h30 à 23h, sam 7h à 23h, dim 7h à 22h; Park Hyatt Chicago, 800 N. Michigan Ave., 312-239-4030

Le NoMI Kitchen est le restaurant installé au septième étage de l'hôtel **Park Hyatt Chicago** (voir p. 195). Grâce à sa superbe verrière inclinée, il offre une vue incroyable sur la Water Tower, dramatiquement éclairée en soirée, ce qui lui confère un cachet romantique inégalable. Attenant à la salle à manger, et la séparant du bar, le cellier, avec ses 10 000 bouteilles, est également à voir. L'établissement a fait l'objet d'une rénovation récente qui lui a donné une allure plus décontractée. Côté nourriture, c'est vers la nouvelle cuisine américaine que la maison s'est réorientée. Un brunch est proposé le dimanche entre 11h15 et 14h30. Fort jolie terrasse ouverte en saison.

The Signature Room $$$$
lun-jeu 11h à 22h, ven-sam 11h à 23h, dim 10h à 22h; John Hancock Center, 875 N. Michigan Ave., 312-787-9596, www.signatureroom.com

Inutile de vanter la vue que l'on a depuis le chic restaurant niché au 95ᵉ étage du **John Hancock Center** (voir p. 135): The Signature Room. Malheureusement, ça se gâte toutefois quand il s'agit d'évaluer la cuisine, ordinaire pour le prix, et surtout le service, froid et parfois même expéditif. Brunch très couru le dimanche de 10h à 14h.

Spiaggia $$$$
lun-jeu 18h à 21h30, ven-sam 17h30 à 22h30, dim 18h à 21h; One Magnificent Mile Building, 980 N. Michigan Ave., 2ᵉ étage, 312-280-2750, www.spiaggiarestaurant.com

Il a du style, le Spiaggia, avec ses très hauts plafonds, ses larges baies vitrées avec vue sur l'Oak Street Beach, ses colonnes de marbre noir et son audacieuse décoration postmoderne. La nourriture, quant à elle, ne vient pas trahir ce cadre prometteur, bien au contraire. Au Spaggia, la cuisine italienne atteint des sommets de finesse : *ravioli di ricotta con caciotta toscana, dentice in acqua pazza, faraona alle vérza...* de la douce musique à l'oreille de tout gourmet. Pianiste tous les soirs. Il y a aussi le **Café Spiaggia** *($$$; lun-jeu 11h30 à 21h30, ven-sam 11h30 à 22h30, dim 11h30 à 21h; 312-280-2750)*, sorte de trattoria plus décontractée, aménagée dans deux ailes étroites. Réservations recommandées.

Tru $$$$
lun-jeu 18h à 22h, ven 17h30 à 23h, sam 17h à 23h, dim fermé; 676 N. St. Clair St., 312-202-0001, www.trurestaurant.com

C'est toute une commotion qu'a provoquée le Tru en recevant les meilleures notes d'à peu près tous les chroniqueurs gastronomiques de Chicago dès son ouverture, en 1999 : du jamais vu! Encore aujourd'hui, l'établissement continue d'éblouir avec sa nouvelle cuisine française des plus inspirées et créatives. La présentation artistique des plats, tous concoctés avec des produits frais du marché, constitue toujours la signature de la maison. Tenue de ville exigée.

Le River North

Voir carte p. 210.

Les abords de la rivière

Cyrano's Bistrot $$
lun-jeu 17h à 22h, ven-sam 17h à 24h, dim fermé; 546 N. Wells St., 312-467-0546

Le Cyrano's Bistrot propose un voyage culinaire dans le sud-ouest de la France. Il faut essayer la bouillabaisse ou encore les spécialités de lapin ou de canard. Ambiance romantique. Belle sélection de vins, à bon prix. Terrasse en saison.

Dick's Last Resort $$
dim-jeu 11h à 24h, ven-sam 11h à 2h; 315 N. Dearborn St., 312-836-7870, www.dickslastresort.com

Autrefois tapi dans le River East Art Center, le Dick's Last Resort est maintenant installé au pied de la tour ouest du complexe de Marina City, aux abords de la Chicago River. Cela dit, côtes levées, fruits de mer et poulet grillé constituent toujours l'essentiel de son menu. Le brunch du samedi et du dimanche, servi sur fond de musique des Beatles, attire les foules. L'établissement est aussi un bar (voir p. 270) où des groupes rock se produisent tous les soirs.

Harry Caray's $$
lun-jeu 11h30 à 22h30, ven-sam 11h30 à 23h, dim 11h30 à 22h; 33 W. Kinzie St., 312-828-0966, www.harrycarays.com

Avec, à l'extérieur, sa grande banderole reprenant le cri de ralliement du célèbre commentateur des matchs des Cubs (*Holy Cow!*) et la grande murale publicitaire de Budweiser où notre héros apparaît souriant avec ses légendaires et gigantesques lunettes, on craint le pire en entrant chez Harry Caray's. Heureusement, l'intérieur n'a strictement rien à voir avec le kitsch de l'extérieur. Il y a bien un bar pour suivre les matchs sur la droite en entrant, mais il s'avère tout à fait charmant et décoré avec goût. Un couloir menant vers la gauche conduit à deux grandes salles à manger aménagées côte à côte. Chacune est ornée de meubles et de boiseries foncés, ainsi que de ventilateurs de plafond. Partout ailleurs, les murs sont littéralement recouverts de photographies sportives, sur plusieurs desquelles on aperçoit le regretté Harry Caray, une figure éminemment populaire dans la Ville des Vents. Vous pourrez déguster au restaurant qui porte son nom les spécialités italiennes classiques (raviolis au fromage, lasagne aux fruits de mer), de même que certains plats de cuisine américaine (steak grillé, poulet Vesuvio). Au dessert, laissez-vous tenter par le gâteau aux carottes, délicieux. Finalement, en sortant, vous verrez une mini-boutique qui vous invite à rapporter un souvenir de votre passage dans cette institution de Chicago.

House of Blues $$

lun-jeu 11h30 à 22h, ven-sam 11h30 à 23h, dim 10h à 22h; 329 N. Dearborn St., 312-923-2000, www.houseofblues.com

La House of Blues est à la fois une salle de spectacle où se produisent les meilleurs musiciens américains et un restaurant. On y prépare des spécialités propres au sud des États-Unis: jambalaya, étouffées, pouding au pain. Des musiciens de blues égaient le déjeuner du lundi au vendredi et le dîner du mercredi au samedi. Le dimanche, c'est au rythme de chants gospel qu'est servi le brunch. L'ensemble se cache derrière la tour ouest du complexe de Marina City.

India House $$

dim-jeu 11h à 22h, ven-sam 11h à 23h; 59 W. Grand Ave., 312-645-9500, www.indiahousechicago.com

À l'India House, vous aurez l'embarras du choix grâce à la vaste sélection de quelque 250 spécialités indiennes inscrites au menu. Parmi celles-ci figurent des préparations d'agneau et de poulet, des fruits de mer et des mets végétariens. Dans sa chaleureuse salle à manger, on remarque tout particulièrement la cuisine vitrée et son four tandouri. Un grand buffet est proposé tous les midis.

Rock Bottom $$

tlj 11h à 2h; 1 W. Grand Ave., 312-755-9339, www.rockbottom.com

Au Rock Bottom, on brasse sur place des bières blondes, rousses et brunes. Les clients peuvent choisir de s'installer à l'intérieur du grand bar avec écran géant sur la droite, dans la salle à manger principale sur la gauche, ou à la terrasse située sur le toit. Depuis peu, le Rock Bottom abrite le **RB Grille** *(lun-ven 16h à 23h, sam-dim 10h à 23h; 312-755-0890)*, une sorte de «restaurant dans le restaurant». Il s'agit d'une *steakhouse* où les clients s'attablent confortablement dans une petite salle chaleureuse. En plus des bières qui ont fait la réputation de la maison, on y propose un bon choix de vins.

Xoco $$

mar-jeu 8h à 21h, ven-sam 8h à 22h, dim-lun fermé; 449 N. Clark St., 312-334-3688, www.rickbayless.com

Le Xoco est le nouveau resto du réputé chef Rick Bayless, à qui l'on doit les très appréciés **Topolobampo** et **Frontera Grill** (voir p. 233). Il s'agit d'une sorte de comptoir où sont servis des *tortas* (sandwichs à la viande braisée au four à bois) et des *caldos*

(soupes à la viande) mexicains, ainsi que de succulents chocolats chauds (excellents!). La majorité des places assises (40 à peine) sont des tabourets de bar. Attention: il y a souvent une longue file d'attente ici.

Bin 36 $$$

tlj petit déjeuner, déjeuner, dîner; 339 N. Dearborn St., 312-755-9463, www.bin36.com

Situé au pied de l'**Hotel Sax Chicago** (voir p. 198), le Bin 36 constitue une agréable addition aux bonnes tables de Chicago. Tout dans cet établissement tourne autour du thème vinicole. Ainsi, on y trouve un sympathique bar où sont servis plus de 50 vins au verre, de même qu'une impressionnante variété de fromages. Ensuite, il y a «The Tavern», une salle à manger décontractée installée dans un grand atrium. Puis, dans la salle principale, dénommée «The Cellar», on a recréé l'atmosphère d'un cellier grâce à divers artifices tels un plafond bas et des murs de liège. Le menu de cuisine américaine contemporaine proposé dans ces deux salles comprend quelques suggestions de vins pour accompagner chaque plat, tous servis au verre ou à la bouteille. Finalement, une boutique où il est possible de se procurer de bonnes bouteilles complète le tout.

Coco Pazzo $$$

lun-jeu 11h30 à 22h30, ven 11h30 à 23h, sam 17h30 à 23h, dim 17h à 22h; 300 W. Hubbard St., 312-836-0900, www.cocopazzochicago.com

L'un des restaurants italiens les plus appréciés de Chicago est sans doute le Coco Pazzo. Les convives adorent son décor classique et chaleureux autant que sa savoureuse cuisine toscane. Le menu à lui seul fait voyager: *salmone al forno con lenticchie* (saumon cuit au four, servi avec lentilles), *pappardelle verdi alla Bolognese* (nouilles fourrées aux épinards sauce bolognaise), *costoletta di vitello alla Griglia* (côtelettes de veau grillées avec champignons sauvages et pommes de terre). Terrasse en saison. À noter qu'il y a aussi le plus décontracté **Coco Pazzo Cafe** (voir p. 226), dans St. Clair Street.

GT Fish and Oyster $$$

lun-jeu 11h30 à 23h, ven 11h30 à 24h, sam 10h à 24h, dim 10h à 23h; 531 N. Wells St., 312-929-3501, http://gtoyster.com

Inauguré en mars 2011, le GT Fish and Oyster est rapidement devenu un établissement

La *deep-dish pizza*

Pour certains, la *deep-dish pizza* (aussi appelée *Chicago-style pizza ou pan pizza*) constitue la plus notable contribution de la Ville des Vents à l'art culinaire américain... Comme son nom l'indique, on la prépare dans un moule profond qui, à sa sortie du four (après 45 min), libère une pizza de 6 cm ou 7 cm d'épaisseur convenant bien aux gros appétits.

On reconnaît à Ike Sewell, cofondateur avec Ric Riccardo de la Pizzeria Uno en 1943 et de la Pizzeria Due en 1955, la paternité de ce plat typiquement chicagoen. Sewell est mort de la leucémie en 1990, mais pas avant que son concept n'ait été diffusé et que l'on ne retrouve une cinquantaine de restaurants Pizzeria Uno à travers les États-Unis.

Quelques restaurants où savourer une authentique *deep-dish pizza* : les établissements originaux **Pizzeria Uno** (29 E. Ohio St.) et **Pizzeria Due** (619 N. Wabash Ave.), celui de **Gino's East** (633 N. Wells St.) et ceux de la mini-chaîne locale **Lou Malnati's** (439 N. Wells St.; 1120 N. State St.).

couru de Chicago. Miroirs et parois de verre donnent une illusion de grandeur à la salle à manger, dont on ne peut par ailleurs manquer la grande fresque qui rend hommage au premier homme à avoir osé manger une huître... Mais au-delà du décor, ce sont les rouleaux de homard, le *fish and chips* et la terrine de crevettes et de foie gras qui ont su séduire si vite les aficionados de fruits de mer de la Ville des Vents. Un brunch est proposé les samedi et dimanche entre 10h et 14h30.

Havana $$$
lun-jeu 11h à 22h, ven 11h à 2h, sam 12h à 3h, dim fermé; 412 N. Clark St., 312-644-1900, www.havanachicago.com

Derrière la façade de l'ex-Mambo Grill se cache depuis 2009 le Havana, avec son décor plutôt élégant qui rappelle La Havane d'avant la Révolution. Ce nouveau venu, comme son prédécesseur, propose une fusion de diverses cuisines latines. *Empanadas, guacamole, enchiladas,* steaks et sandwichs cubains s'alignent sur le menu. Beau choix de tequilas, de rhums et de cocktails caribéens.

Frontera Grill $$$
mar-jeu 11h30 à 22h, ven 11h30 à 23h, sam 10h30 à 23h, dim-lun fermé; 445 N. Clark St., 312-661-1434, www.rickbayless.com

Les amateurs de mets mexicains trouveront leur compte au Frontera Grill, d'abord parce qu'il s'agit d'un agréable endroit où faire la fête, et aussi parce qu'il abrite un second «restaurant dans le restaurant», soit

le **Topolobampo** ($$$$; *mar-jeu 11h30 à 21h30, ven 11h30 à 22h30, sam 17h30 à 22h30, dim-lun fermé*). Le premier, minuscule et fort populaire, sert une cuisine mexicaine authentique dans un cadre décontracté et jovial, alors que le second se veut plus élégant et propose un menu plus raffiné, quoiqu'il soit tout aussi authentique. Excellent choix de tequilas et de bières mexicaines. L'adresse à retenir si l'on veut manger mexicain à Chicago, et même goûter des spécialités régionales méconnues.

Rockit Bar & Grill $$$
lun-mer 11h30 à 1h, jeu-ven 11h30 à 2h, sam 10h30 à 3h, dim 10h30 à 1h30; 22 W. Hubbard St., 312-645-6000, www.rockitbarandgrill.com

Un menu classique de hamburgers, salades, sandwichs et pizzas est proposé dans ce resto-bar qui se donne des allures branchées. Mais chacun de ces classiques est apprêté de façon originale, ce qui donne un cachet particulier à l'établissement. Ainsi, les hamburgers sont préparés avec du bœuf, mais aussi avec du homard, du thon ou de la dinde. Le Rockit s'étend sur deux niveaux: sa salle à manger principale se trouve au rez-de-chaussée et son bar sportif, avec ses écrans plats et ses tables de billard, à l'étage. Un brunch est servi les samedi et dimanche entre 10h et 16h.

Sable Kitchen & Bar $$$
lun-mer 6h30 à 23h, jeu-ven 6h30 à 24h, sam 7h à 24h, dim 7h à 23h; Hotel Palomar Chicago, 505 N. State St., 312-755-9704, www.sablechicago.com

Le restaurant de l'Hotel Palomar se décrit comme un *American gastro-lounge*. En clair, cela signifie que, dans un décor sensuel qui évoque les années 1940, on propose ici un impressionnant choix de cocktails et une inventive cuisine américaine. Il est possible de choisir la formule dite *social plate*, qui permet de sélectionner une combinaison de mets en petites portions sur les cartes des hors-d'œuvre, des poissons, des produits de la ferme et des viandes. Le tout est alors servi dans une assiette à compartiments. Terrasse en saison. Brunch servi les samedi et dimanche de 7h à 14h.

Shaw's Crab House $$$

lun-jeu 11h30 à 22h, ven 11h30 à 23h, sam 17h à 23h, dim 10h à 22h; 21 E. Hubbard St., 312-527-2722, www.shawscrabhouse.com

Il convient de réserver pour espérer goûter les fruits de mer du Shaw's Crab House. Il y a tout d'abord le Blue Crab Lounge, son «bar à huîtres» perpétuellement encombré où il fait chaud à mourir, puis il y a la salle à manger principale, bruyante et animée en tout temps. De toute évidence, ce n'est pas pour le décor ou le confort que les foules se pressent ici. Ce qui attire tous ces gens, ce sont les succulents plats de homard du Maine, de saumon de l'Alaska, de flétan du Pacifique, de crabe de Virginie, etc. Musiciens de blues ou de jazz dès 19h au Blue Crab Lounge, du dimanche au jeudi. Un brunch est servi le dimanche entre 10h et 13h30.

Brazzaz $$$$

lun-jeu 11h à 22h, ven 11h à 22h30, sam 16h à 22h30, dim 13h à 21h30; 539 N. Dearborn St., 312-595-9000, www.brazzaz.com

Brazzaz se veut une grilladerie à la brésilienne. Aussi la salle à manger, des plus élégantes, arbore-t-elle des couleurs vives qui évoquent la chaleur de l'Amérique du Sud. Les steaks y sont proposés en quelque 16 coupes différentes, effectuées devant vous à votre table. Des plats de fruits de mer apparaissent aussi au menu, et la présence d'un impressionnant comptoir à salades doit également être signalée.

Gene & Georgetti $$$$

lun-sam 11h à 24h, dim fermé; 500 N. Franklin St., 312-527-3718, www.geneandgeorgetti.com

En plus des gigantesques steaks dont raffolent ses clients, Gene & Georgetti apprête fruits de mer et spécialités italo-américaines comme le poulet Vesuvio. En voyant ses murs de bois foncé ainsi que ses fauteuils et banquettes de cuir, vous comprendrez rapidement que ce n'est pas le décor qui a fait la réputation de cet établissement la plupart du temps bondé. Réservations fortement recommandées.

Keefer's $$$$

lun-jeu 11h30 à 22h, ven 11h30 à 22h30, sam 17h à 22h30, dim fermé; 20 W. Kinzie, 312-467-9525, www.keefersrestaurant.com

Une grande grilladerie classique, le côté guindé en moins, voilà de quoi il en retourne chez Keefer's. Son vaste espace circulaire est subdivisé en deux salles que séparent un bar et un cellier. C'est dans une ambiance décontractée que l'on savoure ici les steaks affichés au menu, ou encore les diverses préparations de veau, d'agneau, de poissons et de fruits de mer qui y figurent également. Terrasse en saison. Prix quelque peu élevés.

Naha $$$$

lun-jeu 11h30 à 21h30, ven 11h30 à 22h, sam 17h30 à 22h, dim fermé; 500 N. Clark St., 312-321-6242, www.naha-chicago.com

Le restaurant Naha propose, dans un décor design et minimaliste, une cuisine américaine parsemée de touches méditerranéennes, que mitonne la chef et copropriétaire Carrie Nahabedian. Quelques exemples: le steak grillé avec macaronis gratinés, la poitrine de canard laqué, le bœuf braisé accompagné de cannellonis.

Sixteen $$$$

tlj 6h30 à 22h; Trump International Hotel and Tower, 401 N. Wabash Ave., 312-588-8000, www.sixteenchicago.com

C'est au 16e étage du luxueux **Trump International Hotel and Tower** (voir p. 199) que se niche ce fabuleux nouveau venu de la scène gastronomique de Chicago. À l'arrivée, on note sur la droite la présence d'un bar assez grand et, droit devant, d'une très belle salle à manger au très haut plafond duquel pend un immense lustre moderne. Et il y a aussi une exceptionnelle terrasse d'où l'on a une vue superbe sur la Chicago River, jusqu'au lac Michigan, et notamment sur l'émouvant Wrigley Building, juste à côté. C'est une nouvelle cuisine américaine des plus éclectiques qui est servie ici. Aussi retrouve-t-on sur le menu, qui change fréquemment, des plats aussi variés que le porc braisé avec roulade d'ananas, le risotto au bacon et les cannellonis de homard. Bon choix de fromages et impressionnante carte des vins. Brunch le dimanche entre 11h et 14h30.

Smith & Wollensky $$$$
lun-jeu 11h30 à 1h, ven-sam 11h30 à 1h30, dim 11h à 24h; Marina City, 318 N. State St., 312-670-9900, www.smithandwollensky.com
Smith & Wollensky, la célèbre grilladerie de New York, a maintenant pignon sur rue (ou plutôt sur rivière...) à Chicago. Installé au pied du complexe de **Marina City** (voir p. 138), l'établissement se prolonge d'une jolie terrasse donnant sur la Chicago River. Les salles intérieures sont quant à elle richement décorées et agrémentées d'œuvres d'art. Mais c'est d'abord et avant tout pour les steaks qu'on vient ici, car ils sont tendres et succulents.

Ohio Street et Ontario Street

Ed Debevic's $
lun-jeu 11h à 21h, ven 11h à 23h, sam 9h à 23h, dim 9h à 21h; 640 N. Wells St., 312-664-1707, www.eddebevics.com
Un authentique *diner* chromé à la mode des années 1950, voilà l'Ed Debevic's. Les serveuses et serveurs sont costumés comme à l'époque, «coq en six» et favoris compris, et peuvent à l'occasion se laisser aller à danser le rock-and-roll sur la musique provenant du juke-box. Au menu: *burgers, cherry Coke* et *milk shakes*. Idéal pour les sorties en famille.

Grahamwich $
tlj 8h à 17h; 615 N. State St., 312-265-0434, www.grahamwich.com
L'estimé chef Graham Elliot Bowles, à qui l'on doit le **Graham Elliot** (voir p. 238), a créé ce comptoir à sandwichs haut de gamme dans le bâtiment historique qui abrita jadis les **Lambert Tree Studios** (voir p. 140). Une façon comme une autre de se familiariser avec la cuisine inventive du chef-vedette.

McDonald's 50th Anniversary Restaurant $
24h sur 24; 600 N. Clark St., 312-664-7940
L'établissement de la célèbre chaîne de restauration rapide qui se trouvait ici jusqu'à il y a quelques années à peine attirait l'attention, car il s'agissait d'un véritable musée de la culture pop américaine. Mais en 2005, pour célébrer les 50 ans de la maison, on a démoli l'ancien temple kitsch pour le remplacer par un restaurant aux lignes futuristes, spectaculaire mais sans charme particulier. Pour les nostalgiques toutefois, on a conservé quelques pièces qui ornaient l'ancien restaurant dans une sorte de vitrine située dans le stationnement: statue grandeur nature des Beatles, Corvette rouge décapotable 1959, souvenirs d'Elvis...

Portillo's Hot Dogs/Barnelli's Pasta Bowl $
100 W. Ontario St., 312-587-8930, www.portillos.com
Portillo's Hot Dogs et Barnelli's Pasta Bowl se partagent un spacieux local situé juste en face du McDonald's 50th Anniversary Restaurant. L'un sert hot-dogs, hamburgers, frites et compagnie, alors que l'autre apprête pâtes, pizzas et côtes levées. Après avoir commandé à l'un de ces deux comptoirs, on peut choisir de s'attabler à l'intérieur (deux étages) ou de manger à la terrasse qui donne sur Clark Street. Avec sa vieille bagnole suspendue au plafond, l'intérieur évoque un décor de cinéma qui lui-même évoquerait le Chicago de l'époque de la Prohibition.

The Big Bowl Cafe $$
dim-jeu 11h30 à 22h, ven-sam 11h30 à 23h; 60 E. Ohio. St., 312-951-1888, www.bigbowl.com
Cet établissement d'Ohio Street est l'un des derniers-nés de la chaîne locale **Big Bowl** (voir aussi p. 242). On y retrouve la recette qui a fait le succès de la maison: cuisine asiatique simple (nouilles, soupes) et à prix abordable, servie dans une atmosphère de café sympathique.

Gino's East $$
lun-jeu 11h à 21h, ven-sam 11h à 24h, dim 12h à 21h; 633 N. Wells St., 312-988-4200, www.ginoseast.com
En 2000, Gino's East a déménagé ses pénates de son adresse hyper connue de Superior Street East (rouverte depuis toutefois; voir p. 227) jusqu'à ces vastes nouveaux locaux qui, dans une vie antérieure, ont hébergé la succursale locale de la chaîne Planet Hollywood. C'est donc toujours pour déguster la savoureuse *deep-dish pizza* qui a fait la renommée de l'établissement que les familles s'entassent dans cette institution de la ville, fondée en 1966. Sachez de plus que, malgré le déménagement, la tradition a été maintenue: on remet toujours aux enfants

des crayons de cire en les invitant à créer des graffitis où bon leur semble.

Hard Rock Cafe $$
lun-jeu 11h à 23h, ven-sam 11h à 1h, dim 11h à 22h;
63 W. Ontario St., 312-943-2252, www.hardrock.com
Chicago a bien sûr son Hard Rock Cafe, établissement membre de la célébrissime chaîne internationale. La gigantesque guitare électrique qui lui sert d'enseigne extérieure rend ce restaurant thématique visible à des lieues à la ronde. Comme dans les autres établissements de la chaîne, l'intérieur est un véritable musée du rock-and-roll, avec ses centaines de souvenirs, costumes de scène, guitares, etc., ayant appartenu aux *rock stars* de tout acabit. Au menu : hamburgers, clubs sandwichs et autres spécialités rappelant les *fifties* (années 1950) américaines. Côté dessert, la tarte aux pommes vaut à elle seule le déplacement. Il est possible de s'installer sur une agréable terrasse. Un conseil, réservez votre table, car l'endroit est souvent bondé (surtout le samedi soir). Voir aussi la section «Sorties», p. 271.

Pizzeria Uno $$
lun-ven 11h à 1h, sam 11h à 2h, dim 11h à 23h;
29 E. Ohio St., 312-321-1000, www.unos.com
La Pizzeria Uno s'autoproclame la *birthplace of deep-dish pizza*. Il s'agit d'un endroit extrêmement sympathique où la *deep-dish pizza* (préparée dans un moule profond, donc épaisse), justement, est savoureuse à souhait. Cette Pizzeria Uno, fondée au début des années 1940, constitue le restaurant original de ce qui est devenu une importante chaîne aux États-Unis. Il y a une petite terrasse à l'avant, alors que la salle intérieure, bien qu'un peu sombre, s'avère chaleureuse avec son bar à l'entrée et ses tables peu éloignées les unes des autres. Surtout, évitez de vous arrêter ici si vous êtes pressé : la préparation d'une pizza nécessite près d'une heure...

Pizzeria Due $$
dim-jeu 11h à 1h30, ven-sam 11h à 2h30;
619 N. Wabash Ave., 312-943-2400, www.unos.com
La Pizzeria Due, située à peine une rue plus loin que la Pizzeria Uno, propose pratiquement la même formule dans une belle maison victorienne grise et verte. Les mêmes propriétaires que la Pizzeria Uno (voir ci-

dessus) exploitent d'ailleurs cette seconde adresse qui a vu le jour en 1955.

Rainforest Cafe $$
lun-jeu 11h à 21h30, ven 11h à 22h30, sam 11h à 23h, dim 11h à 21h; 605 N. Clark St., 312-787-1501, www.rainforestcafe.com
L'un des plus populaires restaurants thématiques du couloir d'Ontario Street, le Rainforest Cafe recrée à l'intérieur de ses murs l'humide atmosphère d'une forêt équatoriale. Vous l'aurez compris, c'est la vague écolo et écotouristique qu'exploite cette chaîne de restos-bars. L'extérieur, avec sa grenouille géante sur le toit et ses murs couverts de fresques où l'on remarque divers animaux de la jungle, annonce ce qu'on retrouvera à l'intérieur : une vision fantaisiste de ce type d'écosystème. Ainsi, après que vous vous serez introduit à l'intérieur des lieux par la boutique de souvenirs, votre regard sera attiré par des cascades, des aquariums, des rochers, des lianes et des animaux mécaniques. Retenez qu'on ne va pas dans ce restaurant pour se détendre, car il y règne, sur deux étages, la cohue la plus totale. Le menu est quant à lui beaucoup moins exotique : salades, pâtes, pizzas, poulet.

Carson's $$$
dim-jeu 11h30 à 22h, ven-sam 11h30 à 23h;
612 N. Wells St., 312-280-9200, www.ribs.com
Carson's, c'est le spécialiste des côtes levées à Chicago ou, comme le dit son slogan, *The Place for Ribs*. L'établissement est à ce point populaire qu'il faut, la plupart du temps, faire la file avant de pouvoir s'y attabler. Pour ceux que les côtes levées laissent indifférents, le menu affiche aussi quelques autres plats, comme le poulet rôti et les côtelettes de porc.

Osteria Via Stato $$$-$$$$
lun-jeu 11h30 à 22h, ven-sam 11h30 à 23h, dim 17h à 21h30; Embassy Suites Hotel, 620 N. State St., 312-642-8450, www.osteriaviastato.com
Presque anonyme vu de l'extérieur, l'Osteria Via Stato, situé dans l'**Embassy Suites Hotel** (voir p. 197), constitue une jolie découverte. Dans une salle au décor rustique mais confortable, vous dégusterez une belle variété de spécialités gastronomiques italiennes. Pour un prix fixe de 39$ par personne, on vous servira un repas composé d'un *antipasto*, de deux services de pâtes

et d'un plat de viande. Se trouve aussi sur place la Pizzeria Via Stato, avec son menu plus léger composé de pizzas cuites au four à bois et de salades.

Chicago Chop House $$$$
lun-jeu 17h à 23h, ven 17h à 23h30, sam 16h à 23h30, dim 16h à 23h; 60 W. Ontario St., 312-787-7100, www.chicagochophouse.com

Il faut réserver pour espérer avoir accès à la Chicago Chop House, une populaire *steakhouse* (grilladerie) de trois étages d'Ontario Street. Pour le propriétaire, son établissement se devait de rendre hommage au bœuf, cette viande qui, dès l'époque des *stockyards* (parcs à bestiaux), a mis Chicago sur la carte gastronomique américaine. Il en résulte un menu composé de savoureux filets mignons, de *New York strips* et de *T-bone steaks*. L'endroit s'avère par ailleurs extrêmement chaleureux avec ses boiseries foncées, son impressionnante collection de photographies historiques de la ville et les airs joués tous les soirs par le pianiste maison au rez-de-chaussée.

David Burke's Primehouse $$$$
lun-jeu 7h à 21h30, ven-sam 7h à 22h30, dim 7h à 21h; The James Chicago, 616 N. Rush St., 312-660-6000, http://davidburkesprimehouse.com

Le restaurant du **James Chicago** (voir p. 198) se présente comme une grilladerie moderne au décor branché, à l'image même de l'établissement hôtelier. Mais, au-delà du design, ce que vous trouverez dans votre assiette ne vous décevra pas. Ainsi, la bisque de homard, la salade César préparée à votre table, le tartare de saumon ou de thon et, bien sûr, les différentes coupes de bœuf ne constituent que quelques exemples des spécialités de la maison qui devraient savoir vous ravir. Un brunch est proposé le dimanche entre 11h et 14h.

Fogo de Chão $$$$
lun-jeu 11h à 22h, ven 11h à 22h30, sam 16h à 22h30, dim 16h à 21h30; 661 N. LaSalle St., 312-932-9330, www.fogodechao.com

Voici une authentique *steakhouse* (grilladerie) à la brésilienne, dans laquelle règne une ambiance on ne peut plus festive. Pour un prix fixe, vous pouvez goûter à tout, qu'il s'agisse de la longe de porc, de la cuisse d'agneau ou d'une quinzaine d'autres variétés de viandes proposées par les serveurs *gauchos*, qui en font la coupe devant vous, à votre table. Un très grand comptoir à salades et un buffet de mets d'accompagnement permettent en outre de compléter la composition de votre assiette.

Au nord d'Ontario Street

Café Iberico $$
lun-jeu 11h à 23h30, ven-sam 11h à 1h30, dim 11h à 23h; 737 N. LaSalle St., 312-573-1510, www.cafeiberico.com

Les amateurs de tapas se pressent au Café Iberico, un sympathique restaurant familial espagnol comprenant plusieurs salles aux personnalités diverses. C'est que le choix de tapas chaudes ou froides y est impressionnant, qu'elles sont pour la plupart savoureuses et que les prix sont très raisonnables. Salades et soupes apparaissent également au menu, de même que quelques plats principaux (paella, poulet, poissons). Qui plus est, la sangria est excellente!

Café Tempo $$
tlj 24h sur 24; 6 E. Chestnut St., 312-943-4373

Le matin, le Café Tempo ne dérougit pas. Les foules s'y pressent pour ses petits déjeuners copieux: omelettes en tout genre servies directement dans le poêlon, crêpes farcies, *toasts* grecques. Attention toutefois: ces petits déjeuners ne sont pas aussi bon marché que l'on pourrait le croire en observant le service à la bonne franquette qui a cours ici. L'établissement est aussi apprécié des oiseaux de nuit qui s'y donnent rendez-vous après leurs sorties en boîte. Les cartes de crédit ne sont pas acceptées.

Giordano's $$
tlj midi et soir; 730 N. Rush St., 312-951-0747, www.giordanos.com

Giordano's est une chaîne d'une cinquantaine de restaurants italiens très populaire à Chicago. Cette adresse-ci, ouverte à l'automne 1995, est considérée comme la *flagship location*, soit, en quelque sorte, le vaisseau amiral de la flotte. Vous y apprécierez la chaleur des planchers de bois et des murs couverts de photos et de pages anciennes de journaux, ainsi que les tables habillées de nappes à carreaux. L'endroit est célèbre pour sa fameuse *stuffed pizza* (c'est la pâte même qui est farcie avec les garnitures à pizza), à ne pas manquer. On vous demandera d'abord de donner votre commande au comptoir, avant que l'on ne vous assigne une place dans la salle à manger. Derrière ce comptoir, le spectacle des cuistots qui font virevolter les pâtes à pizza saura toutefois rendre votre attente des plus divertissantes.

Bistronomic $$$

lun-mar 17h à 22h, mer-jeu 11h à 22h, ven 11h à 23h, sam-dim 10h à 23h; 840 N. Wabash St., 312-944-8400, www.bistronomic.net

On doit au chef Martial Noguier, autrefois associé au resto one sixtyblue (aujourd'hui fermé) et au Café des Architectes du Sofitel, la création de ce très agréable bistro français. Dès l'entrée, on pénètre dans la salle principale fort animée, au fond de laquelle on remarque un bar qui lui-même dissimule une petite salle plus intime avec tables hautes à l'arrière. Moules, steak frites, tartare, pâté de campagne et autres classiques de bistro, tous apprêtés de manière inventive, apparaissent au menu. Brunch les samedi et dimanche de 10h à 14h30. Terrasse en saison.

Café des Architectes $$$

lun 6h à 17h, mar-dim 6h à 22h; Sofitel Chicago Water Tower, 20 E. Chestnut St., 312-324-4000, www.cafedesarchitectes.com

Le spectaculaire hôtel de la chaîne française Sofitel se devait de proposer un restaurant tout aussi impressionnant en matière de design. C'est le cas du Café des Architectes, dont le décor en met plein la vue. Situé au rez-de-chaussée, dans la portion elliptique du bâtiment, il jouit de larges baies vitrées et d'un haut plafond qui permet toutes les extravagances. On notera par exemple la présence des immenses tableaux représentant d'ambitieux projets architecturaux qui ornent l'un des murs et celle du gigantesque lustre moderne suspendu au-dessus de la grande table ronde qui marque le point central de la salle à manger et qui fut posée sur une amusante moquette en forme de cadran. Au-delà du décor, la cuisine française contemporaine qui y est servie s'avère fort appréciable : espadon mariné, filet mignon, côtelettes d'agneau. Un brunch est servi les samedi et dimanche entre 11h30 et 17h.

Devon $$$

dim-jeu 11h à 22h, ven-sam 11h à 23h; 39 E. Chicago Ave., 312-440-8660, www.devonseafood.com

Les fruits de mer sont à l'honneur dans ce restaurant doté d'un bar au rez-de-chaussée, où l'on propose le même menu que dans la salle principale, située pour sa part au sous-sol. Cette salle à manger, au sobre décor contemporain et à l'éclairage tamisé, convient tout à fait aux dîners en tête-à-tête. Au menu, la bisque de homard s'avère savoureuse, alors que l'assiette combinée (*mixed grill*), composée de saumon, de crevettes, de pétoncles et de crabe, permet de goûter à plusieurs des spécialités de la maison.

Graham Elliot $$$

mer-dim 17h à 22h, lun-mar fermé; 217 W. Huron St., 312-624-9975, www.grahamelliot.com

Graham Elliot Bowles est l'un des jeunes chefs-vedettes de Chicago. Après avoir fait ses classes auprès du légendaire Charlie Trotter, puis avoir ébloui la galerie au Avenues (aujourd'hui fermé), le voici propriétaire de son propre restaurant dans le Gallery District de River North depuis l'été 2008. Il y propose une formule qu'il qualifie de «bistronomique», ce qui, en d'autres mots, signifie qu'il réserve à ses clients une fine cuisine dans une ambiance décontractée (murs de briques, serveurs en jeans). Le menu est plus restreint que celui qu'il a développé jadis pour Avenues, mais on y reconnaît la signature du jeune surdoué. Ainsi, salade César, carpaccio de bœuf, risotto de bouillabaisse, cassoulet d'agneau, tarte au chocolat et autres sont apprêtés et présentés de manière toujours imaginative.

McCormick & Schmick's $$$

dim-ven 11h30 à 22h, sam 11h30 à 24h; 41 E. Chestnut St., 312-397-9500, www.mccormickandschmicks.com

McCormick & Schmick's est un autre des «repaires» favoris des amateurs de poissons et de fruits de mer. Cet établissement appartient à une chaîne réputée originaire de Portland, en Oregon. Le menu propose pas moins d'une trentaine de poissons et crustacés apprêtés de diverses façons. Bar sur la gauche en entrant. Terrasse à l'avant, donnant sur Chestnut Street. À noter que McCormick & Schmick's compte maintenant une seconde adresse à Chicago, dans le Loop (voir p. 222).

Nacional 27 $$$

lun-jeu 17h30 à 21h30, ven-sam 17h30 à 22h30, dim fermé; 325 W. Huron St., 312-664-2727, www.n27chicago.com

Les cuisines du Mexique, de Cuba, du Brésil, de l'Argentine, etc., sont tour à tour en vedette au Nacional 27. En fait, comme son nom l'indique,

La saga de la prohibition du foie gras

Le 26 avril 2006, le conseil municipal de Chicago, qui jugeait la pratique du gavage des oies et des canards trop cruelle, a adopté un règlement interdisant la vente de foie gras. Cette interdiction est officiellement entrée en vigueur le 22 août suivant.

Cet arrêté municipal a évidemment déclenché un débat houleux dans le milieu de la gastronomie. Ainsi, plusieurs chefs se sont regroupés sous le nom de « Chicago Chefs for Choice » afin de contester la décision, et l'association des restaurateurs de l'Illinois a même porté la cause devant les tribunaux. Certains établissements ont pour leur part carrément choisi la voie de la délinquance, en continuant à servir le mets défendu en douce à leurs clients... en accompagnement, ce qui n'apparaît pas sur l'addition.

Par contre, plusieurs restaurateurs se sont rangés de bonne grâce du côté des militants contre la cruauté envers les animaux et ont rayé le foie gras de leur menu. D'autres encore ont mis leur créativité à contribution pour trouver des substituts. Ceux-ci, appelés «faux gras», se sont matérialisés sous forme de foie de canard non gavé, de foie de poulet ou de préparations à base de pois chiches, d'huile d'olive et de vin de paille, dénommées «terrines de foie gras végétariennes».

Mais, deux ans presque jour pour jour après l'adoption de l'interdiction du foie gras, un spectaculaire coup de théâtre est orchestré par le maire Daley, qui avait auparavant exprimé en maintes occasions son désaccord face à cette mesure. Ainsi, le 14 mai 2008, la Ville revient sur sa décision et abroge son règlement à la suite d'un vote fortement majoritaire tenu au conseil municipal. Ce retour à la case départ a été, on s'en doute, bien mal accepté par les militants contre la cruauté envers les animaux, qui jurèrent toutefois que la guerre était loin d'être finie...

27 cuisines latines sont représentées dans cet étonnant restaurant du Gallery District de River North. Le concept prévoit la mise en valeur de l'une de ces cuisines chaque mois. Petite terrasse donnant sur Huron Street. Musique et danse les vendredi et samedi soirs dès 22h30, alors que la section bar de l'établissement demeure ouverte jusqu'aux petites heures.

Rosebud on Rush $$$
dim-jeu 11h à 23h, ven-sam 11h à 24h; 720 N. Rush St., 312-266-6444, http://rosebudrestaurants.com
Aménagé dans une splendide maison victorienne de grès brun, Rosebud on Rush propose une succulente cuisine italienne classique et une atmosphère détendue. Les convives sont invités à s'installer au rez-de-chaussée, à l'étage ou sur la terrasse. Les pâtes, la lasagne entre autres, sont savoureuses et servies en généreuses portions.

Scoozi! $$$
lun-jeu 17h30 à 21h, ven 17h30 à 22h, sam 17h à 22h, dim 16h30 à 20h30; 410 W. Huron St., 312-943-5900
On va chez Scoozi! pour les fruits de mer, les plats de veau, les pâtes et les pizzas.

On y va aussi pour son décor branché et la belle et bruyante clientèle qui fréquente sa grande salle à manger (300 personnes). Pour plusieurs, c'est l'ouverture de ce restaurant, dans les années 1980, qui a remis la cuisine italienne à la mode à Chicago. Aujourd'hui, on ne peut le manquer avec l'immense tomate qui orne sa façade. Terrasse en saison.

Tavernita $$$
lun-mar 11h30 à 23h, mer-jeu 11h30 à 24h, ven 11h30 à 2h, sam 16h à 2h, dim 16h à 23h; 151 W. Erie St., 312-274-1111, www.tavernita.com
Une foule immense et bruyante prend la plupart du temps d'assaut le vaste espace dans lequel s'est installé tout récemment ce populaire restaurant de tapas et autres spécialités de cuisine espagnole. Il y a en fait ici trois salles distinctes: le Barcito, un *standing bar* où l'on peut commander cocktails et *pintxos*; le *lounge*, situé à l'étage et ouvert jusque tard dans la nuit; et la salle à manger, plus traditionnelle.

Japonais $$$-$$$$
lun-ven 11h30 à 22h30, sam 17h à 22h30, dim 17h à 22h; 600 W. Chicago St., 312-822-9600, www.japonaischicago.com

Installé sur deux niveaux dans un ancien entrepôt, ce restaurant des plus tendance jouit d'un décor fabuleux qui lui donne une allure très design. Pour demeurer dans le ton, sushis, sashimis et autres spécialités japonaises sont présentés de manière spectaculaire. Également au menu, mentionnons le canard fumé et les divers plats de homard.

mk $$$-$$$$
dim-jeu 17h30 à 22h, ven-sam 17h30 à 23h; 868 N. Franklin St., 312-482-9179, http://mkchicago.com

Murs de briques, poutres de bois apparentes, niveaux multiples, voilà le cadre proposé par ce restaurant situé dans le secteur des galeries de River North. Le chef-propriétaire Michael Kornick y mitonne une intéressante cuisine américaine aux influences française et italienne, et s'évertue à inventer des présentations spectaculaires pour chaque plat. Et pour couronner le tout, la carte des desserts s'avère fort impressionnante, ce qui ne gâche rien. Tenue de ville recommandée.

Kiki's Bistro $$$$
lun-jeu 17h à 21h, ven-sam 17h à 22h, dim fermé; 900 N. Franklin St., 312-335-5454, www.kikisbistro.com

Pour un voyage en France, pays de la romance, il faut choisir le Kiki's Bistro. Ce gentil bistro, dont l'ambiance rappelle celle d'une auberge de campagne française, est idéal pour une soirée en tête-à-tête. Steak frites, poissons frais et plats de canard figurent au menu.

Streeterville et Navy Pier

Voir carte p. 211.

The Billy Goat Tavern $
lun-ven 7h à 21h, sam-dim 7h à 23h; Navy Pier, 700 E. Grand Ave., 312-670-8789, www.billygoattavern.com

La célèbre **Billy Goat Tavern** (voir p. 268) possède une succursale au très familial et touristique Navy Pier, ce qui a de quoi surprendre. Il faut dire qu'on a affaire ici à une version pour le moins aseptisée en comparaison du célébrissime *greasy spoon* de l'étage inférieur de Michigan Avenue.

On y remarque toutefois une exposition de photos à l'entrée qui raconte l'histoire de cette institution, ainsi que la légende de la malédiction que lança jadis le propriétaire des lieux aux malheureux Cubs, qui n'ont plus jamais gagné la Série mondiale de baseball depuis (voir p. 72). Pas de surprise au menu: *cheeseburgers*, sandwichs au poulet, steaks, etc. Terrasse en saison.

Häagen-Dazs $
tlj; Navy Pier, 800 E. Grand Ave., 312-467-9200

Les amateurs de glaces seront heureux de découvrir le comptoir Häagen-Dazs au complexe récréo-touristique de Navy Pier. On peut aussi y savourer salades et sandwichs à l'intérieur ou, en saison, sur la terrasse.

West Egg Cafe $
lun-ven 6h30 à 15h, sam-dim 7h à 16h; 620 N. Fairbanks St., 312-280-8366

Le West Egg Cafe est idéal pour le petit déjeuner avec son choix incomparable d'omelettes. L'établissement est aussi ouvert pour le repas du midi, alors qu'il propose une série de plats dont les recettes contiennent toujours des œufs.

Harry Caray's Tavern $$
dim-jeu 11h à 22h, ven-sam 11h à 24h; Navy Pier, 700 E. Grand Ave., 312-527-9700, www.harrycaraystavern.com

Cette version conviviale des restaurants portant le nom du célèbre commentateur sportif Harry Caray compte deux grandes salles intérieures séparées par le Museum of Sports (photos de vedettes sportives, reproductions de documents d'archives sur les exploits des héros de la ville, uniformes, bâtons et autres pièces d'équipement), un bar et une grande terrasse. Menu varié comprenant pâtes, pizzas, steaks, hamburgers et sandwichs.

The Indian Garden $$
dim-jeu 11h30 à 22h, ven-sam 11h30 à 22h30; 247 E. Ontario St., 312-280-4910, www.indiangardenchicago.com

The Indian Garden propose les spécialités classiques de la cuisine indienne. À noter qu'un buffet économique est servi tous les midis. Service attentionné et amical.

Puck's at the MCA $$
mar 10h à 20h, mer-dim 10h à 17h, lun fermé; Museum of Contemporary Art, 220 E. Chicago Ave., 312-397-4034, www2.mcachicago.org/pucks

Caché au cœur du **Museum of Contemporary Art** (voir p. 144), ce café propose quelques échantillons de la manière du célèbre chef californien Wolfgang Puck, qui s'inspire des cuisines méditerranéenne et asiatique. Salades et pizzas imaginatives, sandwichs et fruits de mer marinés s'alignent au menu. Une large baie vitrée offre une jolie vue jusqu'au lac Michigan, et en saison il est possible de s'installer sur la terrasse arrière, qui surplombe le jardin de sculptures du musée. Il y a aussi un comptoir pour les commandes à emporter, avec heures d'ouverture étendues. Brunch le dimanche.

Les Nomades $$$$
mar-sam 17h à 22h, dim-lun fermé; 222 E. Ontario St., 312-649-9010, www.lesnomades.net
Il faut délier les cordons de sa bourse pour s'offrir un repas au restaurant français Les Nomades. Mais l'expérience en vaut la chandelle! Dans un cadre d'une grande élégance, vous y savourerez les grands classiques de la cuisine française traditionnelle. Choix de fromages remarquable. Tenue de ville requise. Membre de la prestigieuse association internationale des Relais & Châteaux.

Riva $$$$
tlj 11h30 à 22h30; Navy Pier, 700 E. Grand Ave., 312-644-7482, www.rivanavypier.com
Riva propose une splendide vue sur le lac Michigan et les bateaux amarrés à Navy Pier. Au rez-de-chaussée, on trouve un café flanqué d'une terrasse. À l'étage, la salle à manger convient à ceux qui recherchent un menu plus élaboré. Les poissons sont ici à l'honneur (pavé de saumon, filet de thon), mais steaks et pâtes ont aussi leur place au menu. Service un peu froid.

Wave $$$$
dim-jeu 6h à 21h, ven-sam 6h à 22h; W Chicago Lakeshore, 644 N. Lake Shore Dr., 312-255-4460, www.waverestaurant.com
Le restaurant Wave présente la même allure moderne et branchée que l'hôtel qui l'héberge au rez-de-chaussée: le chic **W Chicago Lakeshore** (voir p. 200). La clé du nom de ce restaurant réside dans la grande vague (*wave*) rouge qui ondule au-dessus des têtes dans la salle à manger et qui donne le ton à un décor provoquant et sensuel où dominent les courbes et les teintes de bleu, de gris et de noir. Au menu, viandes grillées et fruits de mer apprêtés à la manière des diverses cuisines méditerranéennes: salade niçoise, bisque de homard, moules pro-vençales, moussaka, bouillabaisse, kebabs d'agneau grillé, filet de bœuf carpaccio. Bon choix de vins californiens, français, italiens et espagnols.

La Gold Coast

Voir carte p. 212.

The 3rd Coast Cafe $
tlj 7h à 24h; 1260 N. Dearborn Pkwy., 312-649-0730, www.3rdcoastcafe.com
The 3rd Coast Cafe est apprécié des jeunes intellectuels qui viennent y refaire le monde tout en y prenant le petit déjeuner. L'établissement, légendaire, est aménagé dans un local un peu caverneux qui cultive une ambiance bohémienne. Des œuvres d'artistes locaux (peintures, photographies) couvrent les murs du café, le transformant en une véritable galerie d'art.

Goose Island Brewery $$
dim-jeu 11h à 1h, ven-sam 11h à 2h; 1800 N. Clybourn Ave., 312-915-0071, www.gooseisland.com
À la Goose Island Brewery, on peut, comme son nom le suggère, ne s'arrêter que le temps de goûter une des bières maison (voir p. 274). Mais on peut aussi s'y détendre un peu plus longtemps en y prenant un bon repas. Les côtes levées sont ici particulièrement appréciées, de même que les nombreuses variétés de sandwichs.

O'Brien's $$$
lun-jeu 11h à 22h30, ven 11h à 0h30, sam 10h à 0h30, dim 10h à 22h; 1528 N. Wells St., 312-787-3131, www.obriensrestaurant.com
Il est fort agréable, durant la belle saison, de s'installer dans le joli jardin du O'Brien's pour déguster poissons, steaks, pâtes ou fruits de mer. Des musiciens de jazz animent même les lieux au cours de la fin de semaine (voir p. 274).

Salpicón! $$$
lun-jeu 17h à 22h, ven-sam 17h à 23h, dim 11h à 22h; 1252 N. Wells St., 312-988-7811, www.salpicon.com
C'est une cuisine mexicaine haut de gamme que propose Salpicón. La chef-propriétaire Priscila Satkoff y prend un évident plaisir à faire découvrir de savoureuses spécialités régionales mexicaines, alors que son époux Vincent, copropriétaire et sommelier de son état, marie habilement ces plats avec

vins… et tequilas (excellent choix dans les deux cas). Quant au décor, coloré et lumineux, il séduit à coup sûr et contribue dès le départ à faire de votre repas un agréable voyage dans le Sud. Un brunch est servi le dimanche entre 11h et 14h30.

Topo Gigio $$$

lun-sam 11h30 à 22h30, dim 16h à 22h; 1516 N. Wells St., 312-266-9355, www.topogigiochicago.com
Considéré par plusieurs comme un des bons restaurants italiens de Chicago, le Topo Gigio n'en maintient pas moins une politique de prix abordables. Qui s'en plaindrait? Les pâtes y sont savoureuses, mais il y a aussi les moules qui sont réputées. C'est en l'honneur de la souris italienne du *Ed Sullivan Show* que fut ainsi nommée cette trattoria. Terrasses en saison.

The Pump Room $$$$

lun-jeu 6h30 à 23h, ven 6h30 à 24h, sam 8h à 24h, dim 8h à 23h; PUBLIC Chicago, 1301 N. State Pkwy., 312-787-3700, www.pumproom.com
Cette nouvelle incarnation du célèbre restaurant qu'abritait autrefois l'hôtel The Ambassador East, aujourd'hui devenu le **PUBLIC Chicago** (voir p. 201), n'a que bien peu de choses en commun avec son ancêtre. Adieu grands lustres et banquette *cozy*, place à un impressionnant décor contemporain des plus design (il faut voir tous ces globes lumineux suspendus au-dessus de la salle). Qui plus est, le réputé chef Jean-Georges Vongerichten a élaboré en 2011 un nouveau concept culinaire qui cherche à réinventer les classiques de la maison (saumon cuit lentement avec vinaigrette de truffe, poulet frit bio accompagné d'épinards sautés) et à mettre en avant les produits régionaux dans le respect du principe «de la ferme à la table». Brunch toujours aussi excellent les samedi et dimanche de 11h à 14h30.

Rush Street

Corner Bakery $

tlj 7h à 20h; 1121 N. State St., 312-787-1969, www.cornerbakerycafe.com
À la Corner Bakery, vous pouvez vous arrêter le temps d'apaiser une petite faim avec un sandwich, un muffin, une soupe, une salade ou une pointe de pizza. On y confectionne une impressionnante variété de pains (raisins, olives, chocolat et cerises, fromage, etc.). Bon cappuccino.

Dublin's Bar & Grill $

tlj 11h à 4h; 1050 N. State St., 312-266-6340
Au Dublin's Bar & Grill, une sorte de taverne irlandaise doublée d'une terrasse, vous pourrez vous offrir sandwichs, hamburgers, pâtes, fruits de mer ou steaks accompagnés d'une bonne bière pression.

The Original Pancake House $

tlj; 22 E. Bellevue Pl., 312-642-7917, www.originalpancakehouse.com
Pour un petit déjeuner gargantuesque, il faut se diriger vers l'Original Pancake House. Ici, pour trois fois rien, vous pourrez emmagasiner suffisamment de protéines pour tenir pendant des jours… Crêpes, gaufres, œufs et omelettes, bacon, jambon, saucisses, etc. Il y a une petite terrasse à l'avant. Les cartes de crédit ne sont pas acceptées.

The Big Bowl Cafe $$

dim-jeu 11h à 22h, ven-sam 11h à 23h; 6 E. Cedar St., 312-640-8888, www.bigbowl.com
Dans un décor branché, ce café membre d'une chaîne locale propose un menu imaginatif inspiré à la fois de l'Asie et du Mexique où figurent pâtes, nouilles et soupes. Vous l'aurez compris, le concept ici consiste à ne servir que des aliments qui sont dégustés dans de grands bols. Bon rapport qualité/prix.

Lou Malnati's $$

dim-jeu 11h à 24h, ven-sam 23h à 1h; 1120 N. State St., 312-725-7777, www.loumalnatis.com
Cette chaîne locale est souvent citée pour la qualité de sa *deep-dish pizza*. Dans le cas de la succursale située à l'angle des rues State et Rush, on peut presque davantage parler d'un bar que d'un resto, avec ses écrans géants et son ambiance festive, sauf peut-être pour la partie arrière, plus calme. La *deep-dish pizza* est plus mince qu'ailleurs, mais succulente. Atmosphère bon enfant. La chaîne compte plusieurs autres adresses, dont une dans le secteur de River North *(439 N. Wells St., 312-828-9800).*

Bistrot Zinc $$$

lun-jeu 11h30 à 22h, ven 11h30 à 23h, sam 10h à 23h, dim 10h à 21h; 1131 N. State St., 312-337-1131, www.bistrotzinc.com
On ne peut manquer l'éclatante façade rouge du Bistrot Zinc, et c'est tant mieux! Voilà une authentique brasserie française au cœur de la Gold Coast. Dans sa grande salle à manger animée et meublée de tables rondes et de

chaises de bistro, on se croirait à Paris... jusqu'à ce que le serveur ouvre la bouche. Le menu est composé des classiques du genre : steak frites, croque-monsieur, moules, crêpes, etc. Un brunch est servi les samedi et dimanche entre 10h et 15h.

Table Fifty-Two $$$
lun-sam 17h à 21h30, dim 16h à 20h30; 52 W. Elm St., 312-573-4000, www.tablefifty-two.com
Lancé par Art Smith, le chef personnel d'Oprah Winfrey, cet établissement a rapidement attiré une clientèle fidèle. On s'y presse pour savourer ses préparations inventives de mets typiques du sud des États-Unis : gaspacho cadien, gombo de poulet, crevettes et gruau, poulet frit avec gaufres. Avant le repas sont servis de délicieux biscuits au fromage de chèvre, une entrée en matière fort réussie. Prenez note que les réservations sont essentielles, car le nombre de places est très limité dans cette salle à manger aux dimensions restreintes, mais à l'atmosphère chaleureuse et intime.

Tavern on Rush $$$$
lun-ven 11h à 2h, sam 9h à 3h, dim 9h à 2h; 1031 N. Rush St., 312-664-9600, www.tavernonrush.com
La Tavern on Rush se fait des plus accueillantes avec son agréable terrasse au mobilier en rotin. À l'intérieur, ce sont les grands fauteuils de cuir rouge qui attirent l'attention. Les classiques de la cuisine nord-américaine sont ici en vedette : steaks bien juteux, côtelettes de porc, pizzas cuites au four à bois.

Carmine's $$$$
lun-jeu 11h à 23h, ven 9h à 24h, sam-dim 9h à 22h; 1043 N. Rush St., 312-988-7676, www.rosebudrestaurants.com
On ne peut rater la maison blanche et jaune qui abrite Carmine's, ni sa grande terrasse, l'une des plus jolies en ville. À l'intérieur, il y a tout d'abord la salle à manger un peu formelle située à l'étage. Nous préférons toutefois la salle du bas, où trônent le bar en forme de *U* et le grand piano noir. Tout autour, des tables hautes flanquées de confortables tabourets permettent de ne rien manquer. La lumière tamisée presque à l'excès et la musique délicieusement jazzée confèrent à l'établissement une exquise ambiance romantique. Mais il n'y a pas que le décor qui tape dans le mille; le menu réserve lui aussi des moments de pure jouissance. Au programme, une cuisine italienne inventive où les fruits de mer sont à l'honneur. Les fettucinis Alfredo garnis de crevettes et les linguinis aux palourdes ne constituent que quelques exemples. La carte des vins est impressionnante, tout comme celle des desserts. Puis, pour compléter le tout, un service extrêmement attentionné comblera les plus difficiles. Soirée enivrante garantie. Propriété de la même équipe que le **Rosebud on Rush** (voir p. 239). L'un de nos favoris à Chicago.

Le Colonial $$$$
lun-mer 11h30 à 23h, jeu-sam 11h30 à 24h, dim 11h30 à 22h; 937 N. Rush St., 312-255-0088, www.lecolonialchicago.com
Le Colonial propose une astucieuse combinaison des saveurs vietnamiennes et françaises. Des photos anciennes du Vietnam, des ventilateurs de plafond et quelques plantes judicieusement disposées recréent de façon fort efficace l'époque de l'Indochine. Puis, purée de crevettes enveloppée dans des feuilles de canne à sucre, canard rôti au gingembre et légumes arrosés de lait de coco finissent de façonner ce voyage dans le temps et l'espace. Agréable terrasse au balcon.

Gibsons $$$$
tlj 11h à 24h; 1028 N. Rush St., 312-266-8999, www.gibsonssteakhouse.com
Pour plusieurs, Gibsons demeure l'une des meilleures *steakhouses* en ville, et il faut bien admettre que les grillades y sont tendres et délicieuses. Jadis temple branché, l'établissement accueille aujourd'hui une clientèle très variée, incluant des familles. L'ambiance surprend d'ailleurs par sa chaleur, et le service, assuré par un personnel en veste blanche, s'avère fort sympathique. Cela dit, la maison n'a rien perdu du style «à l'ancienne» qui a fait sa renommée, avec même des employés au service des clients dans les toilettes. Réservations recommandées.

Hugo's Frog Bar & Fish House $$$$
tlj 15h à 1h; 1024 N. Rush St., 312-640-0999, www.hugosfrogbar.com
Le Hugo's Frog Bar & Fish House propose un menu de poissons et de fruits de mer dans une atmosphère ludique. L'établissement s'est forgé une place enviable parmi les restaurants branchés du secteur. Célèbres cuisses de grenouille. Pianiste de jazz ou de blues en vedette tous les soirs dès 17h.

Morton's, The Steakhouse $$$$
lun-sam 17h30 à 23h, dim 17h à 22h; 1050 N. State
St., 312-266-4820, www.mortons.com
Murs recouverts de panneaux d'acajou,
meubles de bois foncé, moquette aux délicats
motifs, voilà l'élégant décor de la grilladerie
Morton's. En plus des traditionnels filets de
bœuf et surlonges de New York, il faut noter
la présence au menu du homard du Maine
et, en guise de dessert, du soufflé au Grand
Marnier. Il est amusant de voir les serveurs
présenter les différentes coupes de steaks de
la maison au moyen d'échantillons qu'ils trim-
balent d'une table à l'autre sur un petit cha-
riot. Tenue de ville requise. À noter qu'une
seconde succursale de Morton's a maintenant
pignon sur rue dans le Loop (voir p. 224).

Le Lincoln Park

Voir carte p. 213.

North Pond $$$$
*mer-sam 17h30 à 22h, dim 10h30 à 22h, lun-mar
fermé, ouvert le midi mer-ven en été;*
2610 N. Cannon Dr., 773-477-5845,
www.northpondrestaurant.com
Installé tout près d'un étang (*pond*) du
Lincoln Park, le North Pond propose une
nouvelle cuisine américaine qui a séduit de
nombreux habitués. Le secret du chef réside-
rait dans l'utilisation de produits frais cultivés
par de petites fermes biologiques des environs de Chicago. Aménagé avec goût dans
un ancien bâtiment de style *Arts and Crafts*
qui servait jadis d'abri aux patineurs du
parc, le restaurant s'intègre parfaitement
à son cadre champêtre. Belle sélection de
vins exclusivement américains. Un brunch
est servi le dimanche entre 10h30 et 13h30.

Les quartiers de Lincoln Park, Lakeview et Wrigleyville

Voir carte p. 213.

Golden Nugget Pancake House $
24h sur 24; 2720 N. Clark St., 773-929-0724, www.
goldennuggetpancake.com
On peut s'arrêter à la Golden Nugget
Pancake House à toute heure du jour et de

la nuit. Mais c'est au petit déjeuner qu'on en
a le plus pour son argent, alors qu'on peut
s'y empiffrer d'œufs, bacon, toasts et café
pour quelques dollars.

Ann Sather $$
lun-ven 7h à 15h, sam-dim 7h à 16h; 909 W.
Belmont Ave., 773-348-2378, www.annsather.com
C'est dans les années 1940, alors qu'une
importante population scandinave résidait
dans le quartier, qu'a été fondé le restau-
rant Ann Sather. En 2011, cet établissement
suédois, seul survivant de cette époque, a
ainsi célébré son 65e anniversaire. Dans une
des six salles réparties sur deux niveaux, on
vous proposera des saucisses aux pommes
de terre et des gaufres suédoises au petit
déjeuner, des sandwichs divers, du saumon
ou une assiette de boulettes de viande sué-
doises au déjeuner.

Cafe Ba-Ba-Reeba! $$
*lun-jeu 16h à 22h, ven 11h30 à 24h, sam 10h à 24h,
dim 10h à 22h;* 2024 N. Halsted St., 773-935-5000,
www.cafebabareeba.com
Tapas, paellas, empanadas et autres spécialités espagnoles sont au menu du sympathique Cafe Ba-Ba-Reeba!. L'atmosphère est
à la fête dans ce restaurant coloré aux multiples salles, qui semble attirer une clientèle
majoritairement célibataire. Il y a d'ailleurs
deux bars où l'on peut manger... et faire des
rencontres intéressantes. L'une de ses salles
se trouve dans un solarium, dont le toit de
verre s'ouvre en saison pour ainsi la transformer en terrasse.

The Chicago Diner $$
*lun-jeu 11h à 22h, ven 11h à 23h, sam 10h à 23h,
dim 10h à 22h;* 3411 N. Halsted St., 773-935-6696,
www.veggiediner.com
Avec un nom pareil, on ne s'attend pas à ce
que The Chicago Diner se spécialise dans
la cuisine végétarienne. Et pourtant c'est
bel et bien le cas. Même que l'établisse-
ment a acquis toute une réputation au fil
des ans avec ses préparations simples mais
savoureuses de «végéburgers» et de *Tofu
Cheesecakes* (gâteaux «au fromage» au tofu).

The Cubby Bear $$
*ouvert en après-midi lorsqu'il y a des matchs au
Wrigley Field; lun-jeu 16h à 2h, ven 12h à 2h, sam
10h à 3h, dim 11h à 2h;* 1059 W. Addison St.,
773-327-1662, www.cubbybear.com
The Cubby Bear souffre d'un dédoublement
de personnalité. C'est d'ordinaire un bar

rock très fréquenté (voir p. 276), mais, les jours où les Cubs se préparent à perdre au Wrigley Field voisin, il devient aussi un lieu de rencontre avant et après le match. Même si le menu est tout à fait prévisible (ailes de poulet, hamburgers, sandwichs clubs), l'établissement, fondé en 1953, a quelque chose de vraiment spécial, ne serait-ce que pour l'affiche proclamant *Wrigley Field, Home of Chicago Cubs*, que l'on aperçoit en face depuis ses larges baies vitrées. Il y a bien sûr des écrans de télé un peu partout pour suivre les déboires des pauvres Cubs...

R.J. Grunts $$
lun-ven 11h30 à 24h, sam 10h à 24h, dim 10h à 21h; 2056 N. Lincoln Park West, 773-929-5363, www.rjgruntschicago.com

Depuis 1971, le restaurant R.J. Grunts est un rendez-vous prisé des familles, d'autant plus qu'il est situé à deux pas du **Lincoln Park Zoo** (voir p. 155). L'établissement est particulièrement réputé pour son chili et son impressionnant buffet de salades. Aussi au menu : côtes levées, hamburgers, poulet rôti et *fajitas* au poulet. Quant à l'atmosphère, il semble que l'établissement soit resté figé dans les années 1970. Ainsi, on remarque une certaine inspiration psychédélique dans la conception graphique du menu, alors que la musique ambiante provient directement des *Seventies* (années 1970). Brunch le dimanche entre 10h et 14h.

Mon Ami Gabi $$-$$$
lun-jeu 17h30 à 22h, ven-sam 17h30 à 23h, dim 17h à 21h; The Belden-Stratford Hotel, 2300 N. Lincoln Park West, 773-348-8886, www.monamigabi.com

Mon Ami Gabi a tous les airs d'un bistro parisien du début du XXe siècle. On y offre un choix de steaks frites (quatre préparations différentes), tous délicieux. Également au menu, poissons et fruits de mer. Bonne sélection de vins français, dont plusieurs vendus au verre. Terrasse en saison.

Alinea $$$$
mer-dim 17h30 à 21h30, lun-mar fermé; 1723 N. Halsted St., 312-867-0110, www.alinearestaurant.com

On qualifie la cuisine élaborée par le jeune chef Grant Achatz de moléculaire ou d'américaine progressive. Chose certaine, elle a valu à ce restaurant une excellente réputation auprès des gastronomes de Chicago et même des États-Unis entiers. L'Alinea propose des menus dégustation de 12 ou 23 (!) services, coûteux certes mais qui permettent de ne rien manquer des imaginatives et audacieuses préparations d'Achatz. Qui plus est, la présentation spectaculaire de chaque plat fait de ce qui est déjà une fête pour le palais un spectacle haut en couleur pour les yeux. Réservations indispensables plusieurs mois à l'avance.

Boka $$$$
tlj dès 17h; 1729 N. Halsted St., 312-337-6070, www.bokachicago.com

Ce qui frappe tout d'abord chez Boka, c'est son audacieux décor dont l'élément le plus étonnant est cette grande bâche blanche qui ondule au plafond. Mais là ne s'arrête pas la liste des qualités de ce restaurant. Sous la direction du chef Giuseppe Tentori, ex-collègue de Charlie Trotter, on concocte en effet ici une nouvelle cuisine américaine des plus délectables. Agréable terrasse en saison.

L2O $$$$
lun et jeu 18h à 22h, ven-sam 17h30 à 23h, dim 17h30 à 21h, mar-mer fermé; The Belden-Stratford Hotel, 2300 N. Lincoln Park West, 773-868-0002, www.l2orestaurant.com

Le regretté restaurant Ambria a cédé sa place en 2008 au L2O, un établissement chic et moderne qui propose un menu relevé de fruits de mer. Parmi les nombreux délices servis ici, mentionnons le saumon de rivière assaisonné d'épices nord-africaines et le homard «sauce américaine». Menu à prix fixe de quatre services à 115$, et menus dégustation de sept services allant jusqu'à 188$. Excellente sélection de vins. Tenue de ville recommandée.

Hyde Park et le South Side

Voir carte p. 214.

Nana $
lun-mar 9h à 14h30, mer-dim 9h à 21h30; 3267 S. Halsted St., 312-929-2486, www.nanaorganic.com

Chez Nana, on ne sert que des mets concoctés à partir d'ingrédients bios. La maison s'est en effet donné comme principe de n'utiliser que des aliments exempts d'agents artificiels de conservation, d'hormones de croissance et autres composantes modifiées génétiquement. Les tables de bois clair, les chaises blanches et les murs de briques façonnent le décor simple mais agréable de la salle à manger. Petite terrasse en saison.

Noodles etc. on Campus $
lun-sam 11h à 22h, dim 11h30 à 21h30; 1333 E. 57th St., 773-684-2801, www.noodlesetc.com

Chez Noodle's etc., c'est dans une salle sans décor particulier, mais baignée de lumière naturelle grâce à de grandes baies vitrées, que s'entassent les étudiants du campus de l'University of Chicago pour s'offrir un bol de nouilles, proposées en de nombreuses variétés, ou d'autres spécialités asiatiques à petits prix.

Bacardi at the Park $$
11h à 2h les jours de match, 11h à 24h les jours sans match, jeu-lun 11h à 24h hors saison de baseball (sept à avr); US Cellular Field, 320 W. 35th St., 312-674-5860

Situé tout juste en face du US Cellular Field, le stade des White Sox, cet établissement est idéal pour une bouffe bien costaude (steaks, côtes levées, hamburgers et ailes de poulet) ou un cocktail à base de rhum (rappelez-vous le «Bacardi» du nom) dans un décor constitué d'écrans vidéo, de murs de briques et de mobilier en acier. Géré par l'équipe derrière la grilladerie **Gibsons** (voir p. 243). Les détenteurs de billets pour le match des White Sox jouissent d'un accès privilégié, mais le resto-bar est ouvert à tous.

Edwardo's $$
dim-jeu 11h à 22h, ven-sam 11h à 23h; 1321 E. 57th St., 773-241-7960, www.edwardos.com

Edwardo's est l'un des maillons d'une mini-chaîne de pizzerias qui se targue de n'utiliser que des ingrédients naturels dans la préparation de ses pizzas. Au-delà des grands principes, ces restos sont appréciés pour leur vaste choix de pizzas et pour la qualité de celles-ci. On retrouve ainsi au menu une impressionnante variété de *stuffed pizzas*, soit des pizzas farcies aux épinards (la spécialité de la maison), au fromage, aux saucisses, etc. Il est aussi possible de se tourner vers des pizzas à pâte mince de blé entier (celle au pesto est irrésistible).

La Petite Folie $$$
mar-ven 11h30 jusqu'au soir, sam-dim le soir seulement, lun fermé; Hyde Park Shopping Center, 1504 E. 55th St., 773-493-1394, www.lapetitefolie.com

Voici un petit resto français de type bistro qui compte sans conteste parmi les bonnes adresses de cette partie de la ville. On y propose les classiques de la cuisine de l'Hexagone à prix relativement raisonnables. Service attentionné bien qu'un peu lent.

Wicker Park et Bucktown

Voir carte p. 215.

Alliance Bakery $
lun-sam 6h à 21h, dim 7h à 21h; 1736 W. Division St., 773-278-0366, www.alliance-bakery.com

Pour des croissants, des pains au chocolat et autres pâtisseries ou desserts européens, c'est à ce charmant et minuscule café avec terrasse qu'il faut s'arrêter.

The Flying Saucer $
tlj 8h à 15h; 1123 N. California Ave., 773-342-9076, www.flyingsaucerchicago.com

Ce sympathique établissement de type *diner* se spécialise dans les petits déjeuners copieux et bons pour la santé, et propose le midi un menu qui affiche une bonne part de plats végétariens. Brunch les samedi et dimanche. Seuls les paiements au comptant sont acceptés.

Milk and Honey Café $
lun-ven 7h à 16h, sam 8h à 17h, dim 8h à 16h; 1920 W. Division St., 773-395-9434, www.milkandhoneycafe.com

Ce café de Division Street est souvent bondé. C'est qu'il s'avère fort sympathique avec ses beaux murs de briques, sa grande terrasse à l'avant en saison et son vaste choix de sandwichs et de soupes (plus de 30!). Idéal pour une pause entre deux séances de lèche-vitrine dans le quartier.

Mindy's HotChocolate Restaurant and Dessert Bar $-$$
mar 17h30 à 22h, mer 11h30 à 22h, jeu 11h30 à 23h, ven 11h30 à 24h, sam 10h à 24h, dim 10h à 22h, lun fermé; 1747 N. Damen Ave., 773-489-1747, www.hotchocolatechicago.com

Le bistro américain de la chef pâtissière Mindy Segal est rapidement devenu l'une des adresses les plus courues des environs. Et pourtant, son menu n'est composé que de plats simples, sans réelles surprises : brioches, sandwichs, soupes, salades le midi, steaks, poissons, poulet le soir. Mais ça, tout le monde s'en fout, car c'est pour les succulents desserts qu'on vient ici, ou encore pour les chocolats chauds, proposés en plusieurs variétés. Le décor, où dominent des teintes évoquant le chocolat et le caramel, le rappelle d'ailleurs à chaque instant.

Green Zebra $$
lun-jeu 17h30 à 21h30, ven-sam 17h à 22h, dim 17h à 21h; 1460 W. Chicago Ave., 312-243-7100, www.greenzebrachicago.com

Voici l'un des trop rares restaurants végétariens haut de gamme de Chicago. D'allure presque anonyme vu de l'extérieur, le Green Zebra présente un intérieur tout aussi minimaliste que réchauffent toutefois les murs de briques. Le menu, qui change fréquemment, affiche une intéressante variété de plats : salades, polentas, gnocchis au parmesan, crêpes, etc.

Northside Bar & Grill $$
dim-ven 11h à 2h, sam 11h à 3h; 1635 N. Damen Ave., 773-384-3555, www.northsidechicago.com

Un restaurant à la mode où l'on ne cherche pas à vous arnaquer pour payer le décor, voilà le Northside Bar & Grill. Et pourtant, il est assez impressionnant, ce décor : grande verrière, ventilateurs de plafond, extravagantes plantes en pot, jolie terrasse. Vous y dégusterez d'étonnantes versions des traditionnels hamburgers, sandwichs et salades.

Francesca's Forno $$-$$$
lun-mer 11h à 22h, jeu-ven 11h à 23h, sam 9h à 23h, dim 9h à 22h; 1576 N. Milwaukee Ave., 773-770-0184, www.francescasfornochicago.com

Voici un restaurant sans prétention, avec sa vaste salle et son haut plafond où tuyaux et conduits d'aération sont apparents. On s'installe à de vieilles tables de bois sur des chaises dépareillées, ce qui ne va pas sans donner à l'établissement un charme certain. Au menu, spécialités italiennes telles que lasagnes, gnocchis, pizzas et tiramisu. Petits déjeuners originaux et copieux. Brunch servi les samedi et dimanche entre 10h et 15h.

Ada Street $$$
le soir seulement, dim fermé; 1664 N. Ada St., 773-697-7069, www.adastreetchicago.com

Ce minuscule établissement installé dans un secteur industriel excentré du quartier de Bucktown en a séduit plus d'un depuis son ouverture au début de 2012. Courte carte sur laquelle figurent steak tartare, tartare de saumon et confit de canard servis en petites portions. Beau choix de cocktails. Terrasse à l'arrière en saison, avec table de ping-pong.

Le Bouchon $$$
lun-jeu 11h30 à 22h, ven-sam 11h30 à 23h, dim fermé; 1958 N. Damen St., 773-862-6600, www.lebouchonofchicago.com

Le Bouchon est un bistro français dans la plus pure tradition. Son authenticité en a d'ailleurs séduit plus d'un, ce qui en fait un établissement extrêmement populaire où il convient de réserver. La tarte à l'oignon du chef Jean-Claude dispose d'une armée d'admirateurs, alors que le steak frites et les plats de lapin gagnent de nouveaux adeptes chaque jour. La salle à manger est minuscule, les tables sont rapprochées les unes des autres, et le niveau sonore atteint souvent des sommets : à éviter pour les soirées en tête-à-tête, à recommander pour les soirs de fête et de rigolade.

Cafe Absinthe $$$
mar-jeu 17h30 à 22h, ven-sam 17h30 à 23h, dim 17h30 à 21h, lun fermé; 1954 W. North Ave., 773-278-4488, www.cafe-absinthe.com

Au Cafe Absinthe, les tables sont bien alignées dans une salle entourée de murs de briques. Ce décor sobre semble vouloir volontairement s'éclipser devant les mets français assaisonnés d'éléments empruntés à plusieurs autres cuisines du monde, que prépare le chef avec une impressionnante imagination : napoléon d'artichauts, thon grillé, filet de gibier, faisan rôti.

Oak Park

Voir carte p. 216.

Sén Sushi Bar $$
mar-sam 11h à 22h, dim 12h à 21h, lun fermé; 814 S. Oak Park Ave., 708-848-4400, www.sensushibar.com

Ce joli resto d'à peine une trentaine de places, véritable petit bijou d'Oak Park, présente un agréable décor où domine le bois clair. Les sushis, frais et variés, y sont bien sûr à l'honneur, mais de nombreuses autres spécialités japonaises figurent également au menu (poulet teriyaki, tonkatsu, filet de saumon bento).

Winberie's $$
lun-jeu 11h30 à 22h, ven-sam 11h30 à 23h, dim 10h à 20h; 151 N. Oak Park Ave., 708-386-2600

Pour une pause repas lors de votre exploration d'Oak Park, le Winberie's offre une ambiance de type bistro dans un décor des plus charmants. Salade alsacienne, saumon

Restaurants - Oak Park

grillé et hamburgers comptent parmi les plats au menu. Gardez-vous toutefois de la place pour la fondue au chocolat de la maison, qui compte de nombreux adeptes. Service souriant. Brunch le dimanche.

Hemmingway's Bistro $$$

lun-jeu 7h à 22h, ven-sam 7h à 23h, dim 7h à 21h; 211 N. Oak Park Ave., 708-524-0806, www.hemmingwaysbistro.com

Voici un bistro parisien classique avec son menu composé de spécialités typiques comme la soupe à l'oignon gratinée, le coq au vin, le cassoulet toulousain, la bouillabaisse et le canard à l'orange. Quant au brunch du dimanche, il est servi accompagné de champagne.

Le West Side

Voir carte p. 216.

Arun's $$$$

dim et mar-jeu 17h à 22h, ven-sam 17h à 22h30, lun fermé; 4156 N. Kedzie Ave., 773-539-1909, www.arunsthai.com

Le meilleur restaurant thaïlandais de Chicago s'appelle Arun's. L'intérieur, avec ses multiples petites salles intimes et ses nombreuses peintures accrochées aux murs, ressemble à une galerie d'art. Les prix peuvent paraître élevés a priori, mais l'excellence des mets fait oublier rapidement cette première impression. Puis, il faut voir les remarquables présentations des plats, incluant des légumes sculptés individuellement. Sublime! Service discret et attentionné.

West Loop Gate

Le secteur du West Loop Gate, qui s'organise grosso modo autour de l'intersection des rues Randolph et Halsted, connaît depuis quelques années une effervescence remarquable. C'est que la venue de plusieurs restaurants où règne une animation constante a transformé le coin en un quartier branché par excellence de Chicago. Les *beautiful people* s'y donnent rendez-vous pour faire la fête et, comme le veut ce qui est maintenant devenu un cliché, pour «voir et être vus».

avec $$

dim-jeu 15h30 à 24h, ven-sam 15h30 à 1h; 615 W. Randolph St., 312-377-2002, www.avecrestaurant.com

Le concept de ce restaurant assez unique en son genre veut que vous partagiez tout «avec» ceux qui vous accompagnent. Aussi la salle aux murs, plancher et plafond de cèdre est-elle meublée de grandes tables, rapprochées les unes des autres, où jusqu'à huit personnes peuvent s'asseoir. On vous servira des bouchées de spécialités méditerranéennes (pâtes, pizzas et autres) et des échantillons de divers vins… à partager. Et c'est dans une ambiance bon enfant et chaleureuse que se déroulera le repas dans cette salle à manger où vous remarquerez un beau bar en inox et un mur recouvert d'un cellier vitré. Aucune réservation acceptée.

Alhambra Palace $$$

lun 16h à 21h, mar 11h à 24h, mer-jeu et dim 11h à 22h, ven 11h à 2h, sam 11h à 3h; 1240 W. Randolph St., 312-666-9555, www.alhambrapalacerestaurant.com

Le mot «palace» du nom de ce restaurant semble bien approprié lorsqu'on en découvre l'immense salle à manger qui peut accueillir jusqu'à 1 000 convives, et où l'on remarque plusieurs fontaines et une scène de spectacle. Un mariage de cuisines marocaine et française est proposé ici, incluant *kebabs* et autres spécialités méditerranéennes. Animation musicale en soirée, avec danseuses de baladi. Les tables de la mezzanine procurent une vue d'ensemble imprenable. En saison, un *garden cafe* peut recevoir quelque 400 personnes.

Girl & the Goat $$$

dim-jeu 16h30 à 23h, ven-sam 16h30 à 24h; 809 W. Randolph St., 312-492-6262, www.girlandthegoat.com

Ce resto lancé par Stephanie Izard, gagnante de la quatrième saison de l'émission de télévision américaine de compétition culinaire *Top Chef*, compte parmi les établissements de l'heure à Chicago. Dans un décor à la fois rustique et moderne, où l'on remarque les murs de briques et les poutres dénudées, l'ambiance se veut décontractée, mais la cuisine créative. Au menu, les viandes sont à l'honneur (côte de veau, langue de bœuf braisée, tête de porc rôtie), sans pour autant négliger les poissons et fruits de mer (tempura au filet de truite, ravioli aux escargots, huîtres apprêtées de diverses façons) et les plats végétariens imaginatifs (ragoût de champignons, salade de chou-rave). Choix de pains cuits sur place. Bonne sélection de bières de microbrasserie, dont certaines élaborées avec la participation de la chef. Réservations indispensables.

The Publican $$$
lun-jeu 15h30 à 22h30, ven 15h30 à 23h30, sam 10h à 23h30, dim 10h à 21h; 837 W. Fulton Market Ave., 312-733-9555, www.thepublicanrestaurant.com

Le plus récent établissement du chef Paul Kahan (Blackbird, avec) présente l'allure un peu rustique qu'arborent bon nombre de restos branchés de l'heure à Chicago, avec grandes tables communes et box de bois simplement disposés dans une vaste salle à haut plafond. Au menu s'alignent des préparations variées de porc, de poissons et de fruits de mer, qui s'avèrent bien plus créatives et savoureuses que ce que le décor laisse présager. Sélection impressionnante d'une centaine de bières internationales. Brunch les samedi et dimanche de 10h à 14h.

Vivo $$$
lun-mer 11h à 22h, jeu 11h à 23h, ven 11h à 24h, sam 17h à 24h, dim 17h à 21h; 838 W. Randolph St., 312-733-3379, www.vivo-chicago.com

La naissance du Vivo remonte à 1992, soit bien avant la vague d'ouverture de restos branchés dans le secteur. On y sert une cuisine italienne classique : rigatonis à la saucisse, médaillons de veau sauce aux champignons et au vin blanc, etc. Le repas se déroule ici dans une salle à haut plafond et à murs de briques, à laquelle l'éclairage tamisée donne un cachet chaleureux.

Carnivale $$$-$$$$
lun-jeu 11h30 à 22h, ven 11h30 à 23h, sam 17h à 23h, dim 17h à 22h; 702 W. Fulton Market, 312-850-5005, www.carnivalechicago.com

C'est une ambiance festive que vous réserve ce spectaculaire restaurant qui vibre au son de la musique latino-américaine. Sa magnifique salle à haut plafond, habillée de couleurs joyeuses, vaut à elle seule le détour. Le chef concocte pour sa part une astucieuse fusion des cuisines latino-américaines. *Empanadas, tacos* et *guacamoles* sont proposés comme entrées pour vous mettre en appétit. Puis le menu comprend poissons, salades, steaks et plats de poulet préparés qui à la cubaine, qui

à la péruvienne, qui à la mode de l'Équateur, qui au goût du Guatemala... Une très belle carte des vins complète le tout avec bonheur.

Blackbird $$$$
lun-jeu 11h30 à 22h30, ven 11h30 à 23h30, sam 17h à 23h30, dim fermé; 619 W. Randolph St., 312-715-0708, www.blackbirdrestaurant.com

Avec son design intérieur stylisé et dépouillé à l'extrême signé Thomas Schlesser, le Blackbird est une des vedettes de l'heure auprès de la faune branchée de Chicago. Qui plus est, la créative cuisine américaine d'influence française du chef originaire de Chicago Paul Kahan, aussi l'un des propriétaires, a obtenu les éloges de tous depuis la fondation de l'établissement en 1997. Après une délicieuse salade d'endives ou une savoureuse soupe aux moules de la Côte Ouest, essayez l'esturgeon de Californie accompagné de pommes de terre Yukon Gold ou, mieux encore, les côtelettes de porc bio servies avec du chou de Milan. Doux souvenirs assurés. Voilà l'une des meilleures tables de Chicago.

Moto $$$$
mar-jeu 17h à 22h, ven-sam 17h à 23h, dim-lun fermé; 945 W. Fulton Market St., 312-491-0058, www.motorestaurant.com

Au restaurant Moto, un décor minimaliste vous attend, mais aussi une cuisine expérimentale et raffinée. Le chef, Homaro Cantu, est considéré comme une sorte de savant fou qui expérimente sans cesse. Avec une telle réputation qui le précède, on ne sera pas surpris de découvrir qu'il a même inventé un menu comestible (encre alimentaire sur papier soya!). Parmi les autres créations un peu folles de ce scientifique de la gastronomie, mentionnons le filet mignon grillé au laser et les poissons cuits dans un mini-four, à votre table. Un menu dégustation de 14 services est proposé (comptez autour de 175$, avant les vins). Réservations indispensables.

Next $$$$
tlj 17h30 à 21h30; 953 W. Fulton Market Ave., 312-226-0858, www.nextrestaurant.com

Grant Achatz, connu pour son fameux établissement **Alinea** (voir p. 245), a créé avec ce nouvel établissement inauguré en 2011 une formule qui sort de l'ordinaire. Ainsi, on y propose un menu thématique unique qui change quatre fois par année (Paris, 1906; Kyoto, 1946; Hong Kong, 2046; menu elBulli) et qui constitue chaque fois un événement pour lequel il faut payer à l'avance son billet sur Internet, plutôt que de simplement faire une réservation comme on le ferait pour un spectacle. À noter que, bien que le menu du moment soit toujours le même, les prix varient en fonction de l'heure et du jour choisis.

Nine $$$$

lun-jeu 11h30 à 22h, ven 11h30 à 23h, sam 17h à 23h, dim fermé; 440 W. Randolph St., 312-575-9900, www.n9ne.com

Le secteur branché de West Randolph Street a vu apparaître en 2001 une grilladerie au décor futuriste : Nine. Au menu, steaks, fruits de mer et… sensualité. Ainsi, on ne peut rester indifférent devant son spectaculaire bar circulaire où s'installe une clientèle qui veut (pour utiliser le cliché d'usage) «voir et être vue», et qui est, accessoirement, venue pour l'impressionnant choix de champagnes et de caviars. Le menu s'avère toutefois classique pour ce genre d'établissement : steaks tendres et savoureux pour les uns, poissons et fruits de mer pour les autres.

Ailleurs à Chicago et dans les environs

Northwestern University

Globe Café & Bar $

dim-jeu 6h30 à 22h, ven-sam 6h30 à 23h; Hilton Orrington, 1710 Orrington Ave., Evanston, 847-866-8700

Ce petit café situé au rez-de-chaussée du **Hilton Orrington** (voir p. 203) propose soupes, salades, sandwichs et hamburgers.

Des magazines et des journaux sont mis à la disposition des clients, qui peuvent de plus demeurer en liaison avec le monde grâce à un accès gratuit à Internet sans fil et à quelques écrans de télé. Jolie terrasse en saison.

Le Peep $

lun-ven 6h30 à 14h30, sam-dim 7h à 14h30; 827 Church St., Evanston, 847-328-4880, www.lepeep.com

Le Peep est l'endroit tout indiqué pour un petit déjeuner traditionnel, copieux et à prix doux. Une ambiance familiale, avec une délicieuse touche paysanne, rend ce restaurant bien sympathique. On dépose même sur chaque table une cafetière, ce qui vous assure de ne pas manquer de l'essentiel au petit matin…

Flat Top Grill $$

lun-jeu 11h à 21h30, ven 11h à 22h30, sam 10h30 à 22h30, dim 10h30 à 21h; 707 Church St., Evanston, 847-570-0100, www.flattopgrill.com

Au Flat Top Grill, on s'amuse à choisir au grand buffet les aliments qui composeront son repas : viandes, légumes, riz, nouilles et sauces. Puis, on s'en remet aux cuistots, qui font cuire le tout sur de grandes plaques chauffantes. Un concept amusant pour une soirée ludique et conviviale.

Les restaurants selon vos goûts

> **Allemande**
  The Berghoff p. 221

> **Américaine**

Cajun - louisianaise
  Bandera p. 227
  House of Blues p. 232
  Table Fifty-Two p. 243

Californienne
  Caliterra p. 228
  Puck's at the MCA p. 240

Nouvelle cuisine
  Ada Street p. 247
  Alinea p. 245
  Aria p. 224
  Bin 36 p. 232
  Blackbird p. 249
  Boka p. 245
  Girl & the Goat p. 248
  Graham Elliot p. 238
  mk p. 240
  Moto p. 249
  Naha p. 234
  Next p. 249
  NoMI Kitchen p. 230
  North Pond p. 244
  Sable Kitchen & Bar p. 233
  The Publican p. 225
  The Pump Room p. 242
  The Signature Room p. 230
  Tru p. 231

Restauration rapide
  Bacardi at the Park p. 246
  Barnelli's Pasta Bowl p. 235
  Ed Debevic's p. 235
  Foodlife p. 226
  Goose Island Brewery p. 241
  Hard Rock Cafe p. 236
  Harry Caray's Tavern p. 240
  McDonald's 50th Anniversary
    Restaurant p. 235

Portillo's Hot Dogs p. 235
Rainforest Cafe p. 236
Sixteen p. 234
The Billy Goat
  Tavern p. 225, 240
The Cubby Bear p. 244

Sud-Ouest
  Bandera p. 227

Traditionnelle
  676 Restaurant & Bar p. 227
  Atwood Café p. 221
  Beef and Brandy p. 220
  Bennigan's p. 221
  Carson's p. 236
  Dick's Last Resort p. 231
  Grand Lux Cafe p. 228
  Hackney's p. 221
  Harry Caray's p. 231
  Hoyt's Chicago p. 222
  Mike Ditka's Restaurant p. 228
  Mity Nice Grill p. 226
  O'Brien's p. 241
  Park Grill p. 225
  R.J. Grunts p. 245
  RL Restaurant p. 229
  Rock Bottom p. 232
  Rockit Bar & Grill p. 233
  South Water Kitchen p. 221
  Sweetwater Tavern
    and Grille p. 223
  Tavern at the Park p. 224
  Tavern on Rush p. 243
  The Artist's Café p. 220
  Walnut Room p. 223
  Winberie's p. 247

> **Anglaise**
  Elephant and Castle p. 227

> **Argentine**
  Nacional 27 p. 238

Voyagez gratuitement tous les mois!

Abonnez-vous à l'**infolettre Ulysse**.

Nouveautés – Tendances – Offres spéciales

www.guidesulysse.com

Sorties

Des possibilités de sorties, il y en a pour tous les goûts et toutes les bourses à Chicago. Concerts de musique classique, opéras, spectacles de variétés, spectacles d'humour, théâtre, *musicals* (comédies musicales), danse, concerts rock, cinéma... la liste pourrait s'étirer encore bien longtemps, et l'on ne parle même pas des innombrables bars et boîtes de nuit!

Nous vous proposons, dans le présent chapitre, un survol des diverses expériences nocturnes qui vous attendent à Chicago. Pour en savoir davantage quant aux spectacles à l'affiche au moment où vous serez à Chicago, et pour connaître les heures auxquelles ils sont présentés, vous pouvez vous référer aux deux grands quotidiens de la ville, le ***Chicago Sun-Times*** et le ***Chicago Tribune***. Leurs éditions respectives du vendredi contiennent une section «week-end» très utile pour être au fait de ce qui se passe sur la scène culturelle.

Un hebdomadaire gratuit de format tabloïd, publié le jeudi, présente également un gros plan sur la vie culturelle de Chicago: le ***Chicago Reader*** *(www.chicagoreader.com)*. Comprenant plusieurs cahiers qui couvrent tous les volets de la vie culturelle, cet hebdo fait figure de véritable bible. Dans la même veine, quoique un peu moins complets, le ***New City*** *(www. newcitychicago.com)* est également distribué gratuitement à partir du jeudi et le ***RedEye*** *(www.redeyechicago.com)*, lié au *Chicago Tribune*, est publié six jours par semaine. Le magazine hebdomadaire ***Time Out Chicago*** constitue également une excellente source d'information sur les spectacles et les sorties nocturnes. Le ***Windy City Times*** est, quant à lui, un hebdo s'adressant à la communauté gay.

Dans les grands hôtels, on remet habituellement à la clientèle le magazine mensuel ***Where Chicago*** ou le ***Chicago Magazine***, qui brossent un tableau général de ce que la ville a à offrir en termes d'attraits, de restaurants, de boutiques, de spectacles, d'expositions et d'événements spéciaux. Le ***Key This Week in Chicago*** est également distribué gratuitement dans les hôtels et les bureaux d'information touristique. Il s'agit d'un hebdomadaire de petit format qui s'adresse aux visiteurs de passage en leur présentant les événements de la semaine et en leur donnant une série de suggestions de restaurants.

Activités culturelles

› Le cinéma

Il y a des dizaines de salles de cinéma à Chicago. Il est donc aisé de repérer les établissements où sont présentées les nouveautés d'Hollywood. Parmi ces cinémas dits «commerciaux», mentionnons le complexe récent **AMC River East** *(322 E. Illinois St., 312-596-0333)*, qui compte une vingtaine de salles.

Le **Gene Siskel Film Center** *(164 N. State St., 312-846-2800, www.siskelfilmcenter. org)*, ainsi nommé en l'honneur du regretté critique du *Chicago Tribune*, est situé en plein Loop. On y présente principalement des films contemporains, dont plusieurs productions européennes projetées dans leur version originale, avec sous-titres anglais.

Les classiques du cinéma, de Chaplin à Hitchcock, reprennent du service au **Music Box Theater** *(3733 N. Southport Ave., 773-871-6604, www.musicboxtheatre.com)*, une majestueuse salle datant des années 1920.

Des soirées de cinéma bien arrosées sont régulièrement organisées dans le cadre du **Brew & View at The Vic** *(tlj lorsqu'il n'y a pas de spectacle; 3145 N. Sheffield Ave., 773-929-6713, www.brewview.com)* du **Vic Theatre** (voir p. 261). Le droit d'entrée donne alors accès à un programme double de films populaires ou de série B, qu'il est permis d'accompagner de pichets de bière vendus à prix économiques.

Des films à grand déploiement, parfois en trois dimensions, sont à l'affiche du **Navy Pier IMAX Theatre** *(600 E. Grand Ave., 312-595-5629)*. Le spectateur a ici l'impression de «pénétrer» dans le film projeté sur un écran géant dont la hauteur équivaut à celle d'un immeuble de six étages (18 m sur 24 m). L'effet est saisissant!

Le **Museum of Science and Industry** (voir p. 159) est quant à lui équipé d'un **Omnimax Theater** *(angle 57th St. et Lake Shore Dr., 773-684-1414)*. Cette salle est située dans le Henry Crown Space Center. Sur son écran, qui forme une coupole de cinq étages de haut, des films ayant pour décor l'espace, la mer, la montagne ou le désert sont présentés.

Notez également la tenue annuelle, en octobre, du **Chicago International Film Festival** *(www.chicagofilmfestival.com)*, une belle occasion de se familiariser avec les nouveaux courants mondiaux du septième art.

➢ La danse

Ceux qui préfèrent la danse ne seront quant à eux pas en reste puisque l'école de danse **Ballet Chicago** *(312-251-8838, www.balletchicago.org)*, malgré une situation financière que l'on dit difficile, propose de nombreux spectacles de danse classique tout au long de l'année dans diverses salles.

De nombreuses autres compagnies de danse présentent des spectacles un peu partout en ville, notamment au **Dance Center of Columbia College** *(1306 S. Michigan Ave., 312-369-8300)*, au **Links Hall** *(3435 N. Sheffield Ave., 773-281-0824, www.linkshall. org)*, au **Civic Opera House** *(20 N. Wacker Dr., 312-419-0033, www.civicoperahouse.com)*, au **Navy Pier's Pepsi Skyline Stage** *(600 E. Grand St.)*, au **Bank of America Theatre** *(18 W. Monroe St., 312-997-1700)* et à l'**Auditorium Theatre** *(50 E. Congress Pkwy., 312-922-2110, www.auditoriumtheatre. org)*, ainsi qu'au nouveau **Harris Theater for Music and Dance** *(205 E. Randolph St., 312-334-7777, www.harristheaterchicago. org)* du Millennium Park. Parmi ces compagnies figurent la **Chicago Moving Company** *(www.chicagomovingcompany.org)*, le **Joffrey Ballet of Chicago** *(www.joffrey.com)*, déménagé de New York à Chicago en 1995, la **River North Chicago Dance Company** *(www.rivernorthchicago.com)* et la réputée **Hubbard Street Dance Chicago Company** *(www.hubbardstreetdance.com)*.

➢ La musique classique et l'opéra

Créé en 1891, le **Chicago Symphony Orchestra** *(312-294-3000, www.cso.org)*, dont la réputation s'étend sur le monde entier, constitue l'une des grandes institutions qui font la fierté de la ville. L'**Orchestra Hall** *(220 S. Michigan Ave.)*, une salle de 2 590 places, est habituellement le théâtre des concerts symphoniques dirigés par Pierre Boulez ou Riccardo Muti durant la saison régulière, qui va d'octobre à mai. L'Orchestra Hall a fait l'objet il y a quelques années d'une importante restauration. Il fait aujourd'hui partie du complexe musical du **Symphony Center**, baptisé en 1997.

Au cours de l'été, l'orchestre se produit souvent à l'extérieur, notamment dans le cadre du **Ravinia Festival** (voir p. 283).

Chicago compte plusieurs autres formations vouées à la musique classique. C'est le cas, par exemple, du **Chicago Civic Orchestra** (sorte de «club-école» du Chicago Symphony Orchestra), du **Chicago Ensemble**, du **Chicago Sinfonietta**, du **Chicago Chamber Orchestra**, du **Lake Shore Symphony Orchestra** et du **Grant Park Orchestra and Chorus**.

Des concerts de musique de chambre sont très souvent proposés au **Chicago Cultural Center** *(angle Randolph St. et Michigan Ave., 312-744-6630)*, de même qu'à la **Harold Washington Library** *(400 S. State St., 312-747-4300)*. Le **Mandel Hall** *(1131 E. 57th St., 773-702-8068)*, de l'University of Chicago, compte aussi parmi les salles où l'on peut régulièrement assister à des concerts de musique classique.

Les amateurs d'art lyrique noteront pour leur part que le **Lyric Opera of Chicago** *(312-332-2244, www.lyricopera.org)*, l'une des trois plus importantes formations du genre aux États-Unis, présente, de septembre à février, ses spectacles au **Civic Opera House** *(20 N. Wacker Dr., 312-419-0033, www. civicoperahouse.com)*, récemment rénové.

Il y a aussi le **Chicago Opera Theater** *(312-704-8414, www.chicagooperatheater. org)*, qui loge au récent **Harris Theater for Music and Dance** *(205 E. Randolph St.)* du Millennium Park. Cette troupe se spécialise dans les opéras chantés en anglais.

Le **Light Opera Works** *(847-920-5360, www.light-opera-works.org)* se consacre de son côté à l'opérette, alors que le **Chicago Children's Choir** *(312-849-8300, www.ccchoir.org)*, l'une des plus importantes chorales d'enfants du pays, présente son récital annuel durant la période des fêtes de fin d'année.

> Les spectacles d'improvisation et d'humour

L'humour est très présent dans la vie culturelle de Chicago. De grands comédiens américains et canadiens ont appris leur métier ici, dans ce que l'on appelle les *comedy clubs* (cabarets d'humour). De cette tradition résulte l'apparition au fil des ans de nombreuses boîtes du genre, le plus souvent consacrées à l'improvisation humoristique. Notez qu'il est toujours préférable de réserver ses places à l'avance et que les droits d'entrée peuvent atteindre 25$.

C'est dans l'Old Town que l'on peut trouver deux des plus réputés *comedy clubs* de la ville. À tout seigneur tout honneur, en tête vient d'abord **Zanie's** *(droit d'entrée; 1548 N. Wells St., 312-337-4027, www.zanies. com)*, le plus ancien des cabarets d'humour de Chicago, l'un des pionniers dans ce qui, au fil des ans, est devenu ici une grande tradition. Les spectacles qui y sont présentés mettent habituellement en vedette trois *stand-up comics*, des nouveaux venus autant que des artistes établis. L'endroit se targue d'avoir entre autres lancé les carrières de Tim Allen, Jay Leno, Drew Carey et Jerry Seinfeld. Réservations recommandées.

Un peu plus haut dans Wells Street se trouve le célébrissime **Second City** *(droit d'entrée; 1616 N. Wells St., 312-337-3992, www. secondcity.com)*. Fondé en 1959, ce théâtre a acquis une réputation quasi internationale alors que s'y sont produits, souvent à leurs débuts, les plus brillants comédiens nord-américains d'expression anglaise : John Belushi, Bill Murray, Dan Ackroyd, Michael Myers, John Candy, etc. Ce théâtre possède aujourd'hui sa propre troupe composée de jeunes humoristes qui se livrent des matchs d'improvisation à chacune des représentations. Réservations recommandées.

On retrouve également le **iO Chicago** *(droit d'entrée; lun fermé; 3541 N. Clark St., 773-880-0199, www.ioimprov.com)*, anciennement connu sous le nom d'ImprovOlympic Theatre. Cet établissement se spécialise strictement dans la présentation de séances d'improvisation au cours desquelles les spectateurs sont constamment appelés à interagir avec les comédiens.

Il y a finalement le **Comedysportz** *(droit d'entrée; jeu-sam; 929 W. Belmont Ave., 773-549-8080, www.comedysportzchicago. com)*, un amphithéâtre où la foule encercle les comédiens qui se livrent à des matchs d'improvisation.

> Les spectacles en plein air

Une fois arrivée la belle saison, après un hiver souvent rude, les Chicagoens adorent se donner rendez-vous en plein air et assister à des spectacles de toute nature. Quelques sites sont tout particulièrement renommés pour ces célébrations au soleil ou sous les étoiles.

C'est par exemple le cas du Ravinia Park, où un festival d'été s'étend, chaque année, de la fin juin au début septembre. On retrouve un peu de tout parmi les quelque 100 spectacles au programme du **Ravinia Festival** *(847-266-5100, www.ravinia.org)*, depuis les concerts classiques du Chicago Symphony Orchestra aux *shows* de chanson populaire, en passant par les concerts de jazz et les spectacles de danse. Pour les représentations en plein air, vous pouvez vous installer sur la pelouse *(10$ à 20$)*, dont la capacité tourne autour de 15 000 personnes, ou réserver l'un des 3 500 sièges du pavillon *(25$ à 70$)*. De plus, le site compte deux salles intérieures, le Martin Theater (850 places) et le Bennett-Gordon Hall (450 places), de même que plusieurs restaurants. Le Ravinia Park est situé à Highland Park, à une trentaine de kilomètres au nord de Chicago. L'autoroute I-94 permet de s'y rendre facilement au départ du centre-ville. La ligne North-Western du Metra dessert également les lieux.

En plein centre-ville pendant ce temps, le **Grant Park** (voir p. 116) propose une impressionnante programmation de festivals composés de nombreux spectacles gratuits présentés sur la scène de sa **Petrillo**

Music Shell, située derrière l'Art Institute of Chicago. Parmi ces événements, mentionnons les festivals annuels de musique latinoaméricaine (septembre), de blues (juin), de gospel (juin) et de jazz (septembre).

Autre événement majeur ayant cours au cœur du centre-ville de la mi-juin à la miaoût, le **Grant Park Music Festival** *(312-742-7638, www.grantparkmusicfestival. com)* propose une série de concerts du Grant Park Orchestra and Chorus sur la scène du Jay Pritzker Pavilion, ce splendide amphithéâtre à ciel ouvert du Millennium Park dessiné par Frank Gehry.

Tout au long de l'année, à l'heure du déjeuner, des concerts de nature on ne peut plus diversifiée sont offerts gratuitement à l'ombre de la grandiose sculpture de Picasso. Tous les genres musicaux se succèdent dans cette série d'événements baptisée *Under the Picasso (Richard J. Daley Civic Center Plaza, bordée par les rues Washington, Randolph, Dearborn et Clark)*. En cas de pluie, et au cours de l'hiver, les concerts sont plutôt présentés dans le hall spectaculaire du Richard J. Daley Civic Center.

Le **Pepsi Skyline Stage** *(600 E. Grand Ave.)* de Navy Pier propose quant à lui une programmation très variée avec, entre autres, autant de concerts de jazz ou de rock que de spectacles de zydeco, de blues ou même de cirque. Environ 1 500 personnes peuvent y prendre place.

Le **Charter One Pavilion** *(312-540-2668, www.charteronepavillion.com)* a été aménagé sur le site de l'ancien aéroport privé de la Northerly Island. On y présente tout au long de l'été une série de spectacles payants qui mettent en vedette les grands noms de la chanson populaire. Cet amphithéâtre extérieur compte 7 500 places assises.

Par ailleurs, il ne faut pas oublier le **First Midwest Bank Amphitheatre** *(19100 S. Ridgeland Ave., Tinley Park, 708-614-1616)*, situé à 50 km au sud-ouest du centre-ville. Cet amphithéâtre en plein air, anciennement connu sous les noms de Tweeter Center et de New World Music Theater, compte 30 000 places et reçoit des stars du rock et de la musique pop de la trempe des Bruce Springsteen, Roger Waters et autres Céline Dion.

> Les spectacles de variétés

L'équipe derrière la populaire **Schubas Tavern** (voir p. 277) a transformé un cinéma de 500 places, jadis connu sous le nom de Three Penny Movie Theater, en une salle de concerts rock. Il s'agit du **Lincoln Hall** *(droit d'entrée; 2424 N. Lincoln Ave., 773-525-2501, www.lincolnhallchicago. com)*, qui a ouvert ses portes à l'automne 2009.

En plus des *musicals* de Broadway de passage dans la région de Chicago, l'**Akoo Theatre at Rosemont** *(5400 N. River Rd., Rosemont, 847-671-5100, www. rosemonttheatre.com)*, autrefois le Rosemont Theatre, produit des spectacles de vedettes pop.

Sur Armitage Avenue, une ancienne boîte de striptease a été transformée en salle de concerts rock. Il s'agit du **Park West** *(droit d'entrée; 322 W. Armitage Ave., 773-929-1322, www.parkwestchicago.com)*.

Le **Vic Theatre** *(droit d'entrée; 3145 N. Sheffield Ave., 773-472-0449, www. victheatre.com)*, anciennement voué au vaudeville, accueille maintenant les amateurs de rock et de *R&B*, auxquels il propose d'excellents spectacles dans une salle de 1 200 places. Les soirs où il n'y a pas de spectacle à l'affiche, des séances de cinéma bien arrosées, baptisées **Brew & View at The Vic** (voir p. 258), sont organisées.

Au **Briar Street Theatre** *(droit d'entrée; 3133 N. Halsted St., 773-348-4000, www. blueman.com)* est présentée depuis plusieurs années l'étrange prestation du Blue Man Group. Les trois performeurs au visage peint en bleu qui animent ce spectacle hors du commun incitent habilement la foule à participer à leur folie qui combine percussions, musique rock et effets visuels.

Dans le cadre de leurs tournées mondiales, les mégastars du rock s'arrêtent au **United Center** *(1901 W. Madison St., 312-455-4500 pour information générale, 312-559-1212 pour l'achat de billets par Ticketmaster, www. unitedcenter.com)* ou à l'**Allstate Arena** *(6920 N. Mannheim Rd., Rosemont, 847-635-6601, www.allstatearena.com)*, anciennement connu sous le nom de «Rosemont Horizon». Ces amphithéâtres sportifs,

Sorties - **Activités culturelles**

demeure des Bulls et des Blackhawks dans le cas du United Center, peuvent accueillir jusqu'à 22 000 spectateurs chacun.

› Le théâtre

Chicago a acquis au cours des dernières années une solide réputation en matière de théâtre. Des compagnies se sont installées un peu partout en ville, amenant des conceptions nouvelles et innovatrices, et ont mis au monde des acteurs aujourd'hui connus à travers le monde.

Ainsi, théâtre expérimental et spectacles d'improvisation se sont ajoutés aux éternels spectacles à grand déploiement, *made in Broadway*, en tournée à Chicago.

Qu'y a-t-il à l'affiche?

En plus des quotidiens et hebdomadaires mentionnés précédemment (voir p. 258), la **League of Chicago Theatres** publie tous les deux mois un guide répertoriant les pièces à l'affiche. Il est distribué gratuitement dans les bureaux d'information touristique et les hôtels. On peut aussi consulter son site Internet au *www.chicagoplays.com*.

Où se procurer des billets?

Le jour même des représentations, il est possible d'obtenir des places à moitié prix, lorsqu'il en reste. Pour ce faire, il faut contacter l'un des **Hot Tix Half-Price Ticket Centers** *(mar-sam 10h à 18h, dim 11h à 16h; www.hottix.org)*, ces billetteries commanditées par la League of Chicago Theaters. Notez que l'on vous demandera de payer comptant.

Hot Tix Loop : 72 E. Randolph St.

Hot Tix Chicago Water Works Visitor Center : 163 E. Pearson St.

Il est aussi à noter que les billetteries **Hot Tix** vendent également des places à prix régulier pour la majorité des spectacles à venir.

Quelques salles et compagnies théâtrales

À la grande époque de State Street, *«That Great Street»* comme le chantait Sinatra, le Loop comptait de nombreux théâtres. Au fil des ans, plusieurs ont toutefois dû se résoudre à fermer leurs portes à mesure

que disparaissait peu à peu toute vie nocturne du quartier des affaires. C'est ainsi que l'activité théâtrale s'est déplacée vers le nord, au-delà de Fullerton Street, principalement le long des rues Lincoln et Clark.

Depuis quelques années, on s'efforce de faire revivre le Loop après les heures de bureau. Le projet de revitalisation du **Theatre District** (voir l'encadré p. 263), le long de Randolph Street, constitue l'une des plus ambitieuses initiatives en ce sens.

Le visiteur retiendra que les théâtres du Loop se consacrent presque exclusivement à la production de pièces et de revues à la Broadway. Les salles du North Side, dites *off-Loop*, sont pour leur part surtout vouées au théâtre expérimental.

The Chicago Theatre *(175 N. State St., www.thechicagotheatre.com)*, une salle historique de State Street (1921), constitue l'un des vestiges de l'âge d'or du Loop. Ancien palace cinématographique de 4 000 places, le Chicago Theatre a été entièrement rénové au milieu des années 1980, pour connaître par la suite divers ennuis financiers. Il est toutefois aujourd'hui de retour sur le circuit culturel, alors que des *musicals* (comédies musicales), des spectacles de *stand-up comics* et des tours de chant de vedettes pop s'y succèdent à l'affiche.

L'**Auditorium Theatre** *(50 E. Congress Pkwy., 312-922-2110, www.auditoriumtheatre.org)*, une autre de ces splendides salles de la glorieuse époque, fut construit selon les plans de Louis H. Sullivan. L'Orchestre symphonique de Chicago y a pendant longtemps logé. De nos jours, les *musicals* à la Broadway constituent l'essentiel de la programmation théâtrale de ce magnifique établissement de 4 000 places, où sont également présentés de nombreux spectacles de danse.

À cela, il faut ajouter cet autre palace du début du XXᵉ siècle (1906) qu'est l'ancien Shubert Theatre, aujourd'hui devenu le **Bank of America Theatre** *(18 W. Monroe St., 312-997-1700)*, qui dispose de quelque 2 000 sièges.

De nos jours, c'est toutefois le réputé **Goodman Theatre** *(170 N. Dearborn St., 312-443-3800, www.goodmantheatre.org)* qui maintient la vitalité théâtrale des envi-

Le Theatre District

Dans sa volonté de revitaliser le secteur du Loop, l'administration municipale a lancé ou financé de nombreux projets ces dernières années. Le réaménagement de State Street s'inscrit dans cette volonté, de même que la restauration et l'agrandissement du Theodore Thomas Orchestra Hall Building, devenu le Symphony Center.

La remise en état d'un quartier des théâtres en plein cœur du Loop s'intègre aussi dans cet esprit. Ainsi, des banderoles et des inscriptions sur les trottoirs délimitent le Chicago Theatre District le long et aux abords de Randolph Street. Au total, c'est quelque 60 millions de dollars en crédits d'impôt que la Ville a attribués au projet du Theatre District.

De nouvelles salles se sont récemment ajoutées au Chicago Theatre, au Shubert Theatre, aujourd'hui devenu le Bank of America Theatre, et à l'Auditorium Theatre environnants, ce qui représente en fin de compte un ajout de 10 000 nouvelles places de théâtre aux 15 000 sièges déjà existantes dans le centre-ville.

C'est ainsi que fut rénové le vénérable **Oriental Theatre**. Quelque 35 millions de dollars plus tard, il s'est complètement métamorphosé et est maintenant connu sous le nom de **Ford Center for the Performing Arts** *(24 W. Randolph St.).*

Le Palace Theatre, adjacent à l'Hotel Allegro (ancien Bismarck Hotel), un autre de ces vieux théâtres qui étaient fermés depuis des années, connaît maintenant une seconde vie sous le nom de **Cadillac Palace Theatre** *(151 W. Randolph St.)* grâce à un investissement de 21,5 millions. Il s'agit d'une salle de 2 350 places jadis consacrée aux spectacles de vaudeville et où sont maintenant présentés des *musicals* à la Broadway.

La plus ancienne troupe de Chicago, la Goodman, a élu domicile dans le Loop à l'automne 2000. Construit au coût de 44 millions de dollars, le **Goodman Theatre** *(170 N. Dearborn St., 312-443-3800, www.goodmantheatre.org)* comprend deux salles, soit une de 800 places et un studio-théâtre en comprenant 400. Les façades de deux anciens théâtres qui se trouvaient sur le site (Harris Theater et Selwyn Theater) ont été préservés dans cette nouvelle construction.

Enfin, le **DCA Storefront Theatre** *(66 E. Randolph St., 312-742-8497)* est voué à la présentation de pièces montées par de petites troupes locales.

rons du Loop. Autrefois caché derrière l'Art Institute, il a maintenant pignon sur rue au cœur du Loop et propose principalement des pièces contemporaines auxquelles prennent souvent part des grands noms de la scène américaine. Il s'agit de la plus ancienne troupe de théâtre de Chicago (1925) et d'une des plus vénérables institutions de la Ville des Vents.

Le **Chicago Shakespeare Theater** *(800 E. Grand St., Navy Pier, 312-595-5600, www.chicagoshakes.com)*, dont l'ouverture a eu lieu à l'automne 1999, est une agréable addition à la vie culturelle de Chicago. Ce théâtre, voué exclusivement au répertoire shakespearien, comprend deux salles (200 et 525 places) et a été érigé sur le Navy Pier.

Mais c'est tout de même vers le nord qu'il faut aujourd'hui se tourner pour trouver une impressionnante concentration de salles. Les années 1970, mais surtout 1980, ont vu éclore une quantité phénoménale de compagnies théâtrales, chacune «expérimental» à sa façon.

Ainsi, des pièces souvent jouées par des acteurs de renom comme John Malkovich, Joan Allen et Gary Sinise sont présentées toute l'année au **Steppenwolf Theatre** *(1650 N. Halsted St., 312-335-1650, www.steppenwolf.org)*, dont la troupe a su créer un style unique qui lui vaut depuis les années 1970 une reconnaissance à l'échelle nationale. La pièce *The Grapes of Wrath*, montée par la Steppenwolf Theatre Company, s'est d'ailleurs vu décerner deux *Tony Awards*, récompenses ultimes du théâtre américain.

Non loin de là, **The Royal George Theatre Center** *(1641 N. Halsted St., 312-988-9000, www.theroyalgeorgetheatre.com)* est un autre théâtre bien coté de la ville. Ce complexe moderne comprend deux salles, une grande et une petite, en plus d'un cabaret et d'un restaurant.

Dans le secteur, il faut également mentionner l'**Apollo Theater** *(2540 N. Lincoln Ave., 773-935-6100, www.apollochicago. com)*, où des *musicals* sont bien souvent à l'affiche, mais où l'on présente également des spectacles originaux.

La **Lookingglass Theatre Company** *(312-337-0665, www.lookingglasstheatre.org)*, de son côté, compte maintenant parmi les compagnies théâtrales les plus réputées de la ville. L'un de ses acteurs, David Schwimmer, est d'ailleurs devenu une vedette de la télévision grâce à sa participation à la populaire émission *Friends*. La troupe a élu domicile dans une agréable salle toute neuve, construite dans le bâtiment qui abrite le **Chicago Water Works** *(821 N. Michigan Ave.)*.

Chez les **Neo-Futurists** *(5153 N. Ashland Ave., 773-275-5255, www.neofuturists.org)*, chaque séance, intitulée *Too Much Light Makes the Baby Go Blind*, est différente. En effet, on demande aux spectateurs de choisir 30 pièces qui seront jouées en 60 min! Quelque 2 000 de ces courtes pièces constituent le «répertoire» de cette étonnante troupe qui produit ses spectacles au-dessus d'un salon funéraire!...

La troupe du **Victory Gardens Theater** *(www.victorygardens.org)*, vouée à la production de pièces originales, jouit aujourd'hui d'une reconnaissance à l'échelle des États-Unis. Elle a d'ailleurs reçu en 2001 le *Best Regional Theatre Tony Award*. En 2004, elle s'est portée acquéreur du Biograph Theater en vue de le reconvertir en une salle de théâtre. Cet ex-palace du cinéma est passé à l'histoire en 1934, lorsque le tristement célèbre gangster John Dillinger tomba sous les balles des policiers dans une ruelle toute proche. L'ouverture de ce nouveau lieu de création, devenu le **Victory Gardens Biograph Theater** *(2433 N. Lincoln Ave., 773-871-3000)*, a eu lieu à l'automne 2006.

Finalement, pour ceux que séduit une soirée de théâtre sous les étoiles, il y a le **Theater on the Lake** *(angle Fullerton Pkwy. et Lake Shore Dr., 312-742-7994)*. D'une capacité de 380 personnes, ce théâtre en plein air du Lincoln Park propose chaque été huit *musicals* et autres comédies légères.

Les dîners-théâtres

Depuis plusieurs années, le **Tommy Gun's Garage** *(jeu-dim; 2114 S. Wabash Ave., 312-225-0273, www.tommygunsgarage.com)* présente une revue musicale qui ramène avec humour ses convives à la grande époque des gangsters. Réservations requises.

Les bars et boîtes de nuit

La vie nocturne de Chicago compte parmi les plus folles et les plus diversifiées d'Amérique. Les noctambules ont le choix entre de nombreuses boîtes de blues (évidemment!), mais aussi de jazz, de rock, de R&B, de world music, etc. Ils peuvent aussi aller s'éclater dans une super-boîte de nuit, chercher compagnie dans un *singles bar* ou assister à un match important dans un *sports bar*. Night-clubs chics et pianos-bars de grand standing scintillent également parmi les étoiles des nuits de Chicago.

Que vous vouliez danser, draguer, assister à un spectacle ou simplement vous détendre en bonne compagnie, et que vous soyez jeune ou moins jeune, *indie* ou *classy*, rocker ou yuppie, *slacker* ou *mod*, Chicago a quelque chose à vous offrir.

Nous vous proposons dans les prochaines pages une sélection de bars et de boîtes de nuit, pour toutes les bourses et tous les goûts, classés selon les différents quartiers de la ville. Veuillez par ailleurs vous référer aux index thématiques (blues, jazz, éclectique, rock, folk, reggae, country, resto-bar thématique, 5 à 7, *singles bars*, terrasses, bars à vin, danse, bars sportifs, bars et quilles, pianos-bars, pubs et bars à bière, bars avec vue, scène gay) si vous savez exactement ce que vous cherchez. Notez que dans l'index général, à la fin du livre, les bars et les boîtes de nuit sont classés dans l'ordre alphabétique sous «Bars et boîtes de nuit».

Certaines boîtes exigent des droits d'entrée s'élevant généralement entre 5$ et 25$, particulièrement lorsqu'elles présentent des spectacles. Ceux-ci débutent habituellement entre 21h et 21h30. Selon le type de permis qu'ils possèdent, les bars ou boîtes de nuit de Chicago peuvent demeurer ouverts jusqu'entre 2h et 5h du matin. Rappelez-vous qu'ils ferment tous une heure plus tard le samedi: ainsi, les bars qui ont un permis les autorisant à fermer à 2h demeurent alors ouverts jusqu'à 3h et ceux qui ont un permis leur accordant d'accueillir les fêtards jusqu'à 4h le sont jusqu'à 5h le samedi soir... ou plutôt le dimanche matin.

L'âge légal auquel il est permis de boire de l'alcool en Illinois est de 21 ans; c'est donc aussi l'âge à partir duquel on a accès aux bars et autres boîtes de nuit. Certains établissements ont même pour politique de n'accueillir que les gens de 23 ans et plus. Quoi qu'il en soit, assurez-vous d'avoir en main vos papiers d'identité (*ID*), car, inévitablement, on vous les demandera même si vous avez atteint la mi-trentaine (au début c'est flatteur, mais on se rend vite compte que c'est un contrôle systématique...). À noter qu'il est interdit de fumer dans tous les lieux publics de Chicago, y compris dans les établissements nocturnes.

Bars et boîtes de nuit par types

> **5 à 7**
  Amuse p. 268
  C-View Lounge p. 269
  Crimson Lounge p. 270
  Filini Bar and Restaurant p. 268
  Le Bar p. 272
  Moe's Cantina River North p. 271
  The Pump Room Bar p. 274
  Whiskey Sky p. 272

> **Bars avec vue**
  C-View Lounge p. 269
  Drumbar p. 269
  ROOF on theWit p. 268
  Signature Lounge p. 269
  Sixteen p. 271
  Vertigo Sky Lounge p. 272
  Whiskey Sky p. 272

> **Bars à vin**
  Aria p. 268
  Big Bar p. 268
  Bin 36 p. 270
  Eno p. 269
  Eno Wine Room p. 268
  Pops for Champagne p. 271
  The 3rd Coast Cafe p. 274
  Webster's Wine Bar p. 275

> **Bars et quilles**
  10pin Bowling Lounge p. 269
  Lucky Strike Lanes p. 272
  Southport Lanes p. 277

> **Bars sportifs**
  6 Corners Sports Bar p. 279
  Bernie's Tavern p. 276
  Harry Caray's p. 270
  Hawkeye's Bar & Grill p. 278
  Justin's p. 277
  Moonshine p. 279
  Murphy's Bleachers p. 276
  Rockit Bar and Grill p. 271
  Sluggers p. 277

> **Blues**
  B.L.U.E.S. p. 275
  Blue Chicago p. 270
  Buddy Guy's Legends p. 267
  Checkerboard Lounge p. 278
  House of Blues p. 270
  Kingston Mines p. 275
  Lilly's p. 276
  Rosa's Lounge p. 280

> **Country**
  Carol's Pub p. 277

Sorties - **Les bars et boîtes de nuit**

Le Loop et le South Loop

Voir carte p. 206.

Mis à part les salles de spectacle du Loop Theatre District, la vie nocturne est quelque peu limitée dans le Loop. En effet, après la fermeture des bureaux, le quartier des affaires se vide en un rien de temps. Il reste alors aux noctambules les boîtes situées dans les hôtels et certaines exceptions, dont quelques-unes sont dignes de mention.

Bar Louie
tlj 11h à 2h; Dearborn Station Galleria, 47 W. Polk St., 312-347-0000, www.barlouieamerica.com
Au sein de l'ancienne gare située dans le quartier de Printer's Row, la Dearborn Station, se trouve l'un des Bar Louie, une populaire chaîne locale devenue nationale. Cette adresse-ci a la particularité de donner sur une très agréable terrasse. Martinis et Bloody Mary sont les spécialités de la maison, mais le choix de bières et de vins proposés au verre s'avère plus qu'adéquat. On peut aussi y manger: sandwichs, salades, pâtes.

Buddy Guy's Legends
droit d'entrée; lun-ven 11h à 2h, sam 17h à 3h, dim 18h à 2h; 700 S. Wabash Ave., 312-427-1190, www.buddyguys.com
On n'a pas le droit de visiter Chicago sans faire une halte au temple du blues qu'est le Buddy Guy's Legends, situé tout juste au sud du Loop. Ce n'est pas que le décor y soit particulièrement intéressant (des murs bleu foncé où l'on a accroché d'innombrables photos, coupures de presse ou peintures mettant en vedette les monstres sacrés du blues que sont devenus les Howlin' Wolf, Koko Taylor, Muddy Waters, Eric Clapton,

Stevie Ray Vaughan et compagnie; une vitrine contenant les disques d'or, Grammys et autres récompenses du légendaire musicien et propriétaire; une série de tables de billard tout au fond; l'inévitable comptoir de souvenirs à l'entrée) ou que l'endroit soit particulièrement agréable ou confortable (on s'y installe sur des chaises dures et massives, et à des tables bringuebalantes)... Mais la musique! Fabuleuse! Les meilleurs musiciens s'y produisent régulièrement. Lors de votre passage, si vous avez de la chance, la légende des légendes, Buddy Guy lui-même, pourrait bien monter sur scène (il le fait régulièrement). L'expérience sera alors absolument inoubliable! Un bon tuyau: Buddy Guy a l'habitude de célébrer son anniversaire ici même, dans son refuge, à une date qui varie selon sa disponibilité, vers la fin du mois de juillet. Prévoyez alors arriver tôt.

Jazz Showcase
droit d'entrée; 806 S. Plymouth Ct., 312-360-0234, www.jazzshowcase.com
Le Jazz Showcase est une institution de Chicago inaugurée en 1947, où tous les grands jazzmen sont venus présenter leurs spectacles. En 2006 toutefois, l'établissement situé sur Grand Avenue a dû fermer ses portes à l'échéance de son bail. Heureusement, le musicien-propriétaire Joe Segal a déniché de nouveaux locaux où installer son temple, dans la **Dearborn Station Galleria** (voir p. 100), qui ferme au sud Dearborn Street, surnommée Printer's Row à cette hauteur. L'entrée se trouve sur le côté est de l'ancienne gare, dans Plymouth Court. Des concerts de jazz sont présentés tous les soirs à 20h et 22h, ainsi que le dimanche après-midi à 16h.

Kitty O'Shea's

dim-jeu 11h à 1h, ven-sam 11h à 2h; Hilton Chicago, 720 S. Michigan Ave., 312-294-6860

Au **Hilton Chicago** (voir p. 179), c'est au pub irlandais Kitty O'Shea's que l'on se donne rendez-vous. Des musiciens irlandais qui jouent des chansons traditionnelles de leur pays d'origine animent l'endroit six soirs par semaine.

ROOF on theWit

lun-ven 16h à 2h, sam 14h à 3h, dim en été seulement; theWit Hotel, 201 N. State St., 312-239-9501, www.roofonthewit.com

Installé en plein cœur du Loop au sommet du **theWit Hotel** (voir p. 190), soit au 27e étage, ce bar branché est protégé depuis le printemps 2012 par un toit de verre rétractable. Animation musicale assurée par des DJ et organisation fréquente de défilés de mode.

Le New East Side

Voir carte p. 207.

Ce secteur de la ville, tout juste au sud de la Chicago River et à l'est de Michigan Avenue, est couvert de tours relativement récentes, incluant quelques hôtels avec des bars ou boîtes de nuit dignes d'intérêt.

Amuse

Swissôtel Chicago, 323 E. Wacker Dr., 312-565-0540

Amuse constitue l'un des ajouts intéressants au hall du Swissôtel à la suite de la rénovation complète de l'hôtel en 2012. On peut y siroter un cocktail tout en dégustant de petits plats intéressants genre tapas.

Aria

The Fairmont Chicago Millennium Park; 200 N. Columbus Dr., 312-444-9494, www.ariachicago.com

L'hôtel **Fairmont Chicago** (voir p. 191) abrite un agréable resto-bar : Aria. On y propose des sushis et de petites bouchées inspirées de la cuisine plus élaborée servie au restaurant, de même qu'une sélection impressionnante de vins et de sakés. Le décor de l'Aria, moderne et chaleureux, crée une ambiance décontractée, bien que sophistiquée.

Big Bar

lun-jeu 16h à 2h, ven 15h à 2h, sam-dim 11h à 2h; Hyatt Regency Chicago, 151 E. Wacker Dr., 312-565-1234

Le Big Bar, installé dans le hall du **Hyatt Regency Chicago** (voir p. 190), affiche une

impressionnante carte des vins et une tout aussi impressionnante liste de bières embouteillées (plus de 70). L'ennui, c'est que l'addition qu'on vous remettra risque elle aussi de fortement vous impressionner...

Eno Wine Room

dim-jeu 13h à 23h, ven-sam 13h à 1h; The Fairmont Chicago Millennium Park, 200 N. Columbus Dr., 312-946-7000, www.enowinerooms.com

Ce bar à vin des plus invitants a été inauguré il y a quelques années au centre du hall de l'hôtel Fairmont. On y propose plus de 300 vins différents, dont plusieurs vendus au verre, mais aussi 35 variétés de fromages et un menu de chocolats en truffes ou en tablettes. Cet établissement appartient à la même chaîne que l'**Eno de l'InterContinental Hotel** (voir p. 186).

Filini Bar and Restaurant

dim-jeu 11h à 24h, ven-sam 11h à 2h; Radisson Blu Aqua Hotel Chicago, 221 N. Columbus Dr., 312-477-0234, www.filinichicago.com

La section bar du Filini, aux allures futuristes, occupe le rez-de-chaussée du nouveau **Radisson Blu Aqua Hotel Chicago** (voir p. 191), lui-même installé dans la spectaculaire Aqua Tower.

Le Magnificent Mile

Voir carte p. 209.

La portion de Michigan Avenue comprise entre la Chicago River et Oak Street, surnommée le «Magnificent Mile», convient davantage aux amateurs de lèche-vitrine qu'aux noctambules. Il faut toutefois se rappeler que plusieurs hôtels élégants s'alignent sur cette avenue de prestige, et que plusieurs d'entre eux abritent des boîtes de nuit intéressantes.

The Billy Goat Tavern

lun-ven 7h à 2h, sam 10h à 3h, dim 11h à 2h; 430 N. Michigan Ave., 312-222-1525, www.billygoattavern.com

The Billy Goat Tavern, située au-dessous de Michigan Avenue, du côté ouest, tout juste après le Michigan Avenue Bridge, ne cadre pas vraiment avec le *glamour* qui caractérise le Magnificent Mile. L'établissement se cache dans un coin sombre et peu invitant. Pourtant il s'agit d'un endroit quasi légendaire où il faut s'arrêter, ne serait-ce que le temps d'une bière ou d'un hamburger bien graisseux (voir p. 240).

Coq d'Or
lun-sam 11h à 2h, dim 11h à 1h; The Drake Hotel, 140 E. Walton St., 312-787-2200

Le Coq d'Or est le chic resto-bar du non moins chic **Drake Hotel** (voir p. 194). Il jouit de plus d'une place «importante» dans l'histoire, car on dit qu'il fut un des premiers établissements à recommencer à servir de l'alcool après la Prohibition. Clientèle de 40 ans et plus en complet-veston ou en tailleur classique. Musiciens les vendredi et samedi soirs.

C-View Lounge
dim-jeu 17h à 23h, ven-sam 17h à 24h; MileNorth Chicago, 166 E. Superior St., 312-523-0923

Situé au 29ᵉ étage de l'hôtel **MileNorth Chicago** (voir p. 192), ce petit bar avec vue donne aussi accès à une agréable terrasse. Le *lounge* en lui-même est aménagé en longueur sur toute la largeur du bâtiment, et ses baies vitrées permettent d'admirer la vue sur trois côtés. L'hôtel étant installé directement dans l'axe de la rue St. Clair, c'est toutefois vers le sud que le coup d'œil est le plus spectaculaire. Cocktails, vins au verre et petite restauration sont ici proposés.

Drumbar
lun-mer 17h à 24h, jeu-ven 17h à 2h, sam 17h à 3h, dim fermé; Raffaello Hotel, 201 E. Delaware Pl., 312-924-2531, www.drumbar.com

Inauguré à l'été 2012 au 18ᵉ étage du Raffaello Hotel, le Drumbar peut accueillir une centaine de personnes dans sa salle intérieure à l'ambiance *cozy*, et 80 autres sur sa splendide terrasse extérieure. Beau choix de champagne et cocktails. Tenue de ville exigée à compter de 20h.

Eno
lun-jeu 16h à 24h, ven 16h à 1h, sam 13h à 1h, dim 13h à 22h; InterContinental Hotel, 505 N. Michigan Ave., 312-321-8738, www.enowinerooms.com

Cet agréable bar à vin a ouvert ses portes il y a quelques années au rez-de-chaussée de l'**InterContinental Hotel** (voir p. 194). On y propose pas moins de 500 variétés de vins, dont plusieurs servis au verre. Murs recouverts de cuir et meubles de bois foncé confèrent à l'établissement une ambiance feutrée. Choix de chocolats et de fromages en accompagnement.

Signature Lounge
dim-jeu 11h à 0h30, ven-sam 11h à 1h30; 875 N. Michigan Ave., 312-787-9596, www.signatureroom.com

Pour une vue sensationnelle, c'est au Signature Lounge qu'il faut aller, au 96ᵉ étage du John Hancock Center. Bien sûr, on vous vendra votre verre de bière, votre coupe de vin ou votre cocktail au prix fort, mais si vous comparez avec les tarifs exigés pour accéder à l'observatoire situé au sommet du même gratte-ciel, vous vous rendrez compte que vous ne faites finalement pas une si mauvaise affaire. Qui plus est, vous vous épargnerez de faire la queue.

Le River North

Voir carte p. 210.

La partie nord du centre-ville, soit celle située au nord de la Chicago River, jusqu'aux environs de Division Street, et à l'ouest du Magnificent Mile, forme le cœur de la vie nocturne de Chicago. Restos-bars thématiques, boîtes de jazz et de blues, bars de rencontre, etc., s'y agglutinent dans plusieurs «sous-secteurs».

Les abords de la rivière

Voici tout d'abord quelques établissements remarquables se trouvant tout juste au nord de la Chicago River.

10pin Bowling Lounge
dim-jeu 11h à 24h, ven 11h à 2h, sam 11h à 3h; Marina City, 330 N. State St., 312-644-0300, www.10pinchicago.com

Installé dans le complexe de Marina City, à côté de la House of Blues, cet établissement réinvente le traditionnel salon de quilles. Ainsi, en plus de ses 24 allées, des écrans vidéo géants, des effets lumineux qui accompagnent les tubes de l'heure et une impressionnante sélection de martinis forment une combinaison pour le moins particulière. Réservé aux 21 ans et plus.

Andy's
droit d'entrée; dim-jeu 16h à 1h, ven-sam 16h à 1h30; 11 E. Hubbard St., 312-642-6805, www.andysjazzclub.com

L'une des boîtes de jazz les plus en vue de la ville s'appelle Andy's. Les banderoles officielles de toutes les éditions passées du festival annuel de jazz de Chicago et d'innombrables photographies de jazzmen couvrent littéralement tous les murs de l'établissement. Il y a d'ailleurs un «Wall of Fame», derrière le bar, qui rend hommage aux plus grands à s'être produits ici. Spectacle de jazz tous les soirs. À l'occasion, le jazz fait place au blues ou au rock.

Bin 36

339 N. Dearborn St., 312-755-9463, www.bin36.com
Situé au pied de l'**Hotel Sax Chicago** (voir p. 198), le Bin 36 est d'abord un restaurant qui compte parmi les bonnes tables de Chicago (voir p. 232). Mais on y trouve aussi un sympathique bar où sont servis plus de 50 vins au verre, de même qu'une impressionnante variété de fromages.

Blue Chicago

droit d'entrée; dim-ven 20h à 1h30, sam 20h à 2h30; 536 N. Clark St., 312-661-0100, www.bluechicago.com
Les amateurs de chanteuses de blues trouveront leur bonheur au Blue Chicago, qui leur laisse la scène le plus souvent possible. L'établissement ne paie pas de mine et est fréquenté par une foule bigarrée, composée en grande partie de touristes venus d'un peu partout, mais les musiciens s'avèrent la plupart du temps fort bons.

Crimson Lounge

tlj 16h à 2h; Hotel Sax Chicago, 333 N. Dearborn St., 312-923-2473, www.crimsonchicago.com
Le bar de l'**Hotel Sax Chicago** (voir p. 198) a des allures de boîte de nuit à l'ancienne où l'on se réunit pour s'offrir cocktails ou martinis. Décor chic et classique, avec grands fauteuils et murs lambrissés d'acajou.

Dick's Last Resort

lun-jeu 11h à 24h, ven-sam 11h à 2h, dim 10h à 1h; 315 N. Dearborn St., 312-836-7870, www.dickslastresort.com
Jadis caché dans le River East Art Center, le Dick's Last Resort est aujourd'hui confortablement installé au pied du complexe de Marina City, là où il peut maintenant offrir en prime une jolie vue sur la Chicago River. Des groupes rock se produisent tous les soirs dans ce joyeux et bruyant resto-bar, qui propose en outre un menu complet (voir p. 231).

Hana Lounge

tlj 11h à 24h; Westin Chicago River North, 320 N. Dearborn St., 312-744-1900
Le magnifique hall du **Westin Chicago River North** (voir p. 200) abrite un piano-bar au décor tout à fait sublime: le Hana Lounge. Situé à l'arrière par rapport à l'entrée principale, cet établissement nocturne s'ouvre sur un splendide jardin de rocaille et sur la Chicago River avec ses grandes verrières. Le mobilier, les revêtements de sol, les murs de laque noire et divers autres éléments décoratifs marient la subtilité et le raffinement asiatiques à l'audace du modernisme d'avant-garde. Toujours aujourd'hui l'un des plus beaux bars et des plus extraordinaires halls d'hôtel de tout Chicago. Vous pourrez ici entre autres goûter à des bières japonaises.

Harry Caray's

lun-jeu 11h30 à 22h30, ven-sam 11h30 à 23h, dim 11h30 à 22h; 33 W. Kinzie St., 312-828-0966, www.harrycarays.com
Ce resto-bar des plus appréciés fut créé par le légendaire ex-commentateur télé des matchs des Cubs de Chicago: Harry Caray. On ne peut manquer l'établissement, décoré d'une grande banderole où l'on peut lire le cri de ralliement favori du coloré annonceur: *Holy Cow!* Le bar, tout en longueur, se trouve sur la droite en entrant. De fait, il mesure exactement 60 pieds et 6 pouces, soit la distance entre le monticule du lanceur et le marbre au baseball. On vous servira dans ce temple des croustilles gratuites pour accompagner votre bière fraîche. Les murs sont couverts de photographies de joueurs de baseball, alors que quelques écrans de télé permettent de suivre les matchs. À la sortie, l'incontournable boutique de souvenirs vous attend.

House of Blues

droit d'entrée; lun-ven 11h30 à 2h, sam 11h30 à 3h, dim 10h à 2h; 329 N. Dearborn St., 312-923-2000, www.hob.com
Chicago possède sa House of Blues depuis plusieurs années maintenant, un complexe de 5 000 m² dont la salle principale peut accueillir près de 1 500 personnes. On trouve également sur place un restaurant de spécialités louisianaises pouvant recevoir jusqu'à 300 convives. Ce véritable temple voué aux dieux de la musique se cache derrière la tour ouest de Marina City. Pour ce qui est de la musique, le nom de l'établissement pourrait vous lancer sur une mauvaise piste. La House of Blues n'est pas un établissement uniquement consacré au blues. Des groupes de jazz, de rhythm-

and-blues, de zydeco, de rock alternatif et même de hip-hop y donnent fréquemment des spectacles. La salle de concerts a été construite sur le modèle du théâtre d'opéra de Prague où Mozart a interprété son opéra *Don Giovanni* pour la première fois. Les deux niveaux supérieurs de la salle sont constitués de 12 loges, lesquelles sont louées entre 150 000$ et 200 000$ par année. De plus, le dimanche, un *gospel brunch* y est proposé à 10h.

Moe's Cantina River North
155 W. Kinzie St., 312-245-2000, www.moescantina.com

Installée dans ce qui fut jadis un vaste entrepôt aux murs de briques de la rue Kinzie, la Moe's Cantina se veut un restaurant de spécialités mexicaines, sud-américaines et espagnoles. Mais c'est d'abord pour son bar où sangrias, margaritas et tequilas coulent à flots que l'on s'y presse. Par beau temps, les grandes vitrines de l'établissement s'ouvrent sur la rue telles des portes de garage, ce qui le rend encore plus irrésistible.

Rockit Bar and Grill
lun-ven 11h30 à 1h30, sam 10h à 2h30, dim 10h à 1h30; 22 W. Hubbard St., 312-645-6000, www.rockitbarandgrill.com

Le Rockit est un resto-bar aux allures branchées qui s'étend sur deux niveaux : sa salle à manger principale se trouve au rez-de-chaussée (voir p. 233), alors que son bar sportif, avec ses écrans plats et ses tables de billard, est situé à l'étage.

Sixteen
lun-mer 6h30 à 21h30, jeu-sam 6h30 à 22h, dim fermé; Trump International Hotel and Tower, 401 N. Wabash Ave., 312-588-8000, www.sixteenchicago.com

Même si votre bourse ne vous permet pas de vous offrir un repas au restaurant Sixteen, qui se niche au 16e étage du luxueux **Trump International Hotel and Tower** (voir p. 199), vous devriez au moins aller prendre un verre à son bar. Vous pourrez ainsi profiter du joli panorama qu'il dévoile et, par beau temps, de son exceptionnelle terrasse avec vue imprenable jusqu'au lac Michigan, ainsi que sur l'émouvant Wrigley Building, juste à côté, et sur les autres bâtiments qui s'élèvent au sud de la Chicago River.

Ohio Street et Ontario Street

Tout le secteur qui s'étend le long des rues Ohio et Ontario, entre les rues Rush et Franklin, est parsemé de restos-bars thématiques et de boîtes de nuit. Tous ces établissements s'annoncent au moyen d'enseignes criardes au néon, donnant à ces rues une allure se situant quelque part entre Las Vegas et Disneyland.

Excalibur
droit d'entrée; dim-ven 17h à 4h, sam 17h à 5h; 632 N. Dearborn St., angle Ontario St., 312-266-1944, www.excaliburchicago.com

En vous dirigeant vers l'ouest par Ontario Street, vous verrez l'Excalibur, une boîte de nuit aménagée dans un immeuble historique «déguisé» en château fort de l'époque médiévale. À l'intérieur, les clients peuvent se divertir sur trois niveaux. Ainsi, on retrouve au sous-sol une salle de billard, un petit restaurant et une salle de jeux électroniques. Au rez-de-chaussée, une autre salle de billard s'étend sur la gauche, alors qu'un bar de rencontre sépare l'entrée de la piste de danse, située à l'arrière. Finalement, à l'étage, vous pourrez faire la navette entre deux salles, l'une renfermant un grand bar et l'autre comportant une grande boule de miroir suspendue à son haut plafond, tout juste au-dessus d'une seconde piste de danse.

Redhead Piano Bar
dim-ven 19h à 4h, sam 19h à 5h; 16 W. Ontario St., 312-640-1000, www.redheadpianobar.com

Protégé par une haute clôture de fer forgé, le Redhead Piano Bar semble vouloir se cacher discrètement au fond d'un demi-sous-sol. Il est cependant trahi par une grande affiche illuminée, visible à des lieues à la ronde...

Hard Rock Cafe
dim-jeu 11h à 23h, ven-sam 11h à 24h; 63 W. Ontario St., 312-943-2252

Un peu plus loin vers l'ouest, sur votre gauche, vous repérerez sans mal le Hard Rock Cafe, la version chicagoenne de cette chaîne internationale de restos-bars consacrés à la mémoire des vedettes de la musique rock.

Pops for Champagne
droit d'entrée; dim-ven 15h à 2h, sam 13h à 2h; 601 N. State St., 312-266-7677, www.popsforchampagne.com

Voici la nouvelle incarnation de ce classique bar à champagne autrefois situé dans le nord de la ville. Une centaine d'étiquettes de champagnes et de vins sont proposées. Des musiciens de jazz animent les lieux du dimanche au mardi à compter de 21h. Menu de petits plats et de caviars. Ambiance romantique.

Au nord d'Ontario Street

Le Bar

dim-mer 15h à 1h, jeu-sam 15h à 2h; Sofitel Chicago Water Tower, 20 E. Chestnut St., 312-324-4000

Situé au rez-de-chaussée du **Sofitel Chicago Water Tower** (voir p. 198), Le Bar s'est rapidement taillé une place enviable auprès des amateurs de cinq-à-sept branchés de la ville. Le décor moderne et élégant de l'établissement est parfait pour qui veut s'offrir un martini en bonne compagnie. Un petit coin «bibliothèque près du foyer» permet de s'isoler un peu pour pouvoir mieux bavarder.

Clark Street Ale House

lun-jeu 16h à 4h, ven-sam 16h à 5h, dim 17h à 4h; 742 N. Clark St., 312-642-9253, www.clarkstreetalehouse.com

La Clark Street Ale House réserve de belles surprises à ceux qui ne peuvent résister à la tentation de goûter de nouvelles bières. Ce bar à bière propose en effet une grande sélection de produits provenant de plus de 40 microbrasseries. On peut aussi goûter ici à de bons vins, whiskeys et cigares.

The Kerryman

661 N. Clark St., 312-335-8121, www.thekerrymanchicago.com

Ce très grand pub irlandais déborde jusque dans la rue grâce à son invitante terrasse. Idéal pour une bonne Guinness dans une ambiance festive.

Rock Bottom

tlj 11h à 2h; 1 W. Grand Ave., 312-755-9339, www.rockbottom.com

Le Rock Bottom est l'endroit tout indiqué pour regarder un match sur écran géant tout en savourant l'une des bières brassées sur place. On peut aussi y déguster sandwichs, pâtes et salades (voir p. 232). La terrasse, située sur le toit de l'établissement, vaut à elle seule le déplacement.

Underground Wonder Bar

droit d'entrée; tlj jusqu'à 4h ou 5h; 710 N. Clark St., 312-266-7761, www.undergroundwonderbar.com

Si vous avez le goût d'un bon concert de jazz qui dure jusqu'aux petites heures, rendez-vous à l'Underground Wonder Bar, qui a changé d'adresse à l'automne 2011 pour s'établir dans la rue Clark. Ce temple du jazz a été créé il y a plus de 20 ans par la chanteuse et pianiste Lonie Walker, qui en est toujours propriétaire et s'y produit plusieurs soirs par semaine avec son Big Bad Ass Company Band. On peut assister ici jusqu'à trois spectacles différents chaque soir!

Vertigo Sky Lounge

dim-mer 17h à 1h, jeu-ven 17h à 2h, sam 17h à 3h; Dana Hotel and Spa, 2 W. Erie St., 312-202-6060, www.vertigoskylounge.com

Ce bar-boîte de nuit est perché au 26e étage du **Dana Hotel and Spa** (voir p. 197) de State Street, mais on y accède par une porte de côté donnant sur Erie Street. Un DJ anime les lieux chaque soir. Ambiance *lounge* en semaine et davantage boîte de nuit le week-end. Accès à une terrasse extérieure toute l'année, cette partie de l'établissement se transformant en un bar de glace en hiver.

Streeterville et Navy Pier

Voir carte p. 211.

Navy Pier Beer Garden

Memorial Day à oct, tlj 11h à 24h; 700 E. Grand Ave., 312-595-5439

Près du Grand Ball Room, le Navy Pier Beer Garden est tout indiqué pour se désaltérer en plein air et en toute simplicité: on s'achète une bière au comptoir, puis on se choisit une place sans autre formalité. En été, des spectacles sont à l'affiche tous les soirs.

Lucky Strike Lanes

lun-jeu 12h à 24h, ven 12h à 2h, sam 11h à 2h, dim 11h à 24h; 322 E. Illinois St., 312-245-8331, www.bowlluckystrike.com

Nombreux écrans vidéo, trois bars, musique tonitruante en soirée… on n'a plus les salons de quilles qu'on avait! Ah oui, il y a aussi 18 allées pour jouer. Pour les 21 ans et plus après 21h.

Whiskey Sky

dim-ven 16h à 2h, sam 16h à 3h; W Chicago Lakeshore, 644 N. Lake Shore Dr., 312-255-4463

Au sommet de l'un des hôtels branchés de la ville, le **W Chicago Lakeshore** (voir p. 200), vous trouverez le Whiskey Sky. Au menu: décor ultramoderne, vue panoramique insaisissable sur le Navy Pier et le lac Michigan, serveuses en robes noires moulantes, belle clientèle et prix élevés.

La Gold Coast et l'Old Town Triangle

Voir carte p. 212.

Rush Street

L'un des secteurs chauds de la vie nocturne de Chicago porte le nom de Rush Street. Mais, contrairement à ce que l'on serait porté à croire, toute l'action ne se passe pas vraiment dans la rue Rush elle-même, mais plutôt un peu plus haut, là où elle se fond avec State Street, puis un peu plus vers l'ouest, dans les rues Elm et surtout Division.

Les boîtes de jazz The Backroom et Jilly's (voir plus loin) se trouvent directement dans Rush Street, de même que toute une série de restaurants à la mode comme **Gibsons** (voir p. 243), **Carmine's** (voir p. 243) et le **Hugo's Frog Bar & Fish House** (voir p. 243). Dans ces environs déferle une clientèle BCBG propriétaire de BMW, de Porsche et de Mercedes.

Un peu plus au nord, Rush Street, une rue qui ne suit pas le quadrillage de rues traditionnel de Chicago, se fond avec State Street. À l'angle de Maple se trouve le **Dublin's Bar & Grill** *(tlj 11h à 4h; 1050 N. State St., 312-266-6340)*, une sorte de taverne irlandaise avec terrasse.

Rush Street déborde plus loin sur Division Street. Sur ce bout de rue, vous trouverez une impressionnante concentration de *singles bars* (bars de rencontre) où vous pourrez chercher l'âme sœur (si cela vous convient) dans une atmosphère débridée. Du côté sud de cette artère s'alignent d'est en ouest **Funk** *(5 W. Division St., 312-951-9001)*, qui propose des spectacles de danseurs, **The Leg Room** *(7 W. Division St., 312-337-2583)*, **Bootleggers** *(tlj jusqu'à 4h ou 5h; 13 W. Division St., 312-266-0944)* et **The Lodge** *(tlj 14h à 4h; 21 W. Division St., 312-642-4406)*, l'un des doyens du secteur (1957) à la réputation un peu surfaite.

En face, toujours dans le même ordre, vous remarquerez le **Mother's Too** *(tlj jusqu'à 2h ou 3h; 14 W. Division St., 312-266-7444)*, **Butch McGuire's** *(lun-ven 11h à 14h, sam 8h à 5h, dim 11h à 4h; 20 W. Division St., 312-787-4359)*, l'un des plus anciens (1961) *singles bars* du coin, et **The Original Mother's**

(tlj jusqu'à 4h ou 5h; 26 W. Division St., 312-642-7251), un établissement qui mise tout sur le fait qu'on l'a utilisé lors du tournage du film *About Last Night*, une comédie d'intérêt limité qui avait au moins la qualité de mettre en vedette de jeunes acteurs aujourd'hui devenus de véritables stars: Demi Moore, Jim Belushi et Rob Lowe.

Le secteur de Rush Street comporte en outre quelques établissements sur lesquels on peut s'attarder davantage:

The Backroom
droit d'entrée; dim-ven 20h à 2h, sam 20h à 3h; 1007 N. Rush St., 312-751-2433, www.backroomchicago.com
Dans Rush Street, tout juste au nord d'Oak Street, vous verrez The Backroom, un bar où sont présentés des concerts de jazz, de rhythm-and-blues ou de funk tous les soirs depuis les années 1960, époque à laquelle la rue Rush a connu son heure de gloire. Piste de danse.

Cedar Hotel
dim-ven 11h à 2h, sam 11h à 3h; 1112 N. State St., 312-944-1112, www.cedarhotelchicago.com
Non, le Cedar Hotel n'est pas un hôtel, mais plutôt un bar dont la vaste terrasse devient en saison un *beer garden* animé qui déborde de joyeux amateurs de houblon.

Jilly's
dim-ven 17h à 2h, sam 17h à 3h; 1007 N. Rush St., 312-664-1001, www.jillyschicago.com
Le piano-bar Jilly's propose la combinaison classique martinis et musique à la Sinatra. Tout juste à côté, le **Jilly's Too!** *(mer-sam; 1009 N. Rush St., 312-664-0009)*, aussi surnommé «The Big Room», présente des spectacles plus élaborés de musiciens de jazz.

P.J. Clarke's
lun-sam 11h30 à 2h, dim 10h à 2h; 1204 N. State St., 312-664-1650, www.pjclarkeschicago.com
Le resto-bar irlandais P.J. Clarke's est un lieu de rencontre de la gent yuppie. La clientèle y est légèrement plus mature que dans beaucoup d'autres établissements du secteur. On y entend d'ailleurs des airs qui remontent aux années 1960 et même un peu avant.

Weeds
lun-sam 16h à 2h, dim fermé; 1555 N. Dayton, 312-943-7815
Situé un peu à l'écart, quoique toujours dans le même quartier, le Weeds s'est taillé une

personnalité bien à lui. Des concerts de jazz (jeudi) et rock (vendredi) y sont présentés, mais le lundi soir est plutôt réservé à la poésie. Terrasse en été.

Ailleurs dans les environs

Quelques clubs légendaires se cachent dans les belles rues du chic quartier de la **Gold Coast** (voir p. 147), de même que dans le secteur historique de l'**Old Town Triangle** (voir p. 150).

The 3rd Coast Cafe
tlj 7h à 24h; 1260 N. Dearborn Pkwy., 312-649-0730, www.3rdcoastcafe.com

The 3rd Coast Cafe attire une clientèle d'intellectuels et d'étudiants qui s'y entassent pour refaire le monde tout en sirotant une bonne bière, un verre de vin ou un cappuccino bien corsé.

Goose Island Brewery
dim-jeu 11h à 1h, ven-sam 11h à 2h; 1800 N. Clybourn Ave., 312-915-0071, www.gooseisland.com

Aménagée dans une ancienne usine habilement rénovée, la Goose Island Brewery comblera les amateurs de bière. Comme son nom le laisse présager, on y sert une grande variété de bières brassées sur place. On peut d'ailleurs en observer les différentes étapes de fabrication. Terrasse en saison.

Old Town Ale House
lun-ven 8h à 4h, sam 8h à 5h, dim 12h à 4h; 219 W. North Ave., 312-944-7020, www.oldtownalehouse.net

Si vous vous retrouvez dans l'Old Town une fois que le soleil sera couché, courez à l'Old Town Ale House, une véritable institution dans le quartier. L'établissement original, fondé en 1958, se trouvait juste en face, mais a disparu lors d'un incendie en 1970. Cependant, le beau grand bar qui orne le temple d'aujourd'hui fut rescapé des cendres de la première Ale House. Est par ailleurs exposée dans cet établissement une étonnante collection de quelque 200 tableaux naïfs signés Bruce Elliott, conjoint de la propriétaire du pub, dans lesquels figurent des habitués de l'établissement ou des personnalités locales ou nationales. En 2008, l'une de ces peintures a attiré l'attention des médias de tout le pays, ce qui a valu à l'Old Town Ale House une notoriété qui va désormais bien au-delà des limites de Chicago. On y voit Sarah Palin, alors candidate à la vice-

présidence américaine, vêtue de ses seules lunettes et chaussures…

O'Brien's
lun-jeu 11h à 22h30, ven 11h à 0h30, sam 10h à 0h30, dim 10h à 22h; 1528 N. Wells St., 312-787-3131, www.obriensrestaurant.com

Pour du jazz au grand air, c'est chez O'Brien's qu'il faut s'arrêter. Dans un grand jardin pouvant accueillir environ 150 personnes, des musiciens de jazz dit «alternatif» se produisent les samedi et dimanche après-midi. Autres spectacles de jazz à l'intérieur toute l'année, en soirée.

The Pump Room Bar
lun-jeu 6h30 à 23h, ven 6h30 à 24h, sam 8h à 24h, dim 8h à 23h; PUBLIC Chicago, 1301 N. State Pkwy., 312-787-3700, www.pumproom.com

Le bar attenant au restaurant The Pump Room n'a plus rien à voir avec le légendaire établissement fréquenté par les Frank Sinatra, Cary Grant et autres Elizabeth Taylor du temps de l'Ambassador East Hotel. De nos jours, l'hôtel s'est réincarné en PUBLIC Chicago (voir p. 201), et le bar, comme le restaurant d'ailleurs, arbore une allure toujours chic, mais très moderne. On s'y arrête à l'heure de l'apéro pour une coupe de champagne ou un cocktail.

Les quartiers de Lincoln Park, Lakeview et Wrigleyville

Voir carte p. 213.

Nous avons regroupé dans la présente section les établissements situés dans les quartiers bordés à l'est par le grand Lincoln Park, à partir de North Street jusque, grosso modo, au Graceland Cemetery. Dans cette portion de la ville, la rue Halsted et l'avenue Lincoln, qui se croisent à la hauteur de Fullerton Avenue, s'avèrent particulièrement «chaudes». D'autre part, tout autour du célébrissime Wrigley Field, poussent comme des champignons bars sportifs, bars rock et boîtes de nuit.

Près de la DePaul University
Kelly's Pub
dim-ven 11h à 2h, sam 11h à 3h; 949 W. Webster St., 773-281-0656, www.kellyspub.com

Situé à deux pas de la DePaul University, pratiquement sous le métro aérien, le Kelly's

Pub est depuis longtemps (1933) l'un des points de rencontre favoris de la gent estudiantine. Terrasse en saison.

McGee's

dim-ven 11h à 2h, sam 10h à 3h; 950 W. Webster St., 773-549-8200, www.mcgeestavern.com

Tout juste en face du Kelly's, le McGee's attire sa part de cette clientèle d'étudiants. S'y trouvent plusieurs écrans sur lesquels sont diffusés les matchs. Ici aussi on peut s'attabler à la terrasse durant la belle saison.

Webster's Wine Bar

lun-ven 17h à 2h, sam 16h à 3h, dim 16h à 2h; 1480 W. Webster Ave., 773-868-0608, www.websterwinebar.com

Le Webster's Wine Bar fera la joie des amateurs de bons vins et de ceux qui veulent jouer les connaisseurs le temps d'une soirée. S'y trouve aussi une bibliothèque où l'on peut faire des trouvailles intéressantes.

Halsted Street

Beaumont

mer-ven 18h à 4h, sam 15h à 5h, dim-mar fermé; 2020 N. Halsted St., 773-281-0177, www.beaumontchicago.com

À la recherche de l'âme sœur? Le Beaumont est un bon endroit pour rencontrer des gens qui cherchent eux aussi... Il s'agit, vous l'aurez deviné, d'un *singles bar* où la drague est on ne peut plus active, et ce, jusqu'aux petites heures du matin.

B.L.U.E.S.

droit d'entrée; dim-ven 20h à 2h, sam 20h à 3h; 2519 N. Halsted St., 773-528-1012, www.chicagobluesbar.com

Le B.L.U.E.S. livre une lutte acharnée au Kingston Mines (voir plus loin) pour attirer les amateurs de *Chicago blues*. En fait, ceux qui profitent de leur proximité pour visiter les deux bars dans la même soirée ne sont pas rares. Plus petit et plus surchauffé que son voisin, le B.L.U.E.S. reçoit lui aussi chaque soir d'excellents musiciens. Une foule compacte s'entasse dans cet établissement aux dimensions restreintes, et il n'est pas rare de voir jusqu'à six musiciens envahir en même temps la minuscule scène et enflammer la place jusqu'aux petites heures du matin. Les spectateurs, tout près des musiciens, en ont alors pour leur argent: *Quelle musique! Quelle atmosphère!*

Glascott's Groggery

lun-ven 10h à 2h, sam 11h à 3h, dim 11h à 2h; 2158 N. Halsted St., 773-281-1205, www.glascotts.com

Une clientèle d'habitués fréquente le Glascott's Groggery, l'un des beaux pubs irlandais de la ville. Beau choix de bières pression ou en bouteille, américaines et importées.

Kingston Mines

droit d'entrée; dim-jeu 20h à 4h, ven 19h à 4h, sam 19h à 5h; 2548 N. Halsted St., 773-477-4647, www.kingstonmines.com

Deux des plus importants bars de blues de Chicago sont presque voisins dans Halsted Street entre les avenues Lill et Wrightwood: Kingston Mines et B.L.U.E.S. (voir plus haut). Au réputé Kingston Mines se produisent des musiciens dont certains comptent parmi les mieux cotés. L'établissement est subdivisé en deux salles tout en longueur, chacune étant équipée d'une scène. Habituellement, deux formations sont à l'affiche, et les spectateurs sont invités à changer de pièces entre les représentations. Des téléviseurs disséminés çà et là permettent à tous d'admirer le doigté des *guitar heroes* qui se donnent alors en spectacle jusqu'à 4h du matin. Il y a un peu de place pour danser au pied des scènes. Il convient toutefois de mentionner que le Kingston Mines n'a rien de chic et que, à dire vrai, il ne paie vraiment pas de mine... Le personnel peut aussi parfois se montrer bourru. Quant à la qualité des spectacles, elle varie considérablement d'un soir à l'autre. À la sortie, une boutique de t-shirts vous rappelle que ce bar est très populaire auprès des touristes.

Lincoln Avenue

Delilah's

dim-ven 16h à 2h, sam 16h à 3h; 2771 N. Lincoln Ave., 773-472-2771, www.delilahschicago.com

Un grand choix de bières et de whiskeys vous est proposé au sombre Delilah's. Musique alternative. Présentations occasionnelles de films expérimentaux.

Elbo Room

droit d'entrée; dim-ven 19h à 2h, sam 19h à 3h; 2871 N. Lincoln Ave., 773-549-5549, www.elboroomchicago.com

Les amateurs de musique rock se donnent rendez-vous à l'Elbo Room, où se produisent de bons groupes indépendants ainsi que, occasionnellement, des *rappers*.

John Barleycorn Memorial Pub
mar-ven 17h à 2h, sam 11h à 3h, dim 9h à 2h, lun fermé; 658 W. Belden St., 773-348-1570, www.johnbarleycorn.com

Sur Lincoln Avenue, à l'angle de Belden Street, trône un des classiques de la vie nocturne des environs : le John Barleycorn Memorial Pub. Il s'agit d'un confortable pub anglais (d'ailleurs baptisé du nom d'une chanson traditionnelle anglaise) où l'on peut siroter une bière bien fraîche en écoutant de la musique ou en regardant un match sur écran géant. Côté décoration, on note la présence d'une impressionnante collection de modèles réduits de bateaux, dont certains sont très anciens. Belle terrasse en saison.

Lilly's
droit d'entrée; lun-ven 19h à 2h, sam 19h à 3h, dim fermé; 2513 N. Lincoln Ave., 773-525-2422

Avec la présence toute proche du **Kingston Mines** (voir p. 275), on a tendance à oublier Lilly's. Pourtant y sont aussi présentés de très bons spectacles de blues, dans une étrange salle au décor de stuc blanc. La programmation est toutefois ici plus variée, alors que les bluesmen cèdent plus souvent qu'autrement leur place à des groupes locaux de rock et de hip-hop.

Wrigleyville

Beat Kitchen
lun-ven 16h à 2h, sam 11h30 à 3h, dim 11h30 à 2h; 2100 W. Belmont Ave., 773-281-4444, www.beatkitchen.com

Au Beat Kitchen, vous avez le choix de vous installer au petit bar à l'avant ou de vous engouffrer dans la grande salle arrière, où des spectacles de musique variés sont à l'affiche.

The Cubby Bear
droit d'entrée en soirée; ouvert en après-midi lorsqu'il y a des matchs au Wrigley Field; lun-jeu 16h à 2h, ven 12h à 2h, sam 10h à 3h, dim 11h à 2h; 1059 W. Addison St., 773-327-1662, www.cubbybear.com

Situé directement en face du Wrigley Field, là où les Cubs de la Ligue nationale de base-ball se font battre année après année, The Cubby Bear a une double personnalité : il attire, le jour des matchs, une foule de sportifs venus espérer une rare victoire de leurs favoris, en plus de présenter, en fin de soirée les vendredi et samedi, des concerts rock

ou folk. On retrouve au rez-de-chaussée une vaste salle pourvue de deux grands bars qui s'étirent tout le long d'immenses verrières ainsi que des tables rondes entourées de tabourets. Une seconde salle, moins bruyante, se trouve sur la droite et renferme un autre bar, quelques écrans vidéo et une table de billard. Le soir venu, les clients peuvent déambuler comme bon leur semble sur les étages supérieurs.

Quelques autres bars sportifs encerclent littéralement le Wrigley Field. Sauf quelques exceptions, comme The Cubby Bear par exemple, ils se ressemblent tous quant à leur décor, à la possibilité qu'ils offrent de suivre les matchs et à la clientèle de joyeux lurons qui les fréquentent. La liste compte entre autres **Murphy's Bleachers** *(dim-ven 11h à 2h, sam 11h à 3h; 3655 N. Sheffield St., 773-281-5356, www.murphysbleachers.com)* et la **Bernie's Tavern** *(dim-ven 10h à 2h, sam 10h à 3h; 3664 N. Clark St., 773-525-1898, www.berniechicago.com).*

Duke of Perth
lun 17h à 2h, mar-ven 12h à 2h, sam 12h à 3h, dim 12h à 2h; 2913 N. Clark St., 773-477-1741, www.dukeofperth.com

Le Duke of Perth offre une sélection de plus de 75 scotchs différents, en plus de servir une bonne quantité de bières pression. Terrasse en saison.

Exedus II
droit d'entrée; dim-ven 20h à 2h, sam 20h à 3h; 3477 N. Clark St., 773-348-3998, www.exeduslounge.com

La boîte de reggae Exedus II propose des spectacles plusieurs soirs par semaine. Bières et rhums jamaïcains.

The Gingerman Tavern
lun-ven 15h à 2h, sam 12h à 3h, dim 12h à 2h; 3740 N. Clark St., 773-549-2050

The Gingerman Tavern est une bonne adresse pour déguster une bière pression (excellent choix), jouer au billard et écouter du blues.

Guthrie's Tavern
lun-jeu 17h à 2h, ven 16h à 2h, sam 14h à 3h, dim 14h à 2h; 1300 W. Addison St., 773-477-2900

À la Guthrie's Tavern, on met à votre disposition toute une gamme de jeux de société. Idéal pour une partie de Monopoly bien arrosée de bière pression (bonne sélection).

Justin's

tlj 11h à 2h; 3358 N. Southport St., 773-929-4844,
www.justinsbar.com

Le décor du Justin's est des plus attrayants. Il s'agit d'un bar sportif doté d'une très agréable terrasse pavée de briques.

Metro

droit d'entrée; dim-ven 21h30 à 4h, sam 21h30 à 5h; 3730 N. Clark St., 773-549-4140,
www.metrochicago.com

Le Metro est un des meilleurs bars en ville pour assister à un concert rock. Les Smashing Pumpkins ont en quelque sorte fait leurs débuts ici, à l'époque où le bar s'appelait le Cabaret Metro. En bas, il y a aussi le **Smart Bar**, un «bar dans le bar», avec une grande piste de danse où se rejoignent les amateurs de hard rock autant que de techno.

Neo

droit d'entrée; mer-dim 22h à 4h, lun-mar fermé; 2350 N. Clark St., 773-528-2622,
www.neo-chicago.com

En direction de ce que l'on a baptisé Wrigleyville, soit les environs du célèbre stade de baseball Wrigley Field, s'alignent quelques bars dignes de mention le long de Clark Street. C'est par exemple le cas de la boîte de nuit Neo, là où une foule dynamique de jeunes professionnels vêtus de noir s'éclate sur des airs issus de divers genres musicaux: new wave, punk, techno, etc.

Schubas Tavern

droit d'entrée; lun-ven 11h à 2h, sam 9h à 3h, dim 9h à 2h; 3159 N. Southport St., 773-525-2508,
www.schubas.com

Dans la rue Southport, à l'angle de l'avenue Belmont, vous trouverez la Schubas Tavern. On y présente pratiquement tous les soirs des spectacles de country ou de rock. Tables de billard à l'arrière.

Sheffield's

dim-ven 11h30 à 2h, sam 11h30 à 3h; 3258 N. Sheffield St., 773-281-4989,
www.sheffieldschicago.com

Au Sheffield's, vous pourrez vous installer bien confortablement près du foyer en hiver ou sur la jolie terrasse en été. Des troupes locales de théâtre présentent aussi des pièces dans une salle située à l'arrière de l'établissement. Choix de plus de 80 bières. Il y a même une table de billard sur la terrasse.

Sluggers

tlj jusqu'à 2h; 3540 N. Clark St., 773-248-0055,
www.sluggersbar.com

Parmi les bars sportifs qui se démarquent dans le secteur, il faut mentionner le Sluggers, qui compte une agréable terrasse et même, à l'étage, une cage d'exercice de baseball où les clients peuvent travailler leur élan au bâton.

Southport Lanes

lun-ven 12h à 2h, sam 12h à 3h, dim 12h à 1h; 3325 N. Southport St., 773-472-6600,
www.southportlanes.com

Le Southport Lanes propose aux amateurs de bière ses quatre allées de quilles, son café-terrasse, sa table de billard et, bien entendu, une bonne sélection de boissons au houblon.

Le Far North Side

Encore plus loin au nord, d'autres boîtes, dont certaines légendaires, sont à signaler.

Aragon Ballroom

1106 W. Lawrence Ave., 773-561-9500,
www.aragon.com

Des concerts rock sont occasionnellement présentés à l'Aragon Ballroom, une ancienne salle de danse inaugurée en 1926 où les orchestres de légendes comme Frank Sinatra, Tommy Dorsey, Lawrence Welk et autres Glen Miller se produisirent jadis.

Carol's Pub

lun-mar 9h à 4h, mer-dim 11h à 4h; 4659 N. Clark St., 773-334-2402

L'une des rares boîtes de country de Chicago se trouve dans le secteur. Il s'agit du Carol's Pub, où les amateurs de country-western peuvent danser jusqu'au petit matin.

The Green Mill

droit d'entrée; dim-ven 12h à 4h, sam 12h à 5h; 4802 N. Broadway Ave., 773-878-5552,
www.greenmilljazz.com

Dans l'Uptown, The Green Mill est une sorte d'institution. Ce bar de jazz a en effet ouvert ses portes en 1907 et a vu défiler sur sa scène les plus grands jazzmen. Il est de notoriété publique que les hommes de main d'Al Capone, en leur temps, avaient adopté cette boîte. Les dimanches soir sont consacrés à la poésie. Prenez un taxi pour vous y rendre; le quartier n'est pas des plus sûrs...

Heartland Cafe

lun-mar 8h à 21h, mer 8h à 1h, jeu 8h à 23h, ven 8h à 1h, sam 8h à 2h, dim 8h à 23h; 7000 N. Glenwood St., 773-465-8005, www.heartlandcafe.com

Le Heartland Cafe est en quelque sorte le refuge de la gauche de Chicago. Une clientèle de jeunes intellectuels s'y rassemble pour avaler quelques blondes et dénoncer les abus du système... Une boutique vend même t-shirts et bouquins pour garder bien vivante la flamme contestataire.

No Exit Cafe

lun-jeu 16h à 24h, ven 13h à 1h, sam 12h à 1h, dim 11h à 24h; 6970 N. Glenwood St., 773-743-3355

Le No Exit Cafe est un authentique survivant de l'époque beatnik. Soirées de poésie le mercredi. Jeux de société. Présentations occasionnelles de pièces de théâtre.

Old Town School of Folk Music

4544 N. Lincoln Ave., 773-728-6000, www.oldtownschool.org

Une école qui sort de l'ordinaire que l'Old Town School of Folk Music! D'excellents musiciens folks s'y produisent régulièrement, mais d'autres genres musicaux, telles les musiques du monde, y sont aussi mis de l'avant. Les vendredis soir sont consacrés à la danse alors que sont organisés des Global Dance Parties. L'Old Town School of Folk Music a inauguré au début de 2012 une nouvelle aile située juste en face *(4545 N. Lincoln Ave.)*, qui abrite des salles de classe et des studios pour ses cours de danse.

Hyde Park et le South Side

Voir carte p. 214.

Checkerboard Lounge

droit d'entrée; dim-ven 11h à 2h, sam 11h à 3h; 5201 S. Harper Ct., 773-684-1472

Forcé de quitter son ancien local de 43rd Street en 2003 parce que celui-ci ne respectait pas le code municipal du bâtiment, le Checkerboard Lounge est revenu à la vie quelques années plus tard dans un nouvel établissement du South Side. Il s'agissait du dernier survivant de la série de boîtes de blues qui s'alignaient sur 43rd Street dans les années 1950. Cet excellent bar de blues, jadis propriété du légendaire musicien Buddy Guy, présente des spectacles tous les soirs.

Jimmy's Woodlawn Tap

lun-ven 10h30 à 2h, sam 11h à 3h, dim 11h à 2h; 1172 E. 55th St., 773-643-5516

L'un des refuges favoris des étudiants de l'University of Chicago est le Jimmy's Woodlawn Tap, un petit bar chaleureux où le bois est omniprésent.

Schaller's Pump

lun-ven 11h à 2h, sam 16h à 3h, dim 15h à 21h; 3714 S. Halsted St., 773-376-6332

Le pub irlandais Schaller's semble être fréquenté par une clientèle y ayant ses habitudes depuis des décennies. Ce n'est d'ailleurs pas tout à fait faux puisque l'établissement est plus que centenaire (1881), qu'il a connu l'époque de la Prohibition et qu'il était le favori du maire Richard J. Daley, natif du quartier. Aujourd'hui, plusieurs partisans des White Sox (le Comiskey Park, rebaptisé le US Cellular Field, se trouve dans les environs) ont à leur tour adopté les lieux.

Skylark

dim-ven 16h à 2h, sam 16h à 3h; 2149 S. Halsted St., 312-948-5275, www.skylarkchicago.com

Ce bar de quartier offre un bon choix de bières pression ou en bouteilles, dont bon nombre fabriquées par des microbrasseries locales. Spectacles de *free jazz* et de musique expérimentale les lundis soir.

Le West Side

Voir carte p. 216.

Hawkeye's Bar & Grill

dim-ven 11h à 2h, sam 11h à 3h; 1458 W. Taylor St., 312-226-3951, www.hawkeyesbar.com

Les fans des Blackhawks, l'équipe de hockey de Chicago, se réunissent au Hawkeye's Bar & Grill, bien que l'établissement, situé non loin du United Center, ait plutôt été baptisé ainsi en l'honneur d'un personnage de la série télévisée *M*A*S*H*. Qu'à cela ne tienne, ce resto-bar s'adresse principalement aux amateurs de sports. Ainsi, il y a de nombreux écrans pour suivre les matchs télédiffusés et il y a même un service de navette entre le bar et les stades quand y jouent les équipes locales. Bon choix de bières pression.

Wicker Park et Bucktown

Voir carte p. 215.

Les environs du Wicker Park ont vu naître, ces dernières années, plusieurs bars où règne le rock alternatif et où la «jeunesse fauchée» se donne rendez-vous.

6 Corners Sports Bar
1950 W. North Ave., 773-235-5700, www.sixcornersbar.com

Ce bar sportif se trouve pratiquement à l'intersection des avenues North, Damen et Milwaukee, ce qui explique les «six coins» évoqués dans son nom. Une quinzaine d'écrans y diffusent des matchs en tout genre.

Danny's Tavern
dim-ven 19h à 2h, sam 19h à 3h; 1951 W. Dickens Ave., 773-489-6457

La Danny's Tavern, installée dans une ancienne et spacieuse demeure de deux étages, offre une vaste sélection de bières vendues à prix raisonnables. Petite piste de danse. Terrasse.

Double Door
droit d'entrée; 1572 N. Milwaukee Ave., 773-489-3160, www.doubledoor.com

L'un des temples du rock alternatif à Chicago est le Double Door. Les groupes les plus prometteurs s'y produisent en spectacle. Comme son nom le laisse supposer, il y a deux portes d'entrée, et généralement on vous demandera de passer par celle de la rue Damen. Des motifs psychédéliques donnent un peu de couleur aux murs sombres, un beau bar s'allonge sur presque toute la longueur du local, et quelques tables hautes font face à la scène. Au sous-sol se trouvent quelques tables de billard. Tout juste avant d'entreprendre leur tournée mondiale *Bridges to Babylon* en 1997, les Rolling Stones y ont donné un concert-surprise devant 600 personnes médusées, ce qui est venu confirmer l'importance du Double Door sur la scène rock de Chicago.

Empty Bottle
droit d'entrée; lun-mer 17h à 2h, jeu-ven 15h à 2h, sam 12h à 3h, dim 12h à 2h; 1035 N. Western St., 773-276-3600, www.emptybottle.com

L'un des établissements les plus populaires des environs s'appelle Empty Bottle. Musique *indie-rock*, clientèle dans la vingtaine. Concerts rock, de musique actuelle et de jazz moderne programmés par les musiciens John Corbett et Ken Vandermark.

Gold Star
dim-ven 16h à 2h, sam 16h à 3h; 1755 W. Division St., 773-227-8700

Le Gold Star est un bar de quartier sans prétention qui attire artistes et autres

fauchés du coin qui viennent pour la table de billard, le juke-box, la bière à petit prix et le popcorn gratuit.

Map Room
lun-ven 6h30 à 2h, sam 7h30 à 3h, dim 11h à 2h; 1949 N. Hoyne St., 773-252-7636, www.maproom.com

Les amateurs de géographie, de cartographie et de voyages en auront pour leur argent au Map Room. Il y a des cartes géographiques partout dans ce bar, y compris au plafond. L'établissement offre en outre une sélection de quelque 200 bières d'un peu partout aux États-Unis et d'ailleurs dans le monde.

Moonshine
lun 17h à 2h, mar-ven 11h à 2h, sam 10h à 3h, dim 10h à 2h; 1824 W. Division St., 773-862-8686, www.moonshinechicago.com

Ce grand bar sportif a pignon sur Division Street West depuis la Prohibition, époque dont il a d'ailleurs conservé l'atmosphère sans pourtant qu'on ne sache trop pourquoi ni comment. On y trouve un long bar, comme il se doit, une invitante terrasse durant la belle saison et un mur couvert d'écrans de télé. Menu de pizzas, de côtes levées et de poulet rôti. Disque-jockey en soirée.

Nick's Beer Garden
dim-ven 16h à 4h, sam 16h à 5h; 1516 N. Milwaukee Ave., 773-252-1155, www.nicksbeergarden.com

Le Nick's Beer Garden se veut un bar de quartier sans prétention. On y retrouve les traditionnelles tables de billard, et la musique joue de plus en plus fort à mesure que la soirée avance. Des spectacles de rock, de blues ou de R&B sont présentés les vendredi et samedi soirs, sans droit d'entrée.

Northside Bar & Grill
dim-ven 11h30 à 2h, sam 11h30 à 3h; 1635 N. Damen Ave., 773-384-3555, www.northsidechicago.com

Au Northside Bar & Grill, une clientèle jeune, bien mise et bien élevée fait la fête près du feu par les froides soirées d'hiver, ou sur la très jolie terrasse durant la belle saison. À l'intérieur, le grand bar ne manque pas d'attirer les regards. Il y a aussi une table de billard.

Phyllis' Musical Inn
dim-ven 16h à 2h, sam 16h à 3h; 1800 W. Division St., 773-486-9862

Le Phyllis' Musical Inn est un classique du secteur, dernier survivant d'une époque (de l'après-guerre jusqu'au début des années 1960) où cette section de Division Street était surnommée «Polish Broadway» parce qu'on y retrouvait un grand nombre de boîtes de polka. Aujourd'hui, ce sont toutefois des groupes de rock alternatif encore inconnus qui viennent s'y déchaîner.

Quencher's

dim-ven 11h à 2h, sam 11h à 3h; 2401 N. Western St., 773-276-9730, www.quenchers.com

C'est au Quencher's, un agréable bar de quartier, que la sélection de bières est la plus impressionnante dans les environs, aussi bien à la pression qu'en bouteille (plus de 200 variétés!).

Rainbo Club

dim-ven 16h à 2h, sam 16h à 3h; 1150 N. Damen St., 773-489-5999

Le très *hip* Rainbo Club attire une clientèle de jeunes artistes et musiciens. Spectacles occasionnels. Musique alternative.

Rosa's Lounge

droit d'entrée; mar et jeu-sam jusqu'à 2h; dim, lun et mer fermé; 3420 W. Armitage St., 773-342-0452, www.rosaslounge.com

L'une des boîtes de blues les plus sympathiques de la ville est peut-être bien celle qu'ont fondée une immigrante italienne du nom de Rosa Mangiullo et son fils, le batteur de blues Tony Mangiullo. Ainsi, au Rosa's Lounge, de très bons musiciens se produisent dans une salle fort agréable et accueillante.

Les bars gays

Chicago possède une importante et dynamique communauté gay. Aussi retrouvet-on plusieurs établissements destinés à la clientèle homosexuelle, situés principalement le long des rues Halsted et Clark entre Belmont Avenue et Addison Street, dans un secteur baptisé «New Town» et surnommé «Boystown». Un peu plus au nord, le quartier d'Andersonville est également habité par une importante communauté gay, et ce, depuis le début des années 1990, alors que la gent lesbienne s'y était d'abord établie. Clark Street se veut l'épine dorsale du quartier.

The Baton Show Lounge

lun-mar fermé; 436 N. Clark St., 312-644-5269, www.thebatonshowlounge.com

The Baton Show Lounge présente des spectacles de travestis.

Berlin

droit d'entrée; mar 22h à 4h, dim et mer-ven 17h à 4h, sam 17h à 5h; 954 W. Belmont Ave., 773-348-4975, www.berlinchicago.com

Sur Belmont Avenue se dresse le Berlin, l'un des premiers bars gays à avoir vu le jour dans les parages. Hommes et femmes s'y retrouvent. Petite piste de danse.

Big Chicks

5024 N. Sheridan Rd., 773-728-5576, www.bigchicks.com

Le Big Chicks, avec son beau décor aux accents Art déco, constitue un bon endroit où faire la connaissance des membres de la communauté gay locale. Clientèle dans la trentaine et la quarantaine.

The Closet

lun-ven 16h à 4h, sam 12h à 5h, dim 12h à 4h; 3325 N. Broadway St., 773-477-8533, www.theclosetchicago.com

The Closet est un *video bar* qui s'adresse aux lesbiennes, mais où les homosexuels sont également assez nombreux.

Roscoe's

lun-jeu 15h à 2h, ven 14h à 2h, sam 13h à 3h, dim 13h à 2h; 3356 N. Halsted St., www.roscoes.com

Parmi les bars gays les plus populaires, mentionnons le Roscoe's, qui compte une petite piste de danse à l'arrière, bizarrement installée près des tables de billard, de même qu'une agréable terrasse.

Sidetrack

lun-ven 15h à 2h, sam 13h à 3h, dim 13h à 2h; 3349 N. Halsted St., 773-477-9189, www.sidetrackchicago.com

Son voisin, le Sidetrack, est quant à lui un *video bar* au décor recherché. Il y a une terrasse sur le toit. Clientèle mâle de 35 ans et moins.

Spin

800 W. Belmont Ave., 773-327-7711, www.spin-nightclub.com

Le Spin renferme deux salles distinctes, l'une où l'on peut faire la conversation et l'autre où l'on peut danser. Clientèle dans la vingtaine.

Les casinos

Il n'y a pas de casinos à l'intérieur des limites de la ville. Toutefois, quelques-uns se trouvent en périphérie, et des excursions, au départ des hôtels du centre-ville, sont organisés à l'intention des joueurs et des curieux. On retrouve dans ces maisons de jeux des *slot machines* (machines à sous), des tables de black jack, de craps, de roulette et de baccara, ainsi que des restaurants et des spectacles façon Las Vegas.

Le **Horseshoe Casino Hammond** *(777 Casino Center Dr., Hammond, Indiana, www.horseshoehammond.com)* est situé en bordure du lac Michigan, à une vingtaine de minutes du centre-ville, et a récemment fait l'objet d'une rénovation complète.

Le **Hollywood Casino Joliet** *(777 Hollywood Blvd., Joliet, 888-436-7737, www. hollywoodcasinojoliet.com)* se trouve quant à lui à une trentaine de minutes de l'aéroport Midway.

Le **Grand Victoria** *(250 S. Grove Ave., Elgin, 847-468-7000, www.grandvictoria-casino.com)* est pour sa part l'une des plus récentes de ces maisons de jeu, alors que le **Hollywood Casino Aurora** *(1 W. New York Street Bridge, Aurora, 800-888-7777, www. hollywoodcasinoaurora.com)*, en banlieue ouest, est le plus près du centre-ville et de l'aéroport O'Hare.

Les événements sportifs

Le sport professionnel constitue une autre facette du monde du spectacle de Chicago. Il est d'ailleurs partie intégrante de la culture nord-américaine (voir p. 71).

> ### > Le baseball

Les matchs des **Cubs**, les représentants de Chicago dans la Ligue nationale de base-ball, ont lieu principalement en après-midi, du mois d'avril au mois d'octobre, au **Wrigley Field** *(1060 W. Addison St., 773-404-2827 pour information générale, 800-843-2827 pour la réservation de places par Ticketmaster, www.cubs.com)*. Par beau temps, n'oubliez surtout pas votre crème

solaire. Se faire bronzer tout en suivant les péripéties des Cubs fait aussi partie des plaisirs du Wrigley Field.

L'autre équipe de Chicago, les **White Sox** de la Ligue américaine, joue au cours de la même période au **U.S. Cellular Field** *(333 W. 35th St., 312-674-1000 pour information générale, 866-769-4263 pour la réservation de places, www.whitesox.com)*, soit l'ancien Comiskey Park. Il est fortement recommandé d'utiliser les transports en commun pour s'y rendre, car il est pratiquement impossible de garer sa voiture dans les rues avoisinantes. Il faut alors s'en remettre aux parcs de stationnement du secteur; mais en sortir, une fois le match terminé, peut constituer une expérience longue et pénible...

> ### > Le basket-ball

Les **Bulls**, six fois champions de la National Basketball Association entre 1991 et 1998, disputent leurs matchs au **United Center** *(1901 W. Madison St., 312-455-4500 pour information générale, 312-455-4000 pour la réservation de places, www.bulls.com)*, habituellement à 19h30. La saison s'étend de novembre à mai, et les séries éliminatoires peuvent durer jusqu'en juin. Notez qu'il n'est guère recommandé de flâner aux abords du United Center en soirée.

> ### > Le football américain

Les parties des **Bears** de Chicago ont lieu au **Soldier Field** *(1410 S. Museum Campus Dr., 312-235-7000 pour information générale, 312-559-1212 pour la réservation de places par Ticketmaster, www.chicagobears. com)*, situé dans le Grant Park, tout près du Field Museum of Natural History. Une rénovation majeure de ce stade datant de 1924 a été achevée en 2003. La saison va du mois d'août au mois de janvier.

> ### > Le hockey sur glace

La saison régulière de la Ligue nationale de hockey s'étend du mois d'octobre à la mi-avril, puis les séries éliminatoires peuvent s'étirer jusqu'en juin. Les matchs locaux des **Blackhawks** sont présentés, généralement à 19h30, au **United Center** *(1901 W. Madison St., 312-455-7000 pour information générale, 312-943-4295 pour la réservation* de places, *www.chicagoblackhawks.com*). Notez qu'il n'est pas prudent de s'attarder dans le secteur en soirée.

De leur côté, les **Wolves** de Chicago, équipe membre de la Ligue américaine de hockey, circuit professionnel mineur, disputent leurs matchs à l'**Allstate Arena** *(6920 N. Mannheim Rd., Rosemont, 847-635-6601, www.chicagowolves.com)*, anciennement connue sous le nom de «Rosemont Horizon».

➤ Le soccer (football)

Le **Fire** de Chicago représente la ville au sein de la Major League Soccer. Depuis le printemps 2006, les matchs ont lieu au tout nouveau **Toyota Park** *(7000 S. Harlem Ave., Bridgeview, 708-594-7700, www.toyotapark. com)*, qui compte 20 000 places. La saison s'étend d'avril à septembre, et les séries finales sont disputées en octobre.

➤ Les courses de chevaux

C'est du côté de la banlieue d'Arlington Heights qu'il faut se diriger pour assister à des courses équestres. L'hippodrome, superbe, se nomme **Arlington International Racecourse** *(angle Euclid Ave. et Wilke Ave., Arlington Heights, 847-385-7500, www. arlingtonpark.com)*. Pour s'y rendre, il faut prendre l'autoroute I-90 vers le nord-ouest, puis la I-290 vers le nord. Des courses y sont présentées du mois de mai au mois de septembre.

Les festivals et événements

Voici un aperçu des plus grands événements annuels tenus à Chicago. Nous vous invitons à communiquer avec les organisateurs de ces diverses fêtes pour connaître les dates exactes, différentes chaque année.

➤ Février

Chicago Restaurant Week

Au cours de cette célébration, quelque 200 restaurants participants proposent des menus à prix fixes économiques.

Chicago Auto Show

McCormick Place, www.chicagoautoshow.com Salon annuel de l'auto.

Chinese New Year Parade

dans le Chinatown, sur Wentworth Ave. et Cermak Rd., www.chicagochinatown.org Défilé soulignant le Nouvel An chinois.

➤ Mars

St. Patrick's Day Parade

www.chicagostpatsparade.com Défilé marquant la fête des Irlandais.

➤ Avril

Chicago Latino Film Festival

www.latinoculturalcenter.org

➤ Mai

Memorial Day Parade

Columbus Dr., entre Balbo Ave. et Monroe St.

➤ Juin

Chicago Blues Festival

Millennium Park

Chicago Gospel Music Festival

Millennium Park

Just for Laughs Chicago

www.justforlaughschicago.com Festival de l'humour lancé en 2009 par l'équipe du Festival Juste pour rire de Montréal.

Old Town Art Fair

Lincoln Park W. et Orleans St., www.oldtowntriangle.com

Wells Street Art Festival

Wells St. entre Division St. et North Ave.

Printer's Row Lit Fest

Dearborn St. entre 5th St. et 7th St. Festival littéraire dans le quartier historique de Printer's Row.

Grant Park Music Festival

www.grantparkmusicfestival.com Ouverture de ce festival de musique classique en plein air qui dure tout l'été.

Gay and Lesbian Pride Parade

angle Halsted St. et Belmont Ave., www.chicagopridecalendar.org Défilé annuel organisé par la communauté gay le dernier dimanche de juin. Partant de l'intersection de Halsted Street et de Belmont Avenue, la grande marche se termine par un rassemblement au Lincoln Park.

Ravinia Festival
Ravinia Park, Highland Park, 847-266-5100,
www.ravinia.org
Ouverture de ce grand festival de musique en plein air qui s'étend jusqu'au mois de septembre.

Chicago SummerDance
Une grande piste de danse extérieure est installée du mois de juin au mois d'août dans le Spirit of Music Garden du Grant Park, entre Balbo Drive et Harrison Street. Du jeudi au dimanche, des musiciens animent des soirées dansantes à la belle étoile tout au long de cette période estivale.

➤ Juillet

Independence Day Concert and Fireworks
Navy Pier, 312-595-7437
Célébration de la fête nationale des Américains.

Chinatown Summer Fair
Wentworth Ave. entre 22nd St. et 24th St.,
www.chicagochinatown.com

Pitchfork Music Festival
Union Park, 1501 W. Randolph St.,
www.pitchforkmusicfestival.com
Festival de musique alternative parrainé par le magazine web *Pitchfork*.

Taste of Chicago
Grant Park, www.tasteofchicago.us
Festival gastronomique organisé par les restaurateurs de la ville.

➤ Août

Chicago Air and Water Show
North Avenue Beach,
www.chicagoairandwatershow.us

Lollapalooza
Grant Park, www.lollapalooza.com
Festival consacré au rock alternatif, jadis itinérant mais qui s'est maintenant installé à Chicago.

➤ Septembre

Chicago Jazz Festival
Grant Park, www.chicagojazzfestival.us

➤ Octobre

Chicago International Film Festival
www.chicagofilmfestival.com
Festival international du film de Chicago.

Columbus Day Parade
Dearborn St. entre Wacker Dr. et Van Buren St.

Bank of America Chicago Marathon
www.chicagomarathon.com

➤ Novembre

Magnificent Mile Festival of Lights
Michigan Ave. entre la Chicago River et Oak St.,
www.themagnificentmile.com

City of Chicago Tree Lighting Ceremony
Daley Center Plaza

➤ Décembre

New Year's Eve Fireworks
le soir du 31 décembre, à Navy Pier
Feux d'artifice du Nouvel An.

La Saint-Patrick à Chicago

Chicago abrite une importante communauté d'origine irlandaise, et c'est chaque année avec faste qu'est célébrée la fête nationale des Irlandais en mars.

Ainsi, les nombreux pubs de la ville débordent alors de joyeux lurons, et c'est une marée humaine arborant le vert du drapeau irlandais, souvent dans les costumes excentriques, qui assiste au défilé sur Columbus Avenue.

Mais le clou du spectacle est sans contredit la teinte en vert des eaux de la Chicago River, une tradition qui remonte à 1962 *(www.greenchicagoriver.com)*. C'est au moyen d'un petit bateau à moteur qu'un colorant, que l'on dit écologique, est répandu dans l'eau qui, en quelques minutes seulement, tourne au vert irlandais à la grande joie de la foule compacte qui se presse pour l'occasion aux abords de la rivière.

Achats

On retrouve à Chicago, comme dans toute métropole américaine d'envergure, tous les grands noms du commerce de détail mondial. Les amateurs de lèche-vitrine en ont pour leur argent lorsqu'ils arpentent l'historique State Street ou encore la portion nord de Michigan Avenue, surnommée le «Magnificent Mile» pour mieux refléter le *glamour* et le luxe qui caractérisent les établissements qui y ont pignon sur rue. À côté de ces deux têtes de file, d'autres artères et centres commerciaux se développent, chacun cherchant à se donner un caractère qui saura le distinguer.

Les heures d'ouverture s'étendent grosso modo de 10h à 18h du lundi au samedi et de 12h à 17h le dimanche, bien qu'elles puissent varier sensiblement d'un commerce à l'autre.

Notez qu'une taxe de **9,5%** s'applique à la plupart des achats.

Les grandes artères commerciales

Voici les principales artères commerciales de Chicago, les deux plus célèbres étant bien sûr le Magnificent Mile et State Street.

Le Magnificent Mile

Qui dit magasinage à Chicago pense instantanément au plus que célèbre Magnificent Mile, cette portion de **North Michigan Avenue** (qui ne fait pas tout à fait un mille, du reste...) qui s'étend vers le nord depuis la Chicago River jusqu'à Oak Street. Tout au long de cette grande avenue de prestige, que plusieurs s'amusent à appeler les «Champs-Élysées de Chicago», s'alignent boutiques chics, grands magasins et mails haut de gamme, à côté des plus beaux hôtels et immeubles résidentiels de la ville.

Voici un aperçu des établissements que vous croiserez lors de votre lèche-vitrine, en partant de la rivière pour remonter vers le nord (notez que vous retrouverez les coordonnées complètes des établissements cités dans les pages qui suivent à l'intérieur des sections présentant leurs spécialités).

Tout d'abord, du côté est de l'avenue, vous remarquerez la présence de la galerie d'art **Atlas** *(n° 535)*.

Du côté ouest, vous repérerez facilement l'entrée principale du mail intérieur **The Shops at North Bridge** *(n° 520)*, qui donne accès au grand magasin **Nordstrom**, situé à l'arrière. Juste à côté, il fait bon voir la façade complètement remodelée de l'hôtel **Marriott** *(n° 540)*.

À l'angle nord-ouest de l'intersection de Michigan Avenue et d'Ohio Street, vous ne pourrez manquer le magasin **Eddie Bauer** *(n° 600)*, aménagé au cours de l'été 1996, suivi du marchand de jeans **The Original Levi's Store** *(n° 600)*. Puis, du côté ouest, après Ontario Street, s'alignent dans l'historique Woman's Athletic Club Building une série de belles boutiques, notamment la **Bijouterie Cartier** *(n° 630)*. Par ailleurs, l'édifice voisin, qui abrite **Crate & Barrel** *(n° 646)*, surprend par son modernisme.

Vous atteindrez alors bientôt, du côté est, l'un des quadrilatères les plus célèbres d'Amérique pour ses commerces de détail. S'y trouvent le fabricant de lecteurs GPS **Garmin** *(n° 663)*, l'illustre fabricant d'articles de sport **Nike Chicago** *(n° 669)*, entièrement remodelé en 2012, ainsi que l'**Apple Store** *(n° 679)*.

Du côté ouest, le grand magasin **Saks Fifth Avenue** marque l'emplacement de l'ancien mail intérieur **Chicago Place** *(n° 700)*. Tout juste en face s'élèvent le vénérable marchand de vêtements pour hommes et femmes **Brooks Brothers** *(n° 713)*, établi en 1818, de même que le **Disney Store** *(n° 717)*.

Plus loin, vous apercevrez le grand magasin **Neiman Marcus** *(n° 737)*, du côté est, et le bijoutier **Tiffany & Co** *(n° 730)*, de même que les boutiques **Victoria's Secret** *(n° 734)* **Banana Republic** *(n° 744)* et **Polo - Ralph Lauren** *(n° 750)*, en face. Vient ensuite, sur la droite, un autre des mails intérieurs du Magnificent Mile, **Water Tower Place** *(n° 835)*, où le grand magasin **Macy's** et l'étonnant **American Girl Place** occupent l'avant-plan. Tout juste en face se cache la délicieuse chocolaterie **Ghirardelli Shop and Soda Fountain** *(n° 830)*, dont l'entrée se trouve en fait dans Pearsons Street.

Plus loin, du côté est, vous rejoindrez le **John Hancock Center**, au pied duquel se trouvent quelques boutiques.

De l'autre côté de la rue, à l'angle nord-ouest de l'intersection de Michigan Avenue et de Delaware Place, s'élève un bel édifice arborant fièrement les couleurs du grand magasin **Bloomingdale's** *(n° 900)* et du luxueux **Four Seasons Hotel Chicago** (voir p. 194). En fait, Bloomingdale's occupe la partie arrière de ce qui est en réalité un autre mail intérieur : **The 900 Shops**.

En face, d'autres boutiques de luxe sont à signaler, comme **Louis Vuitton** *(n° 919)*. Il faut aussi noter la présence du bijoutier danois **Georg Jensen** *(n° 959)*, dans le même édifice que le vénérable **Drake Hotel** (voir p. 194). C'est également là qu'a emménagé la **Chanel Boutique** *(n° 935)*.

Oak Street

Pour plusieurs, Oak Street n'est qu'un débordement vers l'ouest du Magnificent Mile. C'est à la fois vrai et faux. En effet, on peut croire que la popularité des «Champs-Élysées de Chicago» a attiré des commerçants toujours plus nombreux jusqu'à saturation, et que plusieurs d'entre eux en sont venus à la conclusion que, de toute façon, en s'installant dans les rues transversales à North Michigan Avenue, ils tireraient tout de même profit de la force d'attraction de cette artère de prestige.

Mais, cela dit, Oak Street possède un caractère bien à elle, un cachet qui la distingue clairement. Ainsi, sur ce petit bout de rue agréablement bordé d'arbres, vous dénicherez une incroyable série de boutiques de mode, de bijouteries, de galeries d'art et de détaillants de matériel audio et vidéo au design recherché, en plus du chic magasin **Barneys New York** *(n° 15)*. On comprend alors, à la vue de toutes ces adresses raffi-

nées, que l'on a rejoint le beau quartier de la Gold Coast.

Parmi les plus belles boutiques, mentionnons **Hermès** *(n° 25)*, **Lester Lampert** *(n° 57)*, **Tessuti** *(n° 50)*, **Jil Sander** *(n° 48)* et **Prada** *(n° 30)*.

Ailleurs sur Michigan Avenue

Au sud de la Chicago River, Michigan Avenue n'a plus cette grandeur qui fait la marque du Magnificent Mile. Pourtant plusieurs adresses méritent une attention particulière, et les amateurs de lèche-vitrine trouveront de quoi satisfaire leurs pulsions.

Ainsi, la **Chicago Architecture Foundation** *(224 S. Michigan Ave.)* possède une boutique située juste en face du Grant Park.

Plus au sud, le **Symphony Store** *(220 S. Michigan Ave.)* est aussi une adresse à retenir.

Les amateurs de sport seront pour leur part heureux de découvrir le **Blackhawks Store** *(333 N. Michigan Ave.)*, la boutique officielle de l'équipe professionnelle de hockey des Blackhawks de Chicago.

State Street

Il fut une époque où State Street, dans le cœur du Loop, occupait la prestigieuse place du Magnificent Mile dans l'imaginaire des adeptes du magasinage. Peu à peu toutefois, elle s'est éclipsée devant la popularité sans cesse grandissante de sa rivale. On crut lui donner une nouvelle vie en la transformant en une rue piétonne à la fin des années 1970, mais cela contribua plutôt à raffermir la position du Magnificent Mile, dès lors plus facilement accessible aux automobilistes que sa vénérable concurrente.

On travaille depuis quelques années à la relance de cette artère autrefois fameuse, *«That Great Street»* comme le chantait Sinatra. Une ambitieuse rénovation y a donc été effectuée : réouverture de la rue à la circulation automobile, réaménagement des trottoirs, installation d'un nouveau mobilier urbain, etc. La venue d'une succursale de la chaîne de boutiques de vêtements **Old Navy** *(d'abord installée à l'angle de Washington St., puis déplacée au coin de Randolph St.,* *en 2012)* a marqué la renaissance de State Street. D'autres grands noms ont suivi, dont Sears Roebuck, avec son grand magasin de cinq étages **Sears on State**.

Si vous partez de Wacker Drive pour arpenter State Street vers le sud, la célèbre marquise du Chicago Theatre, tout juste après le métro aérien, semblera vous souhaiter la bienvenue. Plus loin, sur votre gauche, vous apercevrez le gigantesque magasin **Macy's**, qui a remplacé il y a quelques années l'historique Marshall Field & Company. Il occupe tout le quadrilatère délimité par l'avenue Wabash et les rues State, Randolph et Washington.

En face de Macy's, un nouveau complexe à vocation mixte est en cours d'aménagement dans le quadrilatère connu sous le nom de **Block 37**. Pour l'heure, ce complexe abrite une station de télévision depuis l'automne 2008, et un mail commercial y a été inauguré un an plus tard.

Plus loin, sur votre gauche, vous serez ébloui devant l'architecture sublime d'un autre grand magasin : le **Carson Pirie Scott & Co.** *(1 S. State St.)*, élevé en 1899. Il s'agit de la pièce maîtresse de l'œuvre du grand architecte Louis H. Sullivan. À noter toutefois que le magasin Carson Pirie Scott & Co. a fermé ses portes au début de 2007 et qu'une ambitieuse rénovation a alors été entreprise afin de reconvertir ce bâtiment historique en un complexe mixte baptisé **Sullivan Center**, qui abrite aujourd'hui boutiques, restaurants et bureaux. Le géant américain du commerce de détail Target s'est par exemple installé en 2012 au rez-de-chaussée de cet iconique immeuble commercial.

Le Gallery District de River North

Dans le périmètre délimité grossièrement par les rues Wells, Superior, Orleans et Huron grandit ce que l'on appelle maintenant le Gallery District. Ce secteur de River North, baptisé «SuHu» (du nom des rues Superior et Huron) en réponse au fameux SoHo de New York, se voit en effet envahir par toute une série de galeries d'art que l'on installe dans d'anciens entrepôts ou usines.

Le West Loop Gate Art District

Le même phénomène qui a présidé à la formation du Gallery District de River North il y a quelques années se reproduit actuellement à l'ouest du Loop, le long et autour de la rue Randolph, à l'ouest de l'autoroute 90/94. Des restaurants à la mode et des galeries d'art contemporain poussent à l'intérieur d'anciens entrepôts et usines, dans ce qu'il est maintenant convenu d'appeler le West Loop Gate.

Wicker Park et Bucktown

Dans les quartiers en pleine ébullition de Wicker Park et de Bucktown, plus précisément aux environs de l'intersection des rues North, Damen et Milwaukee, les boutiques *hip* côtoient restos, cafés et bars adoptés par une clientèle jeune. Il s'agit en quelque sorte de la réponse de Chicago au Greenwich Village de New York.

Les grands magasins

Barneys New York
15 E. Oak St., 312-587-1700
Chic maison new-yorkaise proposant vêtements pour hommes et femmes, bijoux, chaussures haut de gamme.

Bloomingdale's
The 900 Shops, 900 N. Michigan Ave., 312-440-4460
Élégant et réputé magasin de mode.

City Target
1 S. State St., 312-279-2133, www.target.com
Le géant américain du commerce de détail Target a inauguré son premier magasin situé dans une grande ville au cours de l'été 2012, dans le prestigieux bâtiment de l'ancien Carson Pirie Scott & Co.

Macy's
111 N. State St., 312-781-1000 Water Tower Place, 835 N. Michigan Ave., 312-335-7700
C'est toute une commotion que provoqua en 2005 le rachat de Marshall Field, fleuron du commerce de détail de Chicago, par sa rivale new-yorkaise Macy's. Puis, c'est dans la controverse que le nom de toutes les succursales de Marshall Field, incluant le vénérable magasin de State Street, fut changé dès l'année suivante pour celui de Macy's. Une exposition de photographies, présentée au septième étage du magasin de State Street,

rend toutefois hommage à Marshall Field et au rôle que la maison a joué dans l'histoire de la ville.

Neiman Marcus
737 N. Michigan Ave., 312-642-5900
Regroupe tous les grands noms de la mode.

Nordstrom
55 E. Grand Ave. (ou accès par le mail The Shops at North Bridge, 520 N. Michigan Ave.), 312-464-1515, www.nordstrom.com
Grand magasin de mode comptant parmi les plus récents à s'être installés à Chicago.

Saks Fifth Avenue
700 N. Michigan Ave., 312-944-6500
Autre géant américain du commerce de détail et de la mode. Juste en face, au 717 North Michigan Avenue, il y a aussi le **Saks Fifth Avenue for Men**.

Sears on State
2 N. State St., 312-373-6040
Le retour du géant Sears Roebuck dans State Street.

Les grands mails

The Shops at North Bridge

Le complexe **The Shops at North Bridge** *(lun-sam 10h à 20h, dim 11h à 18h; 520 N. Michigan Ave., 312-327-2300, www.theshopsatnorthbridge.com)* est le plus récent mail intérieur du Magnificent Mile. Une belle galerie de boutiques, qui suit un parcours incurvé et qui s'élève sur quatre niveaux, conduit au grand magasin **Nordstrom**, situé à l'arrière, de l'autre côté de Rush Street. Ajoutons que l'hôtel **Conrad Chicago** fait également partie de l'ensemble.

Parmi les plus agréables boutiques, mentionnons **United Colors of Benetton**, **Tommy Bahama** (vêtements et accessoires) et la délicieuse chocolaterie **Vosges Haut-Chocolat**.

Water Tower Place

Le grand magasin **Macy's**, qui s'étend sur huit étages, est la vedette de **Water Tower Place** *(lun-sam 10h à 21h, dim 11h à 18h; 835 N. Michigan Ave., 312-440-3166, www.shopwatertower.com)*, le plus fréquenté des mails du Magnificent Mile. Les autres étoiles

maison sont l'**American Girl Place**, une boutique de poupées hors du commun, et, tout juste à côté, l'irrésistible LEGO Store.

Ce complexe compte également quelque 100 autres boutiques pour tous les goûts, depuis les **Banana Republic** et **American Eagle Outfitters** (vêtements et accessoires pour hommes et femmes) jusqu'aux **Ann Taylor** et **Victoria's Secret** (pour femmes), en passant par **Lacoste** (pour hommes), et **Campus Colors** (pour enfants).

Pour trouver un cadeau inusité à offrir, vous avez le choix entre **Accent Chicago** et **Chicago Cubs Clubhouse Shop**.

Le complexe est également bien pourvu en bijouteries, avec entre autres **Swarovski** et **Rogers & Hollands**. Il y a aussi une étonnante aire de restauration, sur la mezzanine, baptisée **Foodlife**.

Mentionnons que Water Tower Place est directement relié (12e étage) au chic **Ritz-Carlton Chicago** (voir p. 195).

The 900 Shops

Le complexe **The 900 Shops** *(lun-sam 10h à 19h, dim 12h à 18h; 900 N. Michigan Ave., 312-915-3916, www.shop900.com)* se fait, quant à lui, fort de la présence entre ses murs du prestigieux **Bloomingdale's** et du non moins prestigieux **Four Seasons Hotel Chicago** (voir p. 194). Il s'agit d'ailleurs, sans conteste, du plus chic des centres commerciaux de North Michigan Avenue.

Encore ici, les grands noms du commerce de détail mondial de luxe font la cour aux promeneurs : **Club Monaco**, **Gucci** (vêtements et accessoires pour hommes et femmes); **St. Croix** (pour hommes); **Enchanté** et **Isis** (pour femmes); **Christofle** (objets en cristal); **Atlas** et **Lotton Gallery** (galeries d'art); **Montblanc** (cadeaux); **Bernardaud** et **Sidney Garber** (bijouteries); **Galt Toys** (jouets).

The Shops at the Mart

Le Merchandise Mart, un immense et massif bâtiment qui s'élève au bord de la Chicago River dans le River North, est la propriété de la famille Kennedy. Il abrite entre autres aujourd'hui une galerie de boutiques éche-

Eataly à Chicago

L'annonce en 2012 de l'ouverture possible d'une succursale d'Eataly à Chicago a créé beaucoup d'excitation dans le monde culinaire de la Ville des Vents. C'est que le concept, développé par l'homme d'affaires italien Oscar Farinetti en 2007 à Turin, connaît un vif succès depuis qu'il a été repris par le chef Mario Batali à New York en 2010.

Eataly allie sous un même toit marché gastronomique, cafés, bars et restos, et même une école de cuisine et un centre d'exposition.

La rumeur veut que le célèbre marché italien s'installe dans les anciens locaux de l'ESPN Club, au 43 East Ohio Street, dans le quartier de River North. L'adresse de Chicago deviendra ainsi la seconde en Amérique, après celle de New York, et la vingtième au monde (outre l'Italie et les États-Unis, la chaîne est aussi présente au Japon). L'ouverture d'Eataly Chicago est attendue pour l'automne 2013.

lonnées sur deux étages : **The Shops at the Mart** *(angle Orleans St. et Chicago River, 312-527-7990, www.merchandisemart. com)*. Le Merchandise Mart est par ailleurs relié au **Holiday Inn Mart Plaza** (voir p. 198).

Navy Pier

Navy Pier *(tlj dès 10h, l'heure de fermeture varie de 20h à 24h; 600 E. Grand Ave., 312-595-7437, www.navypier.com)* est ce vaste complexe de divertissement situé aux abords du lac Michigan. En plus du Chicago Children's Museum et du cinéma IMAX, on y trouve plusieurs restaurants et boutiques.

Parmi ces dernières, mentionnons le spécialiste des animaux en peluche **Build-A-Bear Workshop** et les boutiques de cadeaux et souvenirs **Chicago's Children's Museum Store**, **The Navy Pier Signature Store** et **Oh Yes Chicago!**.

Affiches

Colletti Antique Poster Gallery
49 E. Oak St., 312-664-6767, www.collettigallery.com
Affiches anciennes (XIXe et XXe siècles).

Poster Plus
30 E. Adams St., Suite 1150, 800-659-1905, www.posterplus.com
Vaste sélection d'affiches anciennes et contemporaines.

Alimentation

Treasure Island Foods
680 N. Lake Shore Dr., 312-664-0400
75 W. Elm St., 312-440-1144, www.tifoods.com
Succursales de l'agréable épicerie que Julia Child, qui fit connaître les techniques de la cuisine française aux Américains dans les années 1960, décrivait comme «*the most European supermarket in America*» (le plus européen des supermarchés américains).

Antiquités

Broadway Antique Market
6130 N. Broadway Ave., 773-743-5444, www.bamchicago.com
Quelque 75 marchands regroupés sous un seul toit.

The Golden Triangle
330 N. Clark St., 312-755-1266, www.goldentriangle.biz
Cette immense boutique ravira les amateurs de meubles et d'antiquités asiatiques et européennes.

Architecture

Architech Gallery of Architectural Art
mer-sam 12h à 17h; 730 N. Franklin St., Suite 200, 312-475-1290, www.architechgallery.com
Cette galerie se spécialise dans les esquisses et plans originaux d'architectes comme Frank Lloyd Wright et Daniel Burnham. On y trouve même des dessins réalisés au XIXe siècle par le bureau parisien de Viollet-

le-Duc, ainsi qu'une collection de photographies d'architecture.

Architectural Artifacts
4325 N. Ravenswood Ave., 773-348-0622, www.architecturalartifacts.com
Trésors en tout genre rescapés de démolitions d'anciens bâtiments.

Chicago Architecture Foundation
Santa Fe Building, 224 S. Michigan Ave., 312-922-3432, www.architecture.org
Siège principal de l'organisation. Jeux éducatifs, livres et objets divers sur le thème de l'architecture de Chicago et d'ailleurs. En plus de la boutique, l'endroit abrite un musée d'architecture, et l'on peut s'inscrire à des visites commentées de la ville.

Articles de maison

Crate & Barrel
646 N. Michigan Ave., 312-787-5900, www.crateandbarrel.com
Vaste sélection de meubles et d'objets décoratifs dans une boutiques aux lignes spectaculaires.

Articles de voyage

Flight 001
1133 N. State St., 312-944-1001, www.flight001.com
Accessoires de voyage, bagages et gadgets en tous genres sont proposés dans cette boutique décorée à la manière de… l'intérieur d'un avion.

Kaehler Travel Works
The 900 Shops, 900 N. Michigan Ave., 6e étage, 312-951-8106, www.worldtraveler.com
Accessoires et bagages; vêtements de voyage; équipement pour tourisme d'aventure.

Artisanat

Arts and Artisans
Hilton Chicago, 720 S. Michigan Ave., 312-786-6224
321 N. Michigan Ave., 312-541-1951
35 E. Wacker Dr., 312-578-0126
www.artsartisans.com
Jolies boutiques débordant de beaux objets de verre, de sculptures en bois ou en métal, de bijoux et de céramiques signés par des artisans américains. Plusieurs adresses dans le Loop.

Bagages

Louis Vuitton
919 N. Michigan Ave., 312-944-2010
Saks Fifth Avenue, 700 N. Michigan Ave., 312-255-0470, www.louisvuitton.com

Bijoux

Bernardaud
The 900 Shops, 900 N. Michigan Ave., rez-de-chaussée, 312-751-1700, www.bernardaud.fr
Boutique du célèbre manufacturier de porcelaines de Limoges.

Bijouterie Cartier
630 N. Michigan Ave., 312-266-7440, www.cartier.com
Adresse locale de la réputée maison française.

Georg Jensen
959 N. Michigan Ave., 312-642-9160, www.georgjensen.com
Remarquables bijoux au design moderne, faits main. L'enseigne à la porte d'entrée ne laisse pas indifférent. On y lit que Georg Jensen est le *«purveyor of her Majesty Queen of Denmark»*…

The Jeweler's Center at the Mallers Building
5 S. Wabash Ave., 312-424-2664, www.jewelerscenter.com
Une incroyable concentration, sur 13 étages, de bijoutiers et de manufacturiers de bijoux (plus de 190). Ce véritable coffre aux trésors existe depuis 1921 et a récemment fait l'objet d'une rénovation complète. Ouvert tous les jours, sauf le dimanche, de 9h à 17h.

Lalique
Merchandise Mart, 222 Merchandise Mart Plaza, Suite 1867, 312-867-1787, www.cristallalique.fr

Lester Lampert
57 E. Oak St., 312-944-6888, www.lesterlampert.com

Rogers & Hollands
Water Tower Place, 835 N. Michigan Ave., 5e étage, 312-944-4300, www.rogersandhollands.com
Joaillier implanté dans le Midwest américain depuis 1910.

Rolex
636 N. Michigan Ave., 312-951-1041, www.rolex.com
Détaillant autorisé des célèbres montres de luxe. Juste à côté de la Bijouterie Cartier.

Sidney Garber
118 E. Delaware Pl., 855-742-7237,
www.sidneygarber.com
Bijouterie locale réputée.

Tiffany & Company
730 N. Michigan Ave., 312-944-7500,
www.tiffany.com
Succursale chicagoenne de la célèbre bijouterie fondée au XIXᵉ siècle par Charles
Tiffany, le père de Louis Comfort Tiffany.

Bonbons et chocolats

Garrett Popcorn Shops
26 W. Randolph St.
625 N. Michigan Ave.
600 E. Grand Ave. (Navy Pier)
4 E. Madison St.
27 W. Jackson Blvd.
222 Merchandise Mart Plaza, 2ᵉ étage
www.garrettpopcorn.com
Ce populaire fabricant de maïs soufflé œuvre
à Chicago depuis 1949. Plusieurs adresses
un peu partout en ville. Avertissement : il
faut être prêt à faire la queue.

Ghirardelli Chocolate Shop and Soda Fountain
830 N. Michigan Ave., www.ghirardelli.com
Succursale de la célèbre chocolaterie de San
Francisco fondée en 1852. Bien que son
adresse officielle soit dans Michigan Avenue,
l'entrée physique donne sur Pearsons Street.

Godiva Chocolatier
Water Tower Place, 835 N. Michigan Ave., 4ᵉ étage,
312-280-1133, www.godiva.com

Hershey's Chicago
822 N. Michigan Ave., 312-337-7711,
www.thehersheycompany.com
Le fabricant de tablettes de chocolat au lait
bien connu a pignon sur rue à deux pas
de la Water Tower. Bonbons, biscuits, *brow-
nies*, chocolat chaud et produits dérivés de
toute nature sont proposés dans cette sympathique boutique.

Vosges Haut-Chocolat
The Shops at North Bridge, 520 N. Michigan Ave.,
2ᵉ étage, 312-644-9450, www.vosgeschocolate.com
La jeune maître chocolatière Katrina Markoff
a voyagé un peu partout dans le monde afin
de parfaire sa technique, avant de revenir
aux États-Unis pour s'installer à Chicago.
Elle a, entre autres endroits, résidé à Paris,
près de la place des Vosges, d'où le nom de
son entreprise et de sa délicieuse boutique

du complexe The Shops at North Bridge.
Ses créations de qualité, présentées dans de
chics emballages au design épuré, prennent
la forme de truffes assaisonnées d'épices
ou de fleurs provenant des quatre coins du
monde, mais aussi de tablettes de chocolat
et de préparations de chocolat chaud.

Cadeaux et souvenirs

Accent Chicago
Water Tower Place, 835 N. Michigan Ave., 7ᵉ étage,
312-944-1354, www.accentchicagostore.com

The Museum Shop of the Art Institute of Chicago
Art Institute of Chicago, 111 S. Michigan Ave.,
800-518-4214, www.artinstituteshop.org
Le musée d'art de Chicago compte deux
boutiques. Dans la plus grande des deux,
située près de l'entrée principale, il y a
depuis juin 2012 un «espace» Taschen, cet
éditeur allemand de livres trilingues (allemand, anglais et français) consacrés à l'art,
à l'architecture, au design et à la photographie, vendus à prix raisonnables.

The Boeing Store
410 W. Washington St., 312-544-3100,
www.boeingstore.com
Le géant de l'aéronautique Boeing a déménagé son siège social mondial à Chicago il
y a quelques années. S'y trouve aujourd'hui
une jolie boutique qui propose des modèles
réduits, des jouets et de nombreux autres
objets pour collectionneurs.

Christofle
The 900 Shops, 900 N. Michigan Ave., rez-de-
chaussée, 312-664-9700, www.christofle.com
Spectaculaire éventail d'objets en cristal.

Harley-Davidson Store
66 E. Ohio St., 312-274-9666
Il ne s'agit pas d'un concessionnaire de
motocyclettes mais plutôt d'une boutique
spécialisée dans les produits portant les couleurs de la célèbre firme américaine : vêtements de cuir, t-shirts, modèles réduits, etc.

Montblanc
The 900 Shops, 900 N. Michigan Ave.,
rez-de-chaussée, 312-943-1200
Fameuses plumes et célèbres stylos.

Oh Yes Chicago!
Navy Pier, 600 E. Grand Ave., rez-de-chaussée,
312-595-0020
Souvenirs de la Ville des Vents.

The Museum of Contemporary Art Store

Museum of Contemporary Art, 220 E. Chicago Ave., 312-397-4000, www.mcachicagostore.org

Très jolie boutique du musée d'art contemporain de Chicago.

The Navy Pier Signature Store

Navy Pier, 600 E. Grand Ave., rez-de-chaussée

Souvenirs de Chicago.

Strange Cargo

3448 N. Clark St., 773-327-8090, www.strangecargo.com

Grand choix de t-shirts sur lesquels il est possible de faire imprimer des décalques en tous genres ou des messages personnalisés.

Uncle Fun

1338 W. Belmont Ave., 773-477-8223, www.unclefunchicago.com

Irrésistible boutique de farces et attrapes à l'ancienne.

Cigares

Iwan Ries & Co.

19 S. Wabash St., 312-372-1306, www.iwanries.com

Une centaine de variétés de cigares et des milliers de pipes pour les collectionneurs.

Up-Down Tobacco Shop

1550 N. Wells St., 312-337-8025, www.updowncigar.com

Tabacs fins, sélection de cigares et accessoires en tous genres pour les fumeurs.

Disques et musique

Dusty Groove America

1120 N. Ashland Ave., 773-342-5800, www.dustygroove.com

Bien connu des amateurs de musique pour sa présence sur Internet, Dusty Groove America possède en outre une boutique à Chicago qui déborde de trésors, incluant une impressionnante sélection de disques en vinyle.

Jazz Record Mart

27 E. Illinois, 312-222-1467, www.jazzmart.com

Éventail exceptionnel de disques de jazz et de blues. Également : affiches, t-shirts et DVD.

Old Town School Music Store

4544 N. Lincoln Ave., 773-751-3398
909 W. Armitage Ave., 773-525-1506
www.oldtownschool.org

Boutiques d'instruments de musique reliées à l'Old Town School of Folk Music.

Reckless Records

3126 N. Broadway, 773-404-5080
26 E. Madison St., 312-795-0878
1532 N. Milwaukee Ave., 773-235-3727
www.reckless.com

Disques compacts, vinyles et DVD neufs et d'occasion.

Symphony Store

Symphony Center, 220 S. Michigan Ave., 312-294-3345

Boutique officielle du Chicago Symphony Orchestra.

Fleurs

City Scents Flowers and Gifts

209 E. Ohio St., 312-836-0211, www.cityscents.com

Galeries d'art

After School Matters Retail Store

66 E. Randolph St., 312-744-7274, www.afterschoolmatters.org

Gallery 37 est un programme de la Ville qui permet aux jeunes artistes en herbe de se familiariser avec les différentes techniques de création au cours de l'été. Les œuvres réalisées par ces jeunes (sculptures, peintures, céramiques, bijoux, etc.) sont vendues ici, et les revenus contribuent à la reconduction du programme année après année.

Atlas Galleries

535 N. Michigan Ave., 312-329-9330
900 N. Michigan Ave., 6ᵉ étage, 312-649-0999
www.atlasgalleries.com

Vaste éventail de reproductions d'œuvres de grands maîtres comme Rembrandt ou Renoir, ainsi que d'œuvres originales contemporaines.

Carl Hammer Gallery

Gallery District, 740 N. Wells St., 312-266-8512, www.hammergallery.com

Œuvres contemporaines d'artistes américains et européens.

Chicago Art Department

1932 S. Halsted St., Suite 100, 312-725-4223, www.chicagoartdepartment.org

Galerie collective cofondée par le Montréalais Mike Nourse qui prend la forme d'un immense espace voué à la promotion des artistes locaux.

Joel Oppenheimer

410 N. Michigan Ave., 312-642-5300,
www.audubonart.com

Cette galerie située dans le magnifique cadre du Wrigley Building propose de nombreuses œuvres d'artistes naturalistes du XVIIe au XIXe siècle, telles les célèbres illustrations signées John J. Audubon.

Lotton Gallery

The 900 Shops, 900 N. Michigan Ave., 6e étage,
312-664-6203, www.lottongallery.com

De splendides vases et autres objets de verre soufflé composent le décor coloré de cette agréable boutique.

Gallery KH

Gallery District, 311 W. Superior St., 312-642-0202

Autrefois connue sous le nom de Mary Bell Galleries, cette galerie met en avant les œuvres d'une trentaine d'artistes américains contemporains.

Ken Saunders Gallery

Gallery District, 230 W. Superior St., 312-573-1400,
www.kensaundersgallery.com

Sculptures contemporaines en verre.

Primitive

130 N. Jefferson St., 312-575-9600,
www.beprimitive.com

Un tour du monde sur quatre étages : meubles, sculptures, objets décoratifs, bijoux, textiles provenant des quatre coins de la planète.

River East Art Center

435 E. Illinois St., 312-321-1001,
www.rivereastartcenter.com

L'ancien North Pier Festival Market abrite aujourd'hui un regroupement d'élégantes galeries d'art, des ateliers et quelques boutiques.

Rhona Hoffman Gallery

West Loop Gate, 118 N. Peoria St., 312-455-1990,
www.rhoffmangallery.com

Œuvres d'artistes contemporains.

Thomas McCormick Gallery

West Loop Gate, 835 W. Washington Blvd.,
312-226-6800, www.thomasmccormick.com

Peintures et sculptures d'artistes américains.

Zolla-Lieberman Gallery

Gallery District, 325 W. Huron St., 312-944-1990,
www.zollaliebermangallery.com

La première galerie à s'être installée dans les parages, en 1975.

Jouets

American Girl Place

Water Tower Place, 835 N. Michigan Ave.,
877-247-5223, www.americangirl.com

Maintenant installé dans de vastes locaux au rez-de-chaussée et à l'étage du mail Water Tower Place, cet étonnant marchand de poupées en jette plein la vue. La vaste boutique présente toujours les diverses versions des poupées au look vintage qui ont fait sa renommée dans des vitrines de verre, comme dans un musée, tout en proposant une gamme étendue de vêtements et d'accessoires pour les poupées elles-mêmes autant que pour les fillettes qui en deviennent les propriétaires. Au rez-de-chaussée, une section faussement historique et une librairie accueillent les visiteurs. Mais c'est à l'étage supérieur que les choses prennent des proportions impressionnantes. On y trouve en effet un véritable mail dans le mail, avec un salon de coiffure pour poupées, une boutique de t-shirts personnalisés, un hôpital pour poupées et un restaurant où mères, filles et… poupées peuvent papoter tranquillement.

Build-A-Bear Workshop

Navy Pier, 700 E. Grand Ave., 312-832-0114,
www.buildabear.com

Voici une boutique d'animaux en peluche qui sort de l'ordinaire. Vous y êtes invité à choisir les divers éléments avec lesquels sera confectionné votre ourson, toutou ou autre lapin. Votre compagnon sera ainsi bourré, habillé, coiffé et identifié sur place et, à la fin du processus, on vous remettra son certificat de naissance.

Chicago Children's Museum Store

Navy Pier, 600 E. Grand Ave., rez-de-chaussée,
312-527-4276

Disney Store

717 N. Michigan Ave., 312-654-9208
Block 37, 108 N. State St., 312-269-4776
www.disneystore.com

Succursales de la chaîne de magasins officielle de l'empire Disney. On y retrouve Mickey Mouse, Donald Duck et les vedettes des films les plus récents de Disney sur casquettes, t-shirts, serviettes de plage, verres et assiettes, ainsi qu'en forme de figurines ou de poupées en peluche.

Galt Toys
The 900 Shops, 900 N. Michigan Ave., 5ᵉ étage,
312-440-9550, www.galtbaby.com

The LEGO Store
Water Tower Place, 835 N. Michigan Ave., 2ᵉ étage,
312-494-0760, www.lego.com
Les jeux de construction LEGO font le bonheur des enfants depuis des générations. Cette boutique, absolument irrésistible, présente en vitrine quelques bâtiments iconiques de la ville (Willis Tower, John Hancock Center, Water Tower, Trump Hotel & Tower) construits à l'aide des célèbres briques de plastique colorées. Il y a aussi des personnages du cinéma américain, représentés en miniature ou grandeur nature.

Librairies

➤ Librairies généralistes
after-words
23 E. Illinois St., 312-464-1110,
www.after-wordschicago.com
Grande librairie indépendante proposant des livres neufs et d'occasion.

Barnes & Noble
1130 N. State St., 312-280-8155
Succursale locale de la plus grande chaîne de librairies aux États-Unis.

Powell's Bookstore
2850 N. Lincoln Ave., 773-248-1444
1501 E. 57th St., 773-955-7780
1218 S. Halsted St., 312-243-9070
www.powellschicago.com
Livres d'occasion.

Sandmeyer's Bookstore
714 S. Dearborn St., 312-922-2104,
www.sandmeyersbookstore.com

Unabridged Books
3251 N. Broadway, 773-883-9119,
www.unabridgedbookstore.com
Cette librairie de quartier est située dans le quartier surnommé «Boystown». Elle abrite entre autres une importante section consacrée à la littérature gay et lesbienne.

➤ Librairies spécialisées
Abraham Lincoln Book Shop
357 W. Chicago Ave., 312-944-3085,
www.alincolnbookshop.com
On y trouve probablement tout ce qui a pu s'écrire sur le 16ᵉ président américain et sur la guerre de Sécession.

Chicago Comics
3244 N. Clark St., 773-528-1983,
www.chicagocomics.com
L'une des meilleures adresses aux États-Unis, dit-on, pour les bandes dessinées de type *comics*, qui mettent en vedette les superhéros les plus connus comme les plus obscurs.

Europa Books
832 N. State St., 312-335-9677,
www.schoenhofs.com
Éventail de livres et de magazines en français, en allemand et en espagnol.

Quimby's Bookstore
1854 W. North Ave., 773-342-0910, www.quimbys.com
Art, érotisme, musique, bande dessinée, contre-culture.

Women & Children First
5233 N. Clark St., 773-769-9299,
www.womenandchildrenfirst.com
Librairie féministe.

Matériel électronique, audio et vidéo

Apple Store
679 N. Michigan Ave., 312-529-9500
Le réputé fabricant d'ordinateurs, iPods, iPhones et autres bidules électroniques a maintenant pignon sur le Magnificent Mile.

Bang & Olufsen Chicago
609 N. State St., 312-787-6006
Chaînes stéréophoniques de qualité supérieure au design moderne.

Bose Store
55 E. Grand Ave., 312-595-0152, www.bose.com

Garmin
663 N. Michigan Ave., 312-787-3221, www.garmin.com
Voici la très belle boutique que s'est offerte ce fabricant de GPS, au cœur du Magnificent Mile, sur l'emplacement de l'ancien Sony Store.

Parfums et soins de la peau

The Body Shop
3 N. State St., 312-553-4503
Water Tower Place, 835 N. Michigan Ave., 5e étage,
312-932-0455, www.thebodyshop-usa.com
Ce marchand d'origine londonienne se targue de ne proposer que des produits naturels et jamais testés en laboratoire sur des animaux.

Chanel Boutique
935 N. Michigan Ave., 312-787-5500, www.chanel.com
Pour le Chanel n° 5, mais aussi pour les vêtements signés, les chaussures, les sacs et autres accessoires.

Photographie

Central Camera Company
230 S. Wabash Ave., 312-427-5580,
www.centralcamera.com

Sport

Adidas Originals Chicago
923 N. Rush St., 312-932-0651, www.shopadidas.com
Boutique du célèbre fabricant d'espadrilles et de vêtements de sport.

Cubs Clubhouse Shop
Water Tower Place, 835 N. Michigan Ave., 7e étage,
312-335-0807
Souvenirs en tous genres aux couleurs des Cubs de Chicago, l'équipe de baseball bien-aimée de la Ville des Vents.

Blackhawks Store
333 N. Michigan Ave., 312-464-2957
Un trésor pour les fans des Blackhawks et pour tout amateur de hockey sur glace. Chandails, casquettes et articles de toutes sortes aux couleurs de l'équipe professionnelle de hockey de Chicago. Vous y trouverez même des briques de l'ancien Chicago Stadium. On y vend aussi des chandails autographiés qui ont été portés durant des matchs par les vedettes d'hier et d'aujourd'hui des Blackhawks.

Nike Chicago
669 N. Michigan Ave., 312-642-6363, www.nike.com
Vitrine du fameux manufacturier d'articles de sport Nike, cette adresse est devenue une attraction touristique à part entière (on y organise même des visites guidées). Il faut dire que le décor, réparti sur quatre étages accessibles à la clientèle, est absolument extraordinaire! Créée en 1991 sous le nom de Niketown, cette boutique hors du commun a été entièrement remodelée sur une période de six mois au cours de laquelle elle a fermé ses portes avant de les rouvrir à l'automne 2012 sous son nouveau nom de Nike Chicago. Au-delà de la mise en valeur des différentes collections d'articles du célèbre fabricant, la boutique rend hommage aux équipes sportives et aux grands athlètes de Chicago. Aussi le rez-de-chaussée est-il devenu un véritable musée à la gloire de Michael Jordan et des Bulls de Chicago.

The North Face
John Hancock Center, 875 N. Michigan Ave.,
312-337-7200
Vêtements et matériel de plein air.

Sports Authority
620 N. LaSalle St., 312-337-6151,
www.sportsauthority.com
La boutique de cet immense détaillant d'articles de sport s'étend sur plusieurs étages. Il est par ailleurs amusant de repérer les empreintes de main laissées par vos vedettes favorites du sport professionnel sur les murs extérieurs du magasin.

Vêtements et accessoires

> **Boutiques spécialisées pour femmes**

Ann Taylor
Water Tower Place, 835 N. Michigan Ave., 3e étage,
312-573-2775

Enchanté Lingerie
The 900 Shops, 900 N. Michigan Ave., 3e étage,
312-951-7290

Escada
51 E. Oak St., 312-915-0500, www.escada.com
Nouvel emplacement pour cette célèbre marque européenne de prêt-à-porter, dans les anciens locaux du designer Yves Saint Laurent.

Yves Saint Laurent de retour à Chicago

La maison Yves Saint Laurent n'avait plus de vitrine portant son nom à Chicago depuis la fermeture de son adresse de la chic Oak Street en 2010.

À la fin de 2012 toutefois, la marque parisienne a signé une entente permettant de croire que la situation sera corrigée à l'automne 2013. YSL occuperait dès lors un espace au rez-de-chaussée de l'hôtel **Waldorf Astoria Chicago** (voir p. 199), à l'angle des rues Walton et Rush. Des vêtements et accessoires pour hommes et femmes seraient proposés dans cette nouvelle boutique.

Ikram
15 E. Huron St., 312-587-1000, www.ikram.com
Boutique stylée de vêtements pour dames signés par des designers américains, européens et japonais. Michelle Obama serait une habituée.

Isis
The 900 Shops, 900 N. Michigan Ave., 4e étage, 312-664-7140

Jil Sander
48 E. Oak St., 312-335-0006, www.jilsander.com

Prada
30 E. Oak St., 312-951-1113, www.prada.com

Victoria's Secret
734 N. Michigan Ave., 312-280-1050
Water Tower Place, 835 N. Michigan Ave., 5e étage, 312-274-0451, www.victoriassecret.com

➤ Boutiques spécialisées pour hommes

Lacoste
Water Tower Place, 835 N. Michigan Ave., 3e étage, 312-951-1300

Paul Stuart
107 E. Oak St., 312-640-2650, www.paulstuart.com

St. Croix Shop
The 900 Shops, 900 N. Michigan Ave., 2e étage, 312-787-2888

Tessuti
50 E. Oak St., 312-266-4949,
www.tessutiformen.com

➤ Chaussures

Altmans Men's Shoes and Boots
120 W. Monroe St., 312-332-0667,
www.altmansshoesandboots.com
Chaussures pour hommes.

Hanig's Footwear
John Hancock Center, 875 N. Michigan Ave., 312-787-6800, www.hanigs.com
Pour hommes et femmes.

➤ Fourrures

Chicago Fur Mart
645 N. Michigan Ave., 5e étage, 312-951-5000, www.chicagofurmart.com

➤ Pour hommes et femmes

Banana Republic
744 N. Michigan Ave., 312-642-0020
Water Tower Place, 835 N. Michigan Ave., 4e étage, 312-642-7667, www.bananarepublic.gap.com
On ne peut passer à côté de ces fort jolies boutiques sans s'arrêter.

Bottega Veneta
800 N. Michigan Ave., 312-664-3220,
www.bottegaveneta.com
Châles de laine, mode pour elle et lui, articles de cuir.

Brooks Brother's
713 N. Michigan Ave., 312-915-0060,
www.brooksbrothers.com

Burberry
633 N. Michigan Ave., 312-787-2500
Ce spectaculaire magasin inauguré à l'automne 2012 est considéré comme le vaisseau amiral en Amérique du célèbre détaillant britannique.

Eddie Bauer
600 N. Michigan Ave., 312-951-8484,
www.eddiebauer.com
Vêtements sport et tenues décontractées.

Gap
555 N. Michigan Ave., 312-494-8580, www.gap.com

Giorgio Armani
800 N. Michigan Ave., 312-751-2244, www.armani.com

Achats - Vêtements et accessoires

Glove Me Tender
The 900 Shops, 900 N. Michigan Ave., 5e étage,
312-664-4022

Des gants pour tous les usages, tant pour les femmes que pour les hommes et les enfants.

Gucci
The 900 Shops, 900 N. Michigan Ave.,
rez-de-chaussée, 312-664-5504

Articles de cuir.

Old Navy
150 N. State St., 312-578-8077

«Vaisseau amiral» de cette chaîne de boutiques de vêtements pour toute la famille, devenu une sorte de symbole de la revitalisation de State Street, ce magasin a déménagé ces pénates dans ce nouvel emplacement, où logeait auparavant la librairie Borders, en 2012.

The Original Levi's Store
600 N. Michigan Ave., 312-642-9613

Le légendaire fabricant de jeans a maintenant pignon sur rue à Chicago avec cette spectaculaire boutique.

Polo - Ralph Lauren
750 N. Michigan Ave., 312-280-1655, www.polo.com

Emplacement relativement récent avec pignon sur rue pour ce fameux designer new-yorkais de vêtements et d'accessoires de mode pour hommes, femmes et enfants. La plus grande boutique de l'empire Ralph Lauren, avec ses 4 000 m² et quatre étages aux murs couverts d'œuvres d'art.

T.J. Maxx
11 N. State St., 312-553-0515

Vêtements et accessoires pour les chasseurs d'aubaines.

Vins et spiritueux

Bin 36
339 N. Dearborn St., 312-755-9463,
www.bin36.com

En plus d'un bar à vin et d'un restaurant, cet établissement situé au pied de l'hôtel Sax Chicago englobe une jolie boutique qui propose une sélection limitée (mais de qualité) de bonnes bouteilles.

The House of Glunz
1206 N. Wells St., 312-642-3000,
www.thehouseofglunz.com

On trouve chez ce marchand en activité depuis 1888 une bonne sélection de vins californiens et européens, certaines bouteilles datant même du XIXe siècle. Des séances de dégustation y sont périodiquement organisées.

Références

Index

Les numéros de page en **gras** renvoient aux cartes.

C

D

E

F

Restaurants *(suite)*

Mesures et conversions

Mesures de capacité

1 gallon américain (gal) = 3,79 litres

Mesures de longueur

1 pied (pi) = 30 centimètres
1 mille (mi) = 1,6 kilomètre
1 pouce (po) = 2,5 centimètres

Mesures de superficie

1 acre = 0,4 hectare
10 pieds carrés (pi^2) = 1 mètre carré (m^2)

Poids

1 livre (lb) = 454 grammes

Température

Pour convertir des °F en °C:
soustraire 32, puis diviser par 9 et multiplier par 5.

Pour convertir des °C en °F:
multiplier par 9, puis diviser par 5 et ajouter 32.

Tableau des distances

Distances en kilomètres et en milles

Exemple: la distance entre Chicago et Montréal est de 1361 km ou 845 mi.

1 mille = 1,62 kilomètre
1 kilomètre = 0,62 mille

	Boston (MA)	Cincinnati (OH)	Chicago (IL)	Detroit (MI)	Kansas City (MO)	Los Angeles (CA)	Minneapolis (MN)	Montréal (QC)	New York (NY)	St. Louis (MO)	Toronto (ON)
Cincinnati (OH)	1391 / 862										
Chicago (IL)	1589 / 985	464 / 288									
Detroit (MI)	1176 / 729	420 / 260	451 / 280								
Kansas City (MO)	2311 / 1433	973 / 603	852 / 528	1279 / 793							
Los Angeles (CA)	4832 / 2996	3534 / 2191	3270 / 2027	3692 / 2289	2618 / 1623						
Minneapolis (MN)	2248 / 1394	1127 / 699	659 / 409	1108 / 687	707 / 438	3123 / 1936					
Montréal (QC)	507 / 314	1538 / 956	1361 / 845	914 / 567	2199 / 1363	4615 / 2861	2033 / 1260				
New York (NY)	355 / 220	1091 / 678	1309 / 813	1016 / 630	1953 / 1211	4516 / 2800	1945 / 1206	603 / 375			
St. Louis (MO)	1909 / 1184	582 / 362	485 / 301	888 / 551	417 / 259	2961 / 1836	1009 / 626	1808 / 1123	1606 / 998		
Toronto (ON)	911 / 565	875 / 543	848 / 527	389 / 241	1673 / 1037	4090 / 2536	1510 / 936	549 / 341	795 / 494	1294 / 804	
Washington (DC)	711 / 441	834 / 518	1139 / 707	860 / 533	1758 / 1090	4318 / 2677	1800 / 1116	944 / 586	378 / 235	1336 / 830	726 / 451

Commandez au www.guidesulysse.com

La livraison est gratuite si vous utilisez le code de promotion suivant: **GDECHICAG** (limite d'une utilisation du code de promotion par client).

Les **guides Ulysse** sont aussi disponibles dans toutes les bonnes librairies.

GUIDES DE VOYAGE ULYSSE

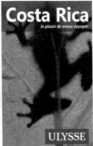

Boston
24,95 $ 19,99 €

Cancún et la Riviera Maya
24,95 $ 22,99 €

Cape Cod, Nantucket, Martha's Vineyard
24,95 $ 19,99 €

Costa Rica
34,95 $ 28,99 €

Cuba
32,95 $ 24,99 €

Disney World et Orlando
19,95 $ 19,99 €

Floride
29,95 $ 24,99 €

Gaspésie, Bas-Saint-Laurent
24,95 $ 19,99 €

Hawaii
37,95 $ 29,99 €

Nouvelle-Angleterre
34,95 $ 27,99 €

Ouest canadien
34,95 $ 28,99 €

Sud-Ouest américain
37,95 $ 29,99 €